# LE CHOC DES CIVILISATIONS

SAMUEL P. HUNTINGTON

# LE CHOC DES CIVILISATIONS

*Traduit de l'anglais (États-Unis) par*
*Jean-Luc Fidel*
*et Geneviève Joublain, Patrice Jorland, Jean-Jacques Pédussaud*

Odile
Jacob

Ouvrage publié originellement
par Simon & Schuster sous le titre :
*The Clash of Civilizations*
*and the Remaking of World Order*

15, rue Soufflot, 75005 Paris

www.odilejacob.fr

ISBN 978-2-7381-1978-0

À Nancy,
qui a supporté « le choc » en gardant le sourire.

# Préface

En été 1993, la revue *Foreign Affairs* a publié un article que j'avais écrit et qui s'intitulait : « The Clash of Civilizations ? » Selon les éditeurs de cette revue, cet article a suscité en trois ans plus de débats que tous ceux qui ont été publiés depuis les années quarante ; en tout cas, davantage que tout ce que j'ai jamais écrit. Les réactions et les commentaires qu'il a entraînés sont venus de tous les continents et d'une foule de pays. Le public a été diversement impressionné, intrigué, choqué, effrayé et déconcerté par ma thèse : les conflits entre groupes issus de différentes civilisations sont en passe de devenir la donnée de base de la politique globale. Quoi qu'il en soit, cet article a touché le nerf sensible chez des personnes appartenant à toutes les civilisations.

Vu l'intérêt soulevé, les comptes rendus erronés qu'on en a donnés et les controverses qu'il a fait naître, il m'a semblé souhaitable d'explorer plus à fond les points abordés dans cet article. Une bonne façon de poser une question consiste à partir d'une hypothèse. C'était le sens de mon article, dont le titre comportait un point d'interrogation — ce qu'on n'a en général pas remarqué. Cet ouvrage, quant à lui, a pour but de donner une réponse plus complète, plus approfondie et plus documentée à la question posée par mon article. Je m'efforce ici d'expliciter, d'affiner, de compléter et, le cas échéant, de redéfinir les thèmes que j'avais abordés, de développer de nombreuses idées et de traiter de nombreux sujets laissés de côté ou bien seulement effleurés. Notamment : le concept de civilisation ; la question de savoir s'il existe une civilisation universelle ; la relation entre pouvoir et culture ; l'évolution des rapports de force entre les civilisations ; l'adaptation d'une culture autre dans les sociétés non occidentales ; la structure politique des civilisations ; les conflits engendrés par l'universalisme occidental, le militarisme musulman et l'affirmation de la Chine ; les réactions à la montée en puissance de la Chine ; les causes et la dynamique des guerres frontalières ; enfin, l'avenir de l'Occident et d'un monde devenu civilisationnel. L'influence déterminante de la croissance démographique sur l'instabilité et l'équilibre de la puissance n'était pas traitée dans mon article. Tout comme un deuxième thème important, qui est résumé dans le titre et dans la chute de ce livre : « Les chocs entre civilisations représentent la principale menace pour la paix dans le monde, mais ils sont aussi, au sein d'un ordre international désormais fondé sur les civilisations, le garde-fou le plus sûr contre une guerre mondiale. »

Ce livre n'a pas été conçu comme un ouvrage de sciences sociales. C'est plutôt une interprétation de l'évolution de la politique globale après la guerre froide. Il entend présenter une grille de lecture, un paradigme de la politique globale qui puisse être utile aux chercheurs et aux hommes politiques. Pour tester sa signification et son opérativité, on ne doit pas se demander s'il rend compte de tout ce qui se produit en politique internationale. Ce n'est certainement pas le cas. On doit plutôt se demander s'il fournit une lentille plus signifiante et plus utile que tout autre paradigme pour considérer les évolutions internationales. J'ajouterai qu'aucun paradigme n'est valide éternellement. L'approche civilisationnelle peut aider à comprendre la politique globale à la fin du XXe siècle et au début du XXIe. Pour autant, cela ne veut pas dire que cette grille de lecture est pertinente pour le milieu du XXe ni qu'elle le sera pour le milieu du XXIe.

Les idées qui ont donné naissance à mon article et à ce livre ont été développées en public pour la première fois dans le cadre d'un cycle de conférences qui s'est tenu à l'American Enterprise Institute de Washington, en octobre 1992. Elles ont aussi été exprimées dans une contribution au projet mené, grâce à la Smith Richardson Foundation, par le John M. Olin Institute sur « The Changing Security Environment and American National Interest ». Après la publication de mon article par *Foreign Affairs*, j'ai été invité dans tous les États-Unis à nombre de séminaires et de colloques sur « le choc », auxquels participaient des universitaires, des hauts fonctionnaires, des dirigeants d'entreprise et d'autres groupes de personnes. En outre, j'ai eu la chance de pouvoir participer à des débats dans beaucoup d'autres pays, comme l'Afrique du Sud, l'Allemagne, l'Arabie Saoudite, l'Argentine, la Belgique, la Corée, l'Espagne, la France, la Grande-Bretagne, le Japon, le Luxembourg, la Russie, Singapour, la Suède, la Suisse et Taiwan. J'ai ainsi pu me confronter à toutes les civilisations, à la seule exception de l'hindouisme. J'ai donc pu bénéficier du point de vue de ceux qui participaient à ces débats. En 1994 et en 1995, j'ai dirigé un séminaire à Harvard sur la nature du monde d'après la guerre froide ; les commentaires enlevés et parfois même critiques de ceux qui y assistaient m'ont beaucoup stimulé. Mon travail pour ce livre doit aussi beaucoup à l'émulation et aux échanges qui règnent au John M. Olin Institute for Strategic Studies and Center for International Affairs de Harvard.

Mon manuscrit a été lu entièrement par Michael C. Desch, Robert O. Keohane, Fareed Zakaria et R. Scott Zimmerman. Leurs commentaires m'ont conduit à beaucoup l'améliorer dans son contenu comme dans sa structure. Pendant que j'écrivais, Scott Zimmerman m'a aidé dans mes recherches. Sans son énergie, sa compétence et son soutien, je n'aurais jamais pu finir ce livre aussi vite. Peter Jun et Christiana Briggs, nos assistants à l'université, ont aussi joué un rôle important. Grace de Magistris a tapé les premières ébauches du manuscrit et Carol Edwards l'a repris avec soin et efficacité tellement de fois qu'elle doit désormais en connaître par cœur de longs passages. Denise Shannon et Lynn Cox chez Georges Borschardt, Robert Asahina, Robert Bender et Johanna Li chez Simon & Schuster ont suivi avec professionnalisme et dévouement le parcours du manuscrit jusqu'à sa sortie. J'ai une dette immense vis-à-vis de toutes ces personnes qui ont aidé à faire exister ce livre. Elles l'ont rendu bien meilleur qu'il ne l'aurait été sans elles. Les défauts qui subsistent sont de ma responsabilité.

J'ai pu travailler à ce livre grâce au soutien financier de la John M. Olin Foundation et de la Smith Richardson Foundation. Sans leur aide, finir ce livre aurait pris des années. J'apprécie beaucoup leur assistance généreuse. D'autres fondations se polarisent de plus en plus sur les questions exclusivement américaines ; elles deux, au contraire, méritent la louange parce qu'elles continuent à s'intéresser aux travaux sur la guerre, la paix, les questions de sécurité nationale mais aussi internationale, et à les soutenir.

Samuel P. Huntington.

Première partie

# UN MONDE DIVISÉ EN CIVILISATIONS

CHAPITRE PREMIER

# Le nouvel âge de la politique globale

## *Drapeaux et identité culturelle*

Le 3 janvier 1992, à Moscou, des universitaires russes et américains se réunirent dans l'auditorium d'un bâtiment gouvernemental. Deux semaines plus tôt, l'Union soviétique avait cessé d'exister, et la Fédération russe était devenue un pays indépendant. En conséquence de quoi, la statue de Lénine qui ornait auparavant la scène de l'auditorium avait disparu, et le drapeau de la Fédération russe flottait sur la façade. Comme le fit remarquer un observateur américain, il y avait cependant un petit problème : le drapeau avait été suspendu à l'envers. À la première pause, les organisateurs russes se hâtèrent de corriger l'erreur.

Depuis la fin de la guerre froide, la façon dont les peuples définissent leur identité et la symbolisent a profondément changé. La politique globale dépend désormais de plus en plus de facteurs culturels. Les drapeaux hissés à l'envers sont un signe de cette transition, mais de plus en plus ils flottent hauts et fiers, et les Russes, comme les autres peuples, se mobilisent derrière des drapeaux et d'autres symboles d'une identité culturelle nouvelle.

Le 18 avril 1984, deux mille personnes se sont rassemblées à Sarajevo en brandissant les drapeaux non pas de l'ONU, de l'OTAN ou des États-Unis, mais de l'Arabie Saoudite et de la Turquie. Les habitants de Sarajevo, en agissant ainsi, voulaient montrer combien ils se sentaient proches de leurs cousins musulmans et signifier au monde quels étaient leurs vrais amis.

Le 16 octobre 1994, à Los Angeles, soixante-dix mille personnes ont défilé au milieu d'une « mer de drapeaux mexicains ». Il s'agissait de protester contre la proposition 187 qui allait faire l'objet d'un référendum. Celle-ci stipulait que les immigrés illégaux et leurs enfants n'auraient plus droit aux subsides de l'État. « Pourquoi défilent-ils sous la bannière mexicaine alors qu'ils réclament aux États-Unis le libre accès aux études ? s'étonnèrent certains observateurs. Ils auraient dû brandir des drapeaux américains. » Deux semaines plus tard, des manifestants défilèrent en plus grand nombre encore sous des drapeaux américains en berne. Grâce à quoi, la proposition 187 a été approuvée par 59 % des électeurs californiens.

Dans le monde d'après la guerre froide, les drapeaux restent essentiels, tout comme d'autres symboles d'identité culturelle, les croix par exemple, les croissants et même les chapeaux, car la culture est déterminante, et l'identité culturelle est ce qui importe le plus à beaucoup de personnes. On se découvre de nouvelles identités ; on en redécouvre aussi souvent d'anciennes. Et, qu'ils soient anciens ou nouveaux, défiler en brandissant des drapeaux conduit à entrer en guerre contre des ennemis anciens mais aussi nouveaux, bien souvent.

La vision pessimiste du monde qui va de pair avec ce nouvel âge se trouve bien exprimée par le démagogue vénitien qui apparaît dans le roman de Michael Dibdin intitulé *Dead Lagoon* : « On ne peut avoir de vrais amis si on n'a pas de vrais ennemis. À moins de haïr ce qu'on n'est pas, il n'est pas possible d'aimer ce qu'on est. Voilà des vérités très anciennes que nous sommes en train de redécouvrir avec douleur après plus d'un siècle de sentimentalité. Ceux qui les nient, nient leur famille, leur héritage, leur culture, les droits qu'ils acquièrent en naissant, et jusqu'à leur moi. Pas de pardon pour eux. » Les hommes politiques et les universitaires ne peuvent ignorer la vérité qui se cache derrière ces vérités très anciennes, fût-elle déplorable. Tous ceux qui sont en quête d'identité et d'unité ethnique ont besoin d'ennemis. Les conflits les plus dangereux aujourd'hui surviennent désormais de part et d'autre des lignes de partage qui séparent les civilisations majeures du monde.

Quel est le thème central de ce livre ? Le fait que la culture, les identités culturelles qui, à un niveau grossier, sont des identités de civilisation, déterminent les structures de cohésion, de désintégration et de conflits dans le monde d'après la guerre froide. Les cinq parties de cet ouvrage développent les corollaires de cette proposition de base.

Première partie : pour la première fois dans l'histoire, la politique globale est à la fois multipolaire et multicivilisationnelle. La modernisation se distingue de l'occidentalisation et ne produit nullement une civilisation universelle, pas plus qu'elle ne donne lieu à l'occidentalisation des sociétés non occidentales.

Deuxième partie : le rapport de forces entre les civilisations change. L'influence relative de l'Occident décline ; la puissance économique, militaire et politique des civilisations asiatiques s'accroît ; l'islam explose sur le plan démographique, ce qui déstabilise les pays musulmans et leurs voisins ; enfin, les civilisations non occidentales réaffirment la valeur de leur propre culture.

Troisième partie : un ordre mondial organisé sur la base de civilisations apparaît. Des sociétés qui partagent des affinités culturelles coopèrent les unes avec les autres ; les efforts menés pour attirer une société dans le giron d'une autre civilisation échouent ; les pays se regroupent autour des États phares de leur civilisation.

Quatrième partie : les prétentions de l'Occident à l'universalité le conduisent de plus en plus à entrer en conflit avec d'autres civilisations, en particulier l'islam et la Chine ; au niveau local, des guerres frontalières, surtout entre musulmans et non-musulmans, suscitent des alliances nouvelles et entraînent l'escalade de la violence, ce qui conduit les États dominants à tenter d'arrêter ces guerres.

Cinquième partie : la survie de l'Occident dépend de la réaffirmation par les Américains de leur identité occidentale ; les Occidentaux doivent admettre que leur civilisation est unique mais pas universelle et s'unir pour lui redonner vigueur contre les défis posés par les sociétés non occidentales. Nous éviterons une guerre généralisée entre civilisations si, dans le monde entier, les chefs politiques admettent que la politique globale est devenue multicivilisationnelle et coopèrent à préserver cet état de fait.

## *Un monde multipolaire et multicivilisationnel*

Durant la majeure partie de l'histoire de l'humanité, les contacts entre civilisations, quand il y en avait, sont restés intermittents. Puis, au début de l'ère moderne, aux environs de 1500 ap. J.-C., la politique internationale a suivi deux axes. Pendant plus de quatre cents ans, les États-nations occidentaux — Grande-Bretagne, France, Espagne, Autriche, Prusse, Allemagne et États-Unis notamment — ont constitué un système international multipolaire au sein même de la civilisation occidentale et ont interagi ensemble et combattu les uns contre les autres. Dans le même temps, les nations occidentales se sont étendues, elles ont conquis, colonisé et influencé chacune des autres civilisations (voir carte 1.1). Pendant la guerre froide, la politique internationale est devenue bipolaire, et le monde s'est scindé en trois pans. Les sociétés démocratiques les plus riches, conduites par les États-Unis, se sont engagées dans une compétition idéologique, politique, économique et même parfois militaire avec les sociétés communistes, plus pauvres, rassemblées et conduites par l'Union soviétique. Ce conflit a surtout fait rage à l'écart de ces deux camps, dans le Tiers-Monde, composé de pays souvent pauvres, instables politiquement, indépendants depuis peu de temps et qui se déclaraient non alignés (voir carte 1.2).

L'OCCIDENT ET LE RESTE DU MONDE : 1920

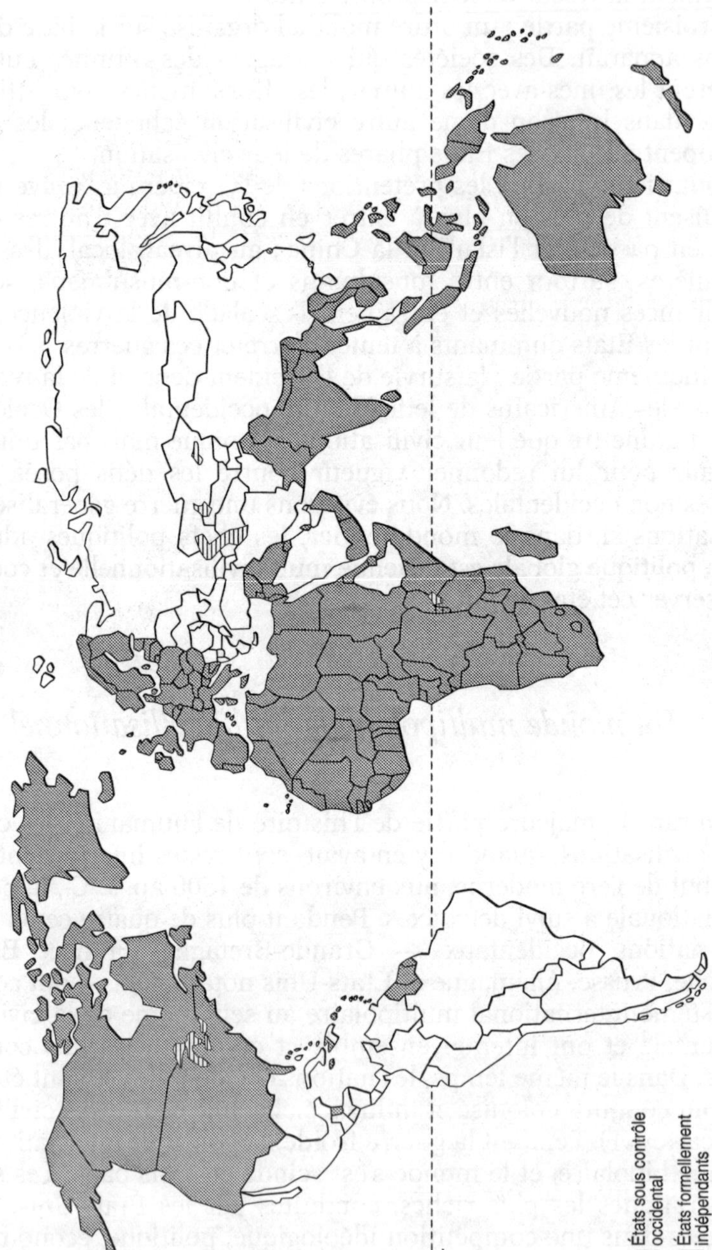


**Carte 1.1**

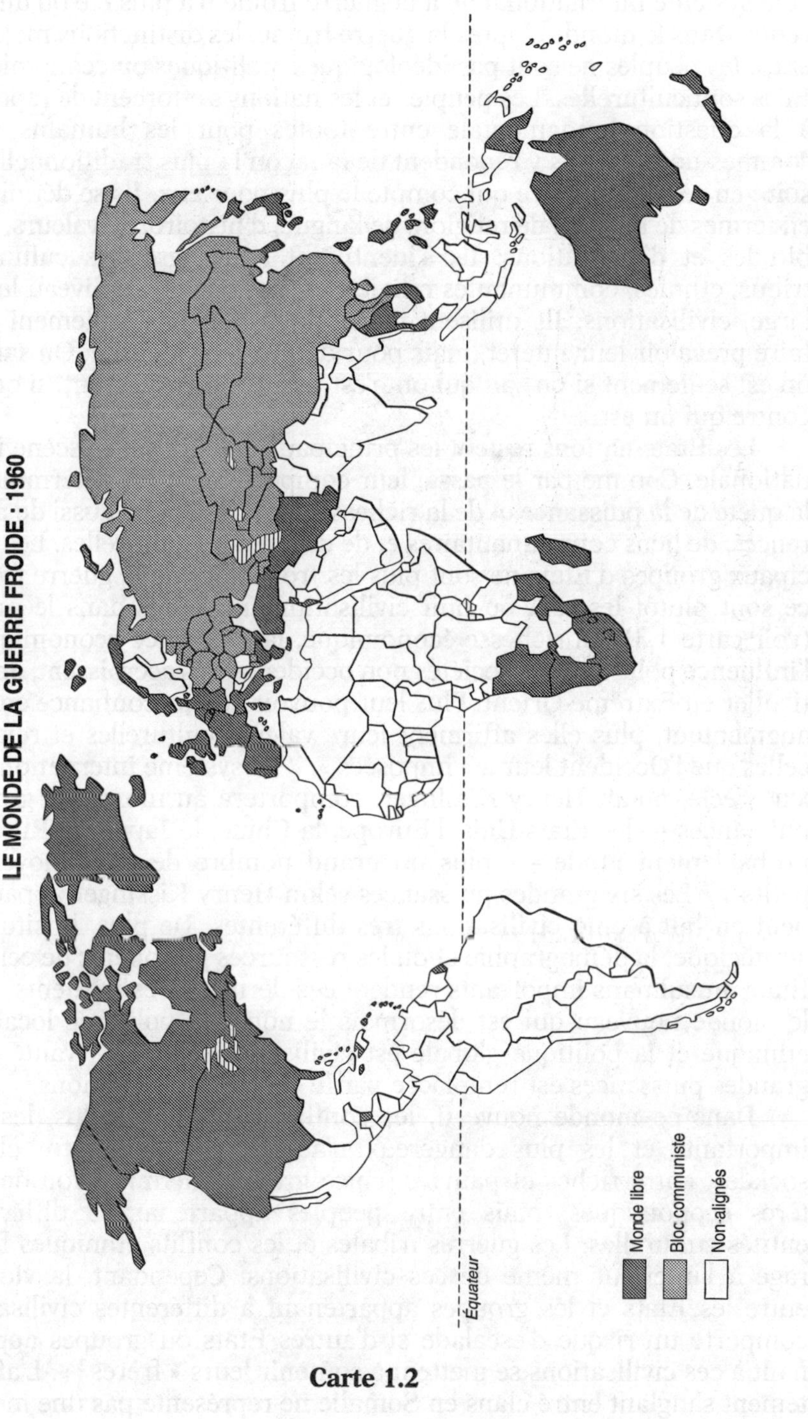
LE MONDE DE LA GUERRE FROIDE : 1960
Équateur
Monde libre
Bloc communiste
Non-alignés

**Carte 1.2**

À la fin des années quatre-vingt, le bloc communiste s'est effondré, et le système international lié à la guerre froide n'a plus été qu'un souvenir. Dans le monde d'après la guerre froide, les distinctions majeures entre les peuples ne sont pas idéologiques, politiques ou économiques. Elles sont culturelles. Les peuples et les nations s'efforcent de répondre à la question fondamentale entre toutes pour les humains : qui sommes-nous ? Et ils y répondent de la façon la plus traditionnelle qui soit : en se référant à ce qui compte le plus pour eux. Ils se définissent en termes de lignage, de religion, de langue, d'histoire, de valeurs, d'habitudes et d'institutions. Ils s'identifient à des groupes culturels : tribus, ethnies, communautés religieuses, nations et, au niveau le plus large, civilisations. Ils utilisent la politique non pas seulement pour faire prévaloir leur intérêt, mais pour définir leur identité. On sait qui on est seulement si on sait qui on n'est pas. Et, bien souvent, si on sait contre qui on est.

Les États-nations restent les principaux acteurs sur la scène internationale. Comme par le passé, leur comportement est déterminé par la quête de la puissance et de la richesse. Mais il dépend aussi de préférences, de liens communautaires et de différences culturelles. Les principaux groupes d'États ne sont plus les trois blocs de la guerre froide ; ce sont plutôt les sept ou huit civilisations majeures dans le monde (voir carte 1.3). La richesse économique, la puissance économique et l'influence politique des sociétés non occidentales s'accroissent, en particulier en Extrême-Orient. Plus leur pouvoir et leur confiance en elles augmentent, plus elles affirment leurs valeurs culturelles et rejettent celles que l'Occident leur a « imposées ». « Le système international du XXIe siècle, notait Henry Kissinger, comportera au moins six grandes puissances — les États-Unis, l'Europe, la Chine, le Japon, la Russie et probablement l'Inde —, plus un grand nombre de pays moyens et petits[1]. » Les six grandes puissances selon Henry Kissinger appartiennent en fait à cinq civilisations très différentes. De plus, la situation stratégique, la démographie et/ou les ressources pétrolières de certains États musulmans importants rendent ces derniers très influents. Dans le monde nouveau qui est désormais le nôtre, la politique locale est ethnique et la politique globale est civilisationnelle. La rivalité entre grandes puissances est remplacée par le choc des civilisations.

Dans ce monde nouveau, les conflits les plus étendus, les plus importants et les plus dangereux n'auront pas lieu entre classes sociales, entre riches et pauvres, entre groupes définis selon des critères économiques, mais entre peuples appartenant à différentes entités culturelles. Les guerres tribales et les conflits ethniques feront rage à l'intérieur même de ces civilisations. Cependant, la violence entre les États et les groupes appartenant à différentes civilisations comporte un risque d'escalade si d'autres États ou groupes appartenant à ces civilisations se mettent à soutenir leurs « frères[2] ». L'affrontement sanglant entre clans en Somalie ne représente pas une menace

LE MONDE À L'ÉPOQUE DU CHOC DES CIVILISATIONS : APRÈS 1990

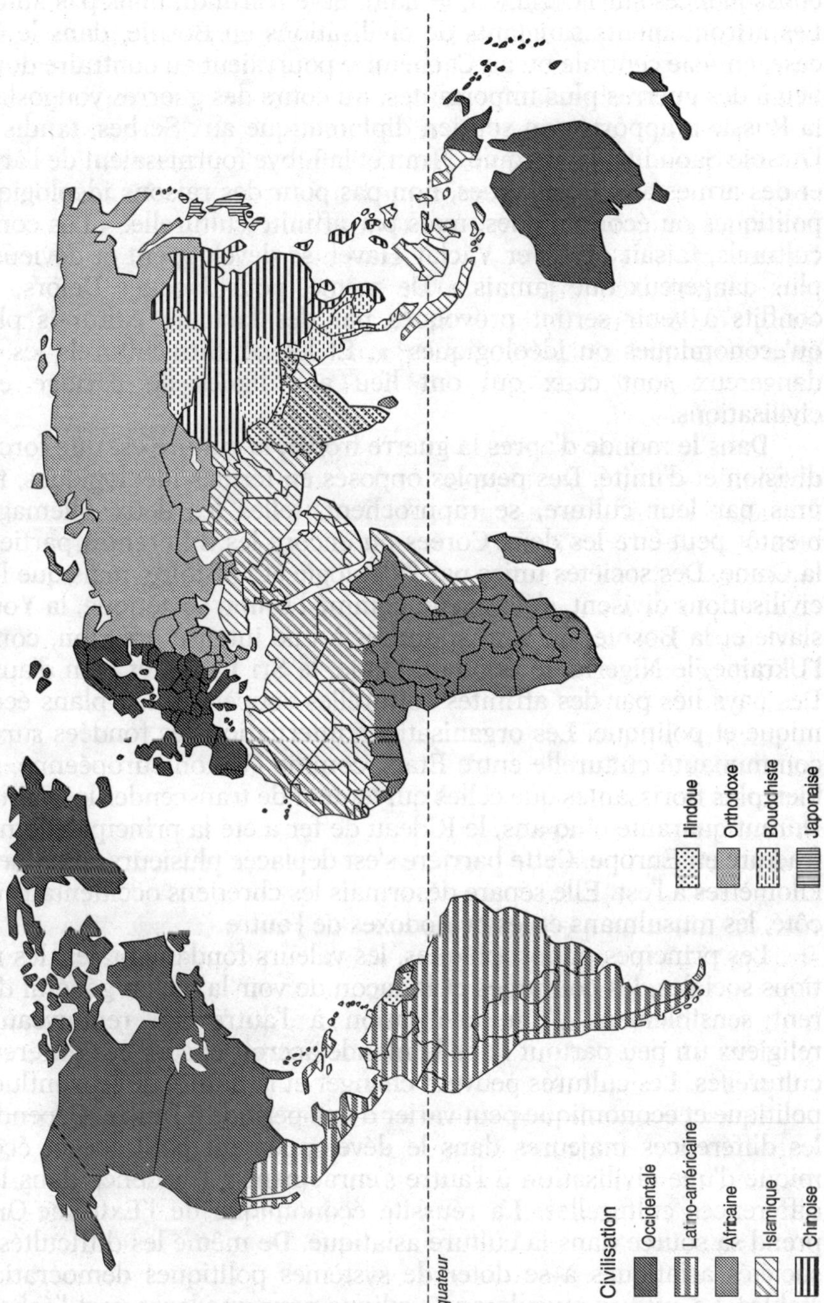


**Carte 1.3**

de conflit élargi. L'affrontement sanglant entre tribus au Rwanda a des conséquences sur l'Ouganda, le Zaïre et le Burundi, mais pas au-delà. Les affrontements sanglants de civilisations en Bosnie, dans le Caucase, en Asie centrale ou au Cachemire pourraient au contraire donner lieu à des guerres plus importantes. Au cours des guerres yougoslaves, la Russie a apporté son soutien diplomatique aux Serbes, tandis que l'Arabie Saoudite, la Turquie, l'Iran et la Libye fournissaient de l'argent et des armes aux Bosniaques, non pas pour des raisons idéologiques, politiques ou économiques, mais par affinité culturelle. « Les conflits culturels, faisait observer Václav Havel, se développent et deviennent plus dangereux que jamais. » De même, pour Jacques Delors, « les conflits à venir seront provoqués par des facteurs culturels plutôt qu'économiques ou idéologiques[3] ». Et les conflits culturels les plus dangereux sont ceux qui ont lieu aux lignes de partage entre civilisations.

Dans le monde d'après la guerre froide, la culture est une force de division et d'unité. Des peuples opposés en termes idéologiques, mais unis par leur culture, se rapprochent, telles les deux Allemagnes, bientôt peut-être les deux Corées ou encore les différentes parties de la Chine. Des sociétés unies par l'idéologie et l'histoire, mais que leurs civilisations divisent, s'éloignent, comme l'Union soviétique, la Yougoslavie et la Bosnie, ou sont soumises à une intense pression, comme l'Ukraine, le Nigeria, le Soudan, l'Inde, le Sri Lanka et bien d'autres. Des pays liés par des affinités culturelles coopèrent aux plans économique et politique. Les organisations internationales fondées sur une communauté culturelle entre États, comme l'Union européenne, sont bien plus florissantes que celles qui tentent de transcender les cultures. Durant quarante-cinq ans, le Rideau de fer a été la principale ligne de fracture en Europe. Cette barrière s'est déplacée plusieurs centaines de kilomètres à l'est. Elle sépare désormais les chrétiens occidentaux d'un côté, les musulmans et les orthodoxes de l'autre.

Les principes philosophiques, les valeurs fondamentales, les relations sociales, les coutumes et la façon de voir la vie en général diffèrent sensiblement d'une civilisation à l'autre. Le renouveau du religieux un peu partout dans le monde accroît encore ces différences culturelles. Les cultures peuvent changer et la nature de leur influence politique et économique peut varier d'une période à l'autre. Cependant, les différences majeures dans le développement politique et économique d'une civilisation à l'autre s'enracinent à l'évidence dans leurs différences culturelles. La réussite économique de l'Extrême-Orient prend sa source dans la culture asiatique. De même les difficultés des sociétés asiatiques à se doter de systèmes politiques démocratiques stables. La culture musulmane explique pour une large part l'échec de la démocratie dans la majeure partie du monde musulman. Le développement des sociétés postcommunistes de l'Europe de l'Est et de l'ex-Union soviétique est fonction de leur identité civilisationnelle. Celles qui ont une tradition héritée du christianisme occidental deviennent prospères et démocratiques ; l'avenir économique et politique des pays orthodoxes reste incertain ; quant à celui des républiques musulmanes, il s'annonce mal.

L'Occident est et restera des années encore la civilisation la plus puissante. Cependant, sa puissance relative par rapport aux autres civilisations décline. Tandis qu'il essaie de réaffirmer ses valeurs et de défendre ses intérêts, les sociétés non occidentales sont confrontées à un choix. Certaines tentent d'imiter l'Occident. D'autres, confucéennes ou musulmanes, s'efforcent d'étendre leur puissance militaire et économique pour résister à l'Occident et trouver un équilibre avec lui. L'axe central de la politique mondiale d'après la guerre froide est ainsi l'interaction entre, d'une part, la puissance et la culture de l'Occident, et, d'autre part, la puissance et la culture des civilisations non occidentales.

En résumé, le monde d'après la guerre froide comporte sept ou huit grandes civilisations. Les affinités et les différences culturelles déterminent les intérêts, les antagonismes et les associations entre États. Les pays les plus importants dans le monde sont surtout issus de civilisations différentes. Les conflits locaux qui ont le plus de chances de provoquer des guerres élargies ont lieu entre groupes et États issus de différentes civilisations. La forme fondamentale que prend le développement économique et politique diffère dans chaque civilisation. Les problèmes internationaux les plus importants tiennent aux différences entre civilisations. L'Occident n'est plus désormais le seul à être puissant. La politique internationale est devenue multipolaire et multicivilisationnelle.

## *D'autres mondes ?*

### CARTES ET PARADIGMES

Cette image de la politique mondiale d'après la guerre froide, déterminée par des facteurs culturels et impliquant l'interaction entre États et groupes appartenant à différentes civilisations, est hautement simplifiée. Elle omet de nombreux points, en déforme certains, en obscurcit d'autres. Pourtant, si nous devons réfléchir sérieusement à ce qu'est le monde et agir efficacement, une sorte de carte simplifiée de la réalité, de théorie, de modèle ou de paradigme est nécessaire. En l'absence de telles constructions intellectuelles, on en est réduit, selon l'expression de William James, à une « assourdissante » confusion. Le progrès intellectuel et scientifique, comme l'a montré Thomas Kuhn dans *La Structure des révolutions scientifiques*, consiste à passer d'un paradigme qui ne permet plus d'expliquer des faits nouveaux ou nouvellement découverts à un nouveau paradigme rendant compte de ces faits de façon plus satisfaisante. « Pour être acceptée comme paradigme, écrit Kuhn, une théorie doit sembler meilleure que ses concurrentes, mais il n'est pas nécessaire qu'elle explique tous les faits auxquels elle est confrontée et, de fait, elle n'y parvient jamais[4]. » John Lewis Gaddis a fait observer avec sagesse que « s'aventurer en terrain peu familier exige une carte. La cartographie, comme la cognition elle-même, est une simplification nécessaire qui nous permet de voir ce que nous sommes et où nous allons ». Selon lui, la conception de la compétition entre superpuissances, héritée de la guerre froide, constituait un tel modèle. C'est Harry Truman qui l'avait formulée pour la première fois. C'était un « exercice de cartographie géopolitique qui dépeignait le paysage international en termes que tout le monde pouvait comprendre et préparait ainsi la voie à la stratégie sophistiquée de *containment* qui a bientôt prévalu ». Visions du monde et théories causales sont des guides indispensables en politique internationale[5].

Pendant quarante ans, les étudiants et les experts en relations internationales ont pensé et agi en s'inspirant de ce paradigme hautement simplifié, mais très utile, hérité de la guerre froide. Il ne pouvait rendre compte de tout ce qui se produisait dans la politique mondiale. Il subsistait de nombreuses anomalies, pour utiliser l'expression de Kuhn, et parfois ce paradigme a rendu les universitaires et les hommes d'État aveugles à des évolutions majeures, comme la rupture sino-soviétique. Cependant, en tant que modèle simple de la politique globale, il a été presque universellement accepté et il a influencé la pensée politique de deux générations.

Les paradigmes simplifiés ou les cartes sont indispensables à la pensée et à l'action humaines. Nous pouvons formuler explicitement des théories et des modèles et les utiliser de manière réfléchie pour guider notre comportement. À l'inverse, nous pouvons aussi nier ce besoin de guides et prétendre agir seulement en fonction de faits particuliers dont nous pensons détenir une connaissance « objective » et considérer chaque fois la « situation particulière ». En procédant ainsi, cependant, nous nous leurrons nous-mêmes. Car, dans notre for intérieur, sont cachés des principes, des biais, des préjugés qui déterminent la façon dont nous percevons la réalité, les faits auxquels nous accordons de l'attention et notre manière de juger de leur importance et de leur nature propre. Il nous faut des modèles explicites ou implicites pour pouvoir :

1. ordonner et généraliser à propos de la réalité ;
2. comprendre les relations causales entre les phénomènes ;
3. anticiper et, si nous avons de la chance, prédire les événements futurs ;
4. distinguer ce qui est important de ce qui ne l'est pas ;
5. saisir comment parvenir à nos fins.

Tout modèle ou carte est une abstraction plus utile pour certaines fins que pour d'autres. Une carte routière nous montre comment nous rendre de A à B, mais elle n'est guère utile si nous pilotons un avion ; nous avons alors besoin d'une carte aérienne indiquant les canaux radio, les routes aériennes et la topographie. Sans carte, cependant, nous serions perdus. Plus une carte est détaillée, plus elle reflète la réalité. Une carte extrêmement détaillée, toutefois, ne sert pas à n'importe quelle fin. Si nous souhaitons aller d'une grande ville à une autre en suivant une autoroute importante, nous n'avons pas besoin d'une carte incluant beaucoup d'informations sans lien avec les transports routiers et sur laquelle les autoroutes sont perdues au milieu d'une masse de routes secondaires. À l'inverse, une carte qui comporte une seule route express élimine beaucoup d'aspects de la réalité et ne nous aide guère à découvrir un itinéraire de délestage si l'autoroute est bloquée par un accident. Bref, nous avons besoin d'une carte qui représente la réalité tout en la simplifiant pour servir au mieux nos intérêts. C'est ainsi que plusieurs cartes ou paradigmes de la politique mondiale à la fin de la guerre froide ont été proposés.

### UN SEUL ET MÊME MONDE : EUPHORIE ET HARMONIE

La fin de la guerre froide a pu sembler signifier la fin des conflits importants et l'émergence d'un monde relativement harmonieux. La formulation de ce modèle la plus connue est celle de Francis Fukuyama, qui a avancé la thèse de « la fin de l'histoire »*. Selon Fukuyama, nous pourrions la définir en ces termes : « Nous avons atteint le terme de l'évolution idéologique de l'humanité et de l'universalisation de la démocratie libérale occidentale en tant que forme définitive de gouvernement. » À coup sûr, écrit-il, certains conflits auront lieu à l'avenir dans le Tiers-Monde, mais c'en est fini des guerres mondiales, et pas seulement en Europe. « C'est précisément dans le monde non européen » que de grands changements se sont produits, en particulier en Chine et en Union soviétique. La guerre des idées est achevée. On trouvera toujours des partisans du marxisme-léninisme « à Managua, à Pyongyang ou à Cambridge, Massachusetts », mais la démocratie libérale a vaincu. L'avenir ne sera pas fait de grands combats exaltés au nom d'idées ; il sera plutôt consacré à la résolution de problèmes techniques et économiques concrets. Et Fukuyama de conclure, non sans une certaine tristesse, que ce sera assez ennuyeux[6].

Beaucoup ont partagé cette espérance d'harmonie. Certains leaders politiques et intellectuels ont développé des conceptions sem-

---

* Je discute au chapitre 3 le même type d'argument fondé non sur la fin de la guerre froide mais sur les tendances économiques et sociales à long terme produisant une « civilisation universelle ».

blables. Le mur de Berlin s'est écroulé, les régimes communistes se sont effondrés, les Nations unies ont pris une importance nouvelle, les ex-rivaux de la guerre froide sont devenus des « partenaires » et des « interlocuteurs » soucieux de favoriser et de préserver l'ordre établi. Le président des États-Unis a proclamé l'avènement d'un « nouvel ordre mondial » ; quant à lui, le président d'une université particulièrement éminente a mis son veto au recrutement d'un professeur spécialiste des questions de sécurité internationale parce que ce poste n'était plus à pourvoir : « Alléluia, nous n'étudions plus la guerre parce qu'il n'y en a plus. »

L'euphorie qui a suivi la fin de la guerre froide a engendré l'illusion d'une harmonie. Le monde est effectivement devenu différent au début des années quatre-vingt-dix, mais il n'en est pas devenu pacifique pour autant. Le changement était inévitable ; mais pas le progrès. De semblables illusions d'harmonie ont fleuri à la fin de chacun des conflits majeurs du XX^e^ siècle. La Première Guerre mondiale était la « der des ders » et avait servi à instaurer la démocratie. La Seconde Guerre mondiale, comme l'a dit Franklin D. Roosevelt, « mettrait fin au système fondé sur l'action unilatérale, les alliances exclusives, l'équilibre des forces et tous les autres expédients qui ont été essayés pendant des siècles... et qui ont échoué ». À la place, nous aurions une « organisation universelle » composées de « nations pacifiques » et instaurant une « structure permanente de paix[7] ». La Première Guerre mondiale, toutefois, a engendré le communisme, le fascisme et a inversé la tendance séculaire à la démocratie. La Seconde Guerre mondiale, quant à elle, a suscité la guerre froide, et ce à l'échelle mondiale. L'illusion d'harmonie qui s'est répandue à la fin de la guerre froide a vite été dissipée par la multiplication des conflits ethniques et des actions de « purification ethnique », par l'affaiblissement généralisé de la loi et de l'ordre, par l'émergence de nouvelles structures d'alliance et de conflits entre États, par la résurgence de mouvements néocommunistes et néofascistes, par le durcissement du fondamentalisme religieux, par la fin de la « diplomatie du sourire » et de la « politique du oui » dans les relations entre la Russie et l'Ouest, par l'incapacité des Nations unies et des États-Unis à empêcher des conflits locaux sanglants et par la montée en puissance de la Chine. Durant les cinq années qui ont suivi la chute du mur de Berlin, on a prononcé le mot « génocide » bien plus souvent que pendant n'importe quelle période équivalente durant la guerre froide. Le paradigme reposant sur l'idée que le monde est harmonieux jure trop avec la réalité pour nous servir de repère.

DEUX MONDES : « EUX » ET « NOUS »

À la fin des conflits majeurs, on rêve la plupart du temps d'un monde uni et solidaire. En fait, raisonner en opposant deux mondes est récurrent dans l'histoire. On a toujours opposé « nous » et « eux », « le groupe » et « les autres », « la civilisation » et « les barbares ». Les intellectuels eux-mêmes ont divisé le monde en Orient et en Occident, Nord et Sud, centre et périphérie. Les musulmans, traditionnellement, divisent le monde en *Dar al-Islam* et *Dar al-Harb*, le côté de la paix et celui de la guerre. Cette distinction a été reprise, et en un sens renversée, à la fin de la guerre froide par les experts américains qui ont divisé le monde en « zone de paix » et en « zone de troubles ». L'Occident et le Japon, avec 15 % de la population, recouvriraient la première région, et tout le reste du monde la seconde[8].

Selon les critères de division retenus, une représentation binaire du monde peut, dans une certaine mesure, correspondre à la réalité. La division la plus commune, qui s'exprime sous des appellations variées, est celle qui oppose les pays riches (modernes, développés) et les pays pauvres (traditionnels, sous-développés ou en voie de développement). Historiquement, la distinction culturelle entre l'Occident et l'Orient est liée à cette division économique : simplement, l'accent est mis moins sur les différences de bien-être économique que sur celles qui tiennent à la philosophie, aux valeurs et au mode de vie sous-jacents[9]. Ces représentations reflètent en partie la réalité, mais elles comportent aussi des limites. Les pays riches modernes ont des caractéristiques qui les différencient des pays pauvres traditionnels, lesquels ont également des traits qui leur sont propres. Des différences en termes de richesse peuvent donner lieu à des conflits entre sociétés, mais il est prouvé que cela se produit avant tout quand des sociétés riches et puissantes tentent de conquérir et de coloniser des sociétés pauvres et traditionnelles. L'Occident a pratiqué cette politique pendant quatre cents ans, jusqu'à ce que certaines colonies se rebellent et livrent des guerres de libération contre les puissances coloniales, lesquelles avaient peut-être aussi un moindre désir d'hégémonie. De nos jours, la décolonisation est achevée, et les guerres coloniales de libération ont été remplacées par des conflits entre peuples libérés.

À un niveau plus général, les conflits entre riches et pauvres sont peu courants car, sauf dans certaines circonstances, les pays pauvres ne sont pas assez unis politiquement ni assez puissants économiquement et militairement pour défier les pays riches. Le développement économique en Asie et en Amérique latine contredit la dichotomie simpliste entre les possédants et les autres. Les États riches pourraient se livrer des guerres commerciales ; les États pauvres pourraient se livrer des guerres violentes. Mais une guerre de niveau international entre le Sud pauvre et le Nord riche est aussi invraisemblable qu'un monde vivant dans le bonheur et l'harmonie.

La version culturelle de cette vision dichotomique du monde est encore moins opératoire. À un certain niveau, l'Occident est une entité homogène. Cependant, qu'y a-t-il de commun entre les sociétés non occidentales sinon le fait qu'elles sont non occidentales ? Les sociétés japonaise, chinoise, hindoue, musulmane et africaine n'ont pas grand-chose en commun en termes de religion, de structures sociales, d'institutions et de valeurs dominantes. L'unité du monde non occidental et la dichotomie Orient/Occident sont des mythes créés par l'Occident. Ils souffrent des mêmes maux que l'orientalisme, que critique à juste titre Edward Said parce qu'il présuppose « la différence entre le familier (l'Europe, l'Occident, « nous ») et l'étranger (l'Orient, l'Est, « eux »), la supériorité intrinsèque du premier sur le second[10] ». Durant la guerre froide, le monde était en majeure partie polarisé selon un spectre idéologique. Cependant, il n'existe pas de spectre culturel unique. La polarisation de « l'Occident » et de « l'Orient » est, culturellement parlant, en partie due à la tendance généralisée et néfaste à appeler civilisation occidentale la civilisation européenne. Au lieu d'opposer « l'Orient et l'Occident », on devrait plutôt dire « l'Occident et le reste du monde ». Cela impliquerait au moins qu'il existe plusieurs façons de ne pas être occidental. Le monde est trop complexe pour qu'il soit opératoire de le considérer comme divisé économiquement entre le Nord et le Sud, et culturellement entre l'Occident et l'Orient.

### CENT QUATRE-VINGT-QUATRE ÉTATS ENVIRON

D'après la théorie « réaliste » des relations internationales, les États sont les acteurs majeurs, et même les seuls importants, dans les affaires mondiales ; or les relations entre États relèvent de l'anarchie. Dès lors, pour assurer leur survie et leur sécurité, les États s'efforcent immanquablement de maximiser leur puissance. Si un État constate qu'un autre est en train d'accroître sa puissance et peut donc devenir une menace potentielle, il s'efforce de protéger sa sécurité en accroissant sa propre puissance et/ou en s'alliant à d'autres États. Ces hypothèses permettent de prédire les intérêts et les actions des cent quatre-vingt-quatre États environ qui existent dans le monde d'après la guerre froide[11].

Cette image « réaliste » du monde constitue un bon point de départ pour analyser les affaires internationales et explique une bonne part du comportement des États. Ces derniers sont et demeureront les entités dominantes des affaires mondiales. Ils entretiennent des armées, conduisent la diplomatie, négocient des traités, livrent des guerres, contrôlent des organisations internationales, influencent et façonnent considérablement la production et le commerce. Les gouvernements des États ont pour priorité d'assurer la sécurité extérieure de leurs ressortissants (bien qu'ils puissent souvent faire primer leur propre sécurité en tant que gouvernements contre des menaces intérieures). Surtout, ce paradigme étatique donne une image bien plus réaliste et opératoire de la politique globale que les paradigmes unitaire et binaire.

Pour autant, ses limites sont importantes.

Il suppose en effet que tous les États perçoivent de la même façon leurs intérêts et agissent de la même façon. Pour comprendre le comportement des États, l'hypothèse selon laquelle « la puissance est tout » constitue un point de départ ; mais elle ne mène pas loin. Bien sûr, ils tentent souvent de préserver l'équilibre des forces, mais si c'était là tout leur rôle, les pays d'Europe occidentale se seraient unis autour de l'Union soviétique contre les États-Unis à la fin des années quarante. Les États répondent d'abord aux menaces qu'ils perçoivent. À cette époque, les États d'Europe occidentale ont compris qu'une menace politique, idéologique et militaire pesait sur eux en provenance de l'Est. Ils ont vu leur intérêt d'une façon que la théorie réaliste classique n'aurait pu prédire. Les valeurs, la culture et les institutions influencent grandement la façon dont les États définissent leurs intérêts. Ces derniers sont aussi façonnés non seulement par les valeurs et les institutions domestiques, mais encore par les normes et les institutions internationales. Outre leur souci prioritaire pour la sécurité, différents types d'États définissent leurs intérêts de différentes manières. Des États qui ont une culture et des institutions similaires ont des intérêts communs. Des États démocratiques ont des points communs avec d'autres États démocratiques. Ils n'entrent donc pas en conflit les uns avec les autres. Le Canada n'a pas besoin de s'allier avec une autre puissance afin d'éviter d'être envahi par les États-Unis.

À un niveau élémentaire, les hypothèses sur lesquelles repose le paradigme étatique se sont avérées tout au long de l'histoire. Cependant, elles ne nous aident pas à comprendre les différences entre la politique globale après la guerre froide et la politique globale avant et pendant. Et pourtant, il existe bel et bien des différences. Les États poursuivent des intérêts divergents selon les périodes. Dans le monde d'après la guerre froide, ils définissent de plus en plus ces intérêts en termes civilisationnels. Ils coopèrent et s'allient avec des États qui ont une culture similaire ou commune et entrent plus souvent en conflit avec des pays qui ont une culture différente. Les États définissent leurs intérêts d'après les intentions des autres, et ces dernières, ainsi que la façon dont elles sont perçues, sont influencées par des considérations culturelles. Le public et les dirigeants sont moins enclins à voir une menace chez des gens qu'ils estiment comprendre et à qui ils pensent pouvoir faire confiance parce qu'ils partagent la même langue, la même religion, les mêmes valeurs, les mêmes institutions, la même culture. Ils sont bien plus enclins à voir une menace dans des États à la culture différente qu'ils n'estiment donc pas comprendre et en qui ils n'ont pas confiance. Désormais, l'Union soviétique ne représente plus un danger pour le monde libre et les États-Unis une menace pour le monde communiste. D'un côté comme de l'autre, de nombreux pays voient surgir des menaces émanant de sociétés qui sont culturellement différentes.

Les États restent les acteurs majeurs dans les affaires du monde. Ils perdent cependant de leur souveraineté, de leurs prérogatives, de leur puissance. Des institutions internationales ont désormais le droit de juger et de réguler l'action des États à l'intérieur de leur propre territoire. Dans certains cas, surtout en Europe, elles ont acquis des fonctions importantes, assurées auparavant par les États, et une bureaucratie internationale puissante a été créée qui agit directement sur la vie individuelle des citoyens. Globalement, les gouvernements tendent à perdre du pouvoir, lequel est de plus en plus dévolu à des entités infra-étatiques, régionales, provinciales et locales. Dans de nombreux États, dont ceux du monde développé, des mouvements régionalistes font entendre des revendications autonomistes ou sécessionnistes. Les gouvernements des États ont dans une large mesure perdu le contrôle des flux monétaires à l'intérieur et hors de leur pays, et ils ont de plus en plus de mal à contrôler la circulation des idées, des technologies, des biens et des personnes. En résumé, les frontières entre les États sont de plus en plus perméables. C'en est fini de l'État « boule de billard » qui était considéré comme la norme depuis le traité de Westphalie en 1648 [12]. Un ordre international varié, complexe, multilinéaire émerge, et il ressemble de plus en plus à ce qui avait cours au Moyen Âge.

## UN PUR CHAOS

L'affaiblissement des États et, dans certains cas, leur échec accréditent une quatrième image, celle d'un monde réduit à l'anarchie. Ce paradigme s'appuie sur le déclin de l'autorité gouvernementale, l'explosion de certains États, l'intensification des conflits tribaux, ethniques et religieux, l'émergence de mafias criminelles internationales, le fait que les réfugiés se comptent par dizaines de millions, la prolifération des armes de destruction massive, nucléaires ou autres, l'expansion du terrorisme, la persistance des massacres et des nettoyages ethniques. Les titres de deux ouvrages pénétrants publiés en 1993 reflètent bien cette image du monde sombrant dans le chaos : *Out of Control* de Zbigniew Brzezinski et *Pandæmonium* de Daniel Patrick Moynihan [13].

Comme le paradigme étatique, le paradigme chaotique est proche de la réalité. Il donne une vision imagée et précise d'une bonne partie de ce qui se produit effectivement dans le monde. À la différence du paradigme étatique, il rend compte des changements significatifs qui ont eu lieu depuis la fin de la guerre froide. Par exemple, au début de l'année 1993, quarante-huit conflits ethniques faisaient rage à travers le monde sans compter les cent soixante-quatre « revendications et conflits ethniques et territoriaux concernant des frontières » qui agitaient l'ex-Union soviétique. Trente impliquaient un conflit armé [14]. Cependant, ce modèle est inférieur au paradigme étatique en ce qu'il est trop proche de la réalité. Le monde est peut-être chaotique, mais il ne va pas sans un certain ordre. Considérer que tout n'est qu'anarchie et indifférenciation ne donne pas de clés pour comprendre le monde, pour ordonner les événements et évaluer leur importance, pour prédire les grandes tendances à l'œuvre dans cette anarchie, pour distinguer des types différents de chaos ainsi que leurs causes et leurs conséquences, lequelles peuvent être différentes, ni pour fournir des repères aux politiques.

## *Comparer des mondes : réalisme, parcimonie et prédictions*

Chacun de ces quatre modèles associe de manière différente les principes de réalisme et de parcimonie. Chacun a ses défauts et ses limites. Pour sortir de cette situation, on pourrait imaginer de combiner ces paradigmes, en supposant, par exemple, que le monde est simultanément en butte à des processus de fragmentation et d'intégration [15]. Ces deux tendances sont bien sûr présentes. En outre, un modèle plus complexe approchera plus la réalité qu'un modèle simple. Toutefois, voilà qui sacrifierait le principe de parcimonie au détriment du principe de réalité et, poussé à l'extrême, conduirait à rejeter tout paradigme et même toute théorie. Qui plus est, en voulant embrasser deux tendances opposées simultanées, le paradigme fragmentation/intégration ne parvient pas à révéler dans quelles circonstances prévaut l'une ou l'autre d'entre elles. Or le défi auquel nous sommes confrontés consiste justement à concevoir un paradigme qui rende compte d'événements décisifs et permette de comprendre les tendances mieux que d'autres paradigmes d'un niveau voisin d'abstraction intellectuelle.

Ces quatre paradigmes sont en outre incompatibles les uns avec les autres. Il ne peut y avoir simultanément un seul et même monde et une coupure entre l'Est et l'Ouest, le Nord et le Sud. De même, les États-nations ne peuvent constituer la base des affaires nationales s'ils sont en pleine décomposition et en butte à la contestation civile. Soit le monde est un, soit il est dual, soit il est divisé en cent quatre-vingt-quatre États, soit il est atomisé en un nombre potentiellement infini de tribus, de groupes ethniques et de nationalités.

Considérer que le monde est formé de sept ou huit civilisations permet d'éviter nombre de ces difficultés. Cela ne conduit pas, comme les paradigmes unitaire et dichotomique, à sacrifier le principe de réalité au principe de parcimonie ; cela ne conduit pas non plus, comme les paradigmes étatique et chaotique, à sacrifier le principe de parcimonie au principe de réalité. Cela donne un schéma clair pour comprendre le monde et pour distinguer ce qui est important de ce qui ne l'est pas parmi les multiples conflits qui ont lieu, pour prédire les évolutions futures et pour fournir des repères aux politiques. Ce schéma repose sur et intègre des éléments empruntés aux autres paradigmes, et il est plus compatible avec eux qu'aucun d'entre eux ne l'est avec les autres. L'approche en termes de civilisation, par exemple, soutient que :

— les forces d'intégration dans le monde sont bien réelles et équilibrent les tendances naissantes à l'affirmation culturelle et à la prise de conscience civilisationnelle ;

— le monde, en un sens, est dual, mais la distinction centrale oppose l'actuelle civilisation dominante, l'Occident, et toutes les autres, lesquelles cependant ont bien peu en commun. En résumé, le monde est divisé en une entité occidentale et une multitude d'entités non occidentales ;

— les États-nations sont et demeureront les acteurs majeurs en matière internationale, mais leurs intérêts, leurs alliances et leurs conflits les uns avec les autres sont de plus en plus influencés par des facteurs culturels et civilisationnels ;

— le monde est anarchique, en butte aux conflits tribaux et nationaux, mais les conflits qui représentent les dangers les plus grands pour la stabilité opposent des États ou des groupes appartenant à différentes civilisations.

Le paradigme civilisationnel développe une grille de lecture relativement simple pour comprendre le monde à la fin du XX^e^ siècle. Aucun paradigme, toutefois, n'est valide pour toujours. Le modèle politique hérité de la guerre froide a été utile et pertinent pendant quarante ans, mais il est devenu obsolète à la fin des années quatre-vingt. À un moment donné, le paradigme civilisationnel connaîtra le même sort. Pour notre époque, cependant, c'est un guide utile. Près de la moitié des quarante-huit conflits qui faisaient rage au début de 1993, par exemple, opposaient des groupes issus de civilisations différentes. S'ils adoptaient l'optique civilisationnelle, le secrétaire général de l'ONU et le secrétaire d'État américain devraient concentrer leurs efforts pour la paix sur ces conflits, car ceux-ci risquent nettement plus que les autres de dégénérer en guerres élargies.

Les paradigmes permettent également la prédiction. Un test décisif mettant en évidence la validité et l'opérativité d'un paradigme consiste à tenter de vérifier dans quelle mesure les prédictions qui en dérivent sont plus précises que celles qu'on peut tirer de paradigmes opposés. En s'appuyant sur le paradigme étatique, John Mearsheimer a ainsi soutenu que « la situation entre la Russie et l'Ukraine est mûre pour qu'éclate entre elles un conflit de sécurité. De grandes puissances que ne sépare pas une longue frontière naturelle, comme c'est le cas pour l'Ukraine et la Russie, craignent pour leur sécurité et en viennent donc souvent à devenir concurrentes. La Russie et l'Ukraine devraient dépasser cette dynamique et apprendre à vivre en harmonie, mais il serait étonnant qu'elles y parviennent[16] ». À l'inverse, l'approche civilisationnelle met l'accent sur les liens culturels, personnels et historiques qui unissent la Russie et l'Ukraine et le mélange de Russes et d'Ukrainiens qui vivent dans les deux pays. Elle attire l'attention sur la frontière civilisationnelle qui sépare l'Ukraine orthodoxe à l'est de l'Ukraine uniate à l'ouest. Mearsheimer, conformément à la théorie « réaliste » de l'État en tant qu'entité unifiée et séparée, néglige totalement cette donnée historique ancienne. Tandis que l'approche étatique évoque la possibilité d'une guerre russo-ukrainienne, l'approche civilisationnelle montre qu'elle est peu vraisemblable. Au lieu de cela, il est possible que l'Ukraine se divise en deux. Les facteurs culturels qui expliquent cette éventuelle séparation conduisent à prédire qu'elle serait plus violente que celle qu'a connue la Tchécoslovaquie, mais moins sanglante que l'éclatement de la Yougoslavie. Ces différentes prédictions, à leur tour, induisent différentes priorités politiques. Les prédictions de Mearsheimer quant à une possible guerre de conquête de l'Ukraine par la Russie le conduisent à approuver le fait que l'Ukraine dispose d'armes atomiques. L'approche civilisationnelle, quant à elle, inciterait plutôt à favoriser la coopération entre les deux pays, à pousser l'Ukraine à renoncer aux armes atomiques, à mettre en place une aide économique significative et d'autres mesures permettant de préserver l'unité et l'indépendance de l'Ukraine, et enfin à prévoir un plan d'urgence en cas d'éclatement de l'Ukraine.

Nombreuses ont été, depuis la fin de la guerre froide, les évolutions qui peuvent s'interpréter à la lumière du paradigme civilisationnel et qui auraient pu en être déduites. On citera notamment : l'éclatement de l'Union soviétique et de la Yougoslavie ; les guerres qui ont encore lieu sur leurs anciens territoires ; la montée du fondamentalisme religieux partout dans le monde ; les luttes identitaires en Russie, en Turquie, au Mexique ; l'intensité des conflits commerciaux entre les États-Unis et le Japon ; la résistance des États islamistes à la pression occidentale en Irak et en Libye ; les efforts accomplis par les États islamistes et confucéens pour acquérir des armes nucléaires ainsi que les moyens de les utiliser ; la persistance de la Chine à jouer le rôle d'« outsider » face aux grandes puissances ; la consolidation de régimes démocratiques nouveaux dans certains pays, mais pas dans d'autres ; le développement de la course aux armements en Extrême-Orient.

La pertinence du paradigme civilisationnel au regard du monde nouveau qui naît est attestée par les événements survenus au cours d'une période de six mois durant l'année 1993 :

— la poursuite et l'intensification de la lutte entre Croates, musulmans et Serbes dans l'ex-Yougoslavie ;

— l'échec de l'Ouest à soutenir de façon significative les musulmans de Bosnie ou à dénoncer, comme ce fut le cas pour les atrocités perpétrées par les Serbes, celles qui ont été commises par les Croates ;

— la réticence de la Russie à se joindre aux autres membres du Conseil de sécurité de l'ONU pour forcer les Serbes de Croatie à faire la paix avec le gouvernement croate et l'offre par l'Iran et par d'autres nations musulmanes d'envoyer dix-huit mille hommes pour protéger les musulmans de Bosnie ;

— l'intensification de la guerre entre Arméniens et Azéris, la volonté manifeste de l'Iran et de la Turquie d'exiger des Arméniens qu'ils abandonnent leurs conquêtes, le déploiement de troupes turques à la frontière de l'Azerbaïdjan et de troupes iraniennes en territoire azéri, l'annonce par la Russie que l'action de l'Iran contribue à « l'escalade de la violence » et pourrait conduire à « une internationalisation du conflit » ;

— la persistance des combats en Asie centrale entre les troupes russes et les *mujahedeen* ;

— la confrontation, à la conférence de Vienne sur les droits de l'homme, entre l'Ouest, mené par le secrétaire d'État américain Warren Christopher, qui dénonçait « le relativisme culturel », et une coalition de pays musulmans et confucéens qui rejetait « l'universalisme occidental » ;

— du côté russe comme au sein de l'OTAN, le retour en grâce chez les experts en questions de sécurité de l'idée selon laquelle « la menace vient du Sud » ;

— le vote, à l'évidence pour des raisons de civilisation, en faveur de Sydney plutôt que de Pékin pour l'organisation des Jeux olympiques de l'an 2000 ;

— la vente de composants de missiles par la Chine au Pakistan, les sanctions américaines contre la Chine qui en ont résulté et les dissensions entre la Chine et les États-Unis sur d'éventuelles livraisons de technologie nucléaire à l'Iran ;

— la rupture du moratoire et les essais nucléaires menés par la Chine, malgré les vives protestations américaines, et le refus par la Corée du Nord de participer à des négociations sur son programme nucléaire ;

— la révélation que le Département d'État américain menait en fait une politique de « double *containment* » vis-à-vis de l'Iran et de l'Irak ;

— l'annonce par le ministère de la Défense américain du fait que les États-Unis se préparaient à deux « conflits régionaux majeurs », contre la Corée du Nord et contre l'Iran ou l'Irak ;

— l'appel par le président iranien en faveur d'une alliance avec la Chine et l'Inde afin d'« avoir le dernier mot en matière internationale » ;

— la nouvelle législation allemande réduisant drastiquement l'accueil de réfugiés ;

— l'accord entre le président russe Eltsine et le président ukrainien Kravtchouk sur la flotte de la mer Noire et sur d'autres problèmes ;

— le bombardement de Bagdad par les États-Unis, son soutien virtuellement unanime par les gouvernements occidentaux et sa condamnation par presque tous les gouvernements musulmans, lesquels y ont vu un exemple de la politique occidentale du « deux poids, deux mesures » ;

— le fait que le Soudan soit considéré par les États-Unis comme un État terroriste et que l'Égyptien Cheikh Omar Abdel Rahman et ses partisans soient accusés de mener « une guerre de terrorisme urbain contre les États-Unis » ;

— les projets poussés d'admission éventuelle de la Pologne, de la Hongrie, de la République tchèque et de la Slovaquie dans l'OTAN ;

— l'élection présidentielle russe de 1993, qui démontre que la Russie est un pays « déchiré », avec une population et des élites qui ne savent pas si elles doivent rejoindre ou défier l'Occident.

On pourrait dresser une liste comparable d'événements attestant la pertinence du paradigme civilisationnel pour presque toutes les périodes de six mois au début des années quatre-vingt-dix.

Au commencement de la guerre froide, l'homme d'État canadien Lester Pearson a prédit avec préscience la résurgence et la revitalisation future des sociétés non occidentales. « Il serait absurde, indiquait-il en forme d'avertissement, d'imaginer que ces nouvelles sociétés politiques qui naissent à l'Est seront la réplique de celles que nous connaissons à l'Ouest. La renaissance de ces civilisations anciennes prendra de nouvelles formes [17]. » La bipolarité durablement à l'œuvre pendant la guerre froide a retardé les évolutions que Pearson voyait venir. La fin de la guerre froide, quant à elle, a libéré les forces culturelles et civilisationnelles qu'il avait identifiées dans les années cinquante. Un grand nombre de chercheurs et d'observateurs ont aujourd'hui identifié et mis en lumière le rôle nouveau que jouent ces facteurs dans la politique globale [18]. Comme l'écrivait avec sagesse Fernand Braudel, « pour toute personne qui s'intéresse au monde contemporain et à plus forte raison qui veut agir sur ce monde, il est "payant" de savoir reconnaître sur une mappemonde quelles civilisations existent aujourd'hui, d'être capable de définir leurs frontières, leur centre et leur périphérie, leurs provinces et l'air qu'on y respire, les formes générales et particulières qui existent et qui s'associent en leur sein. Autrement, quelle catastrophique confusion de perspective pourrait s'ensuivre [19] ».

CHAPITRE 2

# Les civilisations hier et aujourd'hui

## *La nature des civilisations*

L'histoire des hommes, c'est l'histoire des civilisations. Il est impossible de concevoir autrement l'évolution de l'humanité, depuis les anciennes civilisations sumérienne et égyptienne jusqu'aux civilisations chrétienne et musulmane, en passant par les civilisations classique et méso-américaine, et par les civilisations chinoise et hindoue sous leurs différentes formes. Ce sont ces diverses civilisations qui ont fourni aux hommes leurs principaux critères d'identification à travers l'histoire. Dès lors, leurs origines, leur émergence, leur croissance, leurs interactions, leurs réussites, leur déclin et leur chute ont été étudiés en profondeur par des historiens, des sociologues, des anthropologues éminents, notamment Max Weber, Émile Durkheim, Oswald Spengler, Pitirim Sorokin, Arnold Toynbee, Alfred Weber, Alfred L. Kroeber, Philip Bagby, Carroll Quigley, Rushton Coulborn, Christopher Dawson, Shmuel N. Eisenstadt, Fernand Braudel, William H. McNeill, Adda Bozeman, Immanuel Wallerstein et Felipe Fernandez Armesto[1]. Tous ces auteurs, et d'autres encore, ont produit une foule d'écrits consacrés à l'analyse comparée des civilisations. Les différences de perspective, de méthode, de grille de lecture et d'attention accordées à tel ou tel point sont évidemment nombreuses. Cependant, il existe un consensus sur certains principes concernant la nature, l'identité et la dynamique des civilisations.

Tout d'abord, on distingue généralement « civilisation » au singulier et « civilisations » au pluriel. L'idée de civilisation a été introduite au XVIIIe siècle par les penseurs français en opposition au concept de « barbarie ». Selon eux, la société civilisée diffère de la société primitive en ce qu'elle repose sur des institutions, se développe dans des villes et repose sur un degré plus ou moins grand d'éducation. Être civilisé serait bien, ne pas l'être serait mal. Le concept de civilisation a fourni une norme et, durant tout le XIXe siècle, les Européens ont déployé beaucoup d'énergie intellectuelle, diplomatique et politique à concevoir des critères servant à évaluer si les sociétés non occidentales étaient assez « civilisées » pour être acceptées comme membres du système international dominé par l'Europe. En même temps, on s'est petit à petit mis à parler de civilisations au pluriel. Cela supposait de « renoncer à définir la civilisation comme un idéal ou plutôt comme l'idéal » et de rompre avec l'idée qu'il existerait une seule norme de la civilisation, « restreinte à un petit nombre de peuples ou de groupes constituant l'"élite" de l'humanité », selon la formule de Braudel. Il y aurait en fait plusieurs civilisations, chacune étant civilisée à sa façon. Le terme « civilisation » utilisé au singulier a ainsi « perdu de sa superbe ». Une civilisation, au sens pluriel, pourrait en fait ne pas être civilisée au sens singulier du terme[2].

Les civilisations au pluriel constituent le sujet de ce livre. Cependant, la distinction entre le singulier et le pluriel demeure pertinente. L'idée de civilisation au singulier réapparaît quand on prétend que le monde constitue une seule et même civilisation universelle. Cette conception n'est pas défendable, mais il est utile d'examiner, comme on le fera dans le dernier chapitre de ce livre, si oui ou non les civilisations deviennent plus civilisées.

Deuxièmement, une civilisation est une entité culturelle. Sauf en Allemagne. Les penseurs allemands du XIXe siècle ont nettement distingué la civilisation, qui inclut la mécanique, la technologie, ainsi que d'autres facteurs matériels, de la culture, laquelle implique les valeurs, les idéaux, les caractéristiques intellectuelles et morales d'une société. Cette distinction demeure vivante dans la pensée allemande, mais elle n'est pas admise partout. Certains anthropologues l'ont même renversée. Pour eux, les sociétés primitives, stables et non urbaines sont caractérisées par la culture, tandis que les sociétés plus complexes, développées, urbaines et dynamiques forment des civilisations. Toutefois, cet effort pour distinguer culture et civilisation n'a pas pris et, hors d'Allemagne, le consensus est général pour penser, avec Fernand Braudel, qu'« il est illusoire de vouloir à la façon allemande séparer la culture de ses fondements dans la civilisation[3] ».

Civilisation et culture se réfèrent à la manière de vivre en général. Une civilisation est une culture au sens large. Ces deux termes incluent « les valeurs, les normes, les institutions et les modes de pensée auxquels des générations successives ont, dans une société donnée, attaché une importance cruciale[4] ». Une civilisation est, selon Braudel, « un espace, une "région culturelle", une collection de traits et de phénomènes culturels ». Wallerstein y voit « une concaténation bien déterminée de visions du monde, de coutumes, de structures et de culture (au sens matériel aussi bien que plus élevé) formant une sorte de tout historique et coexistant (bien que pas toujours en même temps) avec d'autres variétés de ce phénomène ». Une civilisation est, selon Dawson, le produit d'« un processus original de créativité culturelle qui est l'œuvre d'un peuple particulier », tandis que, pour Durkheim et Mauss, c'est « une sorte de milieu moral englobant un certain nombre de nations, chaque culture nationale n'étant qu'une forme particulière du tout ». Pour Spengler, la civilisation est « le *destin* inévitable de la Culture [...], le degré de développement le plus extérieur et le plus artificiel dont l'humanité est capable [...], une conclusion, le produit succédant à la production ». La culture est l'élément commun à toutes les définitions possibles de la civilisation [5].

Les éléments culturels clés qui définissent une civilisation ont été posés dans leur forme classique par les Athéniens quand ils ont voulu rassurer les Spartiates sur le fait qu'ils ne les trahiraient pas en faveur des Perses :

> Même si nous en avions la tentation, beaucoup de considérations puissantes nous en empêcheraient. Tout d'abord et surtout, les images et les statues des dieux ont été brûlées et réduites en pièces : cela mérite vengeance, de toutes nos forces. Il n'est pas question de s'entendre avec celui qui a perpétré de tels forfaits. Deuxièmement, la race grecque est du même sang, parle la même langue, partage les mêmes temples et les mêmes sacrifices ; nos coutumes sont voisines. Trahir tout cela serait un crime pour les Athéniens [6].

Le sang, la langue, la religion, la manière de vivre : voilà ce que les Grecs avaient en commun et ce qui les distinguait des Perses et des autres non-Grecs. Mais, de tous les éléments objectifs qui définissent une civilisation, le plus important est en général la religion, comme le soulignaient les Athéniens. Dans une large mesure, les principales civilisations se sont identifiées au cours de l'histoire avec les grandes religions du monde. Au contraire, des populations faisant partie de la même ethnie et ayant la même langue, mais pas la même religion, peuvent s'opposer, comme c'est le cas au Liban, dans l'ex-Yougoslavie et dans le subcontinent indien [7].

La division des populations en civilisations caractérisées de façon culturelle correspond de façon significative à leur division en races d'après des données physiques. Cependant, civilisation et race ne sont pas la même chose. Des populations de même race peuvent être divisées par la civilisation ; des populations de même race peuvent être unies par la civilisation. En particulier, les grandes religions prosélytes, le christianisme et l'islam, regroupent des sociétés relevant de différentes races. Les distinctions cruciales entre groupes humains concernent leurs valeurs, leurs croyances, leurs institutions et leurs structures sociales, non leur taille physique, la forme de leur crâne ni leur couleur de peau.

Troisièmement, les civilisations sont englobantes, c'est-à-dire qu'aucune de leurs composantes ne peut être comprise sans référence à la civilisation qui les embrasse. Les civilisations, comme le soutient Toynbee, « englobent sans être englobées par les autres ». Et Melko de poursuivre en ces termes :

> Les civilisations se caractérisent par un haut degré d'intégration. Leurs parties se définissent par leurs relations aux autres et au tout. Si une civilisation est composée d'États, ceux-ci auront plus de relations les uns avec les autres qu'avec des États qui n'appartiennent pas à cette civilisation. Ils se battront plus entre eux et auront plus de relations diplomatiques. Ils seront plus interdépendants économiquement. Ils seront traversés par les mêmes courants esthétiques et philosophiques[8].

Une civilisation représente l'entité culturelle la plus large. Les villages, les régions, les groupes ethniques, les nationalités, les groupes religieux : tous ont des cultures différentes à différents niveaux d'hétérogénéité culturelle. La culture d'un village de l'Italie du Sud peut être différente de celle d'un village du Nord, mais tous deux ont en commun la culture italienne, laquelle les différencie des villages allemands. Des communautés européennes différentes, à leur tour, partagent des traits culturels qui les distinguent de communautés chinoises ou hindoues. Toutefois, les Chinois, les Hindous et les Occidentaux ne font pas partie d'une entité culturelle plus large. Ils forment des civilisations différentes. Une civilisation est ainsi le mode le plus élevé de regroupement et le niveau le plus haut d'identité culturelle dont les humains ont besoin pour se distinguer des autres espèces. Elle se définit à la fois par des éléments objectifs, comme la langue, l'histoire, la religion, les coutumes, les institutions, et par des éléments subjectifs d'auto-identification. L'identité comporte des niveaux : un habitant de Rome peut se définir de façon plus ou moins forte comme Romain, Italien, catholique, chrétien, Européen, Occidental. La civilisation à laquelle il appartient est le niveau d'identification le plus large auquel il s'identifie. Les civilisations sont les plus gros « nous » et elles s'opposent à tous les autres « eux ». Elles peuvent inclure une population importante, comme la civilisation chinoise, ou bien un tout petit nombre de personnes, comme les Caraïbes anglophones. Au cours de l'histoire, plusieurs petits groupes ont existé qui possédaient une culture distincte et aucune inscription culturelle plus large. On a fait des distinctions selon la taille et l'importance entre civilisations majeures et périphériques (Bagby) ou entre civilisations majeures et bloquées ou avortées (Toynbee). Ce livre traite de ce que l'on considère en général comme les civilisations majeures dans l'histoire.

Les civilisations n'ont pas de frontières clairement établies, ni de début et de fin précis. On peut toujours redéfinir son identité, de sorte que la composition et les formes des civilisations changent au fil du temps. Les cultures interagissent et se chevauchent. Les différences et les ressemblances entre cultures appartenant à différentes civilisations sont très variables. Les civilisations n'en sont pas moins des entités significatives et, alors même que les frontières entre elles sont rarement nettes, elles sont bien réelles.

Quatrièmement, les civilisations sont peut-être mortelles, mais elles ont la vie dure. Elles évoluent, s'adaptent et constituent les modes d'associations humaines les plus résistants. Ce sont des « réalités d'une extrême longue durée ». Leur « essence unique et particulière » réside dans leur « continuité historique durable. Une civilisation est en fait la plus longue des histoires ». Les empires naissent et meurent, les gouvernements vont et viennent, les civilisations restent et « survivent aux aléas politiques, sociaux, économiques et même idéologiques[9] ». « L'histoire internationale, conclut Bozeman, démontre la thèse selon laquelle les systèmes politiques ne sont que des expédients transitoires à la surface des civilisations et que le destin de chaque communauté unie par la langue et la moralité dépend fondamentalement de la survie de certaines idées structurantes de base autour desquelles les générations successives se sont rassemblées et qui symbolisent donc la continuité de la société[10]. » Toutes les civilisations majeures du XX<sup>e</sup> siècle existent depuis plus d'un millénaire ou, comme l'Amérique latine, sont le produit direct d'une autre civilisation ancestrale.

Les civilisations durent, mais elles évoluent aussi. Elles sont dynamiques ; elles naissent et meurent ; elles fusionnent et se divisent. N'importe quel étudiant en histoire sait qu'elles disparaissent aussi et se perdent dans les sables du temps. Les différentes séquences de cette évolution peuvent être appréhendées de diverses façons. Selon Quigley, les civilisations passent par sept étapes : le mélange, la gestation, l'expansion, l'âge du conflit, la domination universelle, le déclin et l'invasion. Pour Melko, le modèle du changement est le suivant : on passe d'un système féodal cristallisé à un système féodal évoluant vers un système étatique cristallisé pour en venir à un système étatique évoluant vers un système impérial cristallisé. Selon Toynbee, une civilisation s'épanouit en répondant à des défis et entre dans une période de croissance qui implique un contrôle accru sur son environnement de la part d'une minorité créative ; vient ensuite une époque de troubles qui fait émerger un État universel, puis c'est la désintégration. Malgré des différences importantes, toutes ces théories stipulent que les civilisations évoluent en passant d'une période de troubles ou de conflits à l'installation d'un État universel, avant de connaître le déclin et la désintégration[11].

Cinquièmement, puisque les civilisations sont des entités culturelles et non politiques, elles n'ont pas pour fonction de maintenir l'ordre, de dire le droit, de collecter les impôts, de mener des guerres, de négocier des traités, en un mot d'accomplir ce qui est la tâche des gouvernements. La composition politique des civilisations varie entre elles et selon le temps. Une civilisation peut englober une ou plusieurs unités politiques. Celles-ci peuvent être des cités-États, des empires, des fédérations, des confédérations, des États-nations ou des États multinationaux et elles adoptent des formes de gouvernement très diverses. Au fil de son évolution, le nombre et la nature des unités politiques qui composent une civilisation peuvent changer. À la limite, une civilisation et une entité politique peuvent coïncider. La Chine, selon Lucian Pye, est « une civilisation qui se veut un État[12] ». Le Japon, quant à lui, est une civilisation qui *est* un État. La plupart des civilisations, toutefois, contiennent plus d'un État ou d'une entité politique. Dans le monde moderne, la plupart des civilisations en regroupent au moins deux.

Enfin, les spécialistes s'accordent en général pour identifier les civilisations majeures d'hier et d'aujourd'hui. Mais ils s'opposent souvent sur le nombre total de celles-ci dans l'histoire. Quigley retient seize cas historiques clairs, plus huit autres probables. Toynbee a d'abord avancé le nombre de vingt et un, puis de vingt-trois ; pour Spengler, il y en aurait eu huit. McNeill analyse neuf civilisations dans toute l'histoire. Bagby en prend aussi en compte neuf, ou bien onze si on considère que le Japon et le monde orthodoxe se distinguent de la Chine et de l'Occident. Braudel en identifie neuf et Rostovanyi sept[13]. Ces différences dépendent en partie du fait de savoir si des groupes culturels comme les Chinois ou les Indiens ont formé au cours de l'histoire une seule civilisation ou bien deux, ou bien encore si deux civilisations ont été liées entre elles de façon intime, l'une d'elles étant le dérivé de l'autre. Malgré ces divergences, l'identité de ces grandes civilisations n'est pas contestée. « Il existe un consensus raisonnable », conclut Melko après étude de la bibliographie, sur le fait qu'il y a eu au moins douze grandes civilisations, dont sept n'existent plus (la Mésopotamie, l'Égypte, la Crète, la civilisation classique, la civilisation byzantine, l'Amérique centrale, les Andes), tandis que cinq subsistent (la Chine, le Japon, l'Inde, l'islam, l'Occident)[14]. Certains chercheurs considèrent aussi que la civilisation russe orthodoxe est distincte des civilisations byzantine et chrétienne d'Occident. À ces six civilisations, il convient pour notre propos d'ajouter aujourd'hui l'Amérique latine et peut-être l'Afrique.

Ainsi, les grandes civilisations contemporaines sont les suivantes.

### LA CIVILISATION CHINOISE (*sinic*)

Tous les spécialistes reconnaissent l'existence d'une civilisation chinoise distincte, qui daterait au moins de 1500 av. J.-C., voire de mille ans plus tôt, ou bien de deux civilisations chinoises, l'une ayant succédé à l'autre au cours des premiers siècles de l'ère chrétienne. Dans mon article de la revue *Foreign Affairs*, j'ai dénommé cette civilisation

« confucéenne ». Il est plus précis, toutefois, d'utiliser le terme « chinoise ». Le confucianisme est une des composantes majeures de la civilisation chinoise. Celle-ci ne se réduit pourtant pas au confucianisme et va bien au-delà de la Chine en tant qu'entité politique. Le terme « chinois » (*sinic*), qui a été utilisé par beaucoup de chercheurs, désigne de façon adéquate la culture commune de la Chine et des communautés chinoises qui vivent en Asie du Sud-Est et partout ailleurs hors de Chine, aussi bien que les cultures connexes du Viêt-nam et de la Corée.

### LA CIVILISATION JAPONAISE

Certains spécialistes regroupent les cultures japonaise et chinoise en une unique civilisation extrême-orientale. La plupart, cependant, reconnaissent plutôt que le Japon forme une civilisation distincte, dérivée de la civilisation chinoise et apparue entre 100 et 400 ap. J.-C.

### LA CIVILISATION HINDOUE

Depuis 1500 av. J.-C., on reconnaît généralement qu'une ou plusieurs civilisations ont existé dans le sous-continent indien. On les appelle indiennes ou hindoues, ce dernier terme étant préféré pour la plus récente d'entre elles. Sous différentes formes, l'hindouisme a joué un rôle central dans la culture indienne depuis le deuxième millénaire avant Jésus-Christ. « C'est davantage qu'une religion ou un système social ; c'est le noyau de la civilisation indienne[15]. » Il a continué à jouer ce rôle à l'époque moderne, même si l'Inde possède une importante communauté musulmane ainsi que plusieurs minorités culturelles moins nombreuses. Comme « chinoise », le terme « hindoue » permet de distinguer la civilisation de son État phare, ce qui est souhaitable lorsque, comme c'est ici le cas, la culture liée à la civilisation s'étend au-delà des limites de cet État.

### LA CIVILISATION MUSULMANE

Tous les grands spécialistes admettent l'existence d'une civilisation musulmane bien distincte. Né dans la péninsule arabique au VIIe siècle ap. J.-C., l'islam s'est étendu en Afrique du Nord, en Espagne, et à l'est, en Asie centrale, dans le sous-continent indien et en Asie du Sud-Est. En conséquence de quoi, on distingue au sein de l'islam plusieurs cultures ou sous-civilisations : l'arabe, la turque, la perse et la malaisienne.

### LA CIVILISATION OCCIDENTALE

L'apparition de la civilisation occidentale date de 700 ou 800 ap. J-C. Les spécialistes s'accordent pour penser qu'elle comprend trois grandes composantes : l'Europe, l'Amérique du Nord et l'Amérique latine.

### L'AMÉRIQUE LATINE

Celle-ci a cependant une spécificité par rapport à l'Occident. Bien qu'elle dérive de la civilisation européenne, l'Amérique latine a suivi une évolution différente de celle de l'Europe et de l'Amérique du Nord. Elle a une culture corporatiste et autoritaire, trait présent à un bien moindre degré en Europe et absente en Amérique du Nord. L'Europe et l'Amérique du Nord ont subi les effets de la Réforme et ont combiné culture catholique et culture protestante. Historiquement, bien que cela puisse changer, l'Amérique latine a été seulement catholique. La civilisation d'Amérique latine inclut, de plus, des cultures indigènes, lesquelles n'existaient pas en Europe et ont été éliminées en Amérique du Nord. Elles varient en importance selon qu'on se trouve, d'un côté, au Mexique, en Amérique centrale, au Pérou et en Bolivie et, de l'autre, en Argentine et au Chili. L'évolution politique et le développement économique en Amérique latine se sont écartés des schémas qui prévalent dans les pays de l'Atlantique Nord. Subjectivement, les Sud-Américains se distinguent entre eux par leur façon de s'identifier. Certains disent qu'ils font partie de l'Occident, d'autres qu'ils ont leur propre culture. Ces différences culturelles sont abondamment nourries par la littérature [16]. L'Amérique latine pourrait être considérée comme une sous-civilisation de la civilisation occidentale ou bien comme une civilisation distincte, liée à l'Occident et divisée sur la question de savoir si elle appartient ou non à l'Occident. Pour une analyse des implications politiques des civilisations, et notamment des relations entre l'Amérique latine d'une part et l'Europe et l'Amérique du Nord d'autre part, la seconde formulation est plus adaptée et plus opératoire.

L'Occident regroupe l'Europe, l'Amérique du Nord et les autres pays peuplés d'Européens, comme l'Australie et la Nouvelle-Zélande. Les relations entre les deux grands pans de l'Occident ont cependant changé à travers le temps. Pendant une grande partie de leur histoire, les Américains ont défini leur société en opposition à l'Europe. L'Amérique était une terre de liberté, d'égalité ; tout y devenait possible ; elle incarnait l'avenir. L'Europe, quant à elle, représentait l'oppression, les luttes de classes, les hiérarchies, l'arriération. L'Amérique, soutenait-on, formait même une civilisation à part. Cette supposée opposition entre Amérique et Europe résultait, dans une large mesure, au moins jusqu'à la fin du XIXe siècle, du fait que l'Amérique entretenait peu de contacts avec les civilisations non occidentales. Toutefois, dès que les États-Unis sont apparus sur la scène mondiale, le sentiment d'unité avec l'Europe s'est accru[17]. L'Amérique du XIXe siècle se sentait différente de l'Europe et opposée à elle ; l'Amérique du XXe siècle se définit comme européenne et, bien sûr, comme le chef de file d'une entité plus large, l'Occident.

Ce terme est aujourd'hui universellement utilisé pour désigner ce qu'on appelait jadis la chrétienté occidentale. C'est ainsi la seule civilisation qui se définit par son orientation dans l'espace et non par le nom d'un peuple, d'une religion ou d'un lieu géographique*. Cette identification abstrait la civilisation concernée de son contexte historique, géographique et culturel. Historiquement, la civilisation occidentale est européenne. À l'époque moderne, elle est euro-américaine. Sur une carte, on peut trouver l'Europe, l'Amérique et l'Atlantique Nord, pas l'Occident. Ce nom a aussi donné naissance au concept d'« occidentalisation » et a conduit à une confusion entre occidentalisation et modernisation : il est plus facile de dire que le Japon « s'occidentalise » que de dire qu'il « s'euro-américanise ». Cependant, on appelle en général « occidentale » la civilisation euro-américaine. Malgré ses défauts importants, c'est ce terme qui sera utilisé ici.

### LA CIVILISATION AFRICAINE (SI POSSIBLE)

À l'exception de Fernand Braudel, la plupart des grands spécialistes des civilisations ne reconnaissent pas la spécificité de la civilisation africaine. Le nord du continent africain et sa côte orientale relèvent de la civilisation musulmane. Historiquement, l'Éthiopie formait une civilisation à part. Ailleurs, l'impérialisme et les peuplements européens ont apporté des éléments de la civilisation occidentale. En Afrique du Sud, les pionniers hollandais, français et anglais ont créé une culture européenne composite[18]. L'impérialisme européen a par ailleurs implanté le christianisme dans la majeure partie du continent africain situé au sud du Sahara. Dans toute l'Afrique dominent de

* L'usage de « Orient » et « Occident » pour désigner des lieux géographiques est confus et ethnocentriste. « Nord » et « Sud » ont des référents universellement admis : les pôles. Pas l'« Orient » et l'« Occident ». La question est : à l'est ou à l'ouest de quoi ? Tout dépend de là où on se trouve. « Orient » et « Occident » se référaient peut-être à l'origine aux versants orientaux et occidentaux de l'Eurasie. D'un point de vue américain, toutefois, l'Extrême-Orient est en fait l'Extrême-Occident. Pendant la plus grande partie de l'histoire chinoise, l'« Occident » signifiait l'Inde, tandis qu'« au Japon, "l'Occident" désignait en général la Chine ». William E. Naff, « Reflection on the Question of "East and West" from the Point of View of Japan », *Comparative Civilizations Review*, 13-14, automne 1985 et été 1986, p. 228.

fortes identités tribales, mais les Africains développent aussi un sentiment d'identité africaine, de sorte qu'on peut penser que l'Afrique subsaharienne pourrait s'assembler pour former une civilisation distincte dont le centre de gravité serait l'État d'Afrique du Sud.

La religion est l'un des critères de définition d'une civilisation et, comme l'écrivait Christopher Dawson, « les grandes religions sont les fondements des grandes civilisations[19] ». Parmi les cinq « religions du monde » selon Weber, quatre — le christianisme, l'islam, l'hindouisme et le confucianisme — sont associées à de grandes civilisations. Pas le bouddhisme. Pourquoi ? Tout comme l'islam et le christianisme, le bouddhisme s'est très tôt scindé en deux et, comme le christianisme, il n'a pas survécu sur sa terre d'origine. Né au Ier siècle ap. J.-C., le bouddhisme mahayana a été exporté en Chine, puis en Corée, au Viêt-nam et au Japon. Au sein de ces sociétés, il s'est adapté de différentes manières, il a été assimilé par les cultures indigènes (par exemple en Chine par le confucianisme et le taoïsme) et a disparu en tant que tel. Dès lors, quand bien même le bouddhisme reste une importante composante de ces cultures, ces sociétés ne forment pas une civilisation bouddhiste et ne se reconnaîtraient pas comme telles. Cependant, au Sri Lanka, en Birmanie, en Thaïlande, au Laos et au Cambodge, on peut noter qu'il existe ce qu'on pourrait appeler une civilisation bouddhiste theravada. En outre, les habitants du Tibet, de Mongolie et du Bhoutan ont historiquement adhéré à une variante du bouddhisme mahayana, celle des lamas, et forment une deuxième zone où prévaut la civilisation bouddhiste. Malgré tout, l'extinction virtuelle du bouddhisme en Inde aussi bien que son adaptation et son intégration à des cultures préexistantes en Chine et au Japon signifient que le bouddhisme, bien que ce soit une grande religion, n'a pas été à la base d'une grande civilisation[20,*].

---

* Et la civilisation juive ? Les spécialistes des civilisations la mentionnent peu. En termes démographiques, le judaïsme ne forme pas une grande civilisation. Toynbee la décrit comme une civilisation arrêtée qui a évolué à partir de l'ancienne civilisation syriaque. Elle est historiquement liée au christianisme et à l'islam, et pendant plusieurs siècles, les Juifs ont préservé leur identité culturelle au sein des civilisations occidentale, orthodoxe et musulmane. Avec la création d'Israël, ils ont acquis tous les signes extérieurs d'une civilisation : religion, langue, coutumes, littérature, institutions, entité géographique et politique. *Quid*, toutefois, de leur identification subjective ? Les Juifs qui vivent au sein d'autres cultures se répartissent selon une échelle qui va de l'identification absolue avec le judaïsme et Israël à un judaïsme formel et à une identification pleine et entière avec la civilisation au sein de laquelle ils résident, cas de figure qu'on observe toutefois surtout parmi les Juifs qui vivent en Occident. Voir Mordecai M. Kaplan, *Judaism as a Civilization*, Philadelphie, Reconstructionnist Press, 1981 ; publié originellement en 1934, p. 173-208.

## *Les relations entre civilisations*

### LES RENCONTRES : LES CIVILISATIONS AVANT 1500 AP. J.-C.

Les relations entre civilisations ont évolué dans le passé en deux phases. Elles en connaissent aujourd'hui une troisième. Pendant plus de trois mille ans après l'émergence des premières civilisations, les contacts étaient, à quelques exceptions près, inexistants ou restreints ou bien intermittents et intenses. Le mot « rencontre » que les historiens utilisent pour les décrire traduit bien leur nature[21]. Les civilisations étaient séparées par le temps et dans l'espace. Il n'en existait qu'un petit nombre en même temps et, selon Benjamin Schwartz et Shmuel Eisenstadt, les civilisations de l'époque axiale se distinguent fondamentalement de celles de l'époque préaxiale en ce qu'elles reconnaissent la distinction entre « les ordres transcendantaux et mondiaux ». Les civilisations de l'époque axiale, à la différence de celles qui les ont précédées, ont vu leurs mythes propagés par une classe intellectuelle distincte : « les prophètes et les prêtres juifs, les philosophes et les sophistes grecs, les lettrés chinois, les brahmanes hindous, les moines bouddhistes et les oulémas musulmans[22] ». Certaines régions ont connu deux ou trois civilisations affiliées, l'une déclinant et l'autre s'imposant après un interrègne. La figure 2.1 donne un schéma simplifié (d'après Carroll Quigley) des relations entre les grandes civilisations eurasiatiques à travers le temps.

Les civilisations étaient également séparées géographiquement. Jusqu'en 1500, les civilisations andine et méso-américaine n'ont eu aucun contact avec d'autres civilisations, même entre elles. Les civilisations antiques des vallées du Nil, du Tigre et de l'Euphrate, de l'Indus et du fleuve Jaune n'ont pas non plus interagi entre elles. Parfois, les contacts entre civilisations se sont noués à l'est de la Méditerranée, au sud-ouest de l'Asie et dans l'Afrique du Nord. Cependant, les communications et les échanges commerciaux étaient limités par les distances et par le manque de moyens de transport pour les franchir. Le commerce maritime a bien été pratiqué en Méditerranée et dans l'océan Indien, mais « les chevaux parcourant la steppe, plutôt que les vaisseaux traversant les océans, représentaient les moyens priviligiés grâce auxquels les grandes civilisations, dans le monde d'avant 1500 ap. J.-C., étaient liées entre elles — du moins pour autant qu'elles aient noué des contacts entre elles[23] ».

Les idées et les technologies ont été transmises d'une civilisation à l'autre, mais il a fallu souvent des siècles. La diffusion culturelle peut-être la plus importante qui ne soit pas passée par la conquête a proba-

**Figure 2.1 Civilisation de l'hémisphère occidental**

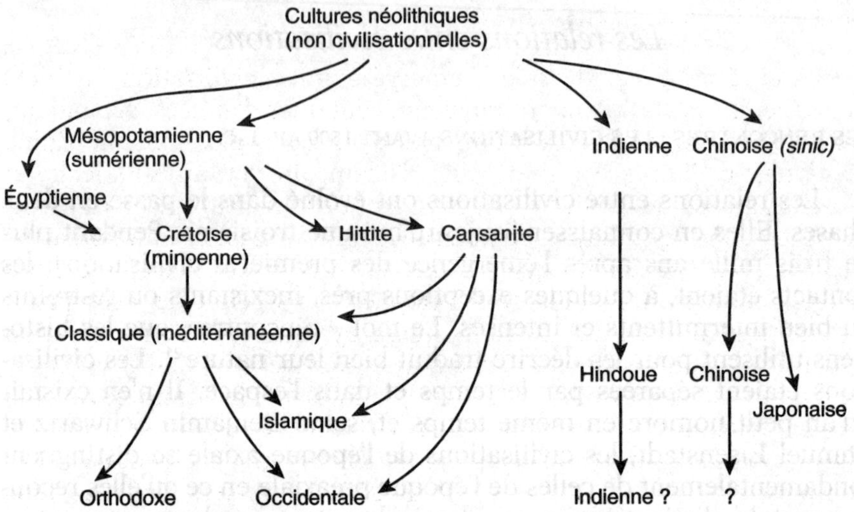


*Source :* Carroll Quigley, *The Evolution of Civilisations : An introduction to Historical Analysis*, Indianapolis, Liberty Press, 2e éd., 1979, p. 83.

blement été l'expansion du bouddhisme en Chine, près de six ans après son apparition dans l'Inde du Nord. L'imprimerie a été inventée en Chine au VIIIe siècle ap. J.-C. et les caractères mobiles au XIe siècle, mais cette technologie n'a atteint l'Europe qu'au XVIe siècle. Le papier a été créé en Chine au IIe siècle av. J.-C., est arrivé au Japon au VIIe siècle et s'est diffusé plus à l'ouest en Asie centrale au VIIIe siècle, en Afrique du Nord au Xe, en Espagne au XIIe et en Europe du Nord au XIIIe siècle. Autre invention chinoise, datant du IXe siècle, la poudre atteint les Arabes quelques siècles après et a atteint l'Europe au XIVe siècle[24].

Les contacts les plus dramatiques et les plus significatifs entre civilisations ont eu lieu quand des peuples appartenant à l'une d'entre elles ont conquis et éliminé des peuples appartenant à une autre. Ces contacts n'étaient pas seulement violents, ils étaient aussi brefs et intermittents. C'est ainsi qu'à partir du VIIe siècle ap. J.-C. des contacts intercivilisationnels assez soutenus et même parfois intenses se sont développés entre l'islam et l'Occident, et entre l'islam et l'Inde. La plupart des interactions commerciales, culturelles et militaires avaient cependant lieu à l'intérieur des civilisations. L'Inde et la Chine, par exemple, ont été envahies et soumises par d'autres peuples, les Huns et les Mongols, mais ces deux civilisations ont aussi connu de longues périodes d'« état de guerre » en leur sein même. Ainsi, les Grecs se sont battus et ont fait du commerce entre eux bien plus souvent qu'avec les Perses ou d'autres non-Grecs.

### L'INFLUENCE : LA MONTÉE DE L'OCCIDENT

La chrétienté occidentale a émergé comme civilisation distincte aux VIIIe et IXe siècles. Pendant plusieurs centaines d'années, cependant, son niveau a stagné loin derrière celui d'autres civilisations. La Chine des dynasties T'ang, Sung et Ming, l'islam, du VIIIe au XIIe siècle, et Byzance, du VIIIe au XIe siècle, surpassaient de loin l'Europe en richesse, en extension géographique, en puissance militaire, en production artistique, littéraire et scientifique[25]. Entre le XIe et le XIIIe siècle, la culture européenne a commencé à se développer, sous l'effet de « l'emprunt systématique à la culture musulmane et byzantine, et de l'adaptation de cet héritage au contexte particulier et aux besoins de l'Occident ». Pendant la même période, la Hongrie, la Pologne, la Scandinavie et la côte baltique se sont converties au christianisme ; elles ont adopté le droit romain et d'autres aspects de la civilisation « occidentale ». Les frontières orientales de l'Occident se sont stabilisées pour ne plus connaître de changement significatif par la suite. Aux XIIe et XIIIe siècles, les Occidentaux se sont battus pour étendre leur mainmise sur l'Espagne et ont acquis l'hégémonie de fait sur la Méditerranée. La montée en puissance de la Turquie a cependant ébranlé « le premier empire européen[26] ». Pour autant, en 1500, la renaissance de la culture européenne était en marche, et le pluralisme social, l'extension du commerce et le progrès technologique ont jeté les bases d'unc nouvelle ère pour la politique globale.

Aux rencontres multidirectionnelles intermittentes ou limitées entre civilisations a succédé l'influence soutenue, puissante et unidirectionnelle de l'Occident sur les autres civilisations. La fin du XVe siècle a vu se produire la reconquête complète de la péninsule ibérique reprise aux Maures, les débuts de la pénétration portugaisc cn Asie et espagnole aux Amériques. Durant les deux cent cinquante ans qui ont suivi, tout l'hémisphère occidental et une part importante de l'Asie ont été dominés par l'Europe. À la fin du XVIIIe siècle, la mainmise européenne a régressé lorsque les États-Unis d'abord, puis Haïti, et enfin une bonne partie de l'Amérique latine se sont révoltés contre la tutelle européenne et s'en sont libérés. Pendant la dernière partie du XIXe siècle, cependant, la renaissance de l'impérialisme européen a étendu la tutelle de l'Europe sur presque toute l'Afrique, a consolidé la mainmise européenne sur le sous-continent indien et sur d'autrcs parties de l'Asie, et, au début du XXe siècle, a soumis presque tout le Moyen-Orient au pouvoir direct ou indirect de l'Europe, à l'exception de la Turquie. Les Européens ou les anciennes colonies européennes (en Amérique) contrôlaient 35 % de la surface du globe en 1800, 67 % en 1878 et 84 % en 1914. Dans les années vingt, ce pourcentage s'est encore accru lorsque l'empire turc a été divisé entre la Grande-Bretagne, la France et l'Italie. En 1800, l'empire britannique mesurait 1,5 million de $km^2$ et comptait 20 millions d'habitants. En 1900, l'empire victorien, sur lequel le soleil ne se couchait jamais, comprenait 11 millions de $km^2$ et 390 millions d'habitants[27]. Au cours de l'expansion européenne, les civilisations andine et méso-américaine ont été *de facto* éliminées, les civilisations indienne et musulmane, ainsi qu'africaine, soumises, et la Chine a été traversée et marquée par l'influence occidentale. Seules les civilisations russe, japonaise et éthiopienne, toutes trois gouvernées par des autorités impériales centralisées, ont pu résister aux assauts de l'Occident et préserver une certaine indépendance. Pendant quatre cents ans, les relations intercivilisationnelles se sont résumées à la subordination par l'Occident des autres sociétés.

Les causes de cette évolution dramatique et unique en son genre sont à chercher dans les structures sociales et les relations de classes en Occident, la montée des villes et du commerce, le partage relatif du pouvoir entre nobles et monarques, entre religieux et laïcs, le sentiment de conscience nationale croissant chez les Occidentaux et le développement de bureaucraties étatiques. La source directe de l'expansion occidentale fut cependant technologique : l'invention de la navigation transocéanique a permis de franchir de longues distances, et le développement de la puissance militaire de faire des conquêtes. « Dans une large mesure, écrivait Geoffrey Parker, "la montée en puissance de l'Occident" a reposé sur l'usage de la force, sur le fait que l'équilibre militaire entre les Européens et leurs adversaires penchait nettement en faveur des premiers ; [...] la clé de la réussite européenne pour créer le premier vrai empire global entre 1500 et 1750, ce fut le progrès dans la possibilité de répandre la guerre qu'on a appelée "la révolution militaire". » L'expansion de l'Occident a aussi été facilitée par la supériorité de son organisation, de sa discipline, de l'entraînement de ses troupes, de ses armes, de ses moyens de transport, de sa logistique, de ses soins médicaux, tout cela étant la résultante de son leadership dans la révolution industrielle[28]. L'Occident a vaincu le monde non parce que ses idées, ses valeurs, sa religion étaient supérieures (rares ont été les membres d'autres civilisations à se convertir), mais plutôt par sa supériorité à utiliser la violence organisée. Les Occidentaux l'oublient souvent, mais les non-Occidentaux jamais.

En 1910, le monde était bien plus unifié politiquement et économiquement qu'à n'importe quel autre moment dans l'histoire de l'humanité. Le commerce international, en proportion du produit mondial brut, était plus élevé que jamais auparavant et il ne retrouvera ce niveau que dans les années soixante-dix et quatre-vingt. Les investissements à l'étranger, en proportion des investissements totaux, étaient plus élevés que jamais[29]. Civilisation signifiait civilisation occidentale. Le droit international était le droit international occidental dans la tradition de Grotius. Le système international correspondait au système westphalien regroupant des États-nations souverains et « civilisés » avec les territoires coloniaux qu'ils contrôlaient.

L'émergence de ce système international défini par l'Occident correspond à la deuxième évolution majeure au sein de la politique globale d'après 1500. Outre leurs interactions de type domination/subordination avec les sociétés non occidentales, les sociétés occidentales interagissaient de façon plus égalitaire les unes avec les autres. Ces interactions entre entités politiques à l'intérieur d'une même civilisation ressemblaient intimement à celles qui se développaient entre Chinois, entre Indiens et entre Grecs. Elles étaient fondées sur une homogénéité culturelle qui englobait « la langue, le droit, la religion, les pratiques administratives, l'agriculture, les structures de propriété aussi bien que de parenté ». Les Européens « partageaient une culture commune et nourrissaient des contacts étroits par l'intermédiaire d'un réseau commercial très actif, grâce aux déplacements constants des personnes et à l'extraordinaire intrication des familles régnantes ». Mais ils se battaient aussi sans cesse entre eux ; entre États européens, la paix était l'exception, pas la règle[30]. Bien que l'empire ottoman ait contrôlé jusqu'à un quart de ce qu'on considérait souvent comme l'Europe, il ne faisait pas partie du système international européen.

Pendant cent cinquante ans, la politique intercivilisationnelle de l'Occident a été dominée par le grand schisme religieux avec les guerres qui allaient de pair, et par les conflits dynastiques. Pendant un autre siècle et demi, après le traité de Westphalie, les conflits dans le monde occidental ont eu lieu entre princes : entre empereurs, entre monarques absolus, entre monarques constitutionnels tentant d'étendre le pouvoir de leur bureaucratie et de leurs armées, la richesse de leur économie mercantiliste et surtout l'étendue de leur territoire. Ce faisant, ils ont créé des États-nations et, à partir de la Révolution française, les principaux conflits ont opposé des nations plutôt que des princes. En 1793, comme l'écrit R. R. Palmer, « finirent les guerres des rois et commencèrent les guerres des peuples[31] ». Cette structure héritée du XVIIIe siècle a dominé jusqu'à la Seconde Guerre mondiale.

En 1917, suite à la Révolution russe, sont apparus les conflits idéologiques, tout d'abord entre le fascisme, le communisme et la démocratie libérale, puis entre ces derniers. Pendant la guerre froide, ces idéologies ont été incarnées par deux superpuissances, chacune défendant son identité à travers son idéologie. Mais ni l'une ni l'autre n'étaient des États-nations au sens européen du terme. La montée en puissance du marxisme, d'abord en Russie, puis en Chine et au Viêtnam, a représenté une phase de transition : on est passé du système international européen au système multicivilisationnel posteuropéen. Le marxisme était un produit de la civilisation européenne, mais il ne s'est jamais enraciné et n'a jamais réussi en Europe. Au contraire, des élites modernistes et révolutionnaires l'ont importé dans certaines sociétés non occidentales. Lénine, Mao et Hô Chi Minh l'ont adapté à leurs desseins et l'ont utilisé pour défier la puissance occidentale, mobiliser leurs peuples et affirmer l'identité nationale et l'autonomie de leurs pays contre l'Occident. La chute de cette idéologie en Union soviétique et son importante adaptation en Chine et au Viêt-nam ne signifient toutefois pas nécessairement que ces sociétés importeront l'autre idéologie occidentale, la démocratie libérale. Les Occidentaux qui le supposent seront sans doute surpris par la créativité, la résilience et l'individualisme de ces cultures non occidentales.

### LES INTERACTIONS : UN SYSTÈME MULTICIVILISATIONNEL

Au XXe siècle, les relations entre civilisations sont passées d'une période dominée par l'influence unidirectionnelle d'une civilisation en particulier sur les autres à une phase d'intenses interactions multidirectionnelles entre toutes les civilisations. Les deux caractéristiques fondamentales de l'époque précédente ont commencé à s'effacer.

Tout d'abord, pour reprendre les termes chers aux historiens, « l'expansion de l'Occident » s'est arrêtée, et « la révolte contre l'Occident » a commencé. Par à-coups, la puissance de l'Occident a décliné relativement à celle des autres civilisations. La carte du monde en 1990 n'a plus grand-chose à voir avec celle de 1920. L'équilibre de la puissance militaire et économique et de l'influence politique a changé (comme on le verra en détail au chapitre suivant). L'Occident a continué à avoir de l'influence sur les autres sociétés mais, de plus en plus, leurs relations ont été dominées par les réactions de l'Occident aux évolutions de ces civilisations. Loin d'être le jouet d'une histoire dont l'Occident tirerait les ficelles, les sociétés non occidentales sont devenues les acteurs de leur propre histoire et de celle de l'Occident.

Deuxièmement, conséquence de ces évolutions, le système international s'est étendu au-delà de l'Occident et est devenu multicivilisationnel. En même temps, les conflits entre États occidentaux — qui avaient dominé ce système pendant des siècles — ont disparu. Au cours de la dernière partie du XXe siècle, l'Occident est sorti de la phase d'« état de guerre » qui caractérisait jusqu'alors son évolution en tant que civilisation pour entrer dans une période d'« état universel ». À la fin du siècle, cette phase n'est toujours pas achevée puisque les États-nations d'Occident sont rassemblés en deux États semi-universels, l'Europe et l'Amérique du Nord. Ces deux entités et leurs composantes sont cependant liées entre elles par un réseau extraordinairement complexe de liens institutionnels formels et informels. Les États universels des civilisations antérieures étaient des empires. Depuis que la démocratie est la forme politique privilégiée par la civilisation occidentale, l'État universel qui émerge dans la civilisation occidentale n'est pas un empire, mais un assemblage complexe de fédérations, de confédérations et d'institutions et d'organisations internationales.

Les grandes idéologies politiques du XX$^{e}$ siècle sont le libéralisme, le socialisme, l'anarchisme, le corporatisme, le marxisme, le communisme, la social-démocratie, le conservatisme, le nationalisme, le fascisme et la démocratie chrétienne. Elles ont toutes un point commun : elles sont le produit de la civilisation occidentale. Aucune autre civilisation n'a engendré d'idéologie politique importante. L'Occident, en contrepartie, n'a jamais suscité de grande religion. Les grandes religions du monde sont toutes le produit des civilisations non occidentales et, dans la plupart des cas, sont antérieures à la civilisation occidentale. L'Occident perdant de son influence, les idéologies qui symbolisent la civilisation occidentale passée déclinent, et leur place est prise par les religions et d'autres formes d'identité et d'engagement reposant sur des bases culturelles. La conception héritée du traité de Westphalie qui veut qu'on sépare religion et politique internationale, produit typique de la civilisation occidentale, arrive à son terme. Comme l'écrit Edward Mortimer, la religion « est de plus en plus en passe de faire intrusion dans les affaires internationales »[32]. Le choc intracivilisationnel entre idées politiques incarné par l'Occident est en train d'être supplanté par le choc intercivilisationnel des cultures et des religions.

La géographie politique est ainsi passée du monde unitaire des années vingt au monde ternaire des années soixante pour parvenir au monde des années quatre-vingt-dix, lequel est divisé en plus d'une demi-douzaine de sphères. De façon concomitante, les empires globaux des Occidentaux des années vingt ont donné le « monde libre » des années soixante, plus limité, même s'il incluait de nombreux pays non occidentaux qui s'opposaient au communisme. Dans les années quatre-vingt-dix, on en est venu à ne plus parler que de l'Occident, ce qui est plus restreint encore. Ce glissement s'est traduit, entre 1988 et 1993, par le déclin du terme idéologiquement marqué « monde libre » et par l'usage accru du terme civilisationnel « l'Occident » (voir tableau 2.1). On le voit aussi dans les références de plus en plus nombreuses à l'islam en tant que phénomène culturel et politique, à « la Grande Chine », à la Russie et à « ses voisins », et à l'Union européenne, termes qui ont tous un contenu civilisationnel. Les relations intercivilisationnelles durant cette troisième phase sont bien plus fréquentes et intenses qu'elles ne l'étaient durant la première et bien plus égalitaires et réciproques que pendant la deuxième. À la différence de ce qui se passait pendant la guerre froide, aucun clivage univoque ne domine, et on en trouve de nombreux entre l'Occident et les autres civilisations, aussi bien qu'entre elles.

On peut parler de système international, soutient Hedley Bull, « lorsque deux États au moins ont assez de contacts entre eux et assez d'influence réciproque sur leurs décisions pour se comporter — du moins jusqu'à un certain point — comme les parties d'un même tout ». Toutefois, on peut parler de société internationale quand les États d'un

*Tableau 2.1* Usage des termes

| Monde libre et L'Occident | Nbre de références 1988 | 1993 | Évolution en % |
|---|---|---|---|
| New York Times | | | |
| Monde libre | 71 | 44 | – 38 |
| L'Occident | 46 | 144 | + 213 |
| Washington Post | | | |
| Monde libre | 112 | 67 | – 40 |
| L'Occident | 36 | 87 | + 142 |
| Congressional Recod | | | |
| Monde libre | 356 | 114 | – 68 |
| L'Occident | 7 | 10 | + 43 |

*Source : Lexis/Nexis*

système international ont « des valeurs communes et des intérêts communs », quand « ils se considèrent comme liés par un ensemble commun de règles », quand « ils œuvrent au fonctionnement d'institutions communes » et quand « ils ont une culture ou une civilisation commune[33] ». Comme ses prédécesseurs sumérien, grec, chinois, indien et musulman, le système international européen du XVII^e^ au XX^e^ siècle était aussi une société internationale. Pendant le XIX^e^ et le XX^e^ siècle, le système international européen s'est étendu pour englober presque toutes les sociétés des autres civilisations. Certaines institutions et certaines pratiques européennes ont aussi été exportées vers ces pays. Cependant, ces sociétés ne participent toujours pas à la culture commune qui sous-tend la société internationale européenne. Pour reprendre les termes de la théorie britannique des relations internationales, on pourrait dire que le monde est un système international développé, mais qu'au mieux c'est une société internationale très primitive.

Toute civilisation se considère comme le centre du monde et écrit son histoire comme si c'était le drame central de l'histoire de l'humanité. C'est sans doute encore plus vrai de l'Occident que des autres cultures. Ce point de vue monocivilisationnel perd de plus en plus de sa pertinence et de son utilité dans un monde multicivilisationnel. Les spécialistes des civilisations ont reconnu ce truisme depuis longtemps. En 1918, Spengler dénonçait la myopie historique des Occidentaux : ils s'obstinent à diviser l'histoire en périodes, antique, médiévale et moderne, qui ne valent que pour l'Occident. Il est nécessaire, disait-il, de passer de cette « approche ptolémaïque de l'histoire » à une vision copernicienne, et de remplacer « la fiction vide qui veut qu'il n'y ait qu'une seule histoire linéraire » par « le drame que vivent plusieurs cultures puissantes[34] ». Plusieurs dizaines d'années plus tard, Toynbee a critiqué « la fatuité et l'impertinence » que manifestait l'Occident en entretenant « les illusions égocentriques » d'après lesquelles le monde tournerait autour de lui, l'Orient étant « immuable » et « le progrès » inévitable. Comme Spengler, il refusait d'admettre l'unité de l'histoire, il niait qu'« il n'y a qu'un seul et même courant de civilisation, le nôtre, et que tous les autres sont ses affluents ou bien vont se perdre dans le sable[35] ». Cinquante ans après Toynbee, Braudel a aussi insisté sur la nécessité d'adopter une perspective plus large et de comprendre « les grands conflits culturels du monde et la multiplicité des civilisations[36] ». Les illusions et les préjugés contre lesquels ces spécialistes nous ont mis en garde sont toutefois toujours vivaces et, dans la seconde moitié du XX^e^ siècle, ils ont refleuri pour donner naissance à l'idée communément répandue selon laquelle la civilisation européenne de l'Occident est aujourd'hui la civilisation universelle du monde.

CHAPITRE 3

# Existe-t-il une civilisation universelle ? Modernisation et occidentalisation

## *La civilisation universelle : sens*

Certains soutiennent que nous assistons à l'émergence de ce que Vidiadhar S. Naipaul a appelé une « civilisation universelle [1] ». Que signifie ce terme ? La culture de l'humanité tendrait à l'universalité et, de plus en plus, on accepterait dans le monde entier les mêmes valeurs, les mêmes croyances, les mêmes orientations, les mêmes pratiques et les mêmes institutions. Plus précisément, cette idée peut avoir un sens profond mais non pertinent, ou bien pertinent mais superficiel, ou encore ni pertinent ni profond.

Tout d'abord, les êtres humains de presque toutes les sociétés partagent certaines valeurs de base, comme la croyance selon laquelle tuer est mal, et certaines institutions de base, comme la famille. La plupart des sociétés ont un « sens moral » assez semblable, une sorte de moralité minimale reposant sur des concepts de base quant à ce qui est bien ou mal [2]. Si c'est là ce qu'on entend par « civilisation universelle », c'est à la fois profond et profondément important, mais ce n'est ni nouveau ni pertinent. Si les hommes ont eu en commun des valeurs et certaines institutions fondamentales au cours de l'histoire, voilà qui peut expliquer certaines constantes du comportement humain. Mais cela ne permet pas d'éclairer et d'expliquer l'histoire, laquelle se définit par des changements dans le comportement humain. En outre, s'il existe une civilisation universelle commune à l'humanité, quel terme doit-on utiliser pour désigner les ensembles culturels humains plus restreints que la race humaine dans son ensemble ? L'humanité est divisée en sous-groupes — tribus, nations et grandes entités culturelles généralement appelées civilisations. Si le terme « civilisation » doit être réservé à l'humanité prise comme un tout, il faut inventer un nouveau terme pour désigner les ensembles culturels de niveau inférieur ou bien il faut considérer que ces ensembles importants, mais qui n'ont pas la taille de l'humanité, ne signifient rien. Václav Havel, par exemple, a soutenu l'idée que « nous vivons désormais au sein d'une seule et même civilisation globale » et que ce n'est « rien de plus qu'une mince couche » qui « recouvre et cache l'immense variété de cultures, de peuples, de mondes religieux, de traditions historiques et d'attitudes héritées de l'histoire, lesquels en un sens se tiennent "sous" elle[3] ». Or on ne produit guère que des confusions sémantiques en limitant le terme « civilisation » au niveau global et en appelant « cultures » et « sous-civilisations » ces entités culturelles qu'on a, dans l'histoire, toujours appelées des civilisations*.

Deuxièmement, le terme « civilisation occidentale » peut désigner ce que les sociétés civilisées ont en commun, comme les villes et la culture écrite qui les distinguent des sociétés primitives et barbares. C'est là bien sûr le sens du XVIIIe siècle. De ce point de vue, une civilisation universelle émerge, au grand dam des anthropologues et de tous ceux qui voient avec tristesse disparaître les populations primitives. En ce sens, la civilisation s'est développée au cours de l'histoire, et l'expansion de la civilisation au singulier a été compatible avec l'existence de plusieurs civilisations au pluriel.

Troisièmement, le terme « civilisation universelle » peut désigner les principes, les valeurs et les doctrines auxquels adhèrent nombre d'Occidentaux et de représentants d'autres civilisations. C'est ce que l'on pourrait appeler la culture de Davos. Chaque année, une centaine environ de dirigeants d'entreprise, de banquiers, de hauts fonctionnaires, d'intellectuels et de journalistes venant de divers pays se retrouvent au Forum de l'économie mondiale, à Davos, en Suisse. Presque tous sont diplômés en sciences, en sciences humaines, en gestion, en droit, travaillent sur des mots et/ou des chiffres, parlent anglais, sont employés par des gouvernements, des sociétés ou des universités très ouverts sur l'étranger et voyagent souvent hors de leur pays. Ils partagent tous la même foi dans les vertus de l'individualisme, de l'économie de marché et de la démocratie politique, lesquelles sont très répandues chez les Occidentaux. Les personnes qui viennent à Davos ont des responsabilités dans presque toutes les institutions internationales, dans plusieurs gouvernements, dans l'économie mondiale et dans la

* Hayward Alker a finement montré que dans mon article de *Foreign Affairs*, je ruine l'idée de civilisation mondiale en définissant la civilisation comme « l'ensemble culturel humain le plus élevé et le niveau le plus grand d'identité culturelle dont a besoin l'homme pour se distinguer des autres espèces ». C'est ainsi, bien sûr, que l'entendent la plupart des spécialistes. Dans ce chapitre, cependant, je reconnais la possibilité pour certaines personnes de s'identifier à une culture globale distincte qui complète ou supplante les civilisations au sens occidental, musulman ou chinois du terme.

défense. La culture de Davos est donc extrêmement importante. Dans le monde entier, cependant, combien de personnes partagent cette culture ? Ailleurs qu'en Occident, il est probable qu'elle prévaut chez moins de cinquante millions d'hommes et de femmes, c'est-à-dire 1 % de la population mondiale, et peut-être même seulement un dixième de ce 1 %. Elle est donc loin de former une culture universelle, et les dirigeants qui la partagent ne sont donc pas nécessairement en position de force dans leur propre société. « Cette culture intellectuelle commune, souligne Hedley Bull, concerne seulement une élite : elle est peu implantée dans de nombreuses sociétés [et] il n'est pas certain que, même au niveau diplomatique, elle corresponde à ce que l'on a appelé une culture morale commune ou un ensemble de valeurs communes, par opposition à la culture intellectuelle commune[4]. »

Quatrièmement, on avance souvent l'idée que la diffusion des structures de consommation et de la culture populaire occidentales à travers le monde crée une civilisation universelle. Cette thèse n'est ni profonde ni pertinente. Tout au long de l'histoire, certains apports culturels et certaines innovations se sont transmis de civilisation à civilisation. Ce sont cependant des techniques sans conséquences culturelles significatives ou des « modes » qui vont et viennent sans changer la culture sous-jacente à la civilisation qui les adopte. Ces importations « prennent » parce qu'elles sont exotiques ou bien parce qu'elles sont imposées. Durant les siècles passés, le monde occidental s'est périodiquement enthousiasmé pour de nombreux emprunts aux cultures chinoise et hindoue. Au XIX^e^ siècle, les importations culturelles en provenance d'Occident sont devenues très populaires en Chine ou en Inde parce qu'elles semblaient refléter la puissance de l'Occident. L'idée selon laquelle la diffusion de la culture de masse et des biens de consommation dans le monde entier représente le triomphe de la civilisation occidentale repose sur une vision affadie de la culture occidentale. L'essence de la civilisation occidentale, c'est le droit, pas le MacDo. Le fait que les non-Occidentaux puissent opter pour le second n'implique pas qu'ils acceptent le premier.

C'est également sans conséquence directe sur leur attitude à l'égard de l'Occident. Quelque part au Moyen-Orient, une demi-douzaine de jeunes gens peuvent bien porter des jeans, boire du Coca-Cola, écouter du rap et cependant faire sauter un avion de ligne américain. Pendant les années soixante-dix et quatre-vingt, les Américains ont consommé des millions de voitures, de postes de télévision, d'appareils photo et de gadgets électroniques japonais sans se « japoniser » pour autant. Ils sont même devenus de plus en plus hostiles au Japon. Seule l'arrogance incite les Occidentaux à considérer que les non-Occidentaux « s'occidentaliseront » en consommant plus de produits occidentaux. Le fait que les Occidentaux identifient leur culture à des liquides vaisselle, des pantalons décolorés et des aliments trop riches, voilà qui est révélateur de ce qu'est l'Occident.

Dans le même ordre d'idée, mais sous une forme plus sophistiquée, on peut aussi privilégier les médias, Hollywood plutôt que Coca-Cola. La maîtrise qu'ont les États-Unis sur le cinéma, la télévision et l'audiovisuel est plus importante que celle qu'ils exercent sur l'industrie aéronautique. 88 des 100 films les plus vus dans le monde en 1993 étaient américains. Deux agences américaines et deux européennes dominent la collecte et la diffusion mondiales d'informations[5]. Cette situation tient à deux phénomènes. Le premier, compte tenu du caractère universel de l'intérêt que prennent les hommes à l'amour, au sexe, à la violence, au mystère, à l'héroïsme et à la richesse, c'est l'aptitude avec laquelle des entreprises capitalistes, surtout américaines, exploitent cet intérêt à leur profit. Mais rien ne prouve que l'émergence de communications globales étendues produise bel et bien une convergence significative des attitudes et des croyances. « Se divertir, dit Michael Vlahos, n'est pas se convertir. » De plus, ce qui est communiqué est interprété d'une certaine manière, en fonction de valeurs et de perspectives préexistantes. « Les mêmes images visuelles transmises simultanément à travers le monde, observe Kishore Mahbubani, suscitent des perceptions opposées. On applaudit en Occident quand des missiles de croisière frappent Bagdad. Ailleurs, on constate que l'Occident punit les non-Blancs irakiens ou somalis, mais pas les Blancs serbes, ce qui est un message inquiétant[6]. »

Les communications globales représentent l'une des manifestations les plus importantes de la puissance occidentale. Cette hégémonie encourage cependant les hommes politiques populistes non occidentaux à dénoncer l'impérialisme culturel occidental et à en appeler à la défense des cultures indigènes. L'ampleur de la domination occidentale sur les communications globales est ainsi une source importante de ressentiment et d'hostilité des non-Occidentaux à son égard. À cela s'ajoutaient, au début des années quatre-vingt-dix, la modernisation et le développement économique des sociétés non occidentales qui ont fait émerger des médias locaux et régionaux traduisant les goûts propres de ces sociétés[7]. En 1994, par exemple, CNN International estimait que son audience potentielle était de 55 millions de spectateurs, soit 1 % de la population mondiale (chiffre proche de celui des personnes concernées par la culture de Davos). Son président prédisait que ses émissions en anglais pourraient toucher 2 à 4 % du marché. Les réseaux régionaux (c'est-à-dire civilisationnels) émettent en espagnol, en japonais, en arabe, en français (en Afrique de l'Ouest) et dans d'autres langues. « La grande salle de rédaction mondiale, concluent trois chercheurs, est en passe de devenir une tour de Babel[8]. » Ronald Dore fait grand cas de l'émergence d'une même culture intellectuelle globale chez les diplomates et les hauts fonctionnaires. Et de conclure que « *toutes choses égales par ailleurs* [les italiques sont de lui], la densité accrue des communications créera un sentiment accru de proximité entre les nations, ou du moins entre les classes moyennes, ou plus précisément encore entre les diplomates du monde entier ». Mais il ajoute que certaines des choses qui pourraient ne pas être égales par ailleurs pourraient aussi s'avérer très importantes[9].

## LA LANGUE

Les éléments fondamentaux de toute culture ou civilisation sont la langue et la religion. Si une civilisation universelle émerge, une langue et une culture universelles tendront à émerger. On le note souvent à propos des langues. « La langue mondiale est l'anglais », écrivait le rédacteur en chef du *Wall Street Journal*[10]. Cela peut avoir deux significations, une seule justifiant l'idée de civilisation universelle. Cela peut vouloir dire qu'une proportion croissante de la population mondiale parle l'anglais. Malheureusement, on n'en a pas de preuve, et les seules indications dont on dispose montrent justement l'inverse. Les données qui couvrent plus de trente ans (1958-1992) montrent que la structure générale de l'usage des langues dans le monde n'a pas radicalement changé. L'anglais, le français, l'allemand, le russe et le japonais déclinent en proportion de façon significative. Le déclin relatif du mandarin est moindre. En revanche, l'importance relative de l'hindi, du malais, de l'arabe, du bengali, de l'espagnol, du portugais et d'autres langues augmente. Les anglophones représentaient, en 1958, 9,8 % des populations pratiquant des langues parlées par plus d'un million de

*Tableau 3.1* Les principales langues (pourcentage de la population mondiale*)

| Langue / Année | 1958 | 1970 | 1980 | 1992 |
|---|---|---|---|---|
| Arabe | 2,7 | 2,9 | 3,3 | 3,5 |
| Bengali | 2,7 | 2,9 | 3,2 | 3,2 |
| Anglais | 9,8 | 9,1 | 8,7 | 7,6 |
| Hindi | 5,2 | 5,3 | 5,3 | 6,4 |
| Mandarin | 15,6 | 16,6 | 15,8 | 15,2 |
| Russe | 5,5 | 5,6 | 6,0 | 4,9 |
| Espagnol | 5,0 | 5,2 | 5,5 | 6,1 |

* Nombre total de personnes parlant des langues utilisées par au moins 1 million de personnes.

*Source :* pourcentages calculés à partir de données rassemblées par le professeur Sidney C. Culbert, du département de psychologie de l'université de Washington, à Seattle, sur le nombre de personnes parlant des langues pratiquées par au moins 1 million de personnes ; elles sont publiées chaque année dans le *World Almanac and Book of Facts*. Ses estimations incluent ceux qui pratiquent leur langue maternelle et ceux qui pratiquent une autre langue ; elles sont tirées de recensements nationaux, d'études sur des échantillons, sur les programmes de télévision et de radio, de données concernant la croissance démographique et d'autres sources, primaires ou secondaires.

personnes. En 1992, ils n'étaient plus que 7,6 % (voir tableau 3.1). La proportion de la population mondiale parlant les principales langues occidentales (l'anglais, le français, l'allemand, le portugais, l'espagnol) a chuté de 24,1 % en 1958 à 20,8 % en 1992. En 1992, plus de deux fois plus de gens parlaient mandarin qu'anglais, soit 15,2 % de la population mondiale, et 3,6 % parlaient d'autres variantes du chinois (voir tableau 3.2).

*Tableau 3.2* Les langues chinoises et occidentales dans le monde

| Langue | 1958 | | 1992 | |
|---|---|---|---|---|
| | Nbre | % | Nbre | % |
| Mandarin | 444 | 15,6 | 907 | 15,2 |
| Cantonais | 43 | 1,5 | 65 | 1,1 |
| Wu | 39 | 1,4 | 64 | 1,1 |
| Min | 36 | 1,3 | 50 | 0,8 |
| Hakka | 19 | 0,7 | 33 | 0,6 |
| Lang. chin. | 581 | 20,5 | 1 119 | 18,8 |
| Anglais | 278 | 9,8 | 456 | 7,6 |
| Espagnol | 142 | 5,0 | 362 | 6,1 |
| Portugais | 74 | 2,6 | 177 | 3,0 |
| Allemand | 120 | 4,2 | 119 | 2,0 |
| Français | 70 | 2,5 | 123 | 2,1 |
| Lang. europ. | 684 | 24,1 | 1 237 | 20,8 |
| Total monde | 2 845 | 44,5 | 5 979 | 39,4 |

*Source :* pourcentages calculés à partir de données linguistiques fournies par le professeur Sidney S. Culbert, du département de psychologie de l'université de Washington, à Seattle, et publiées dans le *World Almanac and Book of Facts* de 1959 et de 1993.

De prime abord, une langue étrangère à 92 % de la population mondiale ne peut constituer la langue mondiale. On peut la considérer comme telle si c'est la langue que des gens de différentes langues et de différentes cultures utilisent pour communiquer entre eux, si c'est la *lingua franca* mondiale[11]. Quand on veut communiquer, il faut disposer de moyens adaptés. À un certain niveau, on peut se reposer sur des professionnels spécialement formés et qui sont assez à l'aise dans deux langues au moins pour servir d'interprètes ou de traducteurs. Mais c'est peu commode, lent et coûteux. C'est la raison pour laquelle, au cours de l'histoire, certaines langues sont devenues des *lingua franca*, le latin à l'époque classique et médiévale, le français pendant plusieurs siècles en Occident, le swahili dans certaines parties de l'Afrique et l'anglais dans le monde entier à partir de la seconde moitié de ce siècle. Les diplomates, les milieux d'affaires, les scientifiques, les touristes et les prestataires de services, de même que les pilotes de ligne et les contrôleurs aériens ont besoin de moyens efficaces de communication entre eux, et l'anglais joue ce rôle.

En ce sens, l'anglais est le mode de communication interculturel mondial, comme le calendrier chrétien est le mode mondial de découpage du temps, les chiffres arabes le mode mondial de numération et le système métrique, en grande partie, le mode mondial de mesure. Cependant, on utilise l'anglais comme mode de communication *interculturelle*. Cela présuppose donc des cultures distinctes. C'est un outil de communication, pas un vecteur d'identité, ni un lien communautaire. Le fait qu'un banquier japonais et un homme d'affaires indonésien se parlent en anglais n'implique pas qu'ils sont anglicisés ou occidentalisés. De même pour les Suisses germanophones et francophones : ils communiquent entre eux aussi bien en anglais que dans l'une ou l'autre de leurs langues nationales. Le maintien de l'anglais comme deuxième langue nationale en Inde, malgré les visées de Nehru, témoigne de la volonté des populations ne parlant pas l'hindi de préserver leur propre langue et leur propre culture ainsi que de la nécessité pour l'Inde de rester une société plurilingue.

Comme l'a fait remarquer le grand linguiste Joshua Fishman, une langue est mieux acceptée comme *lingua franca* si elle n'est pas identifiée à un groupe ethnique, à une religion ou à une idéologie en particulier. Dans le passé, l'anglais possédait ces caractéristiques, mais il s'est récemment trouvé « déethnisé » (ou moins marqué ethniquement), comme cela s'est produit dans le passé pour l'araméen, l'acadien, le grec et le latin. « Le destin de l'anglais comme langue additionnelle s'explique en partie par le fait que ses sources anglaises et américaines n'ont pas été considérées dans un contexte ethnique ou idéologique *durant le dernier quart de siècle*[12] » (les italiques sont de l'auteur). L'usage de l'anglais pour la communication entre cultures différentes aide à préserver et même à renforcer les identités culturelles particulières. C'est précisément parce qu'on veut préserver sa propre culture qu'on utilise l'anglais pour communiquer avec des personnes d'une autre culture.

Les anglophones parlent également différentes variantes de l'anglais. Il est acclimaté et prend des colorations locales qui le distinguent de ce que parlent les Britanniques ou les Américains. À l'extrême, ces différents anglais ne sont pas toujours compréhensibles entre eux, comme c'est le cas aussi pour les différentes variantes du chinois. L'anglais du Nigeria et de l'Inde sont incorporés dans la culture d'accueil et, malgré leur proximité, se distingueront sans doute de plus en plus à l'avenir l'un de l'autre, un peu comme les langues romanes, pourtant toutes issues du latin. À la différence de l'italien, du français et de l'espagnol, ces dérivés de l'anglais seront utilisés seulement par une petite frange des populations concernées ou bien seulement comme vecteur de communication entre groupes linguistiques distincts.

On peut observer ces processus en Inde. Il y avait par exemple

18 millions d'anglophones sur une population totale de 733 en 1983. Il y en avait 20 sur 867 en 1992. La proportion d'anglophones en Inde est ainsi restée relativement stable : 2 à 4 %[13]. Hormis pour une élite très réduite, l'anglais ne sert même pas de *lingua franca*. « La réalité, disent deux professeurs d'anglais à l'université de New Delhi, c'est que, quand on voyage du Cachemire vers Kanniyakumari, on communique mieux en hindi qu'en anglais. » En outre, l'anglo-indien acquiert des caractéristiques propres : il s'indianise, il se régionalise au fur et à mesure que se développent les différences entre ceux qui le parlent et dont la langue maternelle est différente[14]. L'anglais est absorbé dans la culture indienne, tout comme le sanscrit et le persan jadis.

Tout au long de l'histoire, la répartition des langues dans le monde a reflété celle de la puissance. Les langues les plus répandues — l'anglais, le mandarin, l'espagnol, le français, l'arabe, le russe — ont été ou sont des langues propres à des États impériaux qui ont promu très activement leur langue à l'extérieur. L'évolution dans la répartition de la puissance produit une évolution dans celle des langues. « Deux siècles de puissance coloniale, commerciale, industrielle, scientifique et fiscale britannique et française ont laissé des traces non négligeables dans la culture, l'administration, le commerce et les technologies mondiales[15]. » La Grande-Bretagne et la France ont développé leur langue dans leurs colonies. Après l'indépendance, la plupart des anciennes colonies ont tenté à des degrés divers et avec plus ou moins de succès de remplacer la langue impériale par des langues indigènes. Aux beaux jours de l'Union soviétique, le russe était la *lingua franca* de Prague à Hanoi. Le déclin de la puissance russe est allé de pair avec celui du russe utilisé comme deuxième langue. Comme pour d'autres formes de culture, plus de puissance signifie plus d'assurance linguistique chez ceux dont c'est la langue maternelle et plus d'incitation à l'apprendre chez les autres. Tout de suite après la chute du mur de Berlin, alors que la réunification de l'Allemagne faisait figure d'épouvantail, les Allemands, qui parlaient pourtant très bien anglais, ont eu tendance à ne plus s'exprimer qu'en allemand dans les conférences internationales. La puissance économique du Japon a incité beaucoup de non-Japonais à apprendre le japonais, et le développement économique de la Chine provoque la même explosion pour ce qui est du mandarin. Ce dernier a petit à petit supplanté l'anglais comme langue dominante à Hong Kong[16] et, vu le rôle des émigrés chinois en Asie du Sud-Est, est devenu la langue la plus courante dans les échanges économiques de la région. Au fur et à mesure que la puissance de l'Occident déclinera par rapport aux autres civilisations, l'usage de l'anglais et des autres grandes langues occidentales dans les autres sociétés et comme moyen de communication entre sociétés différentes se réduira. Si, à plus ou moins brève échéance, la Chine remplace l'Occident comme civilisation dominante à l'échelle mondiale, l'anglais cédera la place au madarin comme *lingua franca* mondiale.

Dès lors que les anciennes colonies sont devenues indépendantes, l'usage des langues indigènes et la suppression des langues impériales ont été une façon pour les élites nationalistes de se démarquer des colonialistes occidentaux et de définir leur propre identité. Après l'indépendance, les élites de ces sociétés ont pourtant éprouvé le besoin de se distinguer des couches populaires. Parler couramment anglais, français ou toute autre langue occidentale les y a aidés. De ce fait, les élites des sociétés non occidentales sont souvent plus capables de communiquer avec les Occidentaux qu'avec leur propre peuple. (C'est déjà ce qui se passait aux XVIIe et XVIIIe siècles, lorsque les aristocrates de différents pays communiquaient facilement entre eux en français mais étaient souvent incapables d'utiliser la langue vernaculaire de leur pays.) Dans les sociétés non occidentales, deux tendances opposées semblent à l'œuvre. D'un côté, l'anglais est de plus en plus utilisé à l'université pour former les diplômés à être efficaces dans la compétition financière et commerciale. D'un autre côté, la pression sociale et politique conduit à utiliser de plus en plus les langues indigènes, l'arabe remplaçant le français en Afrique du Nord, l'urdu supplantant l'anglais comme langue officielle dans l'administration et l'enseignement au Pakistan, les médias en langues indigènes se substituant aux médias anglophones en Inde. Cette évolution avait été prévue par la Commission indienne sur l'éducation en 1948, laquelle soutenait que « l'usage de l'anglais [...] divise le peuple en deux blocs, une minorité qui gouverne et la majorité qui est gouvernée, sans qu'il y ait de langue commune et de compréhension mutuelle ». Quarante ans plus tard, le maintien de l'anglais comme langue de l'élite réalise cette prédiction et a créé « une situation contre nature dans une démocratie élective [...]. L'Inde anglophone et l'Inde politiquement responsable divergent de plus en plus », ce qui attise « les tensions entre la minorité dominante anglophone et les millions d'électeurs qui ne manient pas l'anglais [17] ». À mesure que les sociétés non occidentales se dotent d'institutions démocratiques et que les couches populaires sont associées au pouvoir, l'usage des langues occidentales décline, et les langues indigènes prennent une importance accrue.

La fin de l'empire soviétique et de la guerre froide a favorisé la prolifération et la revitalisation de langues qui avaient été interdites ou oubliées. La plupart des anciennes républiques soviétiques se sont efforcées de redonner vigueur à leur langue traditionnelle. L'estonien, le letton, le lituanien, l'ukrainien, le géorgien et l'arménien sont aujourd'hui les langues nationales de ces États indépendants. De même parmi les républiques musulmanes : l'azéri, le kirghize, le turkmène et l'ouzbek ne s'écrivent plus dans l'alphabet cyrillique, mais à la manière occidentale. Le perse qu'on pratique au Tadjikistan utilise l'écriture arabe. Les Serbes, d'un autre côté, appellent leur langue le serbe plutôt que le serbo-croate et ont abandonné l'alphabet occidental de leurs ennemis catholiques pour adopter l'écriture cyrillique. Les Croates, quant à eux, appellent désormais leur langue le croate et s'efforcent de la purger des mots turcs ou étrangers, tandis que « ces emprunts au turc et à l'arabe, héritage de la présence ancestrale de l'Empire ottoman dans les Balkans, sont désormais très en vogue » en Bosnie[18]. La puissance se diffusant de plus en plus, la babélisation est en marche.

LA RELIGION

Une religion universelle n'a guère plus de chances d'émerger qu'une langue universelle. La fin de ce siècle a vu ressurgir les religions dans le monde entier (voir p. 101 à 108). La conscience religieuse et le fondamentalisme se développent. Ainsi se renforcent les différences entre les religions. Cela ne signifie pas nécessairement que la proportion de chaque religion par rapport à la population mondiale évolue sensiblement. Les données dont on dispose à cet égard sont encore plus fragmentaires et encore moins fiables que celles qui concernent la pratique des langues. Le tableau 3.3 montre des statistiques tirées d'une source courante. On s'aperçoit qu'en nombre l'importance relative des religions de par le monde n'a pas radicalement changé au XXe siècle. Le changement le plus notable, d'après ces sources, est l'augmentation du pourcentage de gens dits « non religieux » et « athées » : 0,2 % en 1900 et 20,9 % en 1980. En 1980, le retour du religieux n'en était peut-être qu'à ses prémices. Cependant, ces 20,7 % d'augmentation dans le nombre de non-croyants se trouvent compensés par les 19,0 % de baisse parmi les représentants des « religions populaires chinoises », qui sont passés de 23,5 % en 1900 à 4,5 % en 1980. Cela tra-

*Tableau 3.3* Proportion de la population mondiale adhérant aux principales traditions religieuses (en %)

| Année | 1900 | 1970 | 1980 | 1985 (est) | 2000 (est) |
|---|---|---|---|---|---|
| Christ. occ. | 26,9 | 30,6 | 30,0 | 29,7 | 29,9 |
| Christ. orth. | 7,5 | 3,1 | 2,8 | 2,7 | 2,4 |
| Islam | 12,4 | 15,3 | 16,5 | 17,1 | 19,2 |
| Non rel. | 0,2 | 15,0 | 16,4 | 16,9 | 17,1 |
| Hind. | 12,5 | 12,8 | 13,3 | 13,5 | 13,7 |
| Boud. | 7,8 | 6,4 | 6,3 | 6,2 | 5,7 |
| Chin. pop. | 23,5 | 5,9 | 4,5 | 3,9 | 2,5 |
| Rel. tribales | 6,6 | 2,4 | 2,1 | 1,9 | 1,6 |
| Athéisme | 0,0 | 4,6 | 4,5 | 4,4 | 4,2 |

*Source :* David B. Barrett, éd., *World Christian Encyclopedia : A Comparative Study of Churches and Religions in the Modern World A. D. 1900-2000*, Oxford, Oxford University Press, 1982.

duit le fait qu'avec l'avènement du communisme la grosse masse de la population chinoise a simplement changé de catégorie.

Les données montrent bien que la part dans la population mondiale de ceux qui adhèrent aux deux principales religions prosélytes que sont l'islam et le christianisme augmente. Les chrétiens d'Occident représentaient environ 26,9 % de la population mondiale en 1900 et 30 % en 1980. Les musulmans, plus nettement encore, sont passés de 12,4 % en 1900 à 16,5 % en 1980 ou même à 18 % selon les estimations. Ces dernières décennies, l'islam et le christianisme se sont développés de façon significative en Afrique. La Corée du Sud a évolué vers le christianisme. Dans les sociétés en voie de développement, si la religion traditionnelle s'avère incapable de s'adapter aux contraintes de la modernisation, le christianisme d'Occident et l'islam ont un fort potentiel. Dans ces sociétés, les partisans les plus influents de la culture occidentale ne sont pas les économistes néoclassiques, ni les militants des droits de l'homme, ni les dirigeants de multinationales. Ce sont les missionnaires chrétiens. Ni Adam Smith ni Thomas Jefferson ne satisferont les besoins psychologiques, affectifs, moraux et sociaux des immigrants qui s'amassent dans les villes, pas plus que ceux des diplômés d'enseignement secondaire de première génération. Jésus-Christ non plus, peut-être, mais il a plus de chances.

À long terme, cependant, Mahomet gagnera. Le christianisme se développe surtout par conversion ; l'islam par conversion et transmission. Le pourcentage de chrétiens de par le monde a atteint un sommet de 30 % en 1980, il a ensuite plafonné et aujourd'hui il décline, de sorte qu'il atteindra sans doute environ 25 % en 2025. En conséquence de leur taux de croissance démographique extrêmement élevé (voir chapitre 5), la proportion de musulmans dans le monde continuera à croître nettement, pour atteindre 20 % de la population mondiale au tournant de ce siècle. Quelques années plus tard, elle dépassera la proportion de chrétiens et atteindra sans doute les 30 % en 2025[19].

## *La civilisation universelle : sources*

Le concept de civilisation universelle est caractéristique de l'Occident. Au XIX^e siècle, l'idée de « la responsabilité de l'homme blanc » a servi à justifier l'expansion politique occidentale et la domination économique sur les sociétés non occidentales. À la fin du XX^e siècle, le concept de civilisation universelle sert à justifier la domination culturelle de l'Occident sur les autres sociétés et présuppose le besoin qu'elles auraient d'imiter les pratiques et les institutions occidentales. L'universalisme est l'idéologie utilisée par l'Occident dans ses confrontations avec les cultures non occidentales. Comme c'est souvent le cas chez les marginaux ou les convertis, certains des partisans les plus farouches de cette conception sont des intellectuels immigrés en Occident, comme Vidiadhar S. Naipaul ou Fouad Ajami. Selon eux, ce concept donne une réponse très satisfaisante à la question centrale : qui suis-je ? Un intellectuel arabe a traité ces immigrés de « bons Nègres[20] » et l'idée de civilisation universelle a très peu de partisans dans les autres civilisations. Ce que l'Occident voit comme universel passe ailleurs pour occidental. Les Occidentaux voient par exemple dans la prolifération des médias mondiaux un signe d'une intégration globale qui serait sans danger. Les non-Occidentaux, au contraire, y voient un effet néfaste de l'impérialisme occidental. Considérer le monde comme un tout est pour eux une menace.

La thèse selon laquelle une forme de civilisation universelle apparaîtrait repose sur plusieurs présupposés. Tout d'abord, il y a, comme on l'a vu au chapitre 1, l'idée que l'écroulement de l'Union soviétique signifie la fin de l'histoire et la victoire universelle de la démocratie libérale partout dans le monde. On pourrait tout aussi bien soutenir l'inverse. Durant la guerre froide, il était admis que la seule alternative possible au communisme était la démocratie libérale et que la défaite de l'un signifiait la victoire totale de l'autre. À l'évidence, il existe toutefois de multiples formes d'autoritarisme, de nationalisme, de corporatisme et d'économie communiste de marché (comme en Chine) qui sont tout aussi florissantes. Surtout, la religion joue un rôle qui va bien au-delà des idéologies laïques. Dans le monde moderne, la religion est une force centrale, peut-être même la force centrale, qui motive et mobilise les énergies. C'est une pure et simple preuve d'orgueil que de penser que, parce que le communisme soviétique s'est effondré, l'Occident a vaincu pour toujours et que les musulmans, les Chinois, les Indiens et d'autres encore vont se hâter d'adhérer au libéralisme occidental comme si c'était la seule alternative. La division de l'humanité à la lumière des concepts de la guerre froide n'a plus cours. Les divisions fondamentales sont désormais ethniques et religieuses. Les différentes civilisations demeurent et ce sont elles qui suscitent les nouveaux conflits.

Deuxièmement, il y a l'idée selon laquelle un surcroît d'interactions — commerce, investissements, tourisme, médias, communication électronique — engendrerait une culture mondiale commune. Les progrès dans les transports et les technologies de la communication ont rendu plus faciles et moins coûteux les déplacements d'argent, de biens, de personnes, de connaissances, d'idées et d'images à travers le monde. En la matière, les flux internationaux sont plus importants que jamais. Quel en est cependant l'impact ? L'idée selon laquelle le commerce réduirait la probabilité que des nations entrent en guerre n'est pas démontrée. On trouve même beaucoup de preuves du contraire. Le commerce international s'est développé de façon significative pendant les années soixante et soixante-dix et, dix ans plus tard, la guerre froide s'est arrêtée. En 1913, le commerce international atteignait des niveaux records, et dans les années qui ont suivi les nations se sont entre-tuées[21]. Si le commerce international, parvenu à ce niveau, n'a pu prévenir la guerre, alors quand y parviendra-t-il ? Il n'existe tout simplement pas de preuve que le commerce est un facteur de paix. Certaines analyses menées pendant les années quatre-vingt-dix remettent même cette thèse en question. « La croissance du commerce international pourrait être un facteur de division politique accrue [...]. Ce n'est pas en soi un moyen pour réduire les tensions internationales ou pour favoriser une plus grande stabilité internationale », conclut une étude[22]. Selon une autre, un haut degré d'interdépendance économique « peut être un facteur de paix ou bien de guerre en fonction des perspectives commerciales à venir ». L'interdépendance économique favorise la paix seulement « quand les États souhaitent que les échanges commerciaux se poursuivent à un haut degré à l'avenir ». Si ce n'est pas le cas, il pourrait y avoir la guerre[23].

L'échec du commerce et des communications pour produire paix et sentiment commun est cohérent avec ce que montrent les sciences sociales. En psychologie sociale, la théorie de la distinction montre que les personnes se définissent par leurs différences dans un certain contexte : « On se perçoit par l'intermédiaire de caractéristiques qui distinguent des autres hommes, en particulier de ceux qui appartiennent au même milieu [...]. Une psychologue au milieu d'une douzaine d'autres femmes qui ont chacune une activité différente se pensera comme psychologue ; au milieu de psychologues hommes, elle se sentira femme[24]. » On se définit par ce qu'on n'est pas. Comme les communications, le commerce et les voyages multiplient les interactions entre civilisations ; on accorde en général de plus en plus d'attention à son identité civilisationnelle. Deux Européens, un Allemand et un Français, qui interagissent ensemble s'identifieront comme allemand et français. Mais deux Européens, un Allemand et un Français, interagissant avec deux Arabes, un Saoudien et un Égyptien, se définiront les uns comme Européens et les autres comme Arabes. L'immigration nord-africaine en France suscite un certain rejet et donne en même temps plus d'attrait à l'immigration issue de l'Europe catholique. Les Américains sont plus hostiles aux investissements japonais que canadiens ou européens. De même, comme le soulignait David Horowitz, « un Ibo est un Owerri ou un Onitsha à l'est du Nigeria. À Lagos, c'est simplement un Ibo. À Londres, c'est un Nigerian, et à New York, c'est un Africain[25] ». La théorie sociologique de la globalisation autorise des conclusions similaires : « Dans un monde de plus en plus globalisé — caractérisé par un haut degré d'interdépendance notamment civilisationnelle et sociétale, et par la conscience accrue de ce phénomène —, la conscience de soi civilisationnelle, sociétale et ethnique se trouve accrue. » Le renouveau global du religieux, « le retour du sacré », est une réaction à cette vision généralisée du monde comme un seul et même tout[26].

## L'Occident et la modernisation

Troisième argument, plus général : la civilisation universelle serait le résultat du processus de modernisation à l'œuvre depuis le XVIII^e^ siècle. La modernisation inclut l'industrialisation, l'urbanisation, le développement de l'éducation, la richesse, la mobilité sociale et une division plus complexe et plus diversifiée du travail. Elle résulte des progrès scientifiques et technologiques, réalisés depuis le XVIIIe siècle, qui ont permis aux êtres humains de contrôler et de façonner leur environnement d'une manière absolument sans précédent. La modernisation est un processus révolutionnaire qui ne peut être comparé qu'au passage des sociétés primitives aux sociétés civilisées, c'est-à-dire à l'émergence de la civilisation au singulier, dans les vallées du Tigre et de l'Euphrate, du Nil et de l'Indus cinq mille ans av. J.-C.[27]. Les comportements, les valeurs, le savoir et la culture dans une société moderne diffèrent considérablement de leurs équivalents dans une société traditionnelle. En tant que première civilisation à s'être modernisée, l'Occident a joué un rôle moteur dans le développement de la culture moderne. Au fur et à mesure que d'autres sociétés se dotent des mêmes structures d'éducation, de travail, de richesse et d'organisation sociale, cette culture occidentale moderne pourrait devenir la culture universelle du monde.

Qu'il existe des différences significatives entre les cultures modernes et traditionnelles n'est pas douteux. Cependant, il ne s'ensuit pas nécessairement que les sociétés dotées d'une culture moderne se ressemblent plus les unes les autres que les sociétés traditionnelles. Un monde dans lequel coexistent des sociétés très modernes et des sociétés encore traditionnelles est moins homogène qu'un monde dans lequel toutes les sociétés seraient parvenues à un même degré de modernité. Mais *quid* d'un monde où toutes les sociétés seraient traditionnelles ? C'était le cas il y a plusieurs siècles. Était-il moins homogène que ne le serait un monde universellement moderne ? Rien de moins sûr. « La Chine des Ming [...] ressemblait plus à la France des Valois, écrivait Braudel, que la Chine de Mao à [la France] de la Ve République[28]. »

Cependant, les sociétés modernes pourraient se ressembler plus que les sociétés traditionnelles pour deux raisons. Tout d'abord, les interactions accrues entre sociétés modernes n'engendrent pas une culture commune, mais elles facilitent le transfert de techniques, d'inventions et de pratiques entre sociétés à une vitesse et à un degré qui étaient impossibles dans le monde traditionnel. En second lieu, la société traditionnelle était fondée sur l'agriculture, et la société moderne sur l'industrie, laquelle peut évoluer de l'artisanat à l'industrie lourde classique et aux hautes technologies. Les structures agricoles et les structures sociales qui vont de pair sont nettement plus dépendantes de l'environnement naturel que les structures industrielles. Elles varient en fonction du sol et du climat, et peuvent donc donner lieu à différentes formes de propriété, d'organisation sociale et de gouvernement. Quoi qu'il en soit de la théorie de Wittfogel sur la civilisation hydraulique, l'agriculture, qui dépend de la construction et du fonctionnement de vastes systèmes d'irrigation, favorise l'émergence d'autorités politiques centralisées et bureaucratiques. On ne peut faire autrement. Des sols fertiles et un climat favorable tendent à encourager le développement d'une agriculture reposant sur de grandes exploitations et l'établissement d'une structure sociale au sein de laquelle un petit nombre de riches propriétaires domine une masse de paysans, d'esclaves ou de serfs qui travaillent dans leurs plantations. Des conditions naturelles défavorables aux grandes exploitations favorisent l'apparition d'une société de petits fermiers indépendants. Dans les sociétés agricoles, la structure sociale dépend donc de la géographie. Les différences dans l'organisation industrielle dépendent plus des différences dans les structures culturelles et sociales que de la géographie.

Les sociétés modernes ont ainsi beaucoup de traits communs. Tendent-elles pour autant nécessairement à l'homogénéité ? Les réponses que donnent à cette question les spécialistes sont très variées. Mais tous s'accordent sur les institutions clés, les pratiques et les croyances qu'on peut à bon droit considérer comme le cœur de la civilisation occidentale. Les voici [29].

### L'HÉRITAGE CLASSIQUE

En tant que civilisation de troisième génération, l'Occident doit beaucoup aux civilisations antérieures, notamment à la civilisation antique, dont il a hérité la philosophie et le rationalisme grecs, le droit romain, le latin, le christianisme. Les civilisations musulmane et orthodoxe ont aussi une dette vis-à-vis de la civilisation antique, mais pas au même degré.

### LE CATHOLICISME ET LE PROTESTANTISME

Le christianisme d'Occident, tout d'abord sous la forme du catholicisme seul, puis du catholicisme et du protestantisme, est historiquement la caractéristique la plus importante de la civilisation occidentale. Durant son premier millénaire d'existence, ce qui représente aujourd'hui la civilisation occidentale s'appelait la chrétienté. Les chrétiens d'Occident se sentaient liés entre eux et distincts des Turcs, des Maures, des Byzantins. Et c'est au nom de Dieu au moins autant que pour l'or que les Occidentaux se sont lancés à la conquête du monde au XVIe siècle. La Réforme et la Contre-Réforme, ainsi que la division entre un Nord protestant et un Sud catholique, sont également propres à l'histoire occidentale, l'orthodoxie n'ayant pas connu la même évolution, non plus que l'Amérique latine.

#### LES LANGUES EUROPÉENNES

La langue est un facteur distinctif second par rapport à la religion. L'Occident diffère des autres civilisations par la multiplicité de ses langues. Le japonais, l'hindi, le mandarin, le russe et même l'arabe sont les langues de base des civilisations correspondantes. L'Occident a reçu en héritage le latin, mais différentes nations sont apparues et elles se sont dotées de langues propres, soit romanes, soit germaniques. Au XVIe siècle, ces langues ont acquis leur forme actuelle.

#### LA SÉPARATION DES POUVOIRS ENTRE LE SPIRITUEL ET LE TEMPOREL

Au cours de l'histoire de l'Occident, l'Église, puis plusieurs Églises ont existé indépendamment de l'État. Dieu et César, l'Église et l'État, le pouvoir spirituel et le pouvoir temporel : voilà une forme de dualisme typique de la culture occidentale. Religion et politique sont distinguées aussi nettement dans la civilisation hindoue seulement. Dans l'islam, Dieu est César ; en Chine et au Japon, César est Dieu ; dans le monde orthodoxe, Dieu est au service de César. Pareille séparation et pareils conflits récurrents entre l'Église et l'État ne se rencontrent dans aucune autre civilisation. Cette séparation des pouvoirs a beaucoup contribué au développement de la liberté en Occident.

#### L'ÉTAT DE DROIT

L'idée selon laquelle le droit joue un rôle central pour la civilisation est un héritage romain. Les penseurs du Moyen Âge ont élaboré le concept de droit naturel d'après lequel les monarques doivent exercer leur pouvoir, et une tradition de *common law* s'est développée en Angleterre. Aux XVIe et XVIIe siècles, lorsque l'absolutisme régnait sans partage, l'État de droit était plus une fiction qu'une réalité, mais l'idée demeurait que le pouvoir humain devait être limité : « *Non sub homine sed sub Deo et lege.* » La tradition de l'État de droit a jeté les bases pour le constitutionnalisme et la protection des droits de l'homme, notamment du droit de propriété, contre les abus de pouvoir. Dans la plupart des autres civilisations, le droit exerce une influence moindre sur la pensée et le comportement.

### LE PLURALISME SOCIAL

Au cours de l'histoire, la société occidentale a été hautement pluraliste. Comme le remarque Deutsch, ce qui distingue l'Occident, ce sont « la montée et la persistance de divers groupes autonomes qui ne sont pas fondés sur les liens de sang ou le mariage [30] ». À partir du VIe et du VIIe siècle, ces groupes ont d'abord compris les monastères, les ordres monastiques et les guildes, puis se sont développés pour inclure dans de nombreuses parties de l'Europe différentes autres associations et sociétés [31]. Le puralisme associationniste a été complété par le puralisme de classe. La plupart des sociétés européennes comprenaient une aristocratie puissante et autonome, une paysannerie nombreuse et une classe réduite mais agissante de marchands et de commerçants. La puissance de l'aristocratie féodale a empêché l'absolutisme de s'enraciner en profondeur dans la plupart des nations européennes. Ce pluralisme contraste avec la pauvreté de la société civile, la faiblesse de l'aristocratie et la puissance des empires bureaucratiques qui caractérisaient la Russie, la Chine, l'Empire ottoman et d'autres sociétés non occidentales.

### LES CORPS INTERMÉDIAIRES

Le puralisme social a fait naître des parlements et d'autres institutions chargés de représenter les intérêts de l'aristocratie, du clergé, des marchands et d'autres groupes. Ces corps intermédiaires ont permis des formes de représentation qui, au fil de la modernisation, ont évolué pour donner les institutions modernes de la démocratie. Certains de ces corps ont été abolis, ou bien leurs pouvoirs ont été considérablement affaiblis durant la période absolutiste. Même lorsque c'était le cas, ils ont pu, comme en France, renaître pour favoriser la participation à la vie politique. Aucune autre civilisation n'a reçu en héritage de tels corps intermédiaires datant d'un millénaire. Au niveau local également, à partir du IXe siècle, des formes de gouvernement autonome se sont développées dans les villes italiennes et ont gagné le Nord, « forçant les évêques, les barons et d'autres grands nobles à partager le pouvoir avec les bourgeois et même finalement à se soumettre [32] ». La représentation à l'échelon national s'est ainsi trouvée complétée par l'autonomie locale, ce qui est sans équivalent ailleurs dans le monde.

## L'INDIVIDUALISME

Nombre des caractéristiques de la civilisation occidentale que je viens d'évoquer ont contribué à faire émerger une conscience individualiste et une tradition de protection des droits et des libertés qui est unique. L'individualisme s'est développé aux XIVe et XVe siècles. Le respect des choix individuels — ce que Deutsch a appelé « la révolution de Roméo et Juliette » — a prévalu en Occident à partir du XVIIe siècle. Même le droit à l'égalité pour tous — pauvres aussi bien que riches — a commencé à être revendiqué, à défaut d'être universellement admis. L'individualisme reste aujourd'hui encore un signe distinctif de l'Occident. Une comparaison d'une cinquantaine de pays fait apparaître que les vingt premiers, en termes d'individualisme, sont tous européens, à l'exception du Portugal et d'Israël[33]. L'auteur d'une autre étude transculturelle a également montré que l'individualisme est dominant en Occident et le collectivisme ailleurs. Il conclut que « les valeurs les plus importantes en Occident le sont moins ailleurs[34] ». Occidentaux et non-Occidentaux font de l'individualisme le signe distinctif essentiel de l'Occident.

Ce tableau des caractéristiques de la civilisation occidentale n'est pas censé être exhaustif. Il n'implique pas non plus qu'elles ont toujours et universellement été présentes dans la société occidentale. À l'évidence, ce n'est pas le cas : nombreux ont été les despotes dans l'histoire européenne qui ont ignoré l'État de droit et suspendu les corps intermédiaires. Ces caractéristiques ne sont pas non plus absentes des autres civilisations : le Coran et la charia constituent la base juridique des sociétés musulmanes ; le Japon et l'Inde ont des systèmes de classes parallèles à celui de l'Occident. (C'est peut-être pourquoi ce sont les deux seules grandes civilisations non occidentales à avoir eu aussi longtemps des gouvernements démocratiques.) Individuellement, aucun de ces facteurs n'a été propre à l'Occident. C'est leur combinaison qui l'a été, et c'est ce qui fait le caractère unique de l'Occident. Ces concepts, ces pratiques et ces institutions ont tout simplement plus dominé en Occident que dans les autres civilisations. Ils sont partie intégrante de la base même de la civilisation occidentale. Ils sont l'Occident, mais pas dans sa modernité. En fait, ils sont en grande partie les facteurs qui ont permis à l'Occident de lancer sa propre modernisation et celle du monde.

## *Les réactions à l'Occident et à la modernisation*

L'expansion de l'Occident a favorisé à la fois la modernisation et l'occidentalisation des sociétés non occidentales. Les dirigeants politiques et intellectuels de ces sociétés ont réagi à l'influence de l'Occident de l'une au moins des trois façons suivantes : rejet de la modernisation et de l'occidentalisation, acceptation des deux, acceptation de la première mais pas de la seconde[35].

### LE REJET

De ses premiers contacts avec l'Occident en 1542 jusqu'au milieu du XIXe siècle, le Japon a pratiqué le rejet. Seules des formes limitées de modernisation ont été autorisées, comme les armes à feu, et l'importation de formes culturelles occidentales, dont le christianisme, a été restreinte. Les Occidentaux ont tous été chassés au milieu du XVIIe siècle. Ce rejet a pris fin avec l'ouverture du Japon par le commodore Perry en 1854 et l'effort radical pour apprendre les leçons de l'Occident après la restauration Meiji en 1868. Pendant plusieurs siècles, la Chine aussi a tenté de faire barrage à toute modernisation ou à toute occidentalisation. Les émissaires occidentaux ont été autorisés à entrer en Chine en 1601, mais ils ont été chassés en 1722. À la différence du Japon, la politique chinoise était fondée sur l'idée que la Chine constituait l'empire du Milieu et que la culture chinoise était supérieure à toutes les autres. L'isolement de la Chine, comme celui du Japon, a été brisé par la force, lors de la guerre de l'opium en 1839-1842. Comme le montrent ces exemples, au XIXe siècle, la puissance de l'Occident rendait de plus en plus difficile et même parfois impossible d'adopter une position isolationniste.

Au XXe siècle, le progrès des transports et des communications ainsi que l'interdépendance accrue ont rendu plus coûteuse encore l'exclusion. Sauf pour de petites communautés rurales très isolées et qui se contentent de survivre, le rejet total de la modernisation mais aussi de l'occidentalisation n'est guère possible alors même que le monde se modernise et s'interconnecte. « Seuls les fondamentalistes les plus extrémistes, écrit Daniel Pipes à propos de l'islam, rejettent la modernisation avec l'occidentalisation. Ils jettent les postes de télévision à la rivière, proscrivent les montres et refusent les moteurs à combustion. Le caractère impraticable de leur programme limite cependant l'attrait que ces groupes peuvent exercer. Dans de nombreux cas — comme les Yen Izala de Kano, les assassins de Sadate, les assaillants de la mosquée de La Mecque et certains groupes dakwah de Malaisie —, leurs défaites au cours d'affrontements violents avec les autorités les ont fait disparaître sans qu'ils laissent beaucoup de traces[36]. » Tel est le destin de ceux qui adoptent une attitude de rejet à la fin du XXe siècle. La « zéloterie », selon la formule de Toynbee, n'est tout simplement pas viable.

## LE KÉMALISME

Pour employer une autre expression empruntée à Toynbee, l'« hérodianisme » représente une autre forme de réaction à l'Occident. Il consiste à adhérer à la fois à la modernisation et à l'occidentalisation. Il est fondé sur l'idée que la modernisation est désirable et nécessaire, que la culture indigène est incompatible avec la modernisation et doit être abandonnée ou abolie et que la société doit être entièrement occidentalisée afin de se moderniser convenablement. Modernisation et occidentalisation se renforcent mutuellement et doivent aller de pair. Un bon exemple de ce point de vue réside dans le raisonnement de certains intellectuels japonais et chinois du XIXe siècle qui pensaient que, pour se moderniser, leur société devait abandonner sa langue ancestrale et adopter l'anglais comme langue nationale. Ce point de vue, bien évidemment, a été plus populaire auprès des Occidentaux que des élites non occidentales. Il revient à dire : « Pour réussir, vous devez être comme nous ; la seule voie possible est la nôtre. » On suppose alors que « les valeurs religieuses, les principes moraux et les structures sociales de ces sociétés [non occidentales] sont au mieux étrangères, au pire hostiles aux valeurs et aux pratiques de l'industrialisme ». Le développement économique recquiert donc « une refonte radicale de la vie et de la société, et bien souvent une réinterprétation du sens de l'existence lui-même tel qu'il a été compris par les personnes qui vivent dans ces civilisations[37] ». Pipes fait le même raisonnement en référence à l'islam :

> Pour échapper à l'anomie, les musulmans n'ont pas le choix, car la modernisation requiert l'occidentalisation. [...] L'islam n'est pas une alternative en termes de modernisation. [...] On ne peut éviter la sécularisation de la société. La science et la technologie modernes requièrent de se fondre dans les processus de pensée qui vont de pair avec elles. De même pour les institutions politiques. Le contenu autant que la forme doivent être stimulés. Il faut donc reconnaître la domination de la civilisation occidentale de façon à pouvoir apprendre d'elle. On ne peut faire l'économie des langues et des structures d'enseignement européennes, même si ces dernières favorisent la liberté de pensée et le laxisme. Les musulmans pourront se moderniser et donc se développer seulement s'ils acceptent le modèle occidental[38].

Soixante ans avant que ce texte ne soit écrit, Mustafa Kemal Atatürk était parvenu aux mêmes conclusions et avait créé une Turquie nouvelle sur les ruines de l'Empire ottoman en lançant un vaste effort de modernisation et d'occidentalisation. En s'engageant dans cette voie et en rejetant le passé de l'islam, Atatürk a fait de la Turquie un pays dual, musulman dans sa religion, ses traditions, ses coutumes et ses institutions, mais dominé par une élite déterminée à en faire une société moderne, occidentale et liée à l'Occident. À la fin du XX^e^ siècle, plusieurs pays suivent l'option kémaliste et s'efforcent d'acquérir une identité non occidentale.

LE RÉFORMISME

Le rejet implique la volonté désespérée d'isoler une société du monde moderne. Le kémalisme implique la volonté farouche de détruire une culture qui a existé durant des siècles et de la remplacer par une autre culture totalement nouvelle et importée d'une autre civilisation. Une troisième option consiste à tenter de combiner la modernisation avec la préservation des valeurs, des pratiques et des institutions fondamentales de la culture indigène propre à la société concernée. C'est la voie qu'ont choisie, on le comprend, les élites de nombreux pays non occidentaux. En Chine, à la fin de la dynastie Ch'ing, le slogan était : *Ti-yong*, « éducation chinoise pour les principes fondamentaux, éducation occidentale pour la pratique ». Au Japon, c'était *Wakon, Yosei*, « esprit japonais, technique occidentale ». En Égypte, dans les années 1830, Muhammad Ali « a tenté une modernisation technique sans occidentalisation culturelle excessive ». Cet effort a échoué, cependant, quand les Britanniques l'ont forcé à abandonner nombre de ses réformes. En conséquence de quoi, comme l'observe Ali Mazrui, « l'Égypte n'a connu ni la modernisation technique sans occidentalisation culturelle comme le Japon, ni la modernisation technique par l'occidentalisation culturelle comme la Turquie[39] ». À la fin du XIX^e^ siècle, cependant, Djamal al-Din al-Afrhani, Muhammad 'Abduh et d'autres réformateurs ont tenté une nouvelle réconciliation de l'islam et de la modernité. Ils invoquaient pour cela « la compatibilité de l'islam avec la science moderne et le meilleur de la pensée occidentale » et prônaient une « rationalité musulmane acceptant les idées et les institutions modernes, qu'elles soient scientifiques, technologiques ou politiques (constitutionnalisme et gouvernement représentatif)[40] ». C'était une forme de réformisme qui préfigurait le kémalisme, lequel accepte non seulement la modernité mais aussi certaines institutions occidentales. Un tel réformisme représentait la réaction dominante à l'Occident de la part des élites musulmanes pendant cinquante ans des années 1870 aux années 1920, mais il s'est trouvé battu en brèche par l'émergence du kémalisme et d'un réformisme plus puriste qui a pris la forme du fondamentalisme.

Rejet, kémalisme et réformisme sont fondés sur différents présupposés quant à ce qui est possible et désirable. Pour les partisans du rejet, la modernisation tout comme l'occidentalisation ne sont pas désirables, et il est possible de rejeter les deux. Pour les tenants du kémalisme, modernisation et occidentalisation sont désirables, la seconde étant indispensable pour que réussisse la première, et les deux sont possibles. Pour les réformistes, la modernisation est désirable et possible sans occidentalisation importante, celle-ci n'étant pas désirable. Partisans du rejet et du kémalisme s'opposent donc sur le caractère désirable de la modernisation et de l'occidentalisation ; tenants du kémalisme et du réformisme sur la question de savoir si la modernisation est possible sans occidentalisation.

La figure 3.1 montre ces trois lignes de conduite. Les partisans du rejet restent au point A, ceux du kémalisme évoluent en diagonale vers le point B, et les réformistes se déplacent à l'horizontale en direction du point C. Quelle a été l'évolution réelle des sociétés ? À l'évidence, chaque société non occidentale a connu sa propre évolution, laquelle peut différer considérablement de ces trois évolutions types. Mazrui soutient même que l'Égypte et l'Afrique ont évolué en direction de D, ce qui signifie « occidentalisation culturelle douloureuse sans modernisation technique ». Tout processus de modernisation et d'occidentali-

**Figure 3.1 Réaction à l'influence de l'Occident**

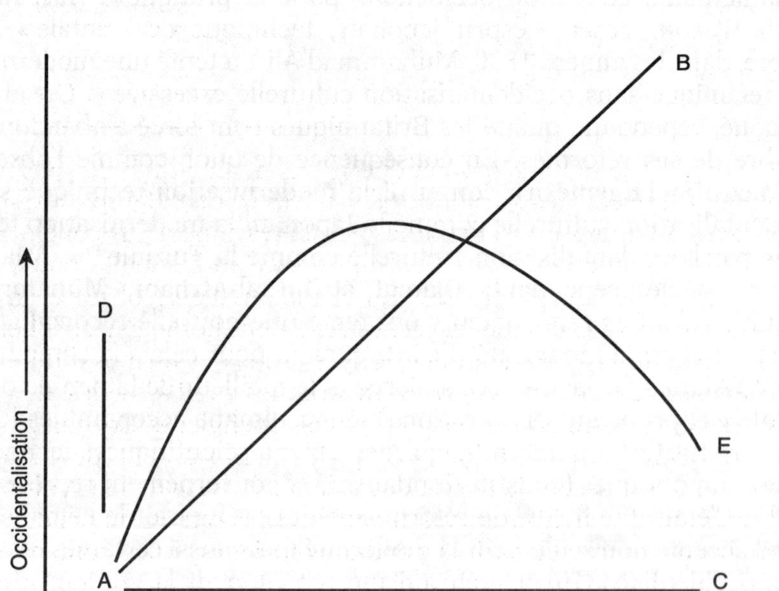

sation existant en réponse à l'Occident aurait dû suivre la courbe AE. Au début, l'occidentalisation et la modernisation sont intimement liées : la société non occidentale absorbe des éléments importants de la culture occidentale et fait de lents progrès vers la modernisation. Lorsque la modernisation s'accroît, cependant, le taux d'occidentalisation décline et la culture indigène regagne en vigueur. La poursuite de la modernisation modifie l'équilibre de la puissance entre l'Occident et la société non occidentale et renforce l'engagement en faveur de la culture indigène.

Durant les premières phases de changement, l'occidentalisation favorise donc la modernisation. Pendant les phases suivantes, la modernisation favorise la désoccidentalisation et la résurgence de la culture indigène de deux manières. À l'échelon sociétal, la modernisation renforce le pouvoir économique, militaire et politique de la société dans son ensemble et encourage la population à avoir confiance dans sa culture et à s'affirmer dans son identité culturelle. À l'échelon individuel, la modernisation engendre des sentiments d'aliénation et d'anomie à mesure que les liens et les relations sociales traditionnelles se brisent, ce qui conduit à des crises d'identité auxquelles la religion apporte une réponse. Ce processus de causalité est présenté de façon simple dans la figure 3.2.

**Figure 3.2 Modernisation et résurgence culturelle**

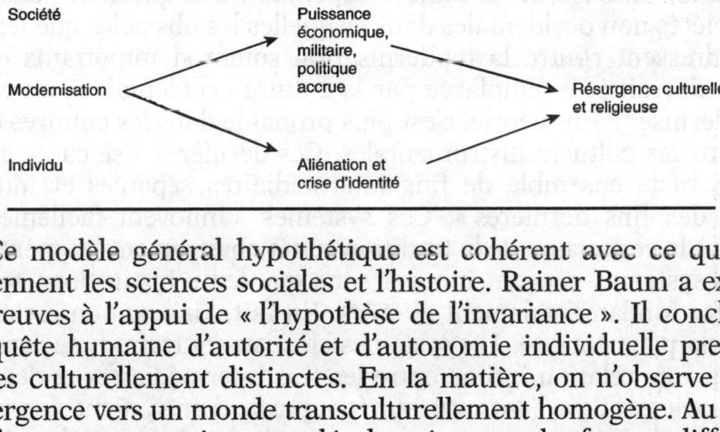


Ce modèle général hypothétique est cohérent avec ce que nous apprennent les sciences sociales et l'histoire. Rainer Baum a examiné les preuves à l'appui de « l'hypothèse de l'invariance ». Il conclut que « la quête humaine d'autorité et d'autonomie individuelle prend des formes culturellement distinctes. En la matière, on n'observe pas de convergence vers un monde transculturellement homogène. Au lieu de cela, les structures qui se sont développées sous des formes différentes jusqu'à l'époque moderne semblent invariantes[41] ». La théorie de l'emprunt, élaborée entre autres par Frobenius, Spengler et Bozeman, souligne combien les civilisations réceptrices empruntent de manière sélective et garantissent la survie des valeurs de base de leur culture[42]. Presque toutes les civilisations non occidentales ont existé pendant un millénaire au moins et parfois pendant plusieurs. Elles sont passées maîtres dans l'art d'emprunter à d'autres tout en assurant leur propre survie. L'absorption du bouddhisme venu d'Inde a, selon les spécialistes, échoué à produire « l'indianisation » de la Chine. Les Chinois ont jusqu'à présent ardemment vaincu les efforts intenses de l'Occident pour les christianiser. S'ils importent à un moment ou à un autre le christianisme, on peut s'attendre à ce qu'il soit absorbé et adapté de façon à être compatible avec les éléments de base de la culture chinoise. De même, les Arabes musulmans ont reçu, valorisé et utilisé leur « héritage hellénistique pour des raisons essentiellement utilitaires. Surtout intéressés à emprunter certaines formes extérieures ou certains aspects techniques, ils ont su dévaluer tous les éléments du corps de pensée grec qui auraient pu entrer en conflit avec "la vérité" telle qu'elle a été établie dans leurs préceptes et leurs normes coraniques fondamentales[43] ». Le Japon a suivi le même modèle : au XVIe siècle, il a importé la culture chinoise et « s'est transformé de sa propre initiative, sans pression économique et militaire ». « Pendant les siècles qui ont suivi, des périodes d'isolement relatif vis-à-vis des influences continentales, pendant lesquelles les emprunts extérieurs ont été digérés, ont alterné avec des périodes de contacts renouvelés et d'emprunts culturels[44]. » À travers toutes ces périodes, la culture japonaise a gardé ses traits distinctifs.

Pour les tenants modérés du kémalisme, les sociétés non occidentales *peuvent* se moderniser par occidentalisation. Ce n'est nullement prouvé. Le raisonnement kémaliste extrémiste dit qu'elles *doivent* s'occidentaliser afin de se moderniser. Il ne se présente pas comme une proposition universelle. Il soulève cependant une question : existe-t-il des sociétés non occidentales dans lesquelles les obstacles que les indigènes dressent contre la modernisation soient si importants que la culture devrait être remplacée par la culture occidentale si on voulait se moderniser ? En théorie, c'est plus probable dans les cultures closes que dans les cultures instrumentales. Ces dernières « se caractérisent par un vaste ensemble de fins intermédiaires séparées et indépendantes des fins dernières ». Ces systèmes « innovent facilement en étendant la couverture de la tradition sur le changement lui-même. [...] De tels systèmes peuvent innover sans que leurs institutions sociales semblent fondamentalement altérées. En fait, l'innovation est au service de la persistance ». Les systèmes clos, au contraire, « se caractérisent par une relation intime entre les fins intermédiaires et dernières [...] la société, l'État, l'autorité, etc. font partie d'un système dense dans lequel la religion en tant que guide cognitif domine. De tels systèmes ont été hostiles à l'innovation[45] ». Apter utilise ces catégories pour analyser le changement dans les tribus africaines. Eisenstadt applique une analyse semblable aux grandes civilisations asiatiques et en arrive à une conclusion similaire. La transformation interne est « grandement facilitée par l'autonomie des institutions sociales, culturelles et politiques[46] ». Pour cette raison, les sociétés instrumentales japonaise et hindoue se sont orientées plus tôt et plus facilement vers la modernisation que les sociétés confucéenne et musulmane. Elles étaient plus capables d'importer des technologies modernes et de les utiliser pour soutenir leur culture existante. Cela signifie-t-il que les sociétés chinoise et musulmane doivent abandonner et la modernisation et l'occidentalisation ou bien adopter les deux à la fois ? Le choix n'est pas si restreint que cela. En plus du Japon, Singapour, Taiwan, l'Arabie Saoudite et à un moindre degré l'Iran sont devenus des sociétés modernes sans s'occidentaliser. Bien sûr, les efforts du Shah pour suivre la voie kémaliste ont suscité une intense réaction à la fois antimoderne et anti-occidentale. Cependant, la Chine s'engage sur la voie réformiste.

Les sociétés musulmanes ont éprouvé des difficultés à se moderniser. Pipes justifie son idée que l'occidentalisation est un *prerequisit* en soulignant les conflits entre l'islam et la modernité sur des questions économiques comme l'intérêt, la législation en matière d'héritage et la participation des femmes au travail. Cependant, il cite en l'approuvant Maxine Rodinson, lequel dit que « rien n'indique de manière convaincante que la religion musulmane a empêché le monde musulman de se développer sur la voie qui mène au capitalisme moderne » et soutient que, dans la plupart des questions autres qu'économiques :

> L'islam et la modernisation n'entrent pas en conflit. Les musulmans pieux peuvent faire des sciences, travailler efficacement dans des usines ou utiliser des armes sophistiquées. La modernisation n'appelle pas une idéologie politique particulière ou un ensemble particulier d'institutions : des élections, des frontières, des associations civiles, et tous les autres traits de la vie occidentale ne sont pas nécessaires à la croissance économique. Comme clients, l'islam convient aux consultants en management aussi bien que les paysans. La charia n'a rien à dire sur les changements qui accompagnent la modernisation, tels que l'évolution de l'agriculture à l'industrie, de la campagne à la ville et de la stabilité sociale à la mobilité sociale. Elle ne statue pas non plus sur l'éducation de masse, les communications rapides, de nouvelles formes de transport et les soins médicaux[47].

Même les anti-Occidentaux et les extrémistes de la revitalisation des cultures indigènes n'hésitent pas à utiliser les techniques modernes du courrier électronique, des cassettes et de la télévision pour promouvoir leur cause.

Modernisation, en résumé, ne signifie pas nécessairement occidentalisation. Les sociétés non occidentales peuvent se moderniser et se sont modernisées sans abandonner leur propre culture et sans adopter les valeurs, les institutions et les pratiques occidentales dominantes. Il se peut même que la seconde soit impossible : quels que soient les obstacles que les cultures non occidentales dressent contre la modernisation, ils ne sont rien comparés à ceux qui sont dirigés contre l'occidentalisation. Comme le disait Fernand Braudel, il serait « infantile » de penser que la modernisation ou « le triomphe de la civilisation au singulier » mettra un terme à la pluralité des cultures historiques incarnées depuis des siècles par les grandes civilisations du monde[48]. La modernisation, au lieu de cela, renforce ces cultures et réduit la puissance relative de l'Occident. Fondamentalement, le monde est en train de devenir plus moderne et moins occidental.

Deuxième partie

# L'ÉQUILIBRE INSTABLE DES CIVILISATIONS

CHAPITRE 4

# L'effacement de l'Occident : puissance, culture et indigénisation

## *La puissance de l'Occident : domination et déclin*

De la puissance de l'Occident, comparativement aux autres civilisations, on peut donner deux représentations. La première met l'accent sur la domination généralisée, triomphale, presque totale de l'Occident. La désintégration de l'Union soviétique ayant fait disparaître son seul rival sérieux, le monde est et sera désormais façonné par les buts, les priorités et les intérêts des principales nations d'Occident, moyennant peut-être l'assistance occasionnelle du Japon. En tant que seule superpuissance, les États-Unis prennent, avec la Grande-Bretagne et la France, les orientations qui comptent dans le domaine de la politique et de la sécurité, et, avec l'Allemagne et le Japon, les décisions essentielles en matière économique. L'Occident est la seule civilisation qui a des intérêts importants au sein de toutes les autres civilisations ou régions et qui peut influer sur la politique, l'économie et la sécurité de toutes les autres civilisations ou régions. Les sociétés appartenant à d'autres civilisations ont besoin de l'Occident pour parvenir à leurs fins et protéger leurs intérêts. Comme l'a résumé un auteur, les nations occidentales :

— possèdent et animent le système bancaire international ;
— contrôlent les monnaies fortes ;
— représentent les principaux pays consommateurs ;
— produisent la majorité des produits finis ;
— dominent les marchés internationaux de capitaux ;
— exercent une autorité morale considérable sur de nombreuses sociétés ;
— contrôlent les voies maritimes ;

— mènent les recherches techniques les plus avancées ;
— contrôlent la transmission du savoir technique de pointe ;
— dominent l'accès à l'espace ;
— dominent l'industrie aéronautique ;
— dominent les communications internationales ;
— dominent le secteur des armements sophistiqués [1].

La seconde image est celle d'une civilisation en déclin, dont l'influence dans la politique, l'économie et l'équilibre militaire mondial diminue en comparaison de celle d'autres civilisations. La victoire de l'Occident dans la guerre froide n'a pas produit son triomphe, mais son épuisement. L'Occident est de plus en plus en butte à des problèmes internes : faible croissance économique, stagnation démographique, chômage, déficit budgétaire, corruption dans les affaires, faible taux d'épargne et, dans de nombreux pays dont les États-Unis, désintégration sociale, drogue, criminalité. La puissance économique se déplace rapidement vers l'Extrême-Orient, lequel commence à acquérir plus d'influence politique et de puissance militaire. L'Inde est en passe de décoller, et le monde musulman est de plus en plus hostile à l'Occident. La bonne volonté des autres sociétés à accepter les diktats ou les sermons de l'Occident disparaît, en même temps que celui-ci perd sa confiance en lui et sa volonté de dominer. Pendant les années quatre-vingt, on a beaucoup débattu de l'éventuel déclin des États-Unis. Au milieu des années quatre-vingt-dix, un analyste pourtant nuancé est parvenu aux mêmes conclusions :

> [...] par beaucoup d'aspects, leur [les États-Unis] puissance relative va décliner de plus en plus vite. En termes de moyens économiques, la position des États-Unis en comparaison de celle du Japon, voire de la Chine est en passe de se dégrader encore plus. Dans le domaine militaire, l'équilibre des forces entre les États-Unis et un nombre de plus en plus grand de puissances régionales (dont l'Iran, l'Inde et la Chine) se déplacera du centre à la périphérie. Une part de la puissance structurelle américaine ira à d'autres nations ; le reste (qui est une partie de sa puissance légère) passera entre les mains d'acteurs qui ne seront pas des États, mais par exemple des sociétés multinationales [2].

Laquelle de ces deux représentations de la place de l'Occident dans le monde est conforme à la réalité ? La réponse est, bien sûr : les deux. L'Occident est dominant aujourd'hui et restera numéro un en termes de puissance et d'influence au XXI^e^ siècle. Cependant, des changements graduels, inexorables et fondamentaux se produisent dans l'équilibre entre civilisations, et la puissance de l'Occident, relativement aux autres civilisations, continuera à décliner. La primauté de l'Occident a commencé à s'éroder et finira par disparaître tout simplement, une partie de son influence revenant, en fonction de facteurs régionaux, à d'autres civilisations et à leurs États phares. C'est au sein de la civilisation asiatique que s'accroîtra le plus la puissance, la Chine apparaissant de plus en plus comme la société apte à défier l'Occident pour acquérir une influence globale. Ces évolutions dans la répartition de la puissance entre civilisations entraînent et entraîneront le renouveau et l'affirmation culturelle grandissante des sociétés non occidentales et le rejet accru de la culture occidentale.

Le déclin de l'Occident a trois caractéristiques majeures.

Tout d'abord, c'est un processus lent. La montée en puissance de l'Occident a pris quatre siècles. Son recul pourrait prendre autant de temps. Dans les années quatre-vingt, l'éminent universitaire britannique Hedley Bull a soutenu que « la domination de l'Europe ou de l'Occident sur la société internationale universelle a atteint son apogée aux environs de 1900 [3] ». Le premier volume de Spengler est paru en 1918, et le « déclin de l'Occident » est resté un thème central en histoire durant tout le siècle. Ce processus s'est poursuivi pendant presque tout le XXe siècle et il pourrait même s'accélérer. Le progrès économique et d'autres améliorations dans les ressources d'un pays suivent souvent une courbe en S : ils commencent doucement, puis s'accélèrent avant de ralentir et de s'arrêter. Le déclin des pays suit une courbe en S renversé, comme on le voit pour l'Union soviétique : il est lent au début, puis s'accélère très vite avant de retomber. Le déclin de l'Occident en est encore actuellement à sa phase lente.

Deuxièmement, le déclin ne suit pas une ligne droite. Il est très irrégulier, connaît des pauses, des renversements, des retours en force suivis de manifestations de puissance. Les sociétés démocratiques ouvertes d'Occident ont un fort potentiel de renouveau. En outre, à la différence de nombreuses civilisations, l'Occident a deux grands centres. Le déclin dont Bull a cru saisir les prémices en 1900 était essentiellement celui de la composante européenne de la civilisation occidentale. De 1910 à 1945, l'Europe a été divisée et s'est trouvée plongée dans des problèmes économiques, sociaux et politiques internes. Dans les années quarante, cependant, la phase américaine de la domination occidentale a commencé et, en 1945, les États-Unis ont un bref moment dominé le monde à un degré comparable à celui des Alliés en 1918. La décolonisation d'après guerre a réduit l'influence européenne, mais pas celle des États-Unis, qui ont remplacé les empires territoriaux traditionnels par un impérialisme transnational. Pendant la guerre froide, la puissance militaire américaine était équilibrée par celle de l'Union soviétique, tandis que la puissance économique américaine déclinait par rapport à celle du Japon. Périodiquement, les États-Unis tentent un retour en force militaire et économique. En 1991, Barry Buzan, un autre éminent universitaire britannique, a soutenu qu'« en profondeur, le centre est désormais plus dominant et la périphérie plus soumise qu'à aucun autre moment depuis que la décolonisation a commencé [4] ». La pertinence de ce point de vue diminue cependant à mesure que les années passent depuis la guerre du Golfe.

Troisièmement, la puissance est la capacité pour une personne ou un groupe de changer le comportement d'une autre personne ou d'un autre groupe. Ledit comportement peut varier sous l'effet de l'influence, de la coercition ou de l'encouragement, ce qui requiert de la part de celui qui exerce la puissance des ressources économiques, militaires, institutionnelles, démographiques, politiques, technologiques, sociales, etc. La puissance d'un État ou d'un groupe est donc normalement évaluée par la mesure des ressources dont il dispose par rapport à celles que possèdent les autres États ou groupes qu'il essaie d'influencer. La part de l'Occident dans presque toutes les ressources importantes en termes de puissance a atteint un sommet au tout début du siècle et a commencé à décliner relativement à celle des autres civilisations.

## TERRITOIRE ET POPULATION

En 1490, les sociétés occidentales contrôlaient presque toute la péninsule occidentale à l'exception des Balkans, soit près de 2,2 millions de $km^2$ sur un total mondial (hors Antarctique) de 80 millions de $km^2$ de terres émergées. Au maximum de son expansion territoriale, dans les années vingt, l'Occident dominait environ 40 millions de $km^2$, soit près de la moitié de la planète. En 1993, ce territoire n'était plus que de 20 millions de $km^2$. L'Occident s'est replié sur sa base européenne et sur les terres à faible densité de population que sont l'Amérique du Nord, l'Australie et la Nouvelle-Zélande. Par contraste, le territoire occupé par les sociétés musulmanes est passé de 2,5 millions de $km^2$ en 1920 à plus de 15 en 1993. Des changements similaires ont eu lieu dans le contrôle des populations. En 1900, les Occidentaux représentaient en gros 30 % de la population mondiale, et les gouvernements occidentaux dominaient environ 45 % de cette population, puis 48 % en 1920. En 1993, sauf pour de petits résidus coloniaux comme Hong Kong, les gouvernements occidentaux contrôlaient seulement les Occidentaux. Ces derniers ne représentent plus que 13 % de la population mondiale et passeront à 11 % au début du prochain siècle, pour atteindre 10 % en 2025[5]. En termes démographiques, l'Occident de 1993 arrive en quatrième position derrière les civilisations chinoise, musulmane et hindoue.

D'un point de vue quantitatif, les Occidentaux forment au sein de la population mondiale une minorité en constante diminution. D'un point de vue qualitatif, l'équilibre entre l'Occident et les autres civilisations change également. Les populations non occidentales sont plus riches, plus urbaines, mieux formées que par le passé. Au début des années quatre-vingt-dix, le taux de mortalité infantile en Amérique

*Tableau 4.1* Territoire sous le contrôle des civilisations, 1900-1993

| Année | Occid. | Afr. | Chin. | Hind. | Isl. | Jap. | Latino-Américaine | Orthod. | Autre |
|---|---|---|---|---|---|---|---|---|---|
| | | | | | en miles² | | | | |
| 1900 | 20 290 | 164 | 1 317 | 54 | 3 592 | 101 | 7 721 | 8 733 | 7 458 |
| 1920 | 25 447 | 400 | 3 913 | 61 | 1 811 | 261 | 8 898 | 10 258 | 2 758 |
| 1971 | 12 806 | 4 636 | 3 936 | 1 316 | 9 183 | 142 | 7 833 | 10 346 | 2 302 |
| 1993 | 12 711 | 5 682 | 3 923 | 1 279 | 11 054 | 145 | 7 819 | 7 169 | 2 718 |
| | | | | | en % | | | | |
| 1900 | 38,7 | 0,3 | 8,2 | 0,1 | 6,8 | 0,3 | 14,7 | 16,6 | 14,3 |
| 1920 | 48,5 | 0,8 | 7,5 | 0,1 | 3,5 | 0,5 | 15,4 | 10,5 | 4,3 |
| 1971 | 24,4 | 8,8 | 7,5 | 2,5 | 17,5 | 0,3 | 14,9 | 19,7 | 4,4 |
| 1993 | 24,2 | 10,8 | 7,5 | 2,4 | 21,1 | 0,3 | 14,9 | 13,7 | 5,2 |

* Le territoire mondial estimé à 52,5 millions de miles² n'inclut pas l'Antarctique

*Source : Statesman's Year-Book, New York*, St. Martin's Press, 1901-1927, *World Book Atlas*, Chicago, Field Enterprises Educational Corp. 1970 ; *Britannica Book of the Year*, Chicago, Encyclopaedia Britannica, Inc., 1992-1994.

latine, en Afrique, au Moyen-Orient, en Afrique du Sud, en Extrême-Orient et en Asie du Sud-Est ne représentait plus qu'un tiers à un demi de ce qu'il était trente ans plus tôt. L'espérance de vie dans ces zones avait augmenté de façon significative, de onze ans en Afrique à vingt-trois ans en Extrême-Orient. Au début des années soixante, dans presque tout le Tiers-Monde, moins d'un tiers de la population savait lire et écrire. Au début des années quatre-vingt-dix, il n'y avait plus que dans de rares pays, à l'exception de l'Afrique, que moins de la moitié de la population savait lire et écrire. 50 % de la population indienne environ et 75 % des Chinois savent aujourd'hui lire et écrire. Le taux de scolarisation dans les pays en voie de développement représentait, en 1970, en moyenne 41 % de celui des pays développés ; en 1992, il atteignait 71 %. Au début des années quatre-vingt-dix, dans toutes les régions sauf l'Afrique, quasiment toute la population en âge d'être scolarisée allait effectivement à l'école. De façon encore plus notable, au début des années soixante, en Asie, en Amérique latine, au Moyen-Orient et en Afrique, moins d'un tiers de la population concernée faisait des études secondaires, alors qu'en 1990 c'était la moitié, sauf en Afrique. En 1960, les citadins représentaient moins d'un quart de la population des pays les plus pauvres. De 1960 à 1992, cependant, le pourcentage de gens vivant dans les villes est passé de 49 % à 73 % en Amérique latine, de 34 % à 55 % dans les pays arabes, de 14 % à 29 % en Afrique, de 18 % à 27 % en Chine et de 19 % à 26 % en Inde[6].

Ces évolutions dans la scolarisation, l'éducation et l'urbanisation ont augmenté la mobilité sociale de populations aux aptitudes et aux attentes plus grandes. Elles peuvent se mobiliser à des fins politiques

*Tableau 4.2*

| | | | |
|---|---|---|---|
| Chinoise | 1 340 900 | Latino-américaine | 507 500 |
| Islamique | 927 600 | Africaine | 392 100 |
| Hindoue | 915 000 | Orthodoxe | 261 300 |
| Occidentale | 805 400 | Japonaise | 124 700 |

*Source :* calculs tirés de l'*Encyclopaedia Britannica, 1994 Book of the Year,* Chicago, Encyclopaedia Britannica, 1994, p. 764-769.

mieux que des populations moins bien formées. Les sociétés où règne la mobilité sociale sont plus puissantes. En 1953, moins de 15 % des Iraniens savaient lire et écrire et moins de 17 % vivaient en ville. Kermit Roosevelt et la CIA étouffèrent alors facilement un soulèvement et restaurèrent le Shah sur son trône. En 1979, quand 50 % des Iraniens savaient lire et écrire, et que 47 % vivaient dans les villes, la puissance militaire américaine n'a pu empêcher que le Shah soit détrôné. Un fossé important sépare encore les Chinois, les Indiens, les Arabes et les Africains d'un côté et les Occidentaux, les Japonais et les Russes de l'autre. Il se comble cependant très vite. En même temps, un autre fossé se creuse. L'âge moyen des Occidentaux, des Japonais et des Russes augmente de façon constante, et la proportion de gens qui ne travaillent pas augmente, ce qui représente un poids de plus en plus grand pour les actifs. Les autres civilisations doivent supporter la charge que constitue un nombre élevé d'enfants, mais les enfants sont de futurs travailleurs et de futurs soldats.

*Tableau 4.3* Parts de la population mondiale contrôlée par les différentes civilisations, 1900-2025 (en %)

| | Total mondial* | Occid. | Afri. | Chin. | Hind. | Islam. | Jap. | Latino-Américaine | Orth. | Autres |
|---|---|---|---|---|---|---|---|---|---|---|
| 1900 | [1,6] | 44,3 | 0,4 | 19,3 | 0,3 | 4,2 | 3,5 | 3,2 | 8,5 | 16,3 |
| 1920 | [1,0] | 18,1 | 0,7 | 17,3 | 0,3 | 2,4 | 4,1 | 1,6 | 13,9 | 8,6 |
| 1971 | [3,7] | 14,4 | 5,6 | 22,8 | 15,2 | 13,0 | 2,8 | 8,4 | 10,0 | 5,5 |
| 1990 | [5,3] | 14,7 | 8,2 | 24,3 | 16,3 | 13,4 | 2,3 | 9,2 | 6,5 | 5,1 |
| 1995 | [5,8] | 13,1 | 9,5 | 24,0 | 16,4 | 15,9[1] | 2,2 | 9,3 | 6,1[2] | 3,5 |
| 2010 | [7,2] | 11,5 | 11,7 | 22,3 | 17,1 | 17,9[1] | 1,8 | 10,3 | 5,4[2] | 2,0 |
| 2025 | [8,5] | 10,1 | 14,4 | 21,0 | 16,9 | 19,2[1] | 1,5 | 9,2 | 4,9[2] | 2,0 |

* Population mondiale en milliards

1. Sans membres de la CEI et Bosnie
2. Sans membres de la CEI, Géorgie et ex-Yougoslavie

*Source :* Nation unies, Services démographiques, Department for Economic and Social Information and Policy Analysis, *World Population Prospects, The 1992 Reviston,* New York, Nations unies, 1993 ; *Stateman's Year Book,* New York, St. Martin's Press, 1901-1927 ; *World Almanac and Book of Facts*, New York, Press Pub, 1970-1993.

## LA PRODUCTION ÉCONOMIQUE

La part de l'Occident dans la production économique globale a sans doute atteint un sommet dans les années vingt et décline depuis la Seconde Guerre mondiale. En 1750, la Chine représentait presque un tiers, l'Inde un quart et l'Occident moins d'un cinquième des exportations mondiales. Aux environs de 1830, l'Occident est passé devant la Chine. Dans les décennies qui ont suivi, comme l'a montré Paul Bairoch, l'industrialisation de l'Occident a conduit à la désindustrialisation du reste du monde. En 1913, les exportations de produits manufacturés par les pays non occidentaux ne représentaient presque plus que les deux tiers de ce qu'elles étaient en 1800. Depuis le milieu du XVIIIe siècle, la part de l'Occident s'est accrue considérablement, pour atteindre un maximum en 1928 avec 84,2 % des exportations de produits manufacturés. Par la suite, la part de l'Occident a décru alors que son taux de croissance est resté modeste et qu'un moins grand nombre de pays industrialisés ont augmenté leurs exportations après la Seconde Guerre mondiale. En 1980, l'Occident représentait 57,8 % des exportations de produits manufacturés, soit la proportion des années 1860[7].

On ne dispose pas de données fiables sur le produit économique brut avant la Seconde Guerre mondiale. En 1950, cependant, l'Occident représentait à peu près 64 % du produit mondial brut ; vers 1980, cette proportion est tombée à 49 % (voir tableau 4.3). En 2013, selon certaines estimations, l'Occident ne représentera que 30 %. En 1991, selon d'autres estimations, quatre des sept économies dominantes appartenaient à des nations non occidentales : le Japon (en deuxième position), la Chine (en troisième), la Russie (en sixième) et l'Inde (en septième). En 1992, les États-Unis possédaient la plus importante économie mondiale et les dix premières comprenaient cinq pays occiden-

*Tableau 4.4* Part des civilisations ou pays dans les exportations de produits manufacturés 1750-1980 (en %, Monde = 100 %)

| Pays | 1750 | 1800 | 1830 | 1860 | 1880 | 1900 | 1913 | 1928 | 1938 | 1953 | 1963 | 1973 | 1980 |
|---|---|---|---|---|---|---|---|---|---|---|---|---|---|
| Occident | 18,2 | 23,3 | 31,1 | 53,7 | 68,8 | 77,4 | 81,6 | 84,2 | 78,6 | 74,6 | 65,4 | 61,2 | 57,8 |
| Chine | 32,8 | 33,3 | 29,8 | 19,7 | 12,5 | 6,2 | 3,6 | 3,4 | 3,1 | 2,3 | 3,5 | 3,9 | 5,0 |
| Japon | 3,8 | 3,5 | 2,8 | 2,6 | 2,4 | 2,4 | 2,7 | 3,3 | 5,2 | 2,9 | 5,1 | 8,8 | 9,1 |
| Inde/Pakistan | 24,5 | 19,7 | 17,6 | 8,6 | 2,8 | 1,7 | 1,4 | 1,9 | 2,4 | 1,7 | 1,8 | 2,1 | 2,3 |
| Russie/URSS | 5,0 | 5,6 | 5,6 | 7,0 | 7,6 | 8,8 | 8,2 | 5,3 | 9,0 | 16,0 | 20,9 | 20,1 | 21,1 |
| Brésil et Mexique | — | — | — | 0,8 | 0,6 | 0,7 | 0,8 | 0,8 | 0,8 | 0,9 | 1,2 | 1,6 | 2,2 |
| Autres | 15,7 | 14,6 | 13,1 | 7,6 | 5,3 | 2,8 | 1,7 | 1,1 | 0,9 | 1,6 | 2,1 | 2,3 | 2,5 |

* Inclut les pays du pacte de Varsovie pendant la guerre froide

*Source :* Paul Rairoch. « International Industrialization Levels from 1750 to 1980 », *Journal of European Economic History*, 11, automne 1982, p. 269-334.

*Tableau 4.5* Part de chaque civilisation dans le PIB mondial, 1960-1992 en %

| Année | Occid. | Afr. | Chin. | Hind. | Isl. | Jap. | Latino-Américaine | Orthod.* | Autres** |
|---|---|---|---|---|---|---|---|---|---|
| 1950 | 64,1 | 0,2 | 3,3 | 3,8 | 2,9 | 3,1 | 5,6 | 16,0 | 1,0 |
| 1970 | 53,4 | 1,7 | 4,8 | 3,0 | 4,6 | 7,8 | 6,2 | 17,4 | 1,1 |
| 1980 | 48,6 | 2,0 | 6,4 | 2,7 | 6,3 | 8,5 | 7,7 | 16,4 | 1,4 |
| 1992 | 48,9 | 2,1 | 10,0 | 3,5 | 11,0 | 8,0 | 8,3 | 6,2 | 2,0 |

* L'estimation orthodoxe pour 1992 inclut l'ex-URSS et l'ex-Yougoslavie.
** Les « Autres » incluent les autres civilisations et leurs voisins.
Pourcentages de 1960, 1970, 1980 calculés en dollar constant par Herbert Block, *The Planetary Product in 1980 : A Creative Pause ?*, Washington, D.C., Bureau of Public Affairs, U.S. Dept. of State, 1981, p. 30-45.
Les pourcentages de 1992 sont calculés à partir des estimations de la Banque mondiale.

taux plus les États dominants de cinq autres civilisations : la Chine, le Japon, l'Inde, la Russie et le Brésil. En 2020, des projections vraisemblables indiquent que les cinq premières économies comprendront trois pays occidentaux. Ce déclin relatif de l'Occident est, bien sûr, en grande partie fonction de la montée en puissance rapide de l'Extrême-Orient[8].

Les statistiques des exportations ne rendent pas pleinement compte de l'avantage qualitatif de l'Occident. L'Occident et le Japon dominent presque totalement les technologies de pointe, mais ces technologies se diffusent et, si l'Occident souhaite préserver sa supériorité, il devra limiter ce phénomène. Dans le monde interconnecté que l'Occident a créé, ralentir la dispersion de la technologie vers d'autres civilisations deviendra de plus en plus difficile, d'autant plus en l'absence d'une menace importante et bien identifiée, comme à l'époque de la guerre froide. Les mesures de contrôle n'auront donc qu'une efficacité modérée.

Il est par ailleurs établi que la Chine a eu, durant la plus grande partie de l'histoire, l'économie la plus importante dans le monde. La diffusion de la technologie et le développement économique des sociétés non occidentales dans la seconde moitié du XXe siècle lui ont permis de retrouver cette position structurelle. Cela prendra du temps, mais au milieu du XXIe siècle, voire avant, la répartition du produit économique et des exportations de produits manufacturés parmi les principales civilisations tendra à ressembler à ce qu'elle était en 1800. C'en sera fini de la domination de l'Occident sur l'économie mondiale.

## LES MOYENS MILITAIRES

La puissance militaire revêt quatre dimensions : quantitative — le nombre d'hommes, d'armes, d'équipements et de ressources —, technologique — l'efficacité et la sophistication des armes et des équipements —, organisationnelle — la cohérence, la discipline, l'entraînement et le moral des troupes ainsi que l'efficacité du commandement et des structures de contrôle — et sociétale — la capacité et la volonté de la société de mobiliser la force militaire de façon efficace. Dans les années vingt, l'Occident dépassait tout le monde dans chacune de ces dimensions. Depuis, la puissance militaire de l'Occident a décliné relativement à celle des autres civilisations. La modernisation et le développement économique engendrent des ressources et le désir pour les États de développer leurs moyens militaires. Rares sont les États qui n'y parviennent pas. Dans les années trente, le Japon et l'Union soviétique ont ainsi créé des forces militaires puissantes, comme ils l'ont démontré pendant la Seconde Guerre mondiale. Pendant la guerre froide, l'Union soviétique possédait l'une des deux plus puissantes forces militaires. Aujourd'hui, l'Occident monopolise la capacité à déployer des forces militaires conventionnelles importantes partout dans le monde. Il n'est pas certain qu'il continuera à préserver cette aptitude. Il semble relativement sûr, en revanche, que les États ou groupes d'États non occidentaux développeront pareille aptitude durant les prochaines décennies.

*Tableau 4.6* Part ce chaque civilisation dans le nombre total de soldats (en %)

| Année | Occid. | Afr. | Chin. | Hind. | Isl. | Jap. | Latino-Américaine | Orthod. | Autres | total mondial |
|---|---|---|---|---|---|---|---|---|---|---|
| 1900 | (10,086) | 43,7 | 1,6 | 10,0 | 0,4 | 16,7 | 1,8 | 9,4 | 16,6 | 0,1 |
| 1920 | (8,645) | 48,5 | 3,8 | 17,4 | 0,4 | 3,6 | 2,9 | 10,2 | 12,8* | 0,5 |
| 1970 | (23,991) | 26,8 | 2,1 | 24,7 | 6,6 | 10,4 | 0,3 | 4,0 | 75,1 | 2,3 |
| 1991 | (25,797) | 21,1 | 3,4 | 25,7 | 4,8 | 20,0 | 6,3 | 14,3 | 3,5 | |

* Pour l'URSS, estimation de l'année 1924 par J. M. Mackintosh in B. H. Liddell-Hart, *The Red Army : The Red Army — 1918 to 1945. The Soviet Army — 1946 to present*, New York, Harcourt, Brace, 1956.
*Source :* U.S. Arms Control and Disarmament Agency, *World Military Expenditures and Arms Transfers* Washington, D.C., The Agency, 1971-1994 ; *Statesman's Year-Book*, New York, St. Martin's Press, 1901-1927.

Globalement, les années qui ont suivi la fin de la guerre froide ont, dans le domaine militaire, été dominées par cinq grandes tendances.

Premièrement, les forces armées de l'Union soviétique ont cessé d'exister peu de temps après la fin de l'Union soviétique. À l'exception de la Russie, seule l'Ukraine a hérité de moyens importants. Les forces russes ont été réduites de façon importante en taille et ont quitté l'Europe centrale et les Balkans. Le pacte de Varsovie a cessé d'être. Tout comme la rivalité avec la marine américaine. Les équipements militaires ont été détruits, laissés à l'abandon ou bien ont cessé d'être opérationnels. Le budget de la défense a été réduit de façon drastique. La démoralisation a gagné les officiers comme les hommes de troupe.

Dans le même temps, les missions et la doctrine de l'armée russe ont été redéfinies, et celle-ci s'est restructurée pour exercer un rôle nouveau : protéger les Russes et intervenir dans les conflits régionaux de proximité.

Deuxièmement, la réduction précipitée des moyens militaires russes a stimulé un processus plus lent : la réduction des dépenses, des forces et des moyens militaires en Occident. Selon les plans conçus sous les présidents Bush et Clinton, les dépenses militaires américaines devaient être réduites de 35 % pour passer de 342,3 milliards de dollars en 1994 à 222,3 milliards en 1998. L'armée ne devrait alors plus représenter que la moitié ou les deux tiers de ce qu'elle était à la fin de la guerre froide. Le personnel passerait de 2,1 millions d'hommes à 1,4. De nombreux programmes importants d'armement ont été ou vont être annulés. Entre 1985 et 1995, les achats annuels d'armements sont passés de 29 à 6 bateaux, de 943 à 127 avions, de 720 chars à 0 et de 48 à 18 missiles stratégiques. À partir de la fin des années quatre-vingt, la Grande-Bretagne, l'Allemagne et, à un moindre degré, la France ont opéré les mêmes coupes dans leurs dépenses militaires et réduit leurs moyens. Au milieu des années quatre-vingt-dix, les forces armées allemandes devaient passer de 370 000 à 340 000 hommes, voire à 320 000. L'armée française devait descendre à 290 000 hommes en 1995 et à 225 000 en 1997. Le personnel militaire britannique est passé de 377 100 hommes en 1985 à 274 800 en 1993. En Europe continentale, les membres de l'OTAN ont réduit le nombre de conscrits et ont même lancé des débats sur l'abandon du service militaire.

Troisièmement, les tendances sont bien différentes en Extrême-Orient. Augmenter les dépenses militaires et améliorer les forces sont à l'ordre du jour. La Chine a montré la voie. Stimulées par leur richesse économique accrue et par l'exemple de la Chine, les autres nations d'Extrême-Orient modernisent et développent leurs forces armées. Le Japon a continué à améliorer ses moyens militaires hautement sophistiqués. Taiwan, la Corée du Sud, la Thaïlande, la Malaisie, Singapour et l'Indonésie dépensent de plus en plus pour leur armée et achètent avions, chars et bateaux en Russie, aux États-Unis, en Grande-Bretagne, en France ou en Allemagne. Les dépenses de l'OTAN pour la défense ont chuté de 10 % entre 1985 et 1993 (elles sont passées de 539,6 milliards de dollars à 485). En Extrême-Orient, elles ont augmenté de 50 % pour passer de 89,8 milliards à 134,8 pendant la même période[9].

Quatrièmement, les moyens militaires comme les armes de destruction de masse se disséminent partout dans le monde. À mesure de leur développement économique, les pays acquièrent la capacité à produire des armes. Entre les années soixante et les années quatre-vingt, par exemple, le nombre de pays du Tiers-Monde produisant des avions de combat est passé de un à huit, de un à six pour les chars, de un à six pour les hélicoptères, de zéro à sept pour les missiles tactiques. Dans les années quatre-vingt-dix, le secteur de la défense a eu tendance à se globaliser, ce qui a réduit l'avantage occidental[10]. De nombreuses sociétés non occidentales ont la bombe (la Russie, la Chine, Israël, l'Inde, le Pakistan et peut-être la Corée du Sud), d'autres ont accompli des efforts soutenus pour l'avoir (l'Iran, l'Irak, la Libye et peut-être l'Algérie) ou bien encore se trouvent placées en position de l'avoir très vite en cas de besoin (le Japon).

Enfin, toutes ces évolutions font de la régionalisation la tendance centrale dans le domaine de la stratégie et de la puissance militaires dans le monde d'après la guerre froide. La régionalisation justifie les coupes dans les forces russes et occidentales, et les hausses ailleurs. La Russie n'a plus de ressources militaires globales, mais concentre sa stratégie et ses forces dans son voisinage. La Chine a réorienté sa stratégie et ses forces sur un plan régional et privilégie la défense des intérêts chinois en Extrême-Orient. Les pays européens rectifient la direction de leurs forces afin d'intervenir, dans le cadre de l'OTAN et de l'Union de l'Europe occidentale, en cas d'instabilité à la périphérie de l'Europe occidentale. Les États-Unis ne cherchent plus l'affrontement avec l'Union soviétique sur une base globale, mais se préparent à intervenir à un échelon régional en même temps dans le golfe Persique et en Asie du Nord-Est. Cependant, ils n'auront bientôt plus le désir de s'en donner les moyens. Pour vaincre l'Irak, ils ont dû déployer dans le Golfe 75 % de leur aviation tactique active, 42 % de leur chars d'assaut modernes, 46 % de leurs transports de troupes, 37 % de leurs soldats et 46 % de leur marins. Avec la réduction de leurs forces, les États-Unis auront à l'avenir beaucoup de mal à soutenir une intervention, à plus forte raison deux, contre des puissances régionales importantes hors de l'hémisphère occidental. La sécurité militaire dans le monde ne dépend donc pas de la répartition globale de la puissance et de l'action des superpuissances, mais de la répartition de la puissance au sein de chaque région et de l'action des États dominants des différentes civilisations.

Au total, l'Occident restera la civilisation la plus puissante au cours des premières décennies du XXI^e^ siècle. Ensuite, il continuera probablement à jouer un rôle moteur en sciences, en recherche et développement, et en matière d'innovation technologique civile et militaire. Cependant, le contrôle des autres ressources se disperse de plus en plus entre les États phares et les pays dominants des autres civilisations. Le contrôle de ces ressources par l'Occident a atteint un maximum dans les années vingt et, depuis, a décliné de façon irrégulière mais significative. Vers 2020, soit cent ans après cet apogée, l'Occident contrôlera sans doute 24 % environ des territoires mondiaux (au lieu de 49 %), 10 % de la population mondiale (au lieu de 48 %), 15 à 20 % des populations sujettes à la mobilité sociale, près de 30 % du produit économique brut mondial (au lieu de 70 %), peut-être 25 % des exportations de biens manufacturés (au lieu de 84 %) et moins de 10 % des combattants (au lieu de 45 %).

En 1919, Woodrow Wilson, Llyold George et Georges Clemenceau contrôlaient ensemble le monde. À la conférence de Paris, ils décidèrent des pays qui existeraient et de ceux qui n'existeraient pas, des nouveaux pays qui seraient créés, de leurs frontières et de leurs souverains, de la façon dont le Moyen-Orient et d'autres régions du monde seraient divisés entre les puissances victorieuses. Ils décidèrent aussi d'une intervention militaire en Russie et de concessions économiques en Chine. Cent ans plus tard, aucun cercle réduit d'hommes d'État ne pourra exercer un tel pouvoir. À supposer que ce soit encore possible, ce groupe ne se composerait pas de trois Occidentaux, mais des chefs des États phares des sept ou huit grandes civilisations mondiales. Avec les successeurs de Reagan, Thatcher, Mitterrand et Kohl rivaliseraient ceux de Deng Xiaoping, Nakasone, Indira Gandhi, Eltsine, Khomeiny et Suharto. L'âge de la domination occidentale est fini. Dans l'intervalle, l'effacement de l'Occident et la montée en puissance d'autres centres ont favorisé un processus global d'indigénisation et la résurgence des cultures non occidentales.

## *L'indigénisation : la résurgence des cultures non occidentales*

La répartition des cultures dans le monde reflète celle de la puissance. Le commerce ne va peut-être pas toujours avec le drapeau, mais la culture, elle, suit toujours la puissance. Au cours de l'histoire, l'expansion de la puissance d'une civilisation a en général été de pair avec l'efflorescence de sa culture et a presque toujours signifié l'usage de cette puissance pour répandre ses valeurs, ses pratiques et ses institutions aux autres sociétés. Pour être universelle, une civilisation doit avoir une puissance universelle. La puissance romaine a créé une civilisation presque universelle à l'intérieur des limites du monde antique. La puissance de l'Occident, sous la forme du colonialisme européen au XIXe siècle et de l'hégémonie américaine au XXe, a répandu la culture occidentale sur presque toute la planète. C'en est désormais fini du colonialisme européen. Quant à l'hégémonie américaine, elle recule. Il s'ensuit une certaine érosion de la culture occidentale, tandis que les mœurs, les langues, les croyances et les institutions indigènes, enracinées dans l'histoire, sont réaffirmées. La puissance accrue des sociétés non occidentales sous l'effet de la modernisation engendre le renouveau des cultures non occidentales dans le monde entier*.

* Le lien entre puissance et culture a presque toujours été négligé par ceux qui pensent qu'apparaît et doit apparaître une civilisation universelle comme par ceux pour qui l'occidentalisation est une condition nécessaire de la modernisation. Ils refu-

Selon Joseph Nye, on peut distinguer « puissance dure », qui est la puissance de commander reposant sur la force militaire et économique, et « puissance douce », qui est la capacité pour un État de faire en sorte que « d'autres pays *veuillent* ce qu'il veut » par la culture et l'idéologie. Comme le reconnaît Nye, la puissance dure se diffuse de manière importante dans le monde, et les grandes nations « sont de moins en moins capables d'utiliser leurs ressources traditionnelles pour parvenir à leurs fins ». À l'inverse, si « la culture et l'idéologie d'un État sont séduisantes, d'autres seront conduits à accepter » sa domination. La puissance douce est donc « aussi importante pour commander que la puissance dure[11] ». Qu'est-ce qui rend séduisantes une culture et une idéologie ? Elles séduisent dès lors qu'elles semblent enracinées dans l'influence et le succès matériels. La puissance douce est forte seulement si elle est fondée sur la puissance dure. Le progrès en économie et en termes de puissance militaire produit la confiance en soi, l'arrogance et la croyance dans la supériorité de sa culture ou de sa puissance douce en comparaison de celles des autres peuples. Voilà qui accroît considérablement la séduction qu'on exerce sur les autres. Le recul en économie et en termes militaires produit doute et crise d'identité, et incite à chercher dans d'autres cultures les clés du succès économique, militaire et politique. À mesure que les sociétés non occidentales accroissent leurs moyens économiques, militaires et politiques, elles affirment avec plus d'allant les vertus de leurs valeurs, de leurs institutions, de leur culture.

L'idéologie communiste a séduit tout le monde durant les années cinquante et soixante quand elle était associée au succès économique et à la force militaire de l'Union soviétique. Cet attrait a disparu lorsque l'économie soviétique est entrée en stagnation et s'est révélée incapable de soutenir la force militaire soviétique. Les valeurs et les institutions occidentales ont séduit des peuples appartenant à d'autres cultures parce qu'ils y voyaient la source de la puissance et de la richesse occidentales. Ce processus a duré des siècles. Entre 1000 et 1300, comme l'a montré William McNeill, le christianisme, le droit romain et d'autres éléments de la culture occidentale ont été adoptés par les Hongrois, les Polonais et les Lituaniens. « Cette acceptation de la civilisation occidentale a été stimulée par un mélange de peur et d'admiration vis-à-vis des prouesses militaires des princes occidentaux[12]. » À mesure que la puissance de l'Occident

---

sent de reconnaître que la logique de ces raisonnements les incline à soutenir l'expansion et la consolidation de la domination de l'Occident sur le monde et que si les autres sociétés étaient libres de façonner leur propre destin, elles revigoreraient leurs croyances, leurs habitudes et leurs pratiques, ce qui, selon les universalistes, est contraire au progrès. Ceux qui soutiennent qu'une civilisation universelle a des vertus, cependant, ne soutiennent pas qu'un empire universel en a.

décline, sa capacité à imposer ses concepts des droits de l'homme, du libéralisme et de la démocratie sur les autres civilisations décline aussi, de même que l'attrait de ces valeurs sur les autres civilisations.

Depuis des siècles, les peuples non occidentaux envient la prospérité économique, la sophistication technologique, la puissance militaire et la cohésion politique des sociétés occidentales. Ils cherchent le secret de ce succès dans les valeurs et les institutions occidentales. Et quand ils croient trouver la clé, ils tentent de l'utiliser. Pour devenir riche et puissant, il faudrait devenir comme l'Occident. Aujourd'hui, cependant, cette attitude kémaliste a disparu en Extrême-Orient. Les Extrême-Orientaux attribuent leur réussite économique non aux emprunts à la culture occidentale mais à leur adhésion à leur propre culture. Ils réussissent, pensent-ils, parce qu'ils sont différents des Occidentaux. De même, lorsque des sociétés non occidentales se sont senties en position de faiblesse vis-à-vis de l'Occident, elles en ont appelé aux valeurs occidentales d'autodétermination, de libéralisme, de démocracie et d'indépendance pour justifier leur opposition à la domination occidentale. Aujourd'hui qu'elles sont de plus en plus fortes, elles n'hésitent pas à attaquer ces mêmes valeurs dont elles se sont servies auparavant dans leur propre intérêt. La révolte contre l'Occident trouvait à l'origine sa justification dans l'affirmation selon laquelle les valeurs occidentales étaient universelles ; elle est désormais légitimée par l'affirmation selon laquelle les valeurs non occidentales seraient supérieures.

La montée de ces attitudes est une manifestation de ce que Ronald Dore a appelé l'« indigénisation de deuxième génération ». Dans les anciennes colonies occidentales, de même qu'en Chine et au Japon, « la première génération "modernisatrice" ou "d'après l'indépendance" avait souvent été formée dans des universités étrangères (c'est-à-dire occidentales) et dans une langue internationale occidentale. En partie parce qu'ils avaient vécu à l'étranger lorsqu'ils n'étaient encore que des adolescents, ils avaient absorbé les valeurs et les styles de vie occidentaux de façon profonde ». Par contraste, la plus grande partie de la deuxième génération, plus nombreuse, a fait ses études dans les universités locales créées par la première génération et, de plus en plus, dans sa langue maternelle. Ces universités « ont moins de contacts avec la culture mondiale métropolitaine » et « la connaissance est indigénisée par la traduction — en général en faible quantité et de piètre qualité ». Les diplômés de ces universités ressentent mal la domination de la première génération formée en Occident et, pour cette raison, « succombent à la séduction des mouvements d'opposition nationaux[13] ». Avec le recul de l'influence occidentale, les futurs jeunes dirigeants ne peuvent plus se tourner vers l'Occident pour acquérir richesse et puissance. Ils doivent trouver au sein de leur propre société les moyens de réussir et donc de s'accommoder des valeurs et de la culture de cette société.

Le processus d'indigénisation n'attend pas nécessairement la deuxième génération. Les dirigeants de première génération qui sont capables, clairvoyants et adaptables s'indigénisent eux-mêmes. Muhammad Ali Jinnah, Harry Lee et Solomon Bandaranaike en sont trois bons exemples. Brillants diplômés, respectivement d'Oxford, de Cambridge et de Lincoln's Inn, avocats talentueux, ils appartenaient à l'élite occidentalisée de leur pays. Jinnah était farouchement laïc. Lee était, selon les propres termes d'un ministre britannique, « le meilleur Anglais à l'est de Suez ». Quant à Bandaranaike, il était chrétien d'origine. Pourtant, pour conduire leur pays à l'indépendance et par la suite, ils ont dû s'indigéniser. Ils sont revenus à leur culture ancestrale et, pour ce faire, ont changé d'identité, de nom, de tenue et de croyances. L'avocat anglais M. A. Jinnah est devenu le Pakistanais Quaid-i-Azam. Harry Lee est devenu Lee Kuan Yew. Le laïc Jinnah est devenu un fervent apôtre de l'islam comme fondement de l'État pakistanais. L'anglophone Lee a appris le mandarin et est devenu un propagateur du confucianisme et du nationalisme.

L'indigénisation a été à l'ordre du jour dans tout le monde non occidental dans les années quatre-vingt et quatre-vingt-dix. La résurgence de l'islam et la « ré-islamisation » ont dominé les sociétés musulmanes. En Inde règne aussi le rejet des formes et des valeurs occidentales, et l'« hindouisation » de la politique et de la société. En Extrême-Orient, les gouvernements soutiennent le confucianisme, et les dirigeants politiques et intellectuels parlent d'« asianiser » leur société. Au milieu des années quatre-vingt, le Japon est devenu obsédé par la « *Nihonjinron* ou théorie du Japon et des Japonais ». Un intellectuel japonais influent a soutenu qu'historiquement le Japon avait traversé « des cycles d'importation de cultures extérieures et d'"indigénisation" de ces cultures par la copie et l'approfondissement, un malaise inévitable succédant à l'épuisement de cet élan créatif d'importation avant que le pays ne s'ouvre à nouveau à l'extérieur ». À l'heure actuelle, le Japon « entamerait la deuxième phase de ce cycle [14] ». Avec la fin de la guerre froide, la Russie est devenue un pays « déchiré » où ressurgit l'affrontement entre partisans de l'Occident et slavophiles. Pendant une dizaine d'années, cependant, la tendance a été de passer des premiers aux seconds : Gorbatchev l'occidentalisé a cédé la place à Eltsine, russe par son style mais occidental par ses conceptions, et celui-ci s'est vu menacé par des nationalistes typiques de l'indigénisation orthodoxe russe.

L'indigénisation est stimulée par le paradoxe démocratique : l'adoption par les sociétés non occidentales des institutions démocratiques encourage et fait accéder au pouvoir des mouvements politiques nationaux et antioccidentaux. Dans les années soixante et soixante-dix, les gouvernements occidentalisés et pro-occidentaux des pays en voie de développement étaient menacés par des coups de force et des révolutions ; dans les années quatre-vingt et quatre-vingt-dix, ils risquent d'être chassés par des élections. La démocratisation entre en conflit avec l'occidentalisation, et la démocratie devient un facteur de repli plutôt que d'ouverture. Les hommes politiques des sociétés non occidentales ne gagnent pas les élections en montrant combien ils sont occidentalisés. La concurrence électorale, au contraire, les incite à aller dans le sens de ce qui est le plus populaire, en général ce qui est ethnique, nationaliste et religieux.

Il en résulte une mobilisation populaire contre les élites formées à l'occidentale. Les groupes fondamentalistes islamiques ont bien réussi aux rares élections qui ont eu lieu dans les pays musulmans et seraient arrivés au pouvoir en Algérie si l'armée n'avait pas cassé les élections en 1992. En Inde, la concurrence électorale a encouragé la violence[15]. La démocratie au Sri Lanka a permis au Parti de la liberté de chasser en 1956 le Parti national unifié, très favorable à l'Occident, et a suscité la montée d'un mouvement nationaliste dans les années quatre-vingt. Avant 1949, les Sud-Africains comme les Occidentaux considéraient l'Afrique du Sud comme un pays occidental. Lorsque le régime de l'apartheid a pris forme, les élites occidentales ont tenu le pays à l'écart du camp occidental, mais les Sud-Africains continuaient à se voir comme des Occidentaux. Afin de retrouver leur place dans l'ordre international occidental, cependant, ils ont dû instaurer un système démocratique à l'occidentale, ce qui a conduit au pouvoir une élite noire fortement occidentalisée. Si l'effet d'indigénisation de deuxième génération joue, leurs successeurs seront plus proches de leurs racines, et l'Afrique du Sud se définira de plus en plus comme un État africain.

À plusieurs reprises avant le XIXe siècle, se comparant aux Occidentaux, les Byzantins, les Arabes, les Chinois, les Ottomans, les Mongols et les Russes ont pris confiance dans leur force et dans leurs réalisations. Ils ont alors éprouvé le plus grand mépris pour l'infériorité culturelle, l'arriération institutionnelle, la corruption et la décadence occidentales. Dès lors que l'Occident est en déclin, ces attitudes réapparaissent. L'Iran est un cas extrême, mais « les valeurs occidentales sont rejetées dans différents pays, et tout autant en Malaisie, en Indonésie, à Singapour, en Chine et au Japon[16] ». Nous assistons à « la fin de l'ère progressiste » dominée par les idéologies occidentales et nous entrons dans une ère au cours de laquelle des civilisations multiples interagiront, se concurrenceront et coexisteront[17]. Ce processus global d'indigénisation est manifeste dans les différents modes de retour du religieux auxquels on assiste dans de nombreuses parties du monde, et surtout dans le renouveau culturel des pays asiatiques et musulmans, sous l'effet surtout de leur dynamisme économique et démographique.

## *La revanche de Dieu*

Pendant la première moitié du XXe siècle, les élites intellectuelles ont en général accepté de considérer que la modernisation économique et sociale conduisait au recul de la religion. Ce présupposé était partagé à la fois par ceux qui étaient favorables à cette tendance et par ceux qui la déploraient. Les laïcs modernistes approuvaient la façon dont la science, le rationalisme et le pragmatisme éliminaient les superstitions, les mythes, l'irrationalité et les rituels qui formaient le socle commun des religions existantes. La société serait tolérante, rationnelle, progressiste, humaniste et laïque. Les conservateurs, de l'autre côté, s'inquiétaient des conséquences de la disparition des croyances religieuses, des institutions religieuses et des orientations morales données par la religion au comportement humain individuel et collectif. Il en résulterait au bout du compte l'anarchie, la dépravation, la ruine de la vie civilisée. « Si vous ne voulez pas de Dieu (et Dieu est jaloux), alors vous devrez vous prosterner devant Hitler ou Staline », disait T. S. Eliot[18].

La seconde moitié du siècle a montré que ces espoirs et ces peurs étaient sans fondement. La modernisation économique et sociale est globale. Dans le même temps, la religion reprend vigueur partout. Ce renouveau, cette « revanche de Dieu », selon l'expression de Gilles Kepel, a gagné tous les continents, toutes les civilisations et potentiellement tous les pays. Au milieu des années soixante-dix, comme l'a fait observer Kepel, la tendance à la sécularisation et à l'accord entre religion et laïcité « s'est inversée. Une nouvelle approche de la religion est apparue, qui n'avait plus pour but de s'adapter aux valeurs laïques mais de redonner un fondement sacré à l'organisation de la société — au besoin en changeant la société. Sous des formes multiples, cette approche plaidait pour l'abandon du modernisme, qui avait échoué et dont on pouvait attribuer ses retours en arrière et ses impasses à la rupture avec Dieu. Le souci principal n'était plus l'*aggiornamento*, mais une "deuxième évangélisation de l'Europe" ; ce n'était plus la modernisation de l'islam mais "l'islamisation de la modernité"[19] ».

Ce renouveau religieux a en partie signifié l'expansion de certaines religions, qui ont gagné de nouveaux convertis dans des sociétés où elles n'en avaient pas auparavant. Avec plus d'ampleur encore, la résurgence du religieux a impliqué des populations retournant aux traditions religieuses de leur communauté pour leur redonner vigueur et sens. Le christianisme, l'islam, le judaïsme, l'hindouisme, le bouddhisme, l'orthodoxie : tous ont enregistré de nouvelles poussées d'engagement, de conviction et de pratique chez des fidèles naguère détachés. Dans tous les cas, des mouvements fondamentalistes sont apparus qui se sont consacrés à la purification des doctrines et des institutions religieuses ainsi qu'à la refonte du comportement personnel, social et public en accord avec les principes religieux. Les mouvements fondamentalistes sont puissants et peuvent avoir une importante influence politique. Ils ne sont toutefois que la face découverte du lien religieux bien plus fort et bien plus fondamental qui fournit un cadre nouveau à la vie humaine à la fin de ce siècle. Ce renouveau de la religion dans le monde entier va bien au-delà des activités des extrémistes fondamentalistes : il se manifeste dans la vie de tous les jours et le travail de beaucoup de personnes, et dans les préoccupations et les projets des gouvernements. Le retour à la culture ancienne dans la culture confucéenne laïque prend la forme de l'affirmation de valeurs asiatiques, mais, dans le reste du monde, il se manifeste par l'affirmation de valeurs religieuses. La « désécularisation du monde, comme l'a fait observer George Weigel, est l'un des faits sociaux dominants de la fin du XXe siècle[20] ».

L'ubiquité et la pertinence de la religion sont apparues très évidentes dans les ex-États communistes. Le renouveau religieux a rempli le vide laissé par la chute de l'idéologie communiste et s'est étendu dans ces pays, de l'Albanie au Viêt-nam. En Russie, l'orthodoxie a connu une renaissance. En 1994, 30 % des Russes de moins de vingt-cinq ans déclaraient ne plus être athées et croire en Dieu. Le nombre d'églises en activité dans la région de Moscou est passé de 50 en 1988 à 250 en 1993. Les dirigeants politiques sont devenus uniformément respectueux de la religion, soutenue par le gouvernement. Dans les villes russes, comme l'a rapporté un observateur attentif, « le son des cloches des églises remplit à nouveau l'air. Des coupoles fraîchement redorées brillent au soleil. Des églises hier encore en ruine résonnent de chants magnifiques. Les églises sont les lieux les plus vivants des villes[21] ». Parallèlement à ce renouveau de l'orthodoxie dans les pays slaves, le renouveau islamique s'étend en Asie centrale. En 1989, 160 mosquées en activité et une seule *madrasa* (séminaire musulman) étaient présents en Asie centrale ; au début de 1993, il y avait 10 000 mosquées et 10 *madrasas*. Ce renouveau impliquait des mouvements politiques fondamentalistes et était encouragé par l'Arabie Saoudite, l'Iran et le Pakistan. Mais c'était un mouvement de base profondément enraciné dans la culture[22].

Comment expliquer ce renouveau religieux global ? Des causes particulières ont joué dans chaque pays et pour chaque civilisation. Cependant, il serait excessif de soutenir qu'un grand nombre de causes différentes aient pu avoir des effets simultanés et semblables un peu partout dans le monde. Un phénomène global exige une explication globale. Bien que certains événements aient pu être déterminés par des facteurs ponctuels, certaines causes générales doivent avoir joué. Quelles sont-elles ?

La plus évidente, la plus constante et la plus puissante est précisément ce qui était censé devoir provoquer la mort de la religion : le processus de modernisation sociale, économique et culturelle qui s'est étendu au monde entier dans la seconde moitié du XXe siècle. Les fondements anciens de l'identité et les vieux systèmes d'autorité se sont écroulés. Beaucoup de gens ont émigré de la campagne vers la ville, ont perdu leurs racines et ont pris un nouveau travail ou bien se sont retrouvés sans emploi. Ils entrent en contact avec un grand nombre d'étrangers et sont exposés à une nouvelle gamme de relations. Ils ont besoin de nouvelles sources d'identité, de nouvelles formes stables de communauté et d'un nouvel ensemble de préceptes moraux pour retrouver du sens et de la finalité. La religion, modérée ou bien fondamentaliste, satisfait ces besoins. Comme Lee Kuan Yew l'expliquait pour l'Asie du Sud-Est :

> Nous sommes des sociétés agricoles qui se sont industrialisées en une ou deux générations. Ce qui a pris deux cents ans au moins en Occident s'est déroulé en cinquante ans tout au plus ici. La rupture a été brutale. Si vous regardez les pays en voie de développement rapide, comme la Corée, la Thaïlande, Hong Kong et Singapour, vous notez un phénomène particulièrement remarquable : la montée de la religion. [...] Les coutumes et les religions anciennes, comme le culte des ancêtres et le chamanisme, ne plaisent plus autant. On observe une quête d'explications supérieures de la finalité de l'homme, de sa nature. C'est lié à des périodes de grand stress social[23].

On ne vit pas seulement de raison. On ne peut calculer et agir de façon rationnelle à la poursuite de son intérêt sans se définir. La politique de l'intérêt présuppose l'*identité*. Face à un changement social rapide, les *identités* établies se dissolvent. On doit se redéfinir et se doter d'une nouvelle *identité*. Pour qui se demande qui il est et d'où il vient, la religion apporte une réponse consolatrice, et les groupes religieux forment de petites communautés sociales aptes à remplacer celles que l'urbanisation a fait disparaître. Toutes les religions, comme l'a dit Hassan al-Turabi, « donnent un sens de l'identité et une direction de vie ». Dans ce processus, on se redécouvre ou bien on se dote de nouvelles *identités* historiques. Quels que soient leurs buts universalistes, les religions fournissent une identité en distinguant entre les croyants et les non-croyants, entre les membres supérieurs du groupe et les autres, différents et inférieurs[24].

Dans le monde musulman, soutient Bernard Lewis, « la tendance a été récurrente chez les musulmans, en cas d'urgence, à trouver les bases de leur identité et de leur loyauté dans la communauté religieuse — c'est-à-dire dans une entité définie par l'islam plutôt que selon des critères ethniques et territoriaux ». Gilles Kepel, de même, souligne le caractère central de la quête d'identité : « La re-islamisation "par le bas" est d'emblée et surtout une façon de reconstruire une identité dans un monde qui a perdu son sens et est devenu amorphe et aliénant[25]. » En Inde, « une nouvelle identité hindoue est en train de se construire » en tant que réponse aux tensions et à l'aliénation engendrées par la modernisation[26]. En Russie, le renouveau religieux est le résultat « d'un désir passionné d'identité que seule l'Église orthodoxe, le seul lien intact avec le passé millénaire des Russes, peut satisfaire », tandis que dans les républiques musulmanes le renouveau naît « des aspirations puissantes des peuples d'Asie centrale à affirmer leur identité effacée par Moscou depuis des dizaines d'années[27] ». Les mouvements fondamentalistes, en particulier, sont « une façon de faire face à l'expérience du chaos, à la perte de l'identité, du sens et des structures sociales sûres créées par l'introduction rapide de structures sociales et politiques modernes, de la laïcité, de la culture scientifique et du développement économique ». Les mouvements fondamentalistes qui comptent, selon William H. McNeill, « sont ceux qui recrutent dans la société de façon large et s'étendent parce qu'ils répondent ou semblent répondre à des désirs humains nouvellement ressentis. [...] Ce n'est pas un hasard si ces mouvements sont tous basés dans des pays où la pression démographique sur la terre rend impossible de maintenir les anciens modes de vie villageoise pour une majorité de la population et où les communications de masse basées en ville et qui pénètrent les villages ont commencé à corroder le vieux cadre de la vie paysanne[28] ».

En somme, la résurgence religieuse à travers le monde est une réaction à la laïcisation, au relativisme moral et à la tolérance individuelle, et une réaffirmation des valeurs d'ordre, de discipline, de travail, d'entraide et de solidarité humaine. Les groupes religieux rencontrent les besoins sociaux laissés sans réponses par les bureaucraties étatiques. Cela recouvre les services médicaux et hospitaliers, les jardins d'enfants et les écoles, les soins aux personnes âgées, l'assistance en cas de catastrophes naturelles, le soutien social en cas de récession économique. La chute de l'ordre et de la société civile crée des vides qui sont remplis par des groupes religieux, souvent fondamentalistes[29].

Si les religions qui dominent traditionnellement ne remplissent pas les besoins affectifs et sociaux des déracinés, d'autres groupes religieux se débrouillent pour cela et, ce faisant, gagnent en nombre et étendent l'influence de la religion dans la vie sociale et politique. Historiquement, la Corée du Sud était un pays surtout bouddhiste, où les chrétiens ne représentaient en 1950 que 1 à 3 % de la population. Avec le développement économique rapide du pays, l'urbanisation massive et la division croissante du travail, le bouddhisme a paru défaillant. « Pour les millions de gens qui s'amassaient dans les villes et pour tous ceux qui restaient dans une campagne profondément modifiée, le calme bouddhisme de la Corée agraire a perdu son attrait. Le christianisme et son message de salut personnel et de destin individuel ont offert un réconfort à une époque de confusion et de changement[30]. » Dans les années quatre-vingt, les chrétiens, surtout presbytériens et catholiques, représentaient au moins 30 % de la population de Corée du Sud.

L'évolution est assez semblable en Amérique latine. Le nombre de protestants en Amérique latine est passé d'environ sept millions en 1960 à cinquante en 1990. Pour expliquer ce succès, l'Église catholique d'Amérique latine elle-même a reconnu, en 1989, qu'il fallait invoquer sa lenteur « à s'adapter à la technicité de la vie urbaine » et « sa structure qui l'a rendue incapable de répondre aux besoins psychologiques des gens d'aujourd'hui ». Selon un prêtre brésilien, à la différence de l'Église catholique, les Églises protestantes se soucient des « besoins élémentaires de la personne — chaleur humaine, soin, expérience spirituelle profonde ». L'expansion du protestantisme parmi les pauvres d'Amérique latine ne signifie pas d'abord le remplacement d'une religion par une autre, mais plutôt une augmentation importante de l'engagement religieux et de la pratique, dans la mesure où de nombreux catholiques non pratiquants sont devenus des protestants actifs et convaincus. Au Brésil, au début des années quatre-vingt-dix par exemple, 20 % de la population se présentaient comme protestants et 73 % comme catholiques. Cependant, le dimanche, vingt millions de fidèles fréquentaient les temples et douze millions seulement les églises[31]. Comme les autres religions du monde, le christianisme passe par un renouveau lié à la modernisation et, en Amérique latine, il a pris plutôt la forme du protestantisme que du catholicisme.

Ces changements en Corée du Sud et en Amérique latine reflètent l'incapacité du bouddhisme et du catholicisme à prendre en considération les besoins psychologiques, affectifs et sociaux de gens frappés par les traumatismes de la modernisation. L'évolution significative de la foi religieuse dépend ailleurs de la capacité de la religion dominante à satisfaire aussi ces besoins. Vu sa sévérité affective, le confucianisme semble particulièrement vulnérable. Dans les pays confucéens, le protestantisme et le catholicisme peuvent séduire comme le protestantisme évangélique en Amérique latine, le christianisme en Corée du Sud et le fondamentalisme en Inde et dans les pays musulmans. En Chine, à la fin des années quatre-vingt, alors que la croissance économique bat son plein, le christianisme s'est étendu « surtout chez les jeunes ». Cinquante millions de Chinois pourraient être chrétiens. Le gouvernement a tenté de prévenir cette hausse en emprisonnant des membres du clergé, des missionnaires et des évangélistes, en interdisant cérémonies et activités religieuses, et en promulguant en 1994 une loi interdisant aux étrangers le prosélytisme et la création d'écoles, d'organisations religieuses et en interdisant aux groupes religieux de s'engager dans des activités indépendantes ou financées de l'extérieur. À Singapour comme en Chine, environ 5 % de la population sont chrétiens. À la fin des années quatre-vingt et au début des années quatre-vingt-dix, l'administration a menacé des évangélistes de représailles s'ils bousculaient « l'équilibre religieux délicat » du pays, a emprisonné des religieux, dont des membres d'organisations catholiques, et a harcelé des groupes et des individus chrétiens de multiples manières[32]. Avec la fin de la guerre froide et l'ouverture politique qui a suivi, les Églises occidentales ont également pu pénétrer dans les anciennes républiques soviétiques orthodoxes et entrer en concurrence avec les Églises orthodoxes en plein renouveau. Ici aussi, comme en Chine, un effort a été accompli pour faire plier leur prosélytisme. En 1993, à la demande expresse de l'Église orthodoxe, le parlement russe a voté une loi exigeant que les groupes religieux étrangers soient accrédités par l'État ou affiliés à une organisation religieuse russe s'ils avaient des activités missionnaires ou pédagogiques. Le président Eltsine a refusé de signer le décret[33]. De manière générale, là où elles entrent en conflit, la revanche de Dieu prend le pas sur l'indigénisation : si les contraintes religieuses de la modernisation ne peuvent être remplies par les voies de la foi traditionnelle, on se tourne vers des importations religieuses pour obtenir des satisfactions affectives.

Outre les traumatismes psychologiques, affectifs et sociaux liés à la modernisation, le recul de l'Occident et la fin de la guerre froide constituent également d'autres facteurs favorisant le renouveau religieux. Depuis le XIXe siècle, les réactions des civilisations non occidentales à l'égard de l'Occident sont en général passées par une série d'idéologies importées d'Occident. Au XIXe siècle, les élites non occidentales se sont imprégnées de valeurs libérales occidentales, et leur première forme d'opposition à l'Occident a été le nationalisme libéral. Au XXe siècle, les élites russes, asiatiques, arabes, africaines et latino-américaines ont importé les idéologies socialistes et marxistes, et les ont combinées avec le nationalisme pour rejeter le capitalisme et l'impérialisme occidental. La chute du communisme en Union soviétique, son changement radical en Chine et l'échec des économies socialistes à réussir leur développement durable ont désormais créé un vide idéologique. Les gouvernements, les groupes et les institutions internationales occidentales, comme la Banque mondiale et le FMI, ont tenté de remplir ce vide avec les doctrines de l'économie néo-orthodoxe et de la démocratie politique. On ne sait pas encore quel impact durable cela aura sur les cultures non occidentales. Dans le même temps, ces civilisations voient le communisme seulement comme le dernier dieu laïc à avoir échoué et, en l'absence de nouvelles divinités concurrentes, se tournent avec soulagement et passion vers du solide. La religion prend alors la place de l'idéologie, et le nationalisme religieux remplace le nationalisme laïc[34].

Les mouvements en faveur du renouveau religieux sont antilaïcs, antiuniversels et, sauf dans leurs formes chrétiennes, antioccidentaux. Ils s'opposent aussi au relativisme, à l'égotisme et au consumérisme associés à ce que Bruce B. Lawrence a appelé « le modernisme » pour le distinguer de « la modernité ». Pour autant, ils ne rejettent pas l'urbanisation, l'industrialisation, le développement, le capitalisme, la science et la technologie ainsi que ce qu'ils impliquent pour l'organisation de la société. En ce sens, ils ne sont pas antimodernes. Ils acceptent la modernisation, comme l'a noté Lee Kuan Yew, et « le caractère incontournable de la science et de la technologie, ainsi que les changements dans le style de vie qu'elles apportent », mais « refusent d'être occidentalisés ». Ce ne sont pas le nationalisme ou le socialisme qui ont produit le développement du monde musulman, soutient al-Turabi. Au contraire, « la religion est le moteur du développement », et un islam purifié jouera, à l'époque contemporaine, un rôle comparable à celui de l'éthique protestante dans l'histoire de l'Occident. La religion n'est pas non plus incompatible avec le développement d'un État moderne[35]. Les mouvements fondamentalistes musulmans ont été puissants dans les sociétés musulmanes les plus avancées et apparemment les plus laïques, comme l'Algérie, l'Iran, l'Égypte, le Liban et la Tunisie[36]. Les mouvements religieux, notamment les mouvements fondamentalistes particularistes, sont très ouverts aux communications modernes et aux techniques de management moderne pour répandre leur message, comme on le voit avec le succès des télé-évangélistes protestants en Amérique centrale.

Les adeptes du renouveau religieux viennent de toutes les couches sociales, mais surtout de deux catégories, les urbains et les plus mobiles socialement. Les immigrés récents arrivés dans les villes ont en général besoin d'un soutien affectif, social et matériel, et de repères, ce que leur offrent plus que tout les groupes religieux. La religion, comme le disait Régis Debray, n'est pas « l'opium du peuple, mais la vitamine du faible[37] ». La nouvelle classe moyenne qui incarne ce que Dorc a appelé « l'indigénisation de deuxième génération » constitue un autre contingent. Les activistes des groupes fondamentalistes islamistes ne sont pas, comme l'a montré Gilles Kepel, « des conservateurs âgés ou des paysans illettrés ». Chez les musulmans comme chez d'autres, le renouveau religieux est un phénomène urbain ; il séduit les gens qui sont orientés vers la modernité, ont un bon niveau d'études et une position dans les professions libérales, l'administration et le commerce[38]. Parmi les musulmans, les jeunes sont religieux, et leurs parents sont laïcs. Il en va de même chez les hindous, où les chefs du mouvement de renouveau viennent de la deuxième génération indigénisée et sont souvent « des fonctionnaires ou des dirigeants d'entreprises qui ont réussi », ce que la presse indienne appelle des *scuppies*, pour *saffron-clad yuppies*. Au début des années quatre-vingt-dix, leurs partisans appartenaient de plus en plus « à la solide classe moyenne indienne avec ses marchands et ses comptables, ses avocats et ses ingénieurs, ses fonctionnaires, ses intellectuels et ses journalistes »[39]. En Corée du Sud, le même type de personnes a rempli de plus en plus les églises et les temples pendant les années soixante et soixante-dix.

La religion, indigène ou importée, donne du sens et des orientations aux élites qui émergent dans les sociétés en voie de modernisation. « Attribuer de la valeur à une religion traditionnelle, remarque Ronald Dore, est une façon de réclamer la parité de respect contre les “autres nations dominantes”, et souvent, en même temps et de façon très proche, contre la classe dominante locale qui a embrassé les valeurs et le style de vie de ces autres nations dominantes. » « Plus que tout, note William McNeill, la réaffirmation de l'islam, quelles que soient ses formes sectaires, signifie la répudiation de l'influence européenne et américaine sur la société, la politique, la morale locales[40]. » En ce sens, le renouveau des religions non occidentales est la manifestation la plus puissante de l'antioccidentalisme dans les sociétés non occidentales. Ce renouveau n'est pas un rejet de la modernité ; c'est un rejet de l'Occident et de la culture laïque, relativiste, dégénérée qui est associée à l'Occident. C'est un rejet de ce qu'on a appelé l'« Occidentoxication » des sociétés non occidentales. C'est une déclaration d'indépendance culturelle vis-à-vis de l'Occident, une affirmation fière : « Nous serons modernes, mais nous ne serons pas vous. »

CHAPITRE 5

# Économie et démographie dans les civilisations montantes

L'indigénisation et le retour du religieux sont incontestablement des phénomènes globaux. Cependant, ils se manifestent surtout à travers l'affirmation culturelle de l'Asie et du monde musulman, ainsi que dans les défis lancés à l'Occident par ces civilisations. Ces dernières ont été les plus dynamiques au cours du dernier quart du XXe siècle. Le défi islamique est évident au vu de la résurgence culturelle, sociale et politique durable de l'islam dans le monde musulman et dans le rejet des valeurs et des institutions occidentales. Le défi asiatique est manifeste dans toutes les civilisations d'Extrême-Orient — chinoise, japonaise, bouddhiste et musulmane. Toutes revendiquent leurs différences culturelles vis-à-vis de l'Occident ainsi que leurs points communs, souvent identifiés au confucianisme. Asiatiques et musulmans clament la supériorité de leur culture par rapport à la culture occidentale. Par contraste, les membres des autres civilisations non occidentales — hindous, orthodoxes, latino-américains, africains — affirment bien le caractère particulier de leur culture, mais du moins jusqu'au milieu des années quatre-vingt-dix, ils n'ont guère revendiqué leur supériorité par rapport à la culture occidentale. L'Asie et l'islam sont donc seuls, et parfois de concert, à s'affirmer avec une confiance de plus en plus grande vis-à-vis de l'Occident.

Les causes de ces défis sont différentes mais connexes. L'affirmation de l'Asie s'enracine dans la croissance économique ; celle de l'islam provient, quant à elle, en grande partie de la mobilité sociale et de la croissance démographique. Chacun de ces défis a et aura au XXIe siècle un impact hautement déstabilisant sur la politique globale. La nature de cette influence diffère cependant de façon significative. Le développement économique de la Chine et des autres sociétés asiatiques donne à leurs gouvernements l'envie et les moyens d'être plus exigeants dans les relations avec les autres pays. La croissance démographique dans les pays musulmans, en particulier l'augmentation de la part des jeunes de quinze à vingt-quatre ans dans la population totale, fournit des recrues en grand nombre au fondamentalisme, au terrorisme, aux mouvements de révolte et aux migrations. La croissance démographique rend plus forts les gouvernements asiatiques ; la croissance démographique menace les gouvernements musulmans et les sociétés non musulmanes.

## *L'affirmation de l'Asie*

Le développement économique en Extrême-Orient a été l'une des évolutions les plus importantes dans le monde durant la seconde moitié de ce siècle. Ce processus a commencé dans le Japon des années cinquante, et, pendant un temps, ce pays fait figure d'exception : enfin, un pays non occidental avait réussi à se moderniser et à devenir économiquement développé. Le phénomène, toutefois, s'est étendu aux quatre Dragons (Hong Kong, Taiwan, la Corée du Sud et Singapour) ainsi qu'à la Chine, la Malaisie, la Thaïlande et l'Indonésie avant d'atteindre les Philippines, l'Inde et le Viêt-nam. Ces pays ont souvent eu pendant plus de dix ans des taux de croissance moyens de 8 à 10 %, voire plus. De la même manière, les échanges commerciaux se sont développés de façon nette tout d'abord entre l'Asie et le reste du monde, puis au sein même de l'Asie. Ce succès économique contraste de façon très tranchée avec la croissance modeste des économies européenne et américaine et la stagnation qui a prévalu dans presque tout le reste du monde.

L'exception ne concerne plus seulement le Japon, elle touche de plus en plus toute l'Asie. Après le XXe siècle, on ne pourra plus identifier richesse et Occident d'une part, sous-développement et reste du monde d'autre part. Partout, cette transformation a été très rapide. Comme l'a souligné Kishore Mahbubani, il a fallu respectivement cinquante-huit et quarante-sept ans à la Grande-Bretagne et aux États-Unis pour doubler leur PNB par habitant, alors que le Japon a mis trente-trois ans, l'Indonésie dix-sept, la Corée du Sud onze et la Chine dix ans. L'économie chinoise a eu un taux de croissance annuelle moyen de 8 % pendant les années quatre-vingt et le début des années quatre-vingt-dix, tandis que les Dragons ont réalisé des performances proches (voir figure 5.1). La « zone économique chinoise », selon la Banque mondiale en 1993, est devenue « le quatrième pôle mondial de croissance », avec les États-Unis, le Japon et l'Allemagne. Selon la plupart des estimations, l'économie chinoise sera numéro un au XXIe siècle. L'Asie possède la deuxième et la troisième économie mondiale dans les années quatre-vingt-dix ; elle regroupera quatre des cinq premières et sept des

**Figure 5.1 Le défi économique : l'Asie et l'Occident**

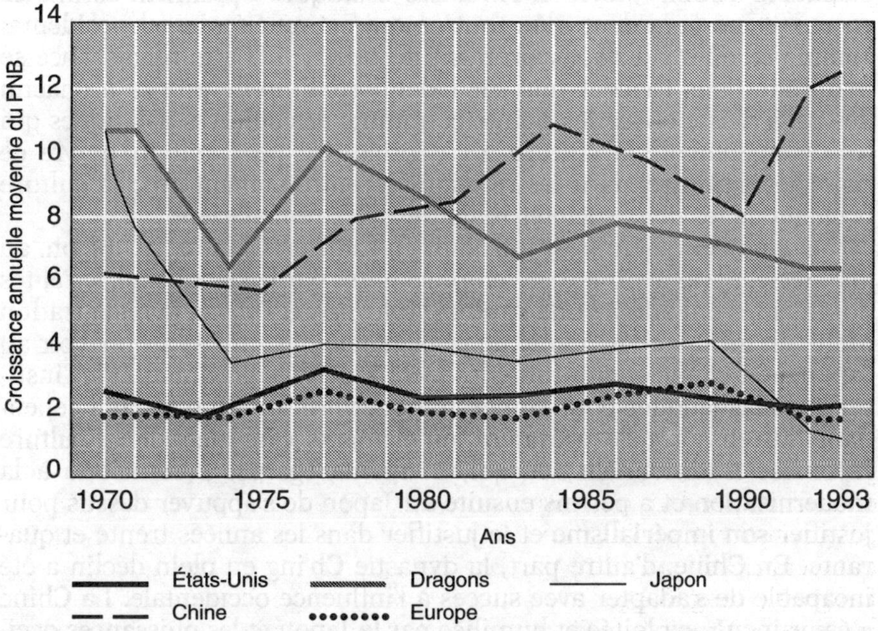


*Source :* Banque mondiale, *World Tables 1995, 1991*, Baltimore, John Hopkins University Press, 1995, 1991 ; Direction générale du Budget ; rapports et statistiques, ROC, *Statistical Abstract of National Income, Taiwan Area, Republic of China, 1951-1995*, 1995. Note : Les points correspondent à des moyennes tri-annuelles.

dix premières économies en 2020. À cette date, les sociétés asiatiques représenteront 40 % du produit économique global. La plupart des économies les plus dynamiques seront vraisemblablement en Asie[1]. Même si la croissance économique de l'Asie marque le pas plus tôt et plus vite que prévu, les conséquences de la croissance passée et actuelle sur l'Asie elle-même et sur le reste du monde sont déjà énormes.

Le développement économique de l'Extrême-Orient a modifié l'équilibre de la puissance entre l'Asie et l'Occident, notamment les États-Unis. La réussite économique engendre la confiance en soi et l'autoaffirmation chez ceux qui l'ont produite et en bénéficient. La richesse, comme la puissance, est censée être une preuve de vertu, une démonstration de supériorité morale et culturelle. Comme ils ont réussi en économie, les Extrême-Orientaux n'ont pas hésité à revendiquer le caractère distinctif de leur culture et à proclamer la supériorité de leurs valeurs et de leur mode de vie en comparaison de ceux de l'Occident et des autres sociétés. Les sociétés asiatiques sont de moins en moins soumises aux exigences et aux intérêts américains, et de plus en plus capables de résister aux États-Unis et aux autres pays occidentaux.

Une véritable « renaissance culturelle gagne l'Asie », notait l'ambassadeur Tommy Koch en 1993. Les Asiatiques « prennent confiance en eux et ne regardent plus tout ce qui est américain ou occidental comme ce qu'il y a nécessairement de mieux[2] ». Cette renaissance se manifeste dans l'accent mis sur l'identité culturelle propre à chacun des pays d'Asie et sur les points communs des cultures asiatiques qui les distinguent de la culture occidentale. On peut voir à l'œuvre ce renouveau culturel dans les relations qu'entretiennent avec la culture occidentale les deux sociétés majeures d'Extrême-Orient.

Quand l'Occident s'est introduit en force en Chine et au Japon, au XIXe siècle, après avoir été un temps séduites par le kémalisme, les élites dominantes ont adopté une stratégie réformiste. Durant la restauration Meiji, un groupe dynamique de réformateurs est arrivé au pouvoir au Japon, et a étudié et emprunté les techniques, les pratiques et les institutions occidentales pour lancer la modernisation du pays. Il a cependant fait en sorte de préserver les éléments essentiels de la culture japonaise traditionnelle, ce qui, à maints égards, a contribué à la modernisation et a permis ensuite au Japon de s'appuyer dessus pour justifier son impérialisme et le justifier dans les années trente et quarante. En Chine, d'autre part, la dynastie Ch'ing en plein déclin a été incapable de s'adapter avec succès à l'influence occidentale. La Chine a été vaincue, exploitée et humiliée par le Japon et les puissances occidentales. Après la chute de la dynastie en 1910, elle a connu la division, la guerre civile, et les dirigeants intellectuels et politiques chinois qui s'opposaient se sont ralliés à des concepts occidentaux concurrents : les trois principes de Sun Yat-sen, le nationalisme, la démocratie et la vie du peuple ; le libéralisme de Liang Ch'i-ch'ao ; le marxisme-léninisme de Mao Tsê-tung. À la fin des années quarante, les emprunts à l'Union soviétique ont pris le dessus sur ceux venus d'Occident — le nationalisme, le libéralisme, la démocratie, le christianisme —, et la Chine est devenue une société socialiste.

Au Japon, la défaite a produit un chamboulement culturel total. « Aujourd'hui, faisait remarquer en 1994 un observateur bien informé, il est très difficile pour nous de nous rendre compte combien tout — la religion, la culture, tous les aspects de la vie mentale de ce pays — avait été mis au service de cette guerre. La défaite a été un choc pour ce système. Dans l'esprit des Japonais, plus rien ne valait la peine et tout était perdu[3]. » Tout ce qui était lié à l'Occident, et en particulier au vainqueur américain, est devenu désirable. Le Japon a ainsi tenté de copier les États-Unis, comme la Chine l'Union soviétique.

À la fin des années soixante-dix, l'échec économique du communisme et la réussite du capitalisme tant au Japon que dans d'autres sociétés asiatiques de plus en plus nombreuses ont incité le nouveau pouvoir chinois à s'écarter du modèle soviétique. La chute de l'Union soviétique, dix ans après, a encore plus souligné les échecs dus à cet emprunt. Les Chinois ont été confrontés à la question de savoir s'ils devaient se tourner vers l'Occident ou bien régresser. De nombreux intellectuels, entre autres, ont défendu l'occidentalisation généralisée. Cette tendance qui a atteint son sommet culturel et populaire dans la série télévisée *River Elegy* et dans la statue du dieu de la démocratie érigée place Tian'anmen. Cependant, cette orientation occidentale n'a reçu le soutien ni des quelques centaines de personnes qui comptaient à Pékin ni des huit cents millions de paysans vivant à la campagne. L'occidentalisation totale n'est pas plus possible à la fin du XXe siècle qu'à la fin du XIXe. À la place, le pouvoir a opté pour une nouvelle version du *Ti-yong* : capitalisme et participation à l'économie mondiale d'un côté, autoritarisme et réengagement dans la culture chinoise traditionnelle de l'autre. À la légitimité révolutionnaire issue du marxisme-léninisme, le régime a opposé la légitimité pragmatique fournie par le développement économique et la légitimité nationale fondée sur l'affirmation du caractère distinctif de la culture chinoise. « Le régime d'après Tian'anmen, faisait observer un commentateur, a embrassé avec empressement le nationalisme chinois pour se donner une légitimité » et a, en toute conscience, stimulé l'antiaméricanisme pour justifier son pouvoir et son comportement[4]. Un nationalisme culturel chinois est ainsi en train d'émerger. Les mots d'un leader de Hong Kong, en 1994, le résument très bien : « Nous autres Chinois, nous nous sentons nationalistes comme jamais auparavant. Nous sommes chinois et fiers de l'être. » En Chine même, au début des années quatre-vingt-dix, « le désir s'est développé dans le peuple de retourner à ce qui est authentiquement chinois, c'est-à-dire souvent à un système patriarcal, traditionnel et autoritaire. La démocratie, à la faveur de ce retour à l'histoire, est discréditée, tout comme le marxisme-léninisme, qui ne sont que des emprunts à l'étranger[5] ».

Au début du XXe siècle, les intellectuels chinois, à l'instar de Max Weber, mais de façon indépendante, voyaient dans le confucianisme la source de l'arriération de la Chine. À la fin du siècle, les dirigeants politiques chinois, à l'instar des sociologues occidentaux, célèbrent le confucianisme comme fondement du progrès chinois. Dans les années quatre-vingt, le gouvernement chinois a commencé à soutenir l'intérêt pour le confucianisme, à propos duquel certains responsables du Parti communiste ont déclaré qu'il représentait « le fonds » de la culture chinoise[6]. Lee Kuan Yew aussi, bien sûr, s'est pris d'enthousiasme pour le confucianisme, dans lequel il voyait l'origine de la réussite de Singapour, et il est devenu le propagandiste des valeurs confucéennes dans le monde. Dans les années quatre-vingt-dix, le gouvernement de Taiwan s'est déclaré « l'héritier de la pensée confucéenne », et le président Lee Teng-hui a prétendu que la démocratisation de Taiwan avait ses racines dans son « héritage culturel » chinois, lequel remonte à Kao Yao (XXIe siècle av. J.-C.), Confucius (Ve siècle av. J.-C.) et Mencius (IIIe siècle av. J.-C.)[7]. Qu'ils veuillent justifier l'autoritarisme ou la démocratie, les dirigeants chinois ne cherchent plus une légitimation dans les concepts importés d'Occident, mais dans leur culture chinoise commune.

Le nationalisme défendu par le régime est un nationalisme han, ce qui contribue à effacer les différences linguistiques, régionales et économiques à l'œuvre dans 90 % de la population chinoise. En même temps, il souligne les différences avec les minorités ethniques non chinoises qui représentent moins de 10 % de la population, mais occupent 60 % du territoire. Il fournit également au régime une base pour rejeter le christianisme, les organisations chrétiennes et le prosélytisme chrétien, lesquels représentent une alternative pour remplir le vide laissé par l'écroulement du marxisme-léninisme.

Parallèlement, dans le Japon des années quatre-vingt, la réussite économique, qui contraste avec les échecs et le « déclin » de l'économie et du système social américains, suscite chez les Japonais un désenchantement vis-à-vis des modèles occidentaux. Ils sont de plus en plus convaincus du fait que leur succès peut s'expliquer par leur culture propre. La culture japonaise, qui a produit le désastre militaire de 1945 et devait donc être rejetée, a aussi donné le triomphe économique. On doit donc renouer avec elle. La familiarité de plus en plus grande des Japonais avec la société occidentale les a conduits à « comprendre qu'être occidental n'est pas en soi et pour soi magique et merveilleux. Ils tiennent cela de leur propre système ». Les Japonais de la restauration Meiji ont adopté une politique « de désengagement vis-à-vis de l'Asie et de rapprochement à l'égard de l'Europe » ; le renouveau culturel japonais de la fin du XXe siècle conduit à « prendre ses distances avec l'Amérique et à se rapprocher de l'Asie[8] ». Cette tendance implique tout d'abord de se réapproprier les traditions culturelles japonaises et de réaffirmer les valeurs de ces traditions ; ensuite, ce qui est plus problématique, d'« asianiser » le Japon et de l'identifier, malgré ses particularités, à la culture asiatique en général. Vu le degré d'identification du Japon, après la Seconde Guerre mondiale, avec l'Occident, par contraste avec la Chine, et dans la mesure où l'Occident, malgré ses échecs, ne s'est pas écroulé après la fin de l'Union soviétique, les tentations au Japon de rejeter l'Occident sont aussi grandes qu'en Chine, celles de prendre ses distances à la fois avec l'Union soviétique et les modèles occidentaux. D'un autre côté, la singularité de la civilisation japonaise, les souvenirs laissés par l'impérialisme japonais dans d'autres pays et l'influence économique dominante de la Chine dans de nombreux autres pays d'Asie signifient aussi qu'il sera plus facile pour le Japon de s'éloigner de l'Occident que de se mêler à l'Asie[9]. En réaffirmant son identité culturelle, le Japon souligne sa singularité et ses différences vis-à-vis à la fois des cultures occidentales et des cultures asiatiques.

De même que Chinois et Japonais éprouvent de nouveau la valeur de leur culture, ils réaffirment tous la valeur de la culture asiatique en général par rapport à celle de l'Occident. L'industrialisation et la croissance qui l'a accompagnée ont poussé dans les années quatre-vingt et quatre-vingt-dix les Extrême-Orientaux à ce qu'on pourrait appeler une affirmation asiatique. Cet ensemble d'attitudes comporte quatre composantes majeures.

Premièrement, les Asiatiques croient que l'Extrême-Orient connaîtra un développement économique rapide, dépassera l'Occident par son produit économique et sera donc de plus en plus puissant dans les affaires internationales par rapport à l'Occident. La croissance économique stimule dans les sociétés asiatiques le sentiment de puissance et favorise l'affirmation de leur aptitude à se dresser contre l'Occident. « L'époque durant laquelle, lorsque les États-Unis éternuaient, l'Asie prenait froid est finie », a déclaré en 1993 un journaliste japonais important. Un responsable malaisien a repris la métaphore médicale en disant que « même une grosse fièvre en Amérique ne donnera plus le rhume à l'Asie ». Les Asiatiques, selon un autre dirigeant d'Asie, « sortent de leur état de soumission vis-à-vis des États-Unis et vont désormais pouvoir répondre ». « La prospérité de plus en plus grande en Asie, a affirmé le Premier ministre malaisien, signifie qu'elle est désormais en situation d'offrir une alternative sérieuse à l'ordre mondial politique, social et économique dominant[10]. » Cela signifie aussi, soutiennent les Extrême-Orientaux, que l'Occident perd rapidement sa capacité à pousser les sociétés asiatiques à se conformer aux normes occidentales en matière de droits de l'homme et dans d'autres domaines de valeurs.

Deuxièmement, les Asiatiques croient que leur réussite économique est en grande partie un produit de la culture asiatique, laquelle serait supérieure à celle de l'Occident, culturellement et socialement décadent. Durant les beaux jours des années quatre-vingt, lorsque l'économie, les exportations, la balance commerciale et les réserves de devises japonaises connaissaient un boom, les Japonais, comme les Saoudiens avant eux, fiers de leur puissance économique nouvelle, évoquaient avec mépris le déclin de l'Occident et attribuaient leur succès ainsi que les échecs de l'Occident à la supériorité de leur culture et à la décadence de la culture occidentale. Au début des années quatre-vingt-dix, le triomphalisme asiatique s'est exprimé dans ce qu'on pourrait appeler « l'offensive culturelle de Singapour ». À commencer par Lee Kuan Yew, les dirigeants de Singapour ont proclamé la montée de l'Asie dans les relations avec l'Occident et ils ont opposé les vertus de la culture asiatique, fondamentalement confucéenne, qui seraient responsables de sa réussite — l'ordre, la discipline, la responsabilité familiale, le goût du travail, le collectivisme, la sobriété — à la complaisance, la paresse, l'individualisme, la violence, la sous-éducation, le manque de respect pour l'autorité et « l'ossification mentale » qui seraient responsables du déclin de l'Occident. Pour lutter contre l'Asie, soutenaient-ils, les États-Unis « doivent remettre en question leurs présupposés en matière sociale et politique et, ce faisant, apprendre des sociétés extrême-orientales [11] ».

Pour ses habitants, la réussite de l'Extrême-Orient est en particulier le résultat de l'importance culturelle accordée en Extrême-Orient à la collectivité plutôt qu'à l'individu. « Les valeurs et les pratiques plus communautaires des Extrême-Orientaux — Japonais, Coréens, Taiwanais, Hong-kongais et Singapouriens — ont à l'évidence beaucoup contribué au décollage, soutient Lee Kuan Yew. Les valeurs que défend la culture extrême-orientale, comme la primauté des intérêts du groupe sur ceux de l'individu, favorisent l'effort de tout le groupe pour se développer rapidement. » « L'éthique du travail des Japonais et des Coréens, faite de discipline, de loyauté et de diligence, accorde le Premier ministre de Malaisie, a servi de moteur au développement économique et social de leur pays. Cette éthique du travail est issue de la philosophie selon laquelle le groupe et le pays sont plus importants que l'individu [12]. »

Troisièmement, même s'ils reconnaissent les différences entre sociétés et civilisations asiatiques, les Extrême-Orientaux soutiennent qu'il existe aussi des points communs significatifs. Parmi eux, on trouve en particulier, selon un dissident chinois, « le système de valeurs confucéen — consacré par l'histoire et partagé par la plupart des pays de la région », surtout l'importance accordée à l'autorité, à la famille, au travail et à la discipline. Tout aussi important est le rejet commun de l'individualisme et la primauté de l'autoritarisme « doux » ou de formes très limitées de démocratie. Les sociétés asiatiques trouvent un intérêt commun à défendre vis-à-vis de l'Occident ces valeurs particulières et à promouvoir leurs propres intérêts économiques. Selon elles, cela requiert le développement de nouvelles formes de coopération intra-asiatiques, telles que l'extension de l'ANSEA et la création de l'EAEC. L'intérêt économique immédiat des sociétés extrême-orientales est de préserver leur accès aux marchés occidentaux. Mais à long terme, le régionalisme prévaudra, de sorte que l'Extrême-Orient doit de plus en plus favoriser le commerce et les investissements intra-asiatiques [13]. En particulier, le Japon, en tant que chef de file du développement asiatique, doit abandonner sa politique traditionnelle de « déasiatisation et de pro-occidentalisation » pour entrer dans la voie de la « ré-asiatisation » ou encore, plus généralement, pour promouvoir « l'asiatisation de l'Asie », comme l'ont choisi les responsables singapouriens [14].

Quatrièmement, selon les Extrême-Orientaux, le développement de l'Asie et les valeurs asiatiques sont des modèles que les autres sociétés non occidentales devraient adopter pour s'affirmer par rapport à l'Occident. L'Occident lui-même devrait suivre cet exemple pour connaître un renouveau. « Le modèle de développement anglo-saxon, considéré ces quarante dernières années comme le meilleur moyen de moderniser l'économie des pays en voie de développement et de construire un système politique viable, ne marche pas », pensent-ils. Le modèle extrême-oriental se fait une place, à mesure que, du Mexique au Chili et de l'Iran à la Turquie, en passant par les ex-républiques soviétiques, on tente de tirer les leçons de sa réussite, tout comme les générations précédentes avaient tenté d'apprendre de la réussite occidentale. L'Asie doit « transmettre au reste du monde les valeurs asiatiques qui sont d'intérêt universel [...]. La transmission de cet idéal signifie l'exportation du système social asiatique, extrême-oriental en particulier ». Le Japon et les autres pays d'Asie doivent promouvoir « un globalisme pacifique », « mondialiser l'Asie » et donc « influencer de manière significative le nouvel ordre mondial [15] ».

Les civilisations puissantes sont universelles ; les civilisations faibles sont particularistes. La confiance en soi grandissante de l'Extrême-Orient a fait émerger un universalisme asiatique comparable à celui qui était caractéristique de l'Occident. « Les valeurs asiatiques sont des valeurs universelles. Les valeurs européennes sont des valeurs européennes », a déclaré le Premier ministre Mahathir aux chefs de gouvernement européens en 1996 [16]. Qui plus est, une sorte d'« occidentalisme » asiatique dépeint l'Occident de la même façon, uniforme et négative, que l'orientalisme occidentaliste avait, naguère, de présenter l'Orient. Pour les Extrême-Orientaux, la prospérité économique est une preuve de supériorité morale. Si l'Inde supplante un jour l'Extrême-Orient comme la zone connaissant le développement le plus rapide au monde, on débattra de la supériorité de la culture hindoue, de la contribution du système des castes au développement économique et du fait que c'est en retournant à ses racines et en abandonnant l'héritage occidental moribond laissé par l'impérialisme britannique que l'Inde a finalement réussi à trouver sa place parmi les civilisations majeures. L'affirmation culturelle suit la réussite matérielle ; la puissance dure engendre la puissance douce.

## *La Résurgence de l'islam*

À cause de leur développement économique, les Asiatiques s'affirment de plus en plus. Les musulmans, en grand nombre, se tournent dans le même temps vers l'islam comme source d'identité, de sens, de stabilité, de légitimité, de développement, de puissance et d'espoir, espoir symbolisé par le slogan : « l'islam est la solution ». Cette Résurgence de l'islam *, par son ampleur et sa profondeur, est la dernière

* Certains lecteurs se demanderont peut-être pourquoi écrire « Résurgence » avec une capitale. La raison en est que ce terme se réfère à un événement historique extrêmement important, qui affecte au moins un cinquième de l'humanité et est donc

phase du réajustement de la civilisation musulmane par rapport à l'Occident. C'est un effort pour trouver la « solution » non plus dans les idéologies occidentales mais dans l'islam. Elle se traduit par l'acceptation de la modernité, le rejet de la culture occidentale et le réengagement dans l'islam comme guide de vie dans le monde moderne. Comme l'expliquait un haut fonctionnaire saoudien en 1994, « les "importations de l'étranger" sont sympatiques quand il s'agit de "choses" belles ou sophistiquées, mais des institutions sociales et politiques intangibles venues d'ailleurs peuvent être mortelles — demandez au shah d'Iran [...]. Pour nous, l'islam n'est pas seulement une religion, c'est un mode de vie. Nous autres Saoudiens voulons nous moderniser, mais pas nécessairement nous occidentaliser[17] ».

La Résurgence de l'islam représentre l'effort des musulmans pour atteindre ce but. C'est un vaste mouvement intellectuel, culturel, social et politique qui domine le monde musulman. Le « fondamentalisme » islamique, conçu comme islam politique, n'est qu'une composante du retour bien plus large aux idées, aux pratiques et à la rhétorique islamiques, et du lien restauré avec l'islam dans les populations musulmanes. La Résurgence est modérée et non extrémiste, dominante et non isolée.

Elle affecte les musulmans dans tous les pays et la plupart des aspects de la société et de la politique dans la majorité des pays musulmans. John L. Esposito écrivait :

> « Les signes d'un réveil musulman dans la vie personnelle sont nombreux : attention de plus en plus grande à la pratique religieuse (fréquentation des mosquées, prières, cultes), prolifération des programmes et des publications religieux, importance accrue accordée à la tenue et aux valeurs islamiques, revitalisation du soufisme (mysticisme). Ce renouveau très étendu s'est accompagné d'une réaffirmation de l'islam dans la vie publique : augmentation des gourvernements, des organisations, des lois, des banques, des services sociaux et des institutions d'enseignement tourné vers l'islam. Les gourvernements et les mouvements d'opposition se sont tournés vers l'islam pour se donner une autorité et gagner un soutien populaire [...]. La plupart des souverains et des gouvernements, dont des États laïcs comme la Turquie et la Tunisie, ont pris conscience de la force potentielle de l'islam et se montrent plus sensibles mais aussi plus inquiets vis-à-vis des questions islamiques.

Dans des termes très proches, selon un autre éminent spécialiste de l'islam, Ali E. Hillal Dessouki, la Résurgence implique des efforts pour réinstaurer une loi musulmane à la place de la loi occidentale, un

---

au moins aussi significatif que la Révolution française, la Révolution américaine ou la Révolution russe, lesquelles ont régulièrement droit à une capitale. Elle est semblable et comparable à la Réforme protestante dans les sociétés occidentales, laquelle est presque toujours écrite avec une capitale.

usage plus grand du langage et du symbolisme religieux, une expansion de l'enseignement islamique (manifeste dans la multiplication des écoles islamiques et dans l'islamisation des programmes dans les écoles publiques courantes), une adhésion plus grande aux codes islamiques de comportement social (comme le voile des femmes, le fait de ne pas boire d'alcool), la participation plus grande aux rituels religieux, la domination de groupes islamiques dans l'opposition aux gouvernements laïcs dans les sociétés musulmanes et les efforts accrus pour développer la solidarité internationale entre États et sociétés islamiques [18]. La revanche de Dieu est un phénomène global, mais Dieu, ou plutôt Allah, a fait en sorte qu'elle soit plus forte et plus complète dans la *Oumma*, la communauté de l'islam.

Dans ses manifestations politiques, la Résurgence de l'islam ressemble au marxisme : écritures saintes, vision de la société parfaite, engagement pour un changement radical, rejet des puissances établies et de l'État-nation, diversité doctrinale qui va du réformisme modéré à l'extrémisme révolutionnaire et violent. Plus opératoire est cependant l'analogie avec la Réforme protestante. Toutes deux sont des réactions à la stagnation et à la corruption des institutions en place, défendent un retour à une version plus pure et plus exigeante de leur religion, prêchent le travail, l'ordre et la discipline, et s'adressent à des populations dynamiques appartenant aux classes moyennes montantes. Toutes deux sont également des mouvements complexes, avec des tendances diverses, mais deux principales, le luthérianisme et le calvinisme, l'islam chiite et le fondamentalisme sunnite. On peut même faire un parallèle entre Calvin et l'ayatollah Khomeiny : ils ont tous deux tenté d'imposer la discipline monastique à leur société. L'esprit de la Réforme et de la Résurgence, c'est la réforme profonde. « La Réforme doit être universelle, déclarait un pasteur puritain : on doit réformer partout, tout le monde ; on doit réformer les tribunaux et les magistrats, réformer les universités, réformer les villes et les pays, réformer les lieux de savoir, réformer le sabbat, réformer les ordres, le culte de Dieu. » Dans des termes semblables, al-Turabi affirme que « ce réveil est général — il ne porte pas seulement sur la piété individuelle ; il n'est pas seulement intellectuel et culturel, ni seulement politique. Il est tout cela à la fois, une reconstruction générale de la société de bas en haut [19] ». Ignorer l'impact de la Résurgence de l'islam sur la politique de l'hémisphère oriental à la fin du XX^e^ siècle serait comme ignorer l'impact de la Réforme protestante sur la politique européenne à la fin du XVI^e^ siècle.

La Résurgence diffère cependant de la Réforme sur un point clé. La seconde a surtout touché l'Europe du Nord. Elle s'est peu étendue en Espagne, en Italie, en Europe de l'Est, dans les territoires contrôlés par les Habsbourg. Au contraire, la première a touché presque toutes les sociétés musulmanes. Depuis le début des années soixante-dix, les symboles, les croyances, les pratiques, les institutions, les politiques et les organisations islamiques ont rallié dans le monde un milliard de musulmans, du Maroc à l'Indonésie et du Nigeria au Kazakhstan. L'islamisation est tout d'abord apparue dans le domaine culturel. Puis elle s'est étendue aux sphères sociales et politiques. Les dirigeants politiques et intellectuels, qu'ils y fussent ou non favorables, ne pouvaient éviter de s'y adapter d'une manière ou d'une autre. Les généralités vagues sont toujours dangereuses et souvent fausses. Pourtant l'une d'elles est vraie. En 1995, tous les pays majoritairement musulmans, sauf l'Iran, étaient culturellement, socialement et politiquement plus islamiques et islamistes que quinze ans avant[20].

Dans la plupart des pays, l'islamisation s'est surtout traduite par le développement d'organisations sociales islamiques et la prise de contrôle des organisations existantes par des groupes islamiques. Les islamistes ont accordé une attention particulière à la création d'écoles islamiques et à la diffusion de l'influence islamique dans les écoles d'État. Les groupes islamistes ont fait naître une « société civile » islamiste qui a côtoyé, surpassé et souvent supplanté en étendue et en activité les institutions souvent fragiles de la société civile laïque. En Égypte, au début des années quatre-vingt-dix, les organisations islamiques ont développé un réseau dense d'organisations qui, remplissant un vide laissé par le gouvernement, s'occupe de la santé, du chômage, de l'enseignement et d'autres services pour un grand nombre d'Égyptiens pauvres. Après le tremblement de terre de 1992 au Caire, ces organisations « étaient sur le terrain en quelques heures et distribuaient couvertures et nourriture tandis que les secours gouvernementaux tardaient ». En Jordanie, les Frères musulmans ont délibérément mené une politique de développement des « infrastructures sociales et culturelles d'une république islamique » et, au début des années quatre-vingt-dix, dans ce petit pays de quatre millions d'habitants, ils tenaient un grand hôpital, vingt cliniques, quarante écoles islamiques et cent vingt centres d'études coraniques. En Cisjordanie et à Gaza, les organisations islamiques ont créé et animé « des syndicats étudiants, des organisations de jeunesse et des associations religieuses, sociales et pédagogiques » comprenant des écoles, du jardin d'enfants à l'université islamique, des cliniques, des orphelinats, une maison de retraite et un système de juges et de médiateurs islamiques. Des organisations islamiques se sont étendues en Indonésie pendant les années soixante-dix et quatre-vingt. Au début des années quatre-vingt, la plus importante, la *Muhhammadijah*, comptait six millions de membres et avait créé « des services sociaux religieux à l'intérieur de l'État laïc » et proposait des services « du berceau à la tombe », comprenant écoles, cliniques, hôpitaux et institutions universitaires. Dans ces sociétés musulmanes, les organisations islamiques, tenues à l'écart de toute activité politique, offraient des services sociaux comparables à ceux des partis politiques aux États-Unis au début du XXe siècle[21].

Les manifestations politiques de la Résurgence ont été moins généralisées que ses manifestations sociales et culturelles. Elles n'en représentent pas moins l'évolution politique la plus importante dans les sociétés musulmanes du dernier quart de ce siècle. L'ampleur et l'allure du soutien politique aux mouvements islamistes ont varié d'un pays à l'autre. Cependant, on note certaines tendances lourdes. Ces mouvements n'ont pas reçu beaucoup de soutien de la part des élites rurales, des paysans et des personnes âgées. Comme les fondamentalistes des autres religions, les islamistes sont partie prenante du processus de modernisation et en sont le produit. Ce sont des jeunes qui se caractérisent par une grande mobilité sociale et une certaine modernité d'esprit. Ils sont issus de trois groupes.

Comme pour tout mouvement révolutionnaire, le noyau est composé d'étudiants et d'intellectuels. Dans la plupart des pays, pour les fondamentalistes, prendre le contrôle des syndicats étudiants et des autres organisations du même type a représenté la première phase du processus d'islamisation politique, comme le montre la percée islamiste dans les universités des années soixante-dix en Égypte, au Pakistan et en Afghanistan, puis des autres pays musulmans. L'attrait exercé par les islamistes était particulièrement fort auprès des étudiants des instituts de technologie, des écoles d'ingénieurs et des facultés de sciences. Dans les années quatre-vingt-dix, en Arabie Saoudite, et en Algérie notamment, « l'indigénisation de deuxième génération » a pris des proportions de plus en plus grandes chez les étudiants qui apprenaient dans leur langue maternelle et étaient ainsi de plus en plus exposés aux influences islamistes[22]. Les islamistes ont également rencontré beaucoup de succès auprès des femmes. En Turquie, par exemple, le fossé s'est creusé entre l'ancienne génération de femmes laïques et leurs filles et petites-filles, plus favorables à l'islamisme[23]. D'après une étude portant sur les dirigeants des groupes islamistes égyptiens, cinq traits majeurs les caractérisaient, typiques également des islamistes des autres pays. Ils étaient jeunes et avaient en général entre vingt et quarante ans. 80 % d'entre eux étaient des étudiants ou des diplômés d'université. Plus de la moitié venaient d'universités prestigieuses ou des disciplines techniques les plus pointues, comme la médecine et l'ingénierie. Plus de 70 % venaient des classes moyennes et étaient d'origine « modeste, mais pas pauvre », et représentaient, dans leur famille, la première génération à faire des études. Ils avaient passé leur enfance dans de petites villes ou des zones rurales, mais étaient venus habiter les grandes villes[24].

Les étudiants et les intellectuels formaient les cadres militants et les troupes de choc des mouvements islamistes. La classe moyenne des villes représentait l'arrière-garde des membres actifs. À un certain niveau, ces derniers venaient de ce que l'on appelle souvent les groupes « traditionnels » de la classe moyenne : marchands, commerçants, petits entrepreneurs, gens des bazars. Ils ont joué un rôle crucial dans la révolution iranienne et ont apporté un soutien non négligeable aux mouvements fondamentalistes en Algérie, en Turquie et en Indonésie. Cependant, les fondamentalistes appartenaient surtout aux couches plus « modernes » de la classe moyenne. Les activistes islamistes « comprenaient probablement un nombre très disproportionné de jeunes gens bien formés et intelligents », dont des médecins, des avocats, des ingénieurs, des scientifiques, des professeurs et des fonctionnaires[25].

La troisième force au sein des mouvements islamistes était représentée par les nouveaux venus dans les villes. Dans tout le monde musulman, au cours des années soixante-dix et quatre-vingt, la population urbaine a augmenté de façon saisissante. Les nouveaux citadins se sont amassés dans des banlieues insalubres. Ils avaient besoin des services sociaux proposés par les organisations islamistes. En outre, comme l'a noté Ernest Gellner, l'islam offrait « une forme de dignité » à ces « masses nouvellement déracinées ». À Istanbul et à Ankara, au Caire et à Assouan, à Alger et à Fès, et dans la bande de Gaza, les factions islamistes ont organisé avec succès « les déchus et les dépossédés ». « La masse de l'islam révolutionnaire, écrivait Olivier Roy, est un produit de la société moderne. [Ce sont] les nouveaux arrivants dans les villes, les millions de paysans qui ont triplé la population des grandes métropoles musulmanes[26]. »

Au milieu des années quatre-vingt-dix, seuls l'Iran et le Soudan avaient un gouvernement islamiste déclaré. Un petit nombre de pays musulmans, comme la Turquie et le Pakistan, vivaient sous un régime qui revendiquait une légitimité démocratique. Les gouvernements dans les autres pays musulmans importants n'étaient nullement démocratiques : c'étaient des monarchies, des régimes à parti unique, des régimes militaires, des dictatures personnelles ou bien une combinaison de tout cela, le plus souvent aux mains d'une famille, d'un clan, d'une tribu, et dans certains cas hautement dépendants du soutien de l'étranger. Deux régimes, au Maroc et en Arabie Saoudite, s'efforçaient d'en appeler à une forme de légitimité islamique. La plupart de ces gouvernements, cependant, manquaient d'éléments pour justifier leur pouvoir en termes de valeurs islamiques, démocratiques ou nationalistes. C'étaient des « régimes bunkers », selon l'expression de Clement Henry Moore, répressifs, corrompus, éloignés des besoins et des aspirations de leur société. De tels régimes peuvent se maintenir pendant de longues périodes. Dans le monde moderne, cependant, la probabilité pour qu'ils changent ou disparaissent est élevée. Au milieu des années quatre-vingt-dix, donc, la question de l'alternative souhaitable s'est posée : qui ou quoi doit leur succéder ? Dans presque tous les pays, à cette époque, le régime le plus populaire était de type islamiste.

Pendant les années soixante-dix et quatre-vingt, une vague démocratique s'est répandue à travers le monde, dans plusieurs dizaines de pays. Elle a eu un impact sur les sociétés musulmanes, mais de façon limitée. Tandis que les mouvements démocratiques devenaient plus forts et arrivaient au pouvoir en Europe du Sud, en Amérique latine, en Asie du Sud-Est et en Europe centrale, les mouvements islamistes sont devenus plus forts dans les pays musulmans. L'islamisme est l'équivalent de l'opposition démocratique à l'autoritarisme dans les sociétés chrétiennes, et il résulte en grande partie des mêmes causes : mobilité sociale, perte de la légitimité donnée par l'efficacité aux régimes autoritaires, environnement international qui change. La hausse du prix du pétrole, a favorisé dans les pays musulmans, les courants islamistes plutôt que les tendances démocratiques. Les prêtres, les pasteurs et les groupes religieux établis ont joué un rôle majeur dans l'opposition aux régimes autoritaires dans les sociétés chrétiennes. Les oulémas, les groupes gravitant autour des mosquées et les islamistes ont joué un rôle comparable dans les pays musulmans. L'action du pape a été essentielle pour qu'on en finisse avec le régime communiste en Pologne et celle de l'ayatollah Khomeiny tout autant pour jeter à bas le régime du shah en Iran.

Dans les années quatre-vingt et quatre-vingt-dix, les mouvements islamistes ont dominé et souvent monopolisé l'opposition aux gouvernements établis dans les pays musulmans. Leur force venait en partie de la faiblesse des autres formes possibles d'opposition. Les mouvements communistes et de gauche étaient discrédités et affaiblis par la chute de l'Union soviétique et du communisme international. Des groupes libéraux et démocratiques d'opposition existaient dans la plupart des sociétés musulmanes, mais ils restaient cantonnés à un petit nombre d'intellectuels et de personnes influencées par l'Occident. À quelques rares exceptions près, les démocrates libéraux ont été incapables de trouver un soutien populaire durable dans les sociétés musulmanes, et même le libéralisme islamique n'a pu s'enraciner. « Dans toutes les sociétés musulmanes, notait Fouad Ajami, écrire sur le libéralisme et sur la tradition bourgeoise nationale, c'est écrire des hommages à des gens qui ont poursuivi des buts impossibles et qui ont échoué[27]. » L'échec généralisé de la démocratie libérale pour dominer les sociétés musulmanes est un phénomène continu et répété depuis la fin du XVIII^e^ siècle. Il tire une partie de son origine de la nature de la culture et de la société islamiques, qui est peu compatible avec les idées libérales occidentales.

La réussite des mouvements islamistes à dominer l'opposition et à se poser comme la seule alternative viable aux régimes en place a aussi beaucoup été favorisée par les politiques menées par ces régimes. À un moment ou à un autre, pendant la guerre froide, de nombreux gouvernements, dont ceux de l'Algérie, de la Turquie, de la Jordanie, de l'Égypte et d'Israël, ont encouragé et soutenu les islamistes parce qu'ils s'opposaient à des mouvements communistes ou nationalistes hostiles. Au moins jusqu'à la guerre du Golfe, l'Arabie Saoudite et d'autres États du Golfe ont financé à un haut degré les Frères musulmans et d'autres groupes islamistes dans divers pays. La capacité de ces groupes islamistes à dominer l'opposition a aussi été accrue par l'action des gouvernements qui ont fait disparaître les mouvements d'opposition laïque. La puissance du fondamentalisme est inversement proportionnelle à celle des partis démocratiques ou nationalistes laïcs. Elle a été plus faible dans des pays comme le Maroc ou la Turquie, où une certaine dose de multipartisme est autorisée, que dans les pays où il n'existait aucune opposition[28]. L'opposition laïque, toutefois, est plus vulnérable à la répression que l'opposition religieuse. Cette dernière peut opérer au sein et à l'abri d'un réseau de mosquées, d'organisations de secours, de fondations et d'autres institutions musulmanes dont le gouvernement pense qu'elles ne peuvent être supprimées. Les démocrates libéraux ne disposent pas d'une telle couverture et sont bien plus facilement contrôlés et éliminés par le gouvernement.

Soucieux de prévenir la croissance des tendances islamistes, les gouvernements ont étendu l'enseignement religieux dans les écoles contrôlées par l'État, lesquelles étaient en fait dominées par des professeurs et des idées islamistes. Ils ont donné un soutien accru à la religion et aux institutions religieuses d'éducation. Ces actions traduisaient à l'évidence l'engagement de ces gouvernements dans l'islam et, par le biais du financement, elles ont étendu le contrôle gouvernemental sur l'enseignement et les institutions islamiques. Toutefois, cela a aussi contribué à former un grand nombre de gens aux valeurs de l'islam et à les rendre ainsi plus ouverts aux appels des islamistes. De nombreux militants ont aussi obtenu des diplômes qui leur ont ensuite permis de travailler au service des buts islamistes.

La force de la Résurgence et l'attrait des mouvements islamistes ont conduit les gouvernements à promouvoir des institutions et des pratiques islamiques, et à intégrer les symboles et les pratiques islamiques à leur propre fonctionnement. D'une manière générale, cela a signifié affirmer ou réaffirmer le caractère islamique de leur régime et de leur société. Dans les années soixante-dix et quatre-vingt-dix, les dirigeants politiques se sont empressés d'identifier leur régime et leur personne à l'islam. Le roi Hussein de Jordanie, persuadé que les gouvernements laïcs n'avaient pas d'avenir dans le monde arabe, a évoqué le besoin de créer une « démocratie islamique » et un « islam modernisateur ». Le roi Hasan II du Maroc a rappelé qu'il descend du Prophète et est le « Commandeur des croyants ». Le sultan du Brunei, auparavant peu pratiquant, est devenu « de plus en plus dévot » et a défini son régime comme une « monarchie musulmane ». Ben Ali, en Tunisie, a commencé à invoquer de plus en plus Allah dans ses discours et « s'est drapé dans le manteau de l'islam » pour concurrencer la montée des groupes islamiques[29]. Au début des années quatre-vingt-dix, Suharto a adopté une claire politique d'islamisation. Au Bangladesh, le principe de laïcité a été retiré de la constitution au milieu des années soixante-dix, et, au début des années quatre-vingt-dix, le kémalisme a été remis en cause pour la première fois en Turquie. Pour souligner leur engagement islamique, des chefs d'État comme Özal, Suharto et Karimov n'ont pas hésité à faire le pèlerinage à La Mecque.

Les gouvernements des pays musulmans ont aussi islamisé la loi. En Indonésie, la doctrine et la pratique juridique islamiques ont été incorporées dans le système légal laïc. Pour tenir compte de son importante population non musulmane, la Malaisie, par contraste, a mis en place deux systèmes légaux séparés, l'un islamique, l'autre laïc[30]. Au Pakistan, sous le régime du général Zia ul-Haq, de gros efforts ont été menés pour islamiser la loi et l'économie. Des châtiments islamiques ont été instaurés, un système de tribunaux agissant selon la *charia*, et la *charia* a été déclarée loi suprême du pays.

Comme d'autres manifestations du retour global du religieux, la Résurgence de l'islam est à la fois un produit de la modernisation et un effort pour y parvenir. Ses causes sous-jacentes sont les mêmes que celles qui expliquent en général les tendances à l'indigénisation dans les sociétés non occidentales : urbanisation, mobilité sociale, élévation du niveau d'études, intensification des communications et de la consommation de médias, interactions accrues avec l'Occident et les autres cultures. Ces évolutions minent les liens de clans et des villages traditionnels, et suscitent de l'aliénation et une crise d'identité. Les symboles, la conviction et les croyances islamistes satisfont des besoins psychologiques, tandis que les organisations de secours islamistes répondent aux besoins sociaux, culturels et économiques des musulmans pris dans le processus de modernisation. Ils ressentent alors le besoin de revenir aux idées, aux pratiques et aux institutions de l'islam[31].

Le renouveau islamique, a-t-on dit, était aussi « un produit du déclin de puissance et de prestige de l'Occident. [...] À mesure que l'Occident perd sa suprématie, ses idéaux et ses institutions perdent leur lustre ». Plus particulièrement, la Résurgence a été stimulée et mue par le boom du pétrole dans les années soixante-dix, qui a accru la richesse et la puissance de nombreuses nations musulmanes et les a rendues capables d'inverser les relations de domination et de subordination qui existaient avec l'Occident. Comme l'observait à l'époque John B. Kelly, « les Saoudiens peuvent tirer une double satisfaction du fait d'infliger des punitions humiliantes à l'Occident ; ce n'est pas seulement une manifestation de la puissance et de l'indépendance de l'Arabie Saoudite ; ce sont aussi des preuves de mépris pour le christianisme et des signes de la prééminence de l'islam ». L'action des pays musulmans producteurs de pétrole, « si on la replace dans son contexte historique, religieux, racial et culturel, n'est rien moins qu'une pure et simple tentative pour placer l'Occident chrétien sous le joug de l'Orient musulman ». Les Saoudiens, les Libyens et d'autres gouvernements encore ont utilisé leurs richesses pétrolières pour stimuler et financer le renouveau de l'islam. La richesse des musulmans les a conduits à abandonner leur fascination pour la culture occidentale pour s'impliquer plus à fond dans la leur et tenter d'établir la place et l'importance de l'islam dans les sociétés non musulmanes. La richesse de l'Occident était jadis considérée comme une preuve de la supériorité de la culture occidentale. La richesse née du pétrole est désormais regardée comme une preuve de la supériorité de l'islam.

L'élan donné par la hausse du prix du pétrole a perdu de sa vigueur au cours des années quatre-vingt, mais la croissance démographique a continué à jouer un rôle moteur. La montée de l'Extrême-Orient a été nourrie par des taux de croissance économique spectaculaires. La Résurgence de l'islam, quant à elle, a été alimentée par des taux de croissance démographique tout aussi spectaculaires. Le développement de la population dans les pays islamiques, en particulier dans les Balkans, en Afrique du Nord et en Asie centrale, a été nettement plus important que dans les pays voisins et dans le monde pris en général. Entre 1965 et 1990, le nombre total d'habitants de la Terre est passé de 3,3 milliards à 5,3 milliards, soit un taux de croissance annuelle de 1,85 %. Dans les sociétés musulmanes, le taux de croissance a été presque toujours supérieur à 2 %, et même souvent à 2,5 % et parfois à 3 %. Entre 1965 et 1990, par exemple, la population du Maghreb a augmenté de 2,65 % par an, passant ainsi de 29,8 millions à 59 millions, l'Algérie ayant un taux de croissance de 3 % l'an. Pendant la même période, le nombre d'habitants en Égypte a augmenté de 2,3 % et est passé de 29,4 millions à 52,4 millions. En Asie centrale, entre 1970 et 1993, la population a augmenté de 2,9 % au Tadjikistan, de 2,6 % en Ouzbékistan, de 2,5 % au Turkménistan, de 1,9 % au Kirghizistan, mais seulement de 1,1 % au Kazakhstan, habité presque à moitié par des Russes. Le taux de croissance au Pakistan et au Bangladesh a dépassé les 2,5 % par an, tandis que la population d'Indonésie augmentait de plus de 2 %. Globalement, les musulmans représentaient 18 % de la population mondiale en 1980 ; en 2000, ils seront certainement 20 % et en 2025, 30 %[32].

Les taux de croissance démographique au Maghreb et ailleurs ont atteint un sommet et commencé à décliner, mais la croissance en chiffres absolus continuera à être importante et aura un impact pendant toute la première partie du XXI^e siècle. Dans les années à venir, les populations musulmanes seront composées de façon disproportionnée d'adolescents et de jeunes gens de moins de trente ans (voir figure 5.2). En outre, les membres de cette cohorte d'âge vivront majoritairement en ville et auront fait des études secondaires. La combinaison de ces deux phénomènes — croissance et mobilité sociale — a trois conséquences politiques significatives.

Premièrement, les jeunes sont les acteurs de mouvements de protestation, de réforme et de révolution. Historiquement, l'existence de populations jeunes nombreuses à coïncidé avec de tels mouvements. « La Réforme protestante, dit-on, est un bon exemple historique de mouvement de jeunesse. » « La croissance démographique, comme le

**Figure 5.2 Le défi démographique : l'islam, la Russie et l'Occident**

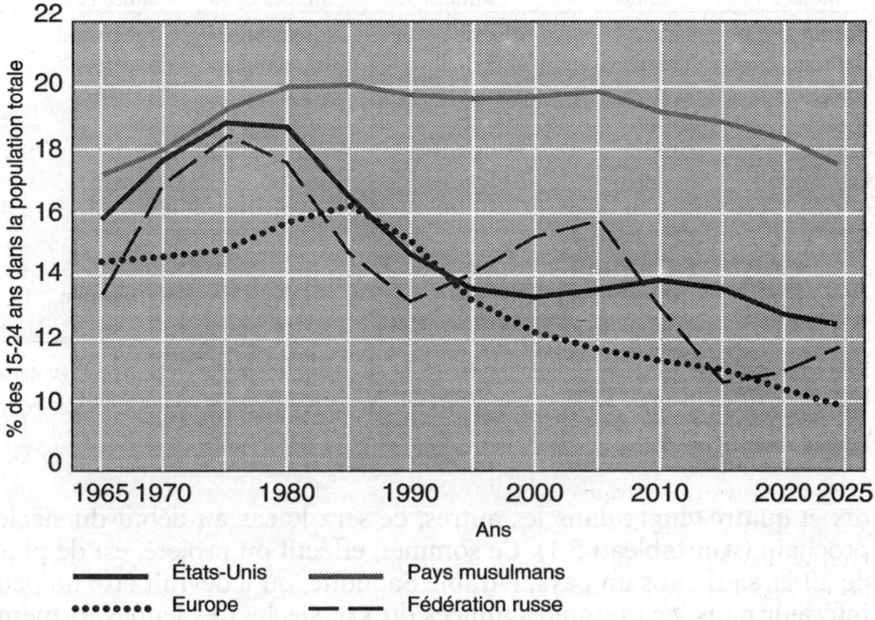


*Source :* Nations unies, Division de la population, département d'analyse économique et sociale, Prévisions démographiques mondiales, *The 1994 Revision*, New York, Nations unies, 1995 ; *Sex and Age Distribution of the World Populations, The 1994 Revision*, New York, Nations unies, 1994.

soutient avec force arguments valides Jack Goldstone, a été un facteur central dans les deux vagues révolutionnaires nées en Eurasie au milieu du XVII^e siècle et à la fin du XIX^e [33]. » L'augmentation importante de la proportion de jeunes dans les pays occidentaux a coïncidé avec « l'ère des révolutions démocratiques » dans les dernières décennies du XVIII^e siècle. Au XIX^e siècle, l'industrialisation et l'émigration ont atténué l'impact de la jeunesse dans les sociétés européennes. Cependant, la proportion de jeunes a recommencé à croître dans les années vingt, ce qui a fourni des recrues au fascisme et aux autres mouvements extrémistes. Quarante ans après, la génération du baby-boom d'après la Seconde Guerre mondiale s'est signalée politiquement à l'attention à la faveur des manifestations et des révoltes des années soixante.

La jeunesse musulmane s'est révélée dans la Résurgence islamique. Celle-ci s'est développée durant les années soixante-dix et a explosé dans les années quatre-vingt. Dans le même temps, la proportion des jeunes (c'est-à-dire de 15-24 ans) dans les principaux pays musulmans a augmenté de façon importante et a commencé à dépasser les 20 % de la population. Dans de nombreux pays musulmans, la part des jeunes a atteint un sommet dans les années soixante-

*Tableau 5.1* Poussée de la jeunesse dans les pays musulmans

| années 70 | années 80 | années 90 | années 2000 | années 2010 |
|---|---|---|---|---|
| Bosnie | Syrie | Algérie | Tadjikistan | Kirghizistan |
| Bahrein | Albanie | Irak | Turkménistan | Malaisie |
| UEA | Yémen | Jordanie | Égypte | Pakistan |
| Iran | Turquie | Maroc | Iran | Syrie |
| Égypte | Tunisie | Bangladesh | Arabie Saoudite | Yémen |
| Kazakhstan | Pakistan | Indonésie | Koweït | Jordanie |
| | Malaisie | | Soudan | Irak |
| | Kirghizistan | | | Oman |
| | Tadjikistan | | | Libye |
| | Turkménistan | | | Afghanistan |
| | Azerbaïdjan | | | |

Décennies pendant lesquelles le nombre des 15-24 ans a atteint un pic en pourcentage de la population totale (presque toujours plus de 20 %). Dans certains pays, on note deux pics.

*Source :* voir figure 5.2.

dix et quatre-vingt ; dans les autres, ce sera le cas au début du siècle prochain (voir tableau 5.1). Ce sommet, effectif ou projeté, est de plus de 20 %, sauf dans un pays, l'Arabie Saoudite, où il devrait être un peu inférieur dans les premières années du XXIe siècle. Ces jeunes forment les recrues disponibles pour les organisations et les mouvements politiques islamistes. Ce n'est sans doute pas un hasard si la proportion de jeunes dans la population iranienne a augmenté nettement dans les années soixante-dix, pour atteindre 20 % dans la dernière moitié de la décennie, et si la révolution iranienne s'est produite en 1979, et de même si ce seuil a été atteint en Algérie au début des années quatre-vingt précisément au moment où le FIS gagnait un soutien populaire assorti de larges victoires électorales. Des variations régionales qui pourraient être apparentes se font jour aussi dans la population musulmane jeune (voir figure 5.3). Les données doivent être considérées avec prudence. Cependant, les projections semblent montrer que la proportion de jeunes bosniaques et albanais décroîtra très vite au tournant du siècle. Le boom des jeunes restera très fort dans les États du Golfe. En 1988, le prince régnant Abdullah d'Arabie Saoudite a dit que la principale menace qui pesait sur son pays était la montée du fondamentalisme parmi la jeunesse[34]. Selon ces projections, elle durera encore au XXIe siècle.

Dans les principaux pays arabes (Algérie, Égypte, Maroc, Syrie, Tunisie), le nombre de personnes de moins de trente ans en quête d'emploi augmentera jusqu'en 2010 environ. Par rapport à 1990, le nombre de demandeurs d'emploi augmentera de 30 % en Tunisie, de 50 % en Algérie, en Égypte et au Maroc, ainsi que de 100 % en Syrie. La scolarisation plus importante dans les sociétés arabes crée aussi un fossé entre la jeune génération qui sait lire et écrire et l'ancienne

**Figure 5.3 Poussée démograhique par région**

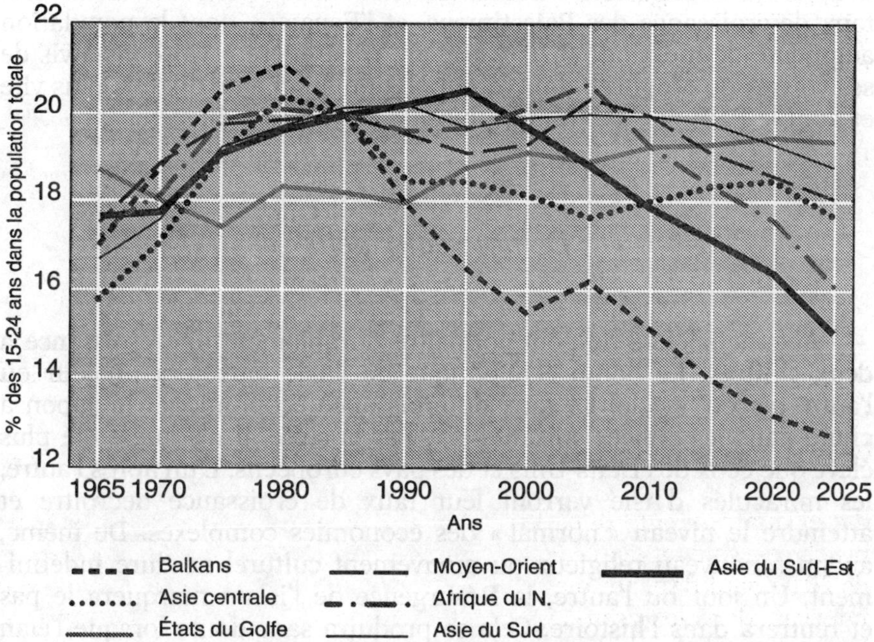


*Source :* Nations unies, Division de la population, département d'analyse économique et sociale, Prévisions démographiques mondiales, *The 1994 Revision*, New York, Nations unies, 1995 ; *Sex and Age Distribution of the World Populations, The 1994 Revision*, New York, Nations unies, 1994.

génération, majoritairement illettrée. Cette « dissociation entre connaissance et pouvoir » risque d'« être une pression sur les systèmes politiques[35] ».

Une population en extension a besoin de plus de ressources. Dans les sociétés où la population est dense et/ou croît très vite, on a tendance à s'étendre à l'extérieur, à occuper des territoires et à exercer une pression sur des peuples dont la démographie est moins dynamique. La pression démographique jointe à la stagnation économique a favorisé l'émigration musulmane vers l'Occident et les sociétés non musulmanes, au point que l'immigration y est devenue un problème. La juxtaposition de représentants d'une culture en forte croissance et d'une population d'une autre culture plutôt stagnante ou se développant lentement rend nécessaires des ajustements économiques et/ou politiques dans les deux sociétés. Dans les années soixante-dix, par exemple, l'équilibre démographique s'est trouvé modifié dans l'ex-Union soviétique : la population musulmane a augmenté de 24 % tandis que les Russes avaient un taux de croissance de 6,5 %, ce qui a beaucoup inquiété les dirigeants communistes d'Asie centrale[36]. De même, la croissance démographique rapide en Albanie inquiète les Serbes, les Grecs et les Italiens. Les Israéliens sont soucieux du fort taux de croissance des Palestiniens, et l'Espagne, dont la population augmente de moins de 0,20 % par an, n'est guère à l'aise vis-à-vis de ses voisins du Maghreb dont la population augmente dix fois plus vite et dont le PNB par habitant représente un dixième du sien.

## *De nouveaux défis*

Aucune société ne peut connaître durablement une croissance à deux chiffres. Le boom économique de l'Asie s'arrêtera un jour ou l'autre au XXIe siècle. Le taux de croissance économique du Japon a chuté dans les années soixante-dix. Par la suite, il n'a guère été plus élevé que ceux des États-Unis et des pays européens. L'un après l'autre, les miraculés d'Asie verront leur taux de croissance décroître et atteindre le niveau « normal » des économies complexes. De même, aucun renouveau religieux ou mouvement culturel ne dure indéfiniment. Un jour ou l'autre, la Résurgence de l'islam marquera le pas et rentrera dans l'histoire. Cela se produira sans doute lorsque l'élan démographique qui la nourrit s'affaiblira dans les années 2020-2030. À ce moment, le nombre de militants, de guerriers et de migrants diminuera, et les conflits au sein de l'islam et entre les pays musulmans et les autres s'atténueront (voir chapitre 10). Les relations entre l'islam et l'Occident ne deviendront pas plus intimes pour autant, mais elles seront moins tendues, et la quasi-guerre actuelle (voir chapitre 9) cédera la place à la guerre froide, voire à la paix froide.

Le développement économique en Asie laissera en héritage richesse, économies complexes, plus ouvertes sur l'international, des bourgeoisies prospères et des classes moyennes à l'aise. Cela plaidera sans doute pour une vie plus pluraliste et peut-être plus démocratique, mais pas nécessairement plus pro-occidentale. Cette puissance incitera au contraire l'Asie à s'affirmer plus dans les affaires internationales, à agir pour que les tendances globales n'aillent pas nécessairement dans le sens de ce qui convient à l'Occident et à modifier les institutions internationales pour les éloigner du modèle et des normes occidentaux. La Résurgence de l'islam, tels des mouvements comparables, comme la Réforme, laissera aussi un important héritage. Les musulmans auront plus conscience de ce qu'ils ont en commun et de ce qui les distingue des non-musulmans. La nouvelle génération de dirigeants qui émerge avec la montée des jeunes ne sera pas nécessairement fondamentaliste, mais elle sera plus impliquée dans l'islam que celle qui l'a précédée. L'indigénisation se renforcera. La Résurgence laissera un réseau d'organisations sociales, culturelles, économiques et politiques islamistes au sein de ces sociétés et ailleurs. Elle aura aussi montré que « l'islam est la solution » aux problèmes de morale, d'identité, de sens et de foi, mais pas aux problèmes liés à la justice sociale, à la répression politique, au retard économique et à la fragilité militaire. Ces échecs pourraient engendrer une désillusion généralisée vis-à-vis de l'islam politique, une réaction contre lui et une recherche de « solutions » alternatives pour ces problèmes. On peut penser que des formes plus dures de nationalisme antioccidental pourraient émerger, qui reprocheraient à l'Occident les échecs de l'islam. À l'inverse, si la Malaisie et l'Indonésie poursuivent leur progrès économique, elles pourraient offrir un « modèle islamique » de développement susceptible de rivaliser avec ceux de l'Occident et de l'Asie.

Quoi qu'il en soit, pendant les décennies à venir, la croissance économique de l'Asie aura des effets profondément déstabilisants sur l'ordre international établi sur lequel domine l'Occident. Le développement de la Chine, s'il se poursuit, produira un déplacement massif de puissance parmi les civilisations. En outre, l'Inde peut connaître un développement économique rapide et jouer un rôle d'outsider dans les affaires internationales. Parallèlement, la croissance démographique des musulmans sera une force de déstabilisation à la fois pour les sociétés musulmanes et pour leurs voisines. Un grand nombre de jeunes ayant fait des études secondaires continuera à nourrir la Résurgence de l'islam et à favoriser le militantisme, le militarisme et les migrations musulmanes. Dès lors, pendant les premières années du XXIe siècle, la puissance et la culture non occidentales devraient continuer leur renouveau, et les peuples appartenant à des civilisations non occidentales devraient entrer en conflit avec l'Occident et entre eux.

## Troisième partie

# LE NOUVEL ORDRE DES CIVILISATIONS

CHAPITRE 6

# La recomposition culturelle de la politique globale

## *Vers des regroupements : la politique de l'identité*

Déstabilisée par la modernisation, la politique globale se recompose selon des axes culturels. Les peuples et les pays qui ont des cultures semblables se rapprochent. Ceux qui ont des cultures différentes s'éloignent. Les alliances définies par l'idéologie et les relations avec les superpuissances sont remplacées par des alliances définies par la culture et la civilisation. Les frontières politiques se redessinent de plus en plus pour correspondre à des frontières culturelles, c'est-à-dire ethniques, religieuses et civilisationnelles. Les communautés culturelles remplacent les blocs de la guerre froide, et les frontières entre civilisations sont désormais les principaux points de conflit à l'échelon mondial.

Pendant la guerre froide, un pays pouvait être non aligné. C'était un cas fréquent. Mais il pouvait aussi, comme on l'a parfois vu, passer d'un camp à un autre. En fonction de leurs intérêts stratégiques, de leurs calculs sur l'équilibre de la puissance et de leurs préférences idéologiques, les dirigeants d'un pays avaient le choix. Dans le monde nouveau qui est le nôtre, c'est au contraire l'identité culturelle qui détermine surtout les associations et les antagonismes entre pays. Un pays pouvait à l'époque de la guerre froide être non aligné, mais aujourd'hui il ne peut être sans identité. La question « Dans quel camp êtes-vous ? » a été remplacée par une interrogation bien plus fondamentale : « Qui êtes-vous ? » Tous les États doivent pouvoir y répondre. Et cette réponse, fondée sur leur identité culturelle, définit leur place dans la politique mondiale, leurs amis et leurs ennemis.

Les années quatre-vingt-dix ont vu survenir une crise d'identité globale. Presque partout, on s'interroge : « Qui sommes-nous ? Avec qui sommes-nous ? De qui nous distinguons-nous ? » Ces questions sont essentielles non seulement pour ceux qui tentent de forger des États-nations nouveaux, comme dans l'ex-Yougoslavie, mais aussi de manière générale. Au milieu des années quatre-vingt-dix, les pays où se posaient des questions d'identité nationale étaient notamment les suivants : l'Afrique du Sud, l'Algérie, l'Allemagne, le Canada, la Chine, les États-Unis, la Grande-Bretagne, l'Inde, l'Iran, le Japon, le Maroc, le Mexique, la Russie, la Syrie, la Tunisie, la Turquie et l'Ukraine. Les problèmes d'identité, bien sûr, sont particulièrement intenses dans les pays où vivent d'importants groupes de population appartenant à différentes civilisations.

Face à cette crise d'identité, ce qui compte, ce sont les liens de sang et les croyances, la foi et la famille. On se rallie à ceux qui ont des ancêtres, une religion, une langue, des valeurs et des institutions similaires, et on prend ses distances vis-à-vis de ceux qui en ont de différents. En Europe, l'Autriche, la Finlande et la Suède, qui font culturellement partie de l'Occident, ont dû en divorcer et rester neutres pendant la guerre froide. Aujourd'hui, elles sont à même d'assumer leurs liens culturels au sein de l'Union européenne. Les pays catholiques et protestants de l'ex-pacte de Varsovie, comme la Hongrie, la Pologne, la République tchèque et la Slovaquie, vont faire partie de l'Union et de l'OTAN. De même pour les États baltes. Les puissances européennes ont clairement exprimé qu'elles ne voulaient pas d'un État musulman comme la Turquie au sein de l'Union et qu'elles voyaient d'un mauvais œil l'existence d'un deuxième État musulman, la Bosnie, sur le continent. Au nord, la fin de l'Union soviétique a favorisé l'émergence de nouvelles (et d'anciennes) structures d'association entre les républiques baltes, la Suède et la Finlande. Le Premier ministre suédois rappelle souvent à la Russie que les républiques baltes font partie du « voisinage » de la Suède et que celle-ci ne resterait pas neutre en cas d'agression russe contre elles.

On observe de semblables réalignements dans les Balkans. Pendant la guerre froide, la Grèce et la Turquie faisaient partie de l'OTAN, la Bulgarie et la Roumanie appartenaient au pacte de Varsovie, la Yougoslavie était non alignée, et l'Albanie était isolée et liée à la Chine communiste. Aujourd'hui, ces alliances sont remplacées par des alliances civilisationnelles enracinées dans l'islam et l'orthodoxie. Les dirigeants balkaniques évoquent une possible alliance orthodoxe gréco-serbo-bulgare. « Les guerres balkaniques, soulignait le Premier ministre grec, ont fait remonter à la surface l'écho des vieux liens entre orthodoxes. Ils étaient enfouis, mais avec l'évolution récente des Balkans, ils reprennent corps. Dans un monde très changeant, les peuples sont en quête d'identité et de sécurité. Ils se cherchent des racines et des relations qui pourraient les protéger contre l'inconnu. » Ce point de vue recoupe celui du chef du principal parti d'opposition en Serbie :

« La situation dans le Sud-Est de l'Europe exigera la formation d'une nouvelle alliance balkanique entre les pays orthodoxes, dont la Serbie, la Bulgarie et la Grèce, afin de résister à la progression de l'islam. » Au nord, la Serbie et la Roumanie orthodoxes coopèrent intimement à résoudre leur problème commun avec la Hongrie catholique. La menace russe disparue, l'alliance « contre nature » entre la Grèce et la Turquie perd tout sens, alors même que s'aggrave leur conflit à propos de la mer Égée, de Chypre, de leur équilibre des forces, de leur rôle dans l'Union européenne et dans l'OTAN, ainsi que de leurs relations avec les États-Unis. La Turquie réaffirme son rôle de protecteur des musulmans dans les Balkans et soutient la Bosnie. Dans l'ex-Yougoslavie, la Russie soutient la Serbie orthodoxe, l'Allemagne pousse la Croatie catholique, les pays musulmans s'allient pour défendre le gouvernement bosniaque, tandis que les Serbes combattent les Croates, les musulmans bosniaques et les musulmans albanais. D'une manière générale, les Balkans sont une fois encore balkanisés sur des bases religieuses. « Deux axes émergent, selon Misha Glenny : la mitre orthodoxe et le voile musulman. » La possibilité apparaît d'« une lutte d'influence entre l'axe Belgrade/Athènes et l'alliance turco-albanaise[1] ».

Dans le même temps, en ex-Union soviétique, la Biélorussie, la Moldavie et l'Ukraine s'agitent contre la Russie ; les Arméniens et les Azéris se battent entre eux, tandis que leurs frères russes et turcs s'efforcent à la fois de les soutenir et de repousser le conflit. L'armée russe combat les fondamentalistes musulmans au Tadjikistan et les nationalistes musulmans en Tchétchénie. Les ex-républiques soviétiques musulmanes œuvrent à développer diverses formes d'association économique et politique entre elles et à étendre leurs liens avec leurs voisins musulmans, tandis que la Turquie, l'Iran et l'Arabie Saoudite font de gros efforts pour cultiver leurs relations avec ces nouveaux États. Dans le sous-continent indien, l'Inde et le Pakistan ont des vues sur le Cachemire et s'efforcent de disposer des mêmes forces militaires, les luttes au Cachemire s'intensifient et, en Inde même, de nouvelles rivalités apparaissent entre fondamentalistes musulmans et hindous.

En Extrême-Orient, région qui abrite six civilisations différentes, la course aux armements se développe, et les querelles territoriales viennent au-devant de la scène. Les trois petites Chine, c'est-à-dire Taiwan, Hong Kong et Singapour, ainsi que la diaspora chinoise d'Asie du Sud-Est se tournent de plus en plus vers le continent et se sentent de plus en plus impliquées dans ses affaires et dépendantes vis-à-vis de lui. Les deux Corées évoluent de façon hésitante mais significative vers l'unification. Les relations au sein des États d'Asie du Sud-Est entre musulmans d'un côté et Chinois et chrétiens de l'autre sont de plus en plus tendues et parfois même violentes.

En Amérique latine, les associations économiques — Mercosur, Pacte andin, Pacte tripartite (Mexique, Colombie, Venezuela), le Marché commun d'Amérique centrale — connaissent un regain de vigueur, démontrant ainsi, à l'instar de l'Union européenne, que l'intégration économique est plus rapide et plus profonde lorsqu'elle est fondée sur une communauté culturelle. En même temps, les États-Unis et le Canada tentent d'absorber le Mexique dans la zone nord-américaine de libre échange, processus dont la réussite dépend en grande partie de la capacité qu'aura le Mexique de passer d'une culture latino-américaine à une culture nord-américaine.

Avec la fin de l'ordre de la guerre froide, les pays du monde entier ont commencé à développer de nouveaux antagonismes et de nouvelles affinités, ou bien à en raviver d'anciennes. Ils tendent à se regrouper et le font avec des pays appartenant à la même culture et à la même civilisation. Les hommes politiques invoquent de « grandes » communautés culturelles auxquelles l'opinion s'identifie et qui transcendent les frontières des États-nations : la « grande Serbie », la « grande Chine », la « grande Turquie », la « grande Hongrie », la « grande Croatie », le « grand Azerbaïdjan », la « grande Russie », la « grande Albanie », le « grand Iran » et le « grand Ouzbékistan ».

Les alliances politiques et économiques coïncideront-elles toujours avec celles qui sont fondées sur la culture et la civilisation ? Certainement pas. Les rapports de force susciteront parfois des rapprochements transculturels, comme ce fut le cas lorsque François Ier s'allia avec les Turcs contre les Habsbourg. En outre, des associations conçues pour servir les intérêts de certains États à une époque déterminée dureront parfois encore. Elles perdront cependant de leur puissance et de leur sens, et devront être adaptées au contexte nouveau. La Grèce et la Turquie resteront certainement membres de l'OTAN, mais leurs liens avec les autres États membres se distendront sans doute. De même pour les alliances des États-Unis avec le Japon et la Corée, avec Israël, ainsi qu'avec le Pakistan pour les questions de défense. Des organisations internationales multicivilisationnelles comme l'ANSEA éprouveront de plus en plus de difficultés à rester cohérentes. Des pays comme l'Inde et le Pakistan, partenaires de superpuissances différentes à l'époque de la guerre froide, redéfiniront leurs intérêts et rechercheront des associations nouvelles reflétant les réalités de la politique culturelle. Les pays africains qui dépendaient du soutien de l'Occident pour contrecarrer l'influence soviétique regarderont de plus en plus vers l'Afrique du Sud, laquelle pourrait devenir leur chef de file et leur soutien.

Pourquoi les affinités culturelles devraient-elles faciliter la coopération et la cohésion, tandis que les différences culturelles devraient attiser les clivages et les conflits ?

Premièrement, chacun a de multiples identités, de cousinage, professionnelle, culturelle, institutionnelle, territoriale, d'éducation, partisane, idéologique, etc., qui peuvent entrer en compétition ou se renforcer les unes les autres. S'identifier à une seule dimension peut jurer avec d'autres identifications. Exemple classique : les ouvriers allemands en 1914 ont dû choisir entre leur identification de classe avec le prolétariat international et leur identification nationale avec le peuple et l'empire allemands. Dans le monde contemporain, l'identification culturelle gagne de plus en plus en importance par comparaison avec les autres dimensions d'identité.

Limitée à une seule dimension, l'identité a en général surtout un sens au niveau le plus proche. Vue de façon plus profonde, cependant, elle n'est pas nécessairement incompatible avec des identités plus larges. Un officier peut par exemple s'identifier avec sa compagnie, son régiment, sa division et son arme. De même, une personne peut s'identifier culturellement avec son clan, son groupe ethnique, sa nationalité, sa religion et sa civilisation. Plus d'attachement au niveau inférieur peut renforcer l'attachement au niveau supérieur. Comme le suggérait Burke, « l'amour du tout n'est pas éteint par la partialité à l'égard de la partie. [...] Être attaché à la partie, aimer la petite section à laquelle on appartient dans la société est le premier principe (le germe, presque) des affections publiques ». Dans un monde où les cultures comptent de plus en plus, les sections sont les tribus et les groupes ethniques, les régiments sont les nations, et les armées sont les civilisations. Dans le monde entier, on se différencie de plus en plus désormais en termes culturels. Cela implique que les conflits entre groupes culturels sont de plus en plus importants ; les civilisations sont les entités culturelles les plus larges ; les conflits entre groupes appartenant à des civilisations différentes sont donc centraux dans la politique globale.

Deuxièmement, l'attachement à son identité culturelle est en grande partie, comme on l'a vu aux chapitres 3 et 4, le résultat de la modernisation socioéconomique au niveau individuel, là où la dislocation et l'aliénation créent le besoin d'identités plus riches de sens, et au niveau sociétal, là où les ressources et la puissance des sociétés non occidentales redonnent vigueur aux identités et à la culture indigènes.

Troisièmement, l'identité à quelque niveau que ce soit — personnel, tribal, racial, civilisationnel — se définit toujours par rapport à l'« autre », une personne, une tribu, une race ou une civilisation différentes. Au cours de l'histoire, les relations entre États ou entités appartenant à la même civilisation se sont différenciées des relations entre États ou entités appartenant à des civilisations différentes. Des codes distincts ont gouverné le comportement vis-à-vis de ceux qui étaient « comme nous » et des barbares qui ne l'étaient pas. Les règles régissant les relations entre nations chrétiennes étaient différentes de celles qui dictaient l'attitude vis-à-vis des Turcs et des autres « infidèles ». De même, les musulmans agissaient différemment à l'égard de ceux qui appartenaient à *Dar al-Islam* et à *Dar-al-Harb*. Les Chinois traitaient de façon différente les étrangers chinois et non chinois. Le « nous » civilisationnel et le « eux » extra-civilisationnel sont une constante dans l'histoire. Ces différences de comportement intra- et extra-civilisationnel consistent en :

1. un sentiment de supériorité (et parfois d'infériorité) vis-à-vis de gens considérés comme très différents ;

2. une peur ou un manque de confiance vis-à-vis d'eux ;

3. des difficultés de communication avec eux dues aux différences de langue et de comportement social ;

4. un manque de familiarité vis-à-vis des principes, des motivations, des structures et des pratiques sociales des autres.

Dans le monde contemporain, le progrès des transports et des communications donne lieu à des interactions plus fréquentes, plus intenses, plus symétriques et plus intimes entre personnes appartenant à des civilisations différentes. Il en résulte que leurs identités civilisationnelles sont devenues de plus en plus solides. Les Allemands, les Belges, les Français et les Hollandais se considèrent de plus en plus comme Européens. Les musulmans du Moyen-Orient s'identifient aux Bosniaques et aux Tchétchènes, et se rapprochent d'eux. Les Chinois, dans tout l'Extrême-Orient, estiment qu'ils ont les mêmes intérêts que ceux de la métropole. Ces niveaux supérieurs d'identité civilisationnelle impliquent une conscience plus profonde des différences civilisationnelles et du besoin de protéger ce qui « nous » distingue d'« eux ».

Quatrièmement, les conflits entre États et groupes appartenant à différentes civilisations tiennent, dans une large mesure, à des raisons classiques : contrôle sur la population, territoire, richesse, ressources, rapports de force, c'est-à-dire aptitude à imposer ses valeurs, sa culture et ses institutions à un autre groupe, qui en est moins capable. Cependant, le conflit entre groupes culturels peut poser des problèmes culturels. Les différends idéologiques entre le marxisme-léninisme et l'idéologie libérale sont sans solution. On peut à l'inverse faire des compromis et négocier à propos de différends matériels, alors que ce n'est pas possible dans le domaine culturel. Les hindous et les musulmans, de même, auront peu de chances de résoudre la question de savoir s'il faut construire un temple ou une mosquée à Ayodhya, en construire deux, aucun, ou bien un bâtiment syncrétique qui serait à la fois temple et mosquée. Il en va de même pour les problèmes territoriaux très aigus qui opposent musulmans d'Albanie et orthodoxes serbes à propos du Kosovo, ou bien Juifs et Arabes à propos de Jérusalem, puisque ces lieux ont pour chaque camp une signification historique, culturelle et affective profonde. De même, ni les autorités françaises ni les parents d'élèves musulmans n'accepteront de compromis permettant aux jeunes filles de porter le voile dans les écoles publiques. De tels problèmes culturels appellent des réponses par oui ou par non, non des demi-mesures.

Cinquièmement et sixièmement, le conflit est universel. Haïr fait partie de l'humanité de l'homme. Pour nous définir et nous mobiliser, nous avons besoin d'ennemis : des concurrents en affaires, des rivaux dans notre carrière, des opposants en politique. Nous nous méfions de ceux qui sont différents et nous les considérons comme des menaces. La résolution d'un conflit et la disparition d'un ennemi suscitent des forces personnelles, sociales et politiques qui en font émerger de nouveaux. « En politique, la tendance à opposer "nous" et "eux", disait Ali Mazrui, est presque universelle[2]. » Dans le monde contemporain, « eux » sont de plus en plus souvent ceux qui appartiennent à une civilisation différente. La fin de la guerre froide n'a pas fait disparaître les conflits ; elle a donné naissance à de nouvelles identités fondées sur la culture et à de nouveaux types de conflit entre groupes issus de cultures différentes qui, en dernière instance, forment des civilisations. En même temps, leur culture commune encourage la coopération entre États et groupes qui partagent cette culture, comme on peut le constater en observant les structures régionales d'association qui apparaissent entre pays, notamment dans le domaine économique.

## *La coopération culturelle et économique*

Au début des années quatre-vingt-dix, il a beaucoup été question du régionalisme et de la régionalisation de la politique mondiale. Sur la scène mondiale, les conflits régionaux ont remplacé le conflit global. Les grandes puissances, comme la Russie, la Chine et les États-Unis, tout comme les puissances de second ordre, telles que la Suède et la Turquie, ont révisé leur politique de défense sur des bases explicitement régionales. Le commerce intérieur aux différentes régions s'est développé plus vite que le commerce entre régions, et on peut prévoir que vont émerger des blocs économiques régionaux, en Europe, en Amérique du Nord, en Extrême-Orient, voire ailleurs.

Le terme « régionalisme », cependant, ne rend pas parfaitement compte de ce qui s'est produit. Les régions sont des entités géographiques et non politiques ou culturelles. Comme les Balkans ou le Moyen-Orient, elles peuvent être affectées par des conflits inter- et intra-civilisationnels. Les régions forment la base de la coopération entre États seulement dans la mesure où la géographie coïncide avec la culture. En l'absence d'affinité culturelle, le simple voisinage ne suscite pas nécessairement de liens communautaires. C'est même l'inverse qui peut se produire. Les alliances militaires et les associations économiques requièrent une coopération entre leurs membres, et celle-ci dépend de la confiance qu'ils éprouvent les uns envers les autres, laquelle naît de valeurs et d'une culture communes. Le temps et l'intérêt sont décisifs à cet égard. Cependant, l'efficacité globale des organisations régionales varie, en général, en raison inverse de la diversité civilisationnelle de ses membres. Les organisations fondées sur des liens civilisationnels sont plus actives que les organisations multicivilisationnelles, et elles réussissent mieux. C'est vrai des organisations politiques et militaires, mais aussi des organisations économiques.

Le succès de l'OTAN s'explique en grande partie par son rôle central comme organisation militaire des pays occidentaux partageant les mêmes valeurs et la même philosophie. L'Union de l'Europe occidentale est le produit de la culture européenne. L'Organisation pour la sécurité et la coopération en Europe, à l'inverse, comprend des pays appartenant à au moins trois civilisations. Ils ont des valeurs et des intérêts différents, ce qui empêche d'en faire une institution à l'identité forte et aux attributions étendues. La communauté des Caraïbes (CARICOM) regroupe treize ex-colonies britanniques anglophones liées par les mêmes bases civilisationnelles. Elle a permis d'instaurer des dispositifs de coopération très développés. Les efforts pour rassembler au sein d'organisations caraïbes des pays d'influence anglaise et d'autres d'influence hispanique ont systématiquement échoué. De même, l'Association pour la coopération régionale en Asie du Sud-Est, formée en 1985 et rassemblant sept États hindous, musulmans et bouddhistes, a été totalement inefficace, au point même de ne pouvoir se réunir[3].

La relation entre culture et régionalisme est évidente en termes d'intégration économique. Par ordre croissant de degré d'intégration, on admet que les quatre niveaux possibles d'association économique entre pays sont :

1. la zone de libre-échange ;
2. l'union douanière ;
3. le marché commun ;
4. l'union économique.

L'Union européenne s'est intégrée en créant un marché commun et les éléments d'une union économique. Les pays appartenant à Mercosur et au Pacte andin, instances relativement homogènes, étaient en 1994 sur le point de créer des unions douanières. En Asie, l'ANSEA, qui est multicivilisationnelle, commençait à peine en 1992 à développer une zone de libre-échange. D'autres organisations économiques multicivilisationnelles restent loin derrière. En 1995, à l'exception marginale de l'ALENA, aucune organisation de ce genre n'avait créé de zone de libre-échange et à plus forte raison une quelconque forme d'intégration économique plus étendue.

En Europe occidentale et en Amérique latine, les liens de communauté civilisationnelle stimulent la coopération et l'organisation régionale. Les Européens de l'Ouest et les Latino-Américains savent qu'ils ont beaucoup en commun. Au contraire, on trouve cinq civilisations en Extrême-Orient (six en comptant la Russie). C'est donc là qu'on peut vérifier ce qu'il en est du développement d'organisations importantes qui ne seraient pas fondées sur une civilisation commune. Au début des années quatre-vingt-dix, on n'y trouvait aucune organisation de défense ni alliance militaire multilatérale comparables à l'OTAN. Une organisation régionale multicivilisationnelle, l'ANSEA, a été créée en 1967 entre un État chinois, un État bouddhiste, un État chrétien et deux États musulmans, tous confrontés à la pression communiste et à la menace de la Chine et du Nord-Viêt-nam.

L'ANSEA est souvent citée comme exemple d'organisation multiculturelle efficiente. Cependant, c'est aussi un bon exemple des limites de ce type d'organisation. À l'occasion, ses membres coopèrent militairement de manière bilatérale, mais ils augmentent aussi tous leur budget militaire et sont engagés dans une course aux armements, alors que les pays d'Europe de l'Ouest et d'Amérique latine réduisent leurs dépenses militaires. Sur le front économique, l'ANSEA a été d'emblée conçue pour permettre « la coopération économique plutôt que l'intégration économique ». Le régionalisme s'est donc développé « pas à pas », et la zone de libre-échange ne sera même pas complètement en place à la fin du siècle[4]. En 1978, l'ANSEA a créé la Conférence post-ministérielle au sein de laquelle ses ministres des Affaires étrangères peuvent rencontrer leurs « partenaires » : les États-Unis, le Japon, le Canada, l'Australie, la Nouvelle-Zélande, la Corée du Sud et la Communauté européenne. Cette instance, cependant, a été surtout un support pour des échanges bilatéraux et s'est révélée incapable de traiter de « problèmes importants de défense[5] ». En 1993, l'ANSEA a créé le Forum régional de l'ANSEA, qui comprenait ses membres et leurs interlocuteurs, plus la Russie, la Chine, le Viêt-nam, le Laos, la Papouasie-Nouvelle-Guinée. Comme son nom l'indique, ce n'était là qu'une organisation conçue pour des discussions en commun, pas pour l'action collective. Ses membres se sont servis de sa première réunion en juillet 1994 pour « exprimer leur point de vue sur les questions régionales de sécurité », mais ils ont évité les problèmes délicats parce que, comme le disait un haut fonctionnaire, si on les avait abordés, « les participants concernés auraient commencé à se quereller[6] ». L'ANSEA et ses dérivés témoignent bien des limites inhérentes aux organisations multicivilisationnelles.

Des organisations extrême-orientales pourvues de sens émergeront seulement si existent des affinités culturelles fortes. Assurément, les sociétés d'Extrême-Orient ont des points communs qui les différencient de celles d'Occident. Le Premier ministre de Malaisie, Mahathir Mohamad, soutient que ces affinités peuvent constituer une base d'association et défend la création du Cercle économique d'Extrême-Orient. Il comprendrait les pays de l'ANSEA, Myanmar, Taiwan, Hong Kong, la Corée du Sud, et surtout la Chine et le Japon. Pour Mahathir, le CEEO a des racines culturelles. Ce n'est pas « seulement un regroupement géographique, parce que ses membres sont situés en Extrême-Orient, mais un regroupement culturel. Que les Extrême-Orientaux soient Japonais, Coréens ou Indonésiens, ils ont des points communs culturels. [...] Les Européens sont proches, tout comme les Américains.

De même pour nous Asiatiques ». Son but, comme l'a dit un de ses membres, est de développer « le commerce régional entre pays frères en Asie[7] ».

Le présupposé du CEEO est que l'économie suit la culture. L'Australie, la Nouvelle-Zélande et les États-Unis en sont exclus, parce que, culturellement parlant, ils ne sont pas asiatiques. Sa réussite dépend cependant de la participation du Japon et de la Chine. Mahathir a plaidé pour la participation japonaise. « Le Japon est asiatique. Le Japon fait partie de l'Extrême-Orient », a-t-il dit devant un public japonais. « Vous ne pouvez négliger cette donnée géoculturelle. Vous appartenez à l'Asie[8]. » Le gouvernement japonais, toutefois, était réticent, en partie par peur d'offenser les États-Unis et en partie parce qu'il n'était pas sûr que le Japon devait s'identifier à l'Asie. Si le Japon rejoint le CEEO, ce sera pour le dominer, ce qui peut susciter les craintes et les hésitations de ses membres, ainsi que l'hostilité de la Chine. Depuis plusieurs années, il est question que le Japon crée une « zone yen » pour faire contrepoids à l'Union européenne et à l'ALENA. Cependant, le Japon est un pays isolé qui a peu de liens avec ses voisins, de sorte qu'en 1995 encore aucune zone yen ne s'était concrétisée.

L'ANSEA évolue lentement ; la zone yen est un rêve ; le Japon tergiverse ; le CEEO ne voit pas encore le jour. Cependant, les interactions économiques en Extrême-Orient n'en ont pas moins augmenté de façon saisissante. Cette expansion est due aux liens culturels qui unissent les communautés chinoises. Ils ont suscité l'« intégration informelle constante » d'une véritable économie internationale chinoise comparable par bien des aspects à la Ligue hanséatique et « conduisant peut-être à un marché commun chinois de fait[9] » (voir p. 183 à 190). En Extrême-Orient comme ailleurs, les affinités culturelles forment les bases de l'intégration économique.

La fin de la guerre froide a stimulé les efforts pour créer de nouvelles organisations économiques régionales et pour revigorer les anciennes. La réussite de ces efforts dépendait surtout de l'homogénéité culturelle des États concernés. C'est pourquoi le plan de marché commun moyen-oriental proposé en 1994 par Shimon Peres restera sans doute longtemps un mirage. « Le monde arabe, disait en effet un responsable arabe, n'a pas besoin d'une institution ou d'une banque pour le développement auxquelles participerait Israël[10]. » L'Association des États caraïbes, créée en 1994 pour relier CARICOM à Haïti et aux pays hispanophones de la région, ne semble pas être parvenue à dépasser les différences linguistiques et culturelles entre ses membres, non plus que l'insularité des ex-colonies britanniques et leur ouverture vers les États-Unis[11]. D'un autre côté, les efforts menés dans le cadre d'organisations culturellement homogènes donnent des résultats. Malgré leurs divisions, le Pakistan, l'Inde et la Turquie ont en 1985 redonné vie à la Coopération régionale pour le développement qu'ils avaient créée en 1977 et l'ont rebaptisée Organisation de coopération économique. Des accords ont été passés sur la réduction des tarifs douaniers et sur toute une série d'autres questions. En 1992, l'Afghanistan et les six ex-républiques soviétiques musulmanes sont entrés dans l'OCE. Parallèlement, les cinq ex-républiques soviétiques d'Asie centrale ont admis en 1991 le principe de la création d'un marché commun, et en 1994, les deux plus grands États, l'Ouzbékistan et le Kazakhstan, ont signé un accord sur « la libre circulation des biens, des services et des capitaux » et la coordination des politiques fiscales, monétaires et tarifaires. En 1991, le Brésil, l'Argentine, l'Uruguay et le Paraguay sont entrés dans Mercosur afin de progresser vers plus d'intégration économique, et en 1995 une union douanière partielle se mettait en place. En 1990, le Marché commun d'Amérique centrale, jusqu'alors stagnant, s'est transformé en zone de libre-échange, et en 1994 le Groupe des Andes, auparavant tout aussi inactif, a créé une union douanière. En 1992, les pays du Visegrad (la Pologne, la Hongrie, la République tchèque et la Slovaquie) se sont mis d'accord pour instaurer une zone de libre-échange d'Europe centrale et en 1994 ont décidé d'en accélérer la concrétisation[12].

L'augmentation du volume des échanges est une conséquence de l'intégration économique. Durant les années quatre-vingt et quatre-vingt-dix, le commerce intrarégional s'est beaucoup plus nettement accru que le commerce interrégional. Les échanges au sein de la Communauté européenne représentaient 50,6 % du commerce total des pays concernés ; ils sont passés à 58,9 % en 1989. On observe des évolutions semblables en Amérique du Nord et en Extrême-Orient. En Amérique latine, la création de Mercosur et le renouveau du Pacte andin ont stimulé le commerce intra-latino-américain dans les années quatre-vingt-dix : les échanges entre le Brésil et l'Argentine ont triplé et ils ont quadruplé entre la Colombie et le Venezuela de 1990 à 1993. En 1994, le Brésil a remplacé les États-Unis comme premier partenaire commercial de l'Argentine. De même, la création de l'ALENA s'est accompagnée d'une hausse notable des échanges entre le Mexique et les États-Unis. Le commerce intérieur en Extrême-Orient a augmenté plus rapidement que les échanges hors de la région, mais cette expansion a été freinée par la tendance du Japon a fermer ses marchés. Le commerce entre pays de la zone culturelle chinoise (ANSEA, Taiwan, Hong Kong, Corée du Sud, Chine) est passé de moins de 20 % de leurs sorties totales en 1970 à près de 30 % en 1992, alors que la part du Japon dans le volume de ses échanges est passée, elle, de 23 à 13 %. En 1992, les exportations de la zone chinoise vers des pays de la même zone dépassaient à la fois les sorties vers les États-Unis et les exportations combinées vers le Japon et la Communauté européenne[13].

Société et civilisation unique en son genre, le Japon éprouve des difficultés à développer ses liens avec l'Extrême-Orient et à gérer ses différends économiques avec les États-Unis et l'Europe. Même s'il parvient à forger des liens commerciaux et financiers forts avec d'autres pays d'Extrême-Orient, ses différences culturelles par rapport à eux, en particulier vis-à-vis de leurs élites économiques, en grande partie chinoises, l'empêcheront de créer un regroupement économique régional placé sous son égide et comparable à l'ALENA et à l'Union européenne. En même temps, ses différences culturelles avec l'Occident exacerbent les malentendus et l'antagonisme dans ses relations économiques avec les États-Unis et l'Europe. S'il est vrai que l'intégration économique dépend d'affinités culturelles, alors le Japon, pays culturellement isolé, pourrait connaître un avenir économiquement solitaire.

Par le passé, les structures du commerce entre nations suivaient ou recoupaient les structures d'alliance [14]. Dans le monde nouveau qui est en train d'émerger, les structures du commerce seront surtout influencées par les structures culturelles. Les dirigeants d'entreprise font des affaires avec des gens qu'ils peuvent comprendre et en qui ils ont confiance ; les États reconnaissent la souveraineté d'associations internationales composées d'États qui partagent la même philosophie, se comprennent et ont confiance les uns dans les autres. Les racines de la coopération économique se trouvent dans les affinités culturelles.

## *La structure des civilisations*

Pendant la guerre froide, les pays étaient en relation avec les deux superpuissances en tant qu'alliés, satellites, clients, neutres et non alignés. Dans le monde d'après la guerre froide, les pays entrent en relations avec les civilisations en tant qu'États membres, États dominants, pays isolés, pays divisés et pays déchirés. Comme les tribus et les nations, les civilisations ont des structures politiques. Un *État membre* est un pays qui s'identifie pleinement en termes culturels à une civilisation : c'est le cas de l'Égypte avec la civilisation arabo-islamique et de l'Italie avec la civilisation d'Europe occidentale. Une civilisation peut aussi inclure des personnes qui s'identifient avec sa culture, mais vivent dans des États dominés par des représentants d'une autre civilisation. Les civilisations ont en général un lieu au moins qui est considéré par leurs membres comme la source principale de sa culture. Celle-ci est souvent située au sein de l'*État phare* ou des États phares de ladite civilisation, c'est-à-dire dans l'État ou les États les plus puissants et les plus centraux d'un point de vue culturel.

Le nombre et le rôle des États phares diffèrent d'une civilisation à l'autre et selon les époques. La civilisation japonaise équivaut pratiquement au seul État japonais. Les civilisations chinoise, orthodoxe et hindoue ont toutes un État dominant, plus des États membres et des personnes affiliées dans des États dominés par d'autres civilisations

(Chinois de la diaspora, Russes expatriés, Tamouls du Sri Lanka). Au cours de l'histoire, l'Occident a été dominé par plusieurs États phares ; il en compte aujourd'hui deux, les États-Unis et l'axe franco-allemand en Europe, tandis que la Grande-Bretagne occupe une position médiane entre eux. L'islam, l'Amérique latine et l'Afrique n'ont pas d'État dominant. C'est en partie dû à l'impérialisme des puissances occidentales, qui se sont partagées l'Afrique, le Moyen-Orient et, à une époque plus ancienne et dans une moindre mesure, l'Amérique latine.

L'absence d'État phare islamique pose de gros problèmes aux sociétés à la fois musulmanes et non musulmanes, comme on le verra au chapitre 7. En ce qui concerne l'Amérique latine, l'Espagne aurait pu jouer le rôle d'État phare d'une civilisation hispanophone ou même ibérique, mais ses dirigeants ont délibérément choisi d'en faire un État membre de la civilisation européenne, tout en maintenant des liens avec les anciennes colonies. Sa taille, ses ressources, sa population, sa puissance économique et militaire qualifient le Brésil pour être le chef de file de l'Amérique latine, et il pourrait bien le devenir. Cependant, il est à l'Amérique latine ce que l'Iran est à l'islam. Bien qu'il soit fondé à devenir un État phare, des différences subcivilisationnelles (religieuses en Iran et linguistiques au Brésil) rendent ce rôle difficile à assumer. L'Amérique latine compte ainsi plusieurs États, le Brésil, le Mexique, le Venezuela et l'Argentine, qui coopèrent et rivalisent pour la suprématie. La situation est aussi compliquée par le fait que le Mexique a tenté de rompre avec son identité latino-américaine pour se rapprocher de l'Amérique du Nord. Le Chili et d'autres pays suivent son exemple. Au bout du compte, la civilisation latino-américaine pourrait être une excroissance de la civilisation occidentale, qui aurait alors trois têtes.

La possibilité pour un État de dominer l'Afrique subsaharienne est limitée par ses divisions entre pays francophones et anglophones. La Côte-d'Ivoire a été un temps l'État phare de l'Afrique francophone. Mais c'était en grande partie la France qui dominait, parce qu'elle avait maintenu après l'indépendance ses relations économiques, militaires et politiques avec ses anciennes colonies. Les deux pays africains les plus qualifiés pour avoir la suprématie sont anglophones. Par sa taille, ses ressources et sa situation, le Nigeria pourrait jouer ce rôle, mais ses divisions intercivilisationnelles, sa corruption généralisée, son instabilité politique, son gouvernement répressif et ses problèmes économiques limitent gravement ses possibilités de jouer ce rôle, bien que cela ait parfois été le cas. La transition pacifique et négociée de l'Afrique du Sud pour en finir avec l'apartheid, sa puissance industrielle, son haut niveau de développement, ses ressources naturelles et sa vie politique très élaborée, chez les Blancs comme chez les Noirs, désignent ce pays comme le chef de file naturel de l'Afrique méridionale, voire de toute l'Afrique anglophone et même de toute l'Afrique subsaharienne.

Un *pays isolé* n'a pas d'affinités culturelles avec d'autres sociétés. L'Éthiopie, par exemple, est isolée culturellement par sa langue dominante, l'araméen, écrit en caractères éthiopiens, par sa religion dominante, l'orthodoxie copte, par son passé impérial, par ses différences religieuses vis-à-vis de ses voisins en majorité musulmans. Les élites de Haïti étaient traditionnellement liées à la France, mais la langue créole, la religion vaudoue ainsi que ses origines dans les révoltes d'esclaves et son histoire agitée font de cette île un pays isolé. « Toutes les nations sont uniques, disait Sidney Mintz, mais Haïti est vraiment à part. » Durant la crise de 1994, les pays d'Amérique latine n'ont pas jugé qu'Haïti posait un problème latino-américain et ont refusé d'accueillir des réfugiés alors qu'ils avaient recueilli des Cubains. « En Amérique latine, disait le président du Panama, Haïti n'est pas reconnu comme un pays d'Amérique latine. Les Haïtiens parlent une langue différente. Ils ont des racines ethniques différentes, une culture différente. Ils sont en tous points différents. » Haïti est tout aussi isolé des pays noirs anglophones des Caraïbes. « Pour un habitant de la Grenade ou de la Jamaïque, notait un commentateur, les Haïtiens sont aussi étrangers qu'ils le sont pour quelqu'un d'Iowa ou du Montana. » Haïti, « voisin dont personne ne veut », est véritablement un pays seul[15].

Le plus important pays isolé est le Japon. Aucun autre pays n'a la même culture, et les émigrés japonais sont peu nombreux dans les autres pays et guère assimilés culturellement (voir par exemple les Japonais américains). L'isolement du Japon est encore accru par le fait que sa culture est très particulariste et ne comprend pas une religion universelle (comme le christianisme ou l'islam) ou une idéologie (comme le libéralisme ou le communisme) qui pourraient être exportées dans d'autres sociétés et créer ainsi un lien culturel avec les membres de ces sociétés.

Presque tous les pays sont hétérogènes puisqu'ils comprennent au moins deux groupes religieux, raciaux et ethniques. Il existe de nombreux pays divisés : les différences et les conflits entre ces groupes jouent un rôle politique important. La profondeur de ces divisions varie selon les époques. Des divisions profondes dans un pays peuvent conduire à la violence généralisée et menacer son existence même. Ce danger ainsi que les mouvements autonomistes ou séparatistes apparaissent lorsque les différences culturelles recoupent la géographie. Si la culture et la géographie ne coïncident pas, on s'arrange pour que ce soit le cas par le génocide ou les déplacements de population.

Les pays qui comportent des groupes culturels distincts appartenant à la même civilisation peuvent devenir profondément divisés : cela se produit effectivement (en Tchécoslovaquie) ou c'est une simple possibilité (au Canada). Des divisions profondes ont cependant plus de chances d'apparaître dans les *pays divisés* où d'importants groupes appartiennent à différentes civilisations. De telles divisions, et les tensions qui vont avec, se développent souvent lorsque un groupe majoritaire appartenant à une civilisation s'efforce de faire de l'État son instrument politique et d'imposer sa langue, sa religion et ses symboles, comme ont tenté de le faire les Hindous, les Singalais et les musulmans en Inde, au Sri Lanka et en Malaisie.

Les pays divisés dont le territoire est traversé par des frontières entre civilisations sont confrontés à des problèmes très particuliers pour préserver leur unité. Au Soudan, la guerre civile dure depuis des dizaines d'années entre musulmans au nord et chrétiens au sud. La même division civilisationnelle a pourri la vie politique nigériane depuis des dizaines d'années également et a favorisé une guerre de sécession importante, mais aussi des coups de force, des révoltes et autres violences. En Tanzanie, le continent, qui est animiste chrétien, et Zanzibar, peuplé d'Arabes musulmans, s'éloignent et par bien des aspects sont en passe de devenir deux États distincts. Zanzibar a secrètement rejoint en 1992 l'Organisation de la conférence islamique et a été obligé par la Tanzanie d'en partir l'année suivante[16]. La même division entre chrétiens et musulmans a engendré tensions et conflits au Kenya. Dans la corne de l'Afrique, l'Éthiopie, qui est surtout chrétienne, et l'Érythrée, majoritairement musulmane, se sont séparées l'une de l'autre en 1993. Il reste cependant en Éthiopie une importante minorité musulmane parmi la population oromo. Les autres pays divisés par des frontières civilisationnelles sont : l'Inde (musulmans et hindous), le Sri Lanka (bouddhistes cingalais et hindous tamouls), la Malaisie et Singapour (Chinois et musulmans malaisiens), la Chine (Chinois hans, bouddhistes tibétains et musulmans turcs), les Philippines (chrétiens et musulmans) et l'Indonésie (musulmans et chrétiens de Timor).

L'effet de division produit par les frontières civilisationnelles a été surtout remarquable dans les pays divisés dont la cohérence, à l'époque de la guerre froide, était assurée par des régimes communistes autoritaires légitimés par l'idéologie marxiste-léniniste. Avec la chute du communisme, la culture a remplacé l'idéologie comme facteur d'attraction et de répulsion. La Yougoslavie et l'Union soviétique ont éclaté et se sont divisées en entités nouvelles regroupées sur des bases civilisationnelles : les républiques baltes (protestantes et catholiques), orthodoxes et musulmanes de l'ex-Union soviétique ; la Slovénie et la Croatie catholiques ; la Bosnie-Herzégovine partiellement musulmane ; la Serbie-Monténégro et la Macédoine orthodoxes en ex-Yougoslavie. Là où ces entités nouvelles rassemblent encore des groupes appartenant à plusieurs civilisations, des divisions de second ordre apparaissent. La Bosnie-Herzégovine a été divisée par la guerre entre Serbes, musulmans et Croates, et les Serbes et les Croates se sont battus ensemble en Croatie. Le Kosovo, peuplé d'Albanais musulmans, restera-t-il paisible au sein de la Serbie orthodoxe slave ? On ne le sait pas. De même, des tensions apparaissent entre la minorité musulmane albanaise et la majorité orthodoxe slave en Macédoine. De nombreuses ex-républiques soviétiques sont également traversées par des frontières civilisationnelles, notamment parce que le gouvernement soviétique a fait en sorte de créer des républiques divisées, la Crimée russe allant à l'Ukraine, le Nagorny-Karabakh à l'Azerbaïdjan. La Russie a plusieurs petites minorités musulmanes, surtout dans le nord du Caucase et sur les rives de la Volga. L'Estonie, la Lettonie et le Kazakhstan ont des minorités russes importantes, en grande partie du fait de la politique soviétique. L'Ukraine est divisée entre les nationalistes uniates qui parlent ukrainien à l'ouest et les orthodoxes qui parlent russe à l'est.

Dans un pays divisé, les groupes importants appartenant à deux civilisations au moins disent : « Nous sommes différents et nous voulons vivre dans des lieux différents. » Des forces répulsives les éloignent les uns des autres et ils sont attirés par d'autres sociétés. Un *pays déchiré*, par contraste, a une seule culture dominante qui détermine son appartenance à une civilisation, mais ses dirigeants veulent le faire passer à une autre civilisation. Ils disent : « Nous formons un seul peuple et nous voulons vivre dans un lieu bien à nous, mais pas ici. » À la différence des habitants des pays divisés, les ressortissants des pays déchirés savent qui ils sont, mais pas à quelle civilisation ils appartiennent. C'est le cas par exemple lorsqu'une partie importante des dirigeants adopte une stratégie kémaliste et décide que la société doit rejeter sa culture et ses institutions non occidentales, rejoindre l'Occident et à la fois se moderniser et s'occidentaliser. La Russie a été un pays déchiré depuis Pierre le Grand sur la question de savoir si elle fait partie de la civilisation occidentale ou si elle constitue le cœur de la civilisation orthodoxe eurasiatique. La patrie de Mustafa Kemal est bien sûr le pays déchiré type depuis que, dans les années vingt, elle a tenté de se moderniser, de s'occidentaliser et de s'intégrer à l'Occident. Après s'être défini pendant presque deux siècles comme un pays d'Amérique latine opposé aux États-Unis, le Mexique, sous l'effet de l'action de ses dirigeants, tend à devenir un pays déchiré s'efforçant de se redéfinir comme une société nord-américaine. Les dirigeants australiens, au contraire, ont tenté dans les années quatre-vingt-dix d'écarter leur pays de l'Occident et de le rapprocher de l'Asie, ce qui a créé un pays déchiré. Les pays déchirés se reconnaissent à deux phénomènes. Leurs dirigeants en parlent comme de « ponts » entre deux cultures, et les observateurs étrangers voient en eux des Janus à deux faces. « La Russie regarde vers l'Occident — et vers l'Orient » ; « La Turquie : entre l'Orient et l'Occident, qu'est-ce qui vaut mieux ? » ; « Le nationalisme australien : des loyautés divisées » : telles sont certaines des formulations typiques qu'on donne aux problèmes d'identité des pays déchirés[17].

## *Les pays déchirés ou l'échec des changements de civilisation*

Pour qu'un pays déchiré réussisse à changer d'appartenance à une civilisation, il faut trois conditions. Tout d'abord, l'élite politique et économique doit soutenir ce mouvement avec enthousiasme. Deuxièmement, l'opinion doit être ne serait-ce que prête à l'accepter. Troisièmement, les éléments dominants de la civilisation d'arrivée, dans la plupart des cas l'Occident, doivent être disposés à accueillir le converti. Le processus de redéfinition identitaire est toujours long, soumis à des interruptions, et douloureux sur le plan politique, social, institutionnel aussi bien que culturel. À ce jour, il a également toujours échoué.

### LA RUSSIE

Dans les années quatre-vingt-dix, le Mexique était un pays déchiré depuis des années, et la Turquie depuis des dizaines d'années. Par contraste, la Russie l'a été depuis des siècles et, à la différence du Mexique ou de la république turque, elle représente aussi l'État phare d'une grande civilisation. Si la Turquie et le Mexique réussissaient à s'intégrer à la civilisation occidentale, l'effet sur la civilisation islamique ou latino-américaine serait mineur ou modéré. La chute de l'Union soviétique a ravivé chez les Russes le débat sur le problème central des relations de la Russie avec l'Occident.

Celles-ci ont connu quatre phases. La première a duré jusqu'au règne de Pierre le Grand (1689-1725). La Russie de Kiev et la Moscovie vivaient à l'écart de l'Occident et avaient peu de contacts avec les sociétés d'Europe occidentale. La civilisation russe s'est développée comme un dérivé de la civilisation byzantine et, pendant deux cents ans, du milieu du XIIIe siècle au milieu du XVe, la Russie a été dominée par les Mongols. Elle n'a presque pas été exposée aux phénomènes historiques qui ont défini la civilisation occidentale : le catholicisme romain, la féodalité, la Renaissance, la Réforme, l'expansion maritime et le colonialisme, les Lumières et l'émergence de l'État-nation. Sept des huit caractéristiques de la civilisation occidentale identifiées plus haut — religion, langues, séparation de l'Église et de l'État, État de droit, pluralisme social, institutions représentatives, individualisme — sont restées totalement étrangères à l'expérience russe. La seule exception possible est l'héritage classique, qui est cependant passé en Russie par Byzance et a donc été très différent de celui qui est venu en Occident par Rome. La civilisation russe est un produit de ses propres racines, en Russie de Kiev et en Moscovie, de l'influence byzantine et de la longue domination mongole. Ces influences ont formé une société et une culture qui ne ressemblent guère à celles qui se sont développées en Europe occidentale sous l'influence de forces très différentes.

À la fin du XVII^e^ siècle, la Russie n'était pas seulement différente de l'Europe. Elle était aussi très en retard par rapport à elle, ce que Pierre le Grand n'a pas manqué de remarquer lors de son voyage en Europe en 1697-1698. C'est pourquoi il résolut à la fois de moderniser et d'occidentaliser son pays. Pour que les gens de son peuple ressemblent plus à des Européens, la première chose qu'il fit en rentrant à Moscou fut de raser la barbe de ses nobles et d'interdire leurs longs manteaux et leurs chapeaux coniques. Il n'abolit pas l'écriture cyrillique, mais la réforma, la simplifia et introduisit des mots et des expressions occidentaux. Cependant, la priorité des priorités qu'il fixa fut le développement et la modernisation de l'armée russe : il créa une marine, introduisit la conscription, construisit des fabriques d'armement, établit des écoles techniques, envoya des personnes étudier en Occident et en importa les connaissances récentes en matière d'armes, de bateaux et de construction navale, de navigation, d'administration, ainsi que dans d'autres domaines essentiels à l'efficacité militaire. Pour permettre ces innovations, il réforma en profondeur et étendit le système fiscal et, à la fin de son règne, réorganisa la structure du gouvernement. Déterminé à faire de la Russie non seulement une puissance occidentale mais aussi une puissance en Europe, il abandonna Moscou, créa une nouvelle capitale à Saint-Pétersbourg et livra la guerre à la Suède afin de poser la Russie comme puissance dominante dans la Baltique et d'instaurer sa présence en Europe.

Cependant, en tentant de moderniser et d'occidentaliser son pays, Pierre le Grand a aussi renforcé les caractères typiquement asiatiques de la Russie en poussant à son extrême le despotisme et en éliminant toute possibilité de pluralisme social et politique. La noblesse russe n'avait jamais été puissante. Pierre réduisit encore son pouvoir, en accroissant ses devoirs et en établissant un système de rangs fondé sur le mérite, et non sur la naissance ou la position sociale. Les nobles, comme les paysans, étaient enrôlés au service de l'État, ce qui a créé une aristocratie servile, qui plus tard mécontenta Custine[18]. L'autonomie des serfs fut encore réduite : ils étaient désormais liés et à leur terre et à leur maître. L'Église orthodoxe, sur laquelle l'État exerçait un contrôle lâche, fut réorganisée et placée sous l'égide d'un synode dépendant directement du tsar. Celui-ci se donna le pouvoir de choisir son successeur sans respect des usages dynastiques. À travers ces changements, Pierre a mis en place et symbolisé la relation intime en Russie entre d'une part la modernisation et l'occidentalisation et le despotisme de l'autre. À l'instar de ce modèle, Lénine, Staline et à un moindre degré Catherine II et Alexandre II ont également tenté de diverses manières de moderniser et d'occidentaliser la Russie, tout en augmentant le pouvoir autocratique. Au moins jusqu'aux années quatre-vingt, les partisans de la démocratie en Russie étaient favorables à l'Occident, mais tous les partisans de l'Occident n'étaient pas des démocrates. L'histoire de la Russie nous apprend ainsi que la centralisation du pouvoir est une condition nécessaire pour les réformes sociales et économiques. À la fin des années quatre-vingt, considérant les obstacles à la libéralisation économique créée par la *glastnost*, les proches de Gorbatchev ont dû se rendre compte avec tristesse qu'ils l'avaient oublié.

Pierre le Grand a mieux réussi à faire de la Russie une partie de l'Europe que de l'Europe une partie de la Russie. À la différence de l'Empire ottoman, l'Empire russe a été reconnu comme un membre important et respecté du système international européen. Chez lui, les réformes de Pierre ont apporté des changements, mais la société est restée hybride : sauf au sein d'une élite restreinte, les modes de vie, les institutions et les croyances asiatiques et byzantins sont restés prédominants dans la société russe et étaient considérés comme tels à la fois par les Européens et par les Russes. « Frappez un Russe, notait Joseph de Maistre, et vous blesserez un Tatar. » Pierre a créé un pays déchiré. Au XIXe siècle, les slavophiles aussi bien que les partisans de l'Occident n'ont cessé de déplorer cette situation infortunée sans parvenir à s'entendre sur la question de savoir s'il fallait s'européaniser ou bien au contraire éliminer les influences européennes et revenir au vrai esprit de la Russie. Un pro-occidental comme Chaadayev soutenait que « le soleil est le soleil de l'Occident » et que la Russie devait en user pour rendre ses institutions plus éclairées et les changer. Un slavophile comme Danilevski, utilisant des termes qu'on a entendus aussi pendant les années quatre-vingt-dix, voyait dans les tentatives d'européanisation une façon de « subvertir la vie des gens et d'en remplacer les formes par des formes autres, étrangères », d'« emprunter des institutions étrangères pour les transplanter sur le sol russe » et de « considérer les relations intérieures et extérieures, et les questions liées à la vie des Russes d'un point de vue étranger, européen, c'est-à-dire à travers un prisme conçu pour regarder le monde selon un angle européen [19] ». Par la suite, Pierre le Grand est devenu le héros des partisans de l'occidentalisation et le diable pour ses adversaires, les plus farouches étant les Eurasiens des années vingt qui l'accusaient d'être un traître et incitaient les bolcheviques à rejeter l'occidentalisation, à défier l'Europe et à transférer la capitale à Moscou.

La révolution bolchevique a ouvert dans les relations entre la Russie et l'Occident une troisième phase très différente de ce qui s'est passé auparavant pendant deux siècles. Les slavophiles et les partisans de l'occidentalisation débattaient de la question de savoir si la Russie pouvait être différente de l'Occident sans être pour autant arriérée. Le communisme a représenté une réponse brillante à cette interrogation : la Russie était différente de l'Europe et même profondément opposée à elle, car elle était plus avancée. Elle prenait la tête de la révolution prolétarienne qui s'étendrait au monde entier. La Russie n'incarnait pas un passé asiatique arriéré mais un avenir soviétique progressiste. De fait, la révolution a permis à la Russie de rompre avec l'Occident et de se différencier de lui, non parce que, comme le soutenaient les slavophiles, « nous sommes différents et ne voulons pas devenir comme vous », mais parce que « nous sommes différents et vous deviendrez comme nous ». Tel était le message de l'Internationale communiste.

Cependant, en même temps que le communisme a permis aux dirigeants soviétiques de se différencier de l'Occident, il a aussi créé des liens puissants avec lui. Marx et Engels étaient allemands ; la plupart de leurs partisans à la fin du XIXe siècle et au début du XXe étaient des Européens de l'Ouest ; en 1910, beaucoup de syndicats et de partis sociaux-démocrates et ouvriers des sociétés occidentales partageant leur idéologie influaient de plus en plus sur la politique européenne. Après la révolution bolchevique, les partis de gauche se sont divisés en partis communistes et socialistes mais, quelle que fût leur tendance, ils représentaient des forces puissantes en Europe. Dans presque tout l'Occident, la perspective marxiste prévalait : le communisme et le socialisme semblaient l'avenir et attiraient massivement les élites politiques et intellectuelles. Aux débats en Russie entre slavophiles et partisans de l'Occident sur l'avenir du pays se sont substitués des controverses en Europe entre la droite et la gauche sur l'avenir de l'Occident et la question de savoir si l'Union soviétique incarnait ou non cet avenir. Après la Seconde Guerre mondiale, la puissance de l'Union soviétique accrut encore l'attrait que présentait le communisme en Occident et surtout auprès des civilisations non occidentales qui se dressaient désormais contre ce dernier. Les élites des sociétés non occidentales dominées par l'Occident qui voulaient séduire celui-ci raisonnaient en termes d'autodétermination et de démocratie ; ceux qui voulaient affronter l'Occident raisonnaient en termes de révolution et de libération nationale.

En adoptant l'idéologie occidentale et en l'utilisant pour défier l'Occident, les Russes se sont rapprochés de lui plus qu'à toute autre période de leur histoire. Bien que les idéologies démocrate, libérale et communiste diffèrent beaucoup l'une de l'autre, les deux camps, en un sens, parlent le même langage. La chute du communisme et de l'Union soviétique a sonné le glas de cette interaction politico-idéologique entre l'Occident et la Russie. L'Occident espère et croit que la démocratie libérale triomphera dans tout l'ex-empire soviétique. Ce n'est pas dit. En 1995, l'avenir de la démocratie libérale en Russie et dans les autres républiques orthodoxes restait incertain. En outre, les Russes ayant cessé d'agir en marxistes pour agir en Russes, le fossé entre l'Occident et la Russie s'élargit. Le conflit entre la démocratie libérale et le marxisme-léninisme opposait deux idéologies qui, malgré leurs importantes différences, étaient toutes les deux modernes et laïques, et se donnaient pour finalité la liberté, l'égalité et le bien-être matériel. Un démocrate occidental pouvait débattre avec un marxiste soviétique. Ce serait impossible avec un nationaliste orthodoxe russe.

À l'époque soviétique, la lutte entre slavophiles et partisans de l'occidentalisation s'est interrompue lorsque Soljenitsyne et Sakharov ont remis en cause la synthèse communiste. Une fois celle-ci tombée, le débat sur l'identité russe véritable a repris de sa vigueur. La Russie doit-elle adopter les valeurs, les institutions et les pratiques occidentales, et tenter de s'intégrer à l'Occident ? Ou bien incarne-t-elle une civilisation orthodoxe et eurasiatique différente de l'Occident et dont le destin serait de relier l'Europe et l'Asie ? Les élites intellectuelles et politiques et l'opinion sont divisées sur ces questions. D'un côté, on trouve les partisans de l'occidentalisation, les « cosmopolites », les « atlantistes », et, de l'autre, les successeurs des slavophiles, qualifiés diversement de « nationalistes », d'« eurasianistes » ou de « *derzhavniki* » (étatistes)[20].

Les principales différences entre ces groupes portaient sur la politique extérieure et, à un moindre degré, sur les réformes économiques et la structure de l'État. Les points de vue varient d'un extrême à l'autre. À un bout du spectre, on trouve ceux qui ont formulé la « nouvelle doctrine » épousée par Gorbatchev et incarnée par l'idée de « maison européenne commune », ainsi que de nombreux conseillers importants de Eltsine qui souhaitent que la Russie devienne « un pays normal » et soit acceptée au club des principaux pays industrialisés, le G-7. Les nationalistes modérés comme Sergei Stankevich pensent que la Russie doit abandonner la voie « atlantiste », avoir comme priorité la protection des Russes qui vivent à l'étranger, développer ses relations avec la Turquie et les pays musulmans, et « redéployer ses ressources, ses orientations, ses relations et ses intérêts en faveur de l'Asie, en direction de l'est[21] ». Ils reprochent à Eltsine de subordonner les intérêts de la Russie à ceux de l'Occident en réduisant la puissance militaire russe, en échouant à soutenir la Serbie, pays ami de longue date, et en menant des réformes économiques et politiques défavorables au peuple russe. Les idées de Peter Savitsky, qui défendait dans les années vingt l'idée que la Russie représentait la civilisation eurasiatique, connaissent une grande popularité.

Les nationalistes extrémistes se partageaient en nationalistes russes, comme Soljenitsyne, partisan d'une Russie comprenant seulement tous les Russes plus les Biélorusses et les Ukrainiens, slaves orthodoxes, et les nationalistes impériaux, comme Vladimir Zhirinovsky, qui voulaient recréer l'empire soviétique et la force militaire russe. Les gens du deuxième groupe étaient en partie antisémites aussi bien qu'anti-occidentaux et voulaient réorienter la politique étrangère russe vers l'est et le sud, soit en dominant le sud musulman (c'est la position de Zhirinovsky) soit en coopérant avec les États musulmans et la Chine contre l'Occident. Les nationalistes étaient aussi favorables au soutien massif à la Serbie en guerre avec les musulmans. Les différences entre cosmopolites et nationalistes se traduisaient institutionnellement dans la configuration du ministère des Affaires étrangères et dans l'armée. Elles ont aussi marqué l'évolution de la politique extérieure et militaire de Eltsine qui a d'abord penché d'un côté, puis de l'autre.

Le public russe, comme les élites, était divisé. En 1992, un sondage effectué sur un échantillon de 2 029 Russes européens a montré que 40 % des personnes interrogées étaient « ouvertes à l'Occident », 36 % « fermées » et 24 % « indécises ». Aux élections législatives de décembre 1993, les partis réformistes ont obtenu 34,2 % des suffrages, les partis nationalistes et conservateurs 43,3 et les partis centristes 13,7[22]. De même, aux élections présidentielles de juin 1996, le public russe s'est scindé à nouveau en à peu près 43 % de partisans de Eltsine et des autres candidats réformistes et 52 % des votants favorables aux candidats nationalistes et communistes. Sur cette question centrale concernant son identité, la Russie des années quatre-vingt-dix restait un pays déchiré, cette dualité constituant « un trait inaliénable de son caractère national[23] ».

## LA TURQUIE

À la faveur d'une série très réfléchie de réformes menées dans les années vingt et trente, Mustafa Kemal Atatürk a tenté de pousser son peuple à rompre avec son passé ottoman et musulman. Les six principes du kémalisme étaient le populisme, le républicanisme, le nationalisme, le laïcisme, l'étatisme et le réformisme. Hostile à l'idée d'empire multinational, Kemal se proposait de créer un État-nation homogène, ce qui impliquait de chasser et de tuer Arméniens et Grecs. Il déposa le sultan et établit un système républicain d'autorité politique de type occidental. Il abolit le califat, source principale d'autorité religieuse, réforma l'enseignement et le clergé, ferma les écoles et les universités religieuses, établit un système laïc d'enseignement public et se débarrassa des tribunaux religieux chargés d'appliquer la loi islamique pour leur substituer un nouveau système judiciaire fondé sur le code civil suisse. Il remplaça aussi le calendrier traditionnel par le calendrier grégorien et prit des mesures pour que l'islam ne soit plus religion d'État. À l'instar de Pierre le Grand, il interdit l'usage du fez, symbole du traditionalisme religieux, encouragea le port du chapeau et décréta que le turc s'écrirait désormais en caractères romains plutôt qu'arabes. Cette dernière réforme joua un rôle fondamental. « Elle rendit virtuellement impossible que la nouvelle génération, qui avait appris à lire et à écrire en caractères romains, accède à la littérature traditionnelle ; elle encouragea l'apprentissage des langues européennes et permit de résoudre le problème de l'illettrisme[24]. » Kemal a ainsi redéfini l'identité nationale, politique, religieuse et culturelle du peuple turc. Dès lors, dans les années trente, il tenta de stimuler le développement économique. L'occidentalisation allait de pair avec la modernisation et était un instrument à son service.

La Turquie est restée neutre durant la guerre civile que s'est livrée l'Occident entre 1939 et 1945. Après la guerre, cependant, elle s'est hâtée de s'identifier plus pleinement avec lui. À l'image du modèle européen, elle n'a plus été dominée par un seul parti, mais a adopté un système multipartite. Elle a fait pression pour entrer dans l'OTAN, ce qui s'est réalisé en 1952, confirmant ainsi son appartenance au monde libre. Elle a aussi bénéficié de milliards de dollars d'aide économique et militaire prodigués par l'Occident ; son armée était entraînée et équipée par l'Occident et intégrée au système stratégique de l'OTAN ; elle abritait des bases américaines. La Turquie a ainsi fini par être considérée par l'Occident comme son bouclier oriental contre l'expansion soviétique vers la Méditerranée, le Moyen-Orient et le golfe Persique. Ces liens et cette identification à l'Occident expliquent que les Turcs aient été critiqués par les pays non alignés non occidentaux en 1955 à la conférence de Bandung et aient été traités de traîtres par les pays musulmans[25].

Après la guerre froide, l'élite turque a continué à soutenir l'option occidentale et européenne. La participation à l'OTAN lui semble constituer un lien organisationnel intime avec l'Occident et une nécessité pour faire contrepoids à la Grècc. L'engagement occidental de la Turquie, manifeste dans sa participation à l'OTAN, était cependant un produit de la guerre froide. La fin de cette dernière supprime la raison principale de cet engagement, affaiblit cette relation et conduit à la redéfinir. La Turquie n'est plus utile à l'Occident comme bouclier contre la menace venue du nord. C'est plutôt, comme ce fut le cas pendant la guerre du Golfe, un partenaire possible dans la gestion de menaces moins dangereuses venues du sud. Durant cette guerre, la Turquie a fourni une aide cruciale à la coalition anti-Saddam Hussein en fermant sur son territoire le pipe-line par lequel l'Irak faisait passer son pétrole vers la Méditerranée et en permettant aux avions américains d'opérer en Irak à partir des bases situées sur son sol. Ces décisions, dues au président Özal, ont cependant suscité la critique en Turquie même et ont provoqué la démission du ministre des Affaires étrangères, du ministre de la Défense et du chef d'état-major, ainsi que de grandes manifestations contre les liens de coopération entretenus par Özal avec les États-Unis. À la suite de quoi, le président Demirel et le Premier ministre Ciller ont exigé la fin des sanctions des Nations unies contre l'Irak, parce qu'elles représentaient un fardeau pour la Turquie[26]. Le désir de la Turquie de travailler avec l'Occident face à la menace que représente l'islam au sud est plus incertain que ne l'était sa volonté d'être aux côtés de l'Occident contre la menace soviétique. Pendant la crise du Golfe, le refus par l'Allemagne, pays traditionnellement ami de la Turquie, de considérer qu'une attaque de missile contre ce pays aurait représenté une attaque contre l'OTAN a aussi montré que la Turquie ne pouvait compter sur le soutien occidental contre les menaces venues du sud. À l'époque de la guerre froide, les confrontations de la Turquie avec l'Union soviétique ne posaient pas la question de son appartenance à telle ou telle civilisation ; ce n'est pas le cas, après la fin de la guerre froide, pour ce qui est de ses relations avec les pays arabes.

Depuis le début des années quatre-vingt, les élites turques favorables à l'Occident ont eu pour priorité en matière de politique étrangère d'assurer l'entrée dans l'Union européenne. La Turquie a déposé une demande officielle en avril 1987. En décembre 1989, elle a appris que celle-ci ne pourrait être prise en considération avant 1993. En 1994, l'Union a approuvé l'entrée de l'Autriche, de la Finlande, de la Suède et de la Norvège. On pouvait alors penser que, dans les années à venir, ce serait le cas aussi pour la Pologne, la Hongrie et la République tchèque, puis peut-être pour la Slovénie, la Slovaquie et les républiques baltes. Les Turcs ont eu la déception de voir que l'Allemagne, c'est-à-dire le membre le plus influent de la communauté européenne, ne soutenait pas activement leur candidature et donnait plutôt la priorité aux États d'Europe centrale. Sous la pression des États-Unis, l'Union européenne a cependant négocié une union douanière avec la Turquie[27]. Son entrée pleine et entière dans l'Europe n'interviendra toutefois pas avant un avenir lointain et fort incertain.

Pourquoi la Turquie a-t-elle ainsi été oubliée et semble toujours passer en dernier ? En public, les officiels européens invoquent son niveau faible de développement économique et son peu de respect pour les droits de l'homme. En privé, les Européens comme les Turcs s'accordent à penser que les vraies raisons sont à chercher dans l'opposition vive de la Grèce et surtout dans le fait que la Turquie est un pays musulman. Les pays européens ne veulent pas se retrouver dans la position d'ouvrir leurs frontières à l'immigration issue d'un pays de soixante millions de musulmans, dont beaucoup de chômeurs. Plus important encore, ils estiment que la Turquie ne fait culturellement pas partie de l'Europe. La prétendue mauvaise situation des droits de l'homme est, selon le président Özal en 1992, « un prétexte pour justifier le refus de laisser la Turquie entrer dans la communauté européenne ». La vraie raison, disait-il, « c'est que nous sommes musulmans alors qu'ils sont chrétiens ». Mais, ajoutait-il, « ils n'osent pas le dire ». Les responsables européens considèrent que l'Union est « un club chrétien » et que « la Turquie est trop pauvre, trop peuplée, trop musulmane, trop rudimentaire, trop différente culturellement, trop tout ». Le « mauvais rêve » des Européens, disait un observateur, c'est le souvenir des « guerriers sarrasins déferlant sur l'Europe occidentale et des Turcs aux portes de Vienne ». Ces réactions expliquent que, pour les Turcs, « l'Occident ne peut admettre d'intégrer un pays musulman à l'Europe[28] ».

La Turquie, qui a refusé le Mecca et a été rejetée par Bruxelles, a cependant saisi l'occasion fournie par l'écroulement de l'Union soviétique pour se tourner vers Tachkent. « De l'Adriatique aux confins de la Chine », le président Özal et d'autres dirigeants turcs, partisans d'une communauté des peuples turcs, se sont efforcés de créer des liens avec « les Turcs de l'extérieur » chez leurs « voisins ». L'Azerbaïdjan a en particulier suscité l'attention, ainsi que les quatre républiques turcophones d'Asie centrale : l'Ouzbékistan, le Turkménistan, le Kazakhstan et le Kirghizistan. En 1991 et 1992, la Turquie a mené de nombreuses actions pour renforcer ses liens avec ces nouvelles républiques et accroître son influence. Elle leur a ainsi prêté 1,5 milliard de dollars à des taux d'intérêt à long terme faibles. Elle leur a accordé 79 millions de dollars d'aide directe pour créer une télévision par satellite (en remplacement de la chaîne russophone), pour développer les communications téléphoniques, des lignes aériennes, sous forme de bourses d'études en Turquie, en formation pour des banquiers, des cadres, des diplomates et des officiers d'Asie centrale et d'Azerbaïdjan. Des professeurs ont été envoyés dans ces nouvelles républiques pour enseigner le turc, et près de deux mille sociétés en participation ont été montées. Les affinités culturelles ont facilité ces relations économiques. Comme le disait un dirigeant d'entreprise turc, « la chose la plus importante pour réussir en Azerbaïdjan ou au Turkménistan, c'est de trouver le bon interlocuteur. Pour les Turcs, ce n'est pas difficile. Nous avons la même culture, plus ou moins la même langue, et nous mangeons la même cuisine[29] ».

Le redéploiement de la Turquie en direction du Caucase et de l'Asie centrale est favorisé non seulement par le rêve de devenir le chef de file d'une communauté turque de nations, mais aussi par le désir de contrer la tentation de la part de l'Iran et de l'Arabie Saoudite d'étendre leur influence et de promouvoir le fondamentalisme islamique dans cette région. Les Turcs pensent que le « modèle turc » ou l'« idée de Turquie » — c'est-à-dire d'un État musulman laïc et démocratique dans le cadre de l'économie de marché — peuvent représenter une alternative. En outre, la Turquie espère contenir la résurgence de l'influence russe. Constituer une alternative à la Russie et à l'islam lui permettrait aussi d'obtenir plus de soutien de la part de l'Union européenne et peut-être d'y entrer.

L'élan turc vers les républiques voisines s'est ralenti en 1993, par manque de moyens, parce que Süleyman Demirel est arrivé au pouvoir après la mort du président Özal, et parce que la Russie a réaffirmé son influence auprès de ses voisins. Lorsque les ex-républiques soviétiques turques sont devenues indépendantes, leurs dirigeants se sont précipités à Ankara pour courtiser la Turquie. Par la suite, la pression russe a fait qu'ils sont revenus en arrière et se sont efforcés de maintenir des relations équilibrées entre leur frère culturel et leur ancien maître. Les Turcs, cependant, n'ont pas cessé d'utiliser leurs affinités culturelles pour développer leurs liens économiques et politiques. C'est ainsi qu'ils ont garanti les accords passés entre les gouvernements concernés et des compagnies pétrolières pour la construction d'un pipe-line transportant le pétrole d'Asie centrale et d'Azerbaïdjan vers la Méditerranée à travers le territoire turc[30].

Tandis que la Turquie œuvrait à développer ses liens avec les ex-républiques soviétiques, le kémalisme qui formait jusqu'alors la base de son identité a été remis en cause à l'intérieur du pays. Tout d'abord, pour la Turquie, comme pour de nombreux autres pays, la fin de la guerre froide ainsi que les ruptures provoquées par le développement social et économique ont posé de gros problèmes d'« identité nationale et d'identification ethnique[31] ». La religion s'est retrouvée en position de fournir des solutions. L'héritage laïc d'Atatürk et de l'élite turque pour les deux tiers de ce siècle a été remis en question. L'expérience vécue par les émigrés a stimulé les sentiments islamistes au pays. Les Turcs revenant d'Allemagne « ont réagi à l'hostilité dont on faisait preuve à leur égard en se tournant vers ce qui leur était le plus familier. Et c'était l'islam ». L'opinion publique et les usages communs sont devenus de plus en plus islamistes. En 1993, « les barbes à la mode islamique et les voiles chez les femmes proliféraient ; les mosquées attiraient des foules ; les librairies regorgeaient de livres, de journaux, de cassettes, de disques compacts et de vidéos à la gloire de l'histoire, des préceptes et des modes de vie islamiques, chantant les louanges de l'Empire ottoman pour avoir su préserver les valeurs du Prophète ». On ne comptait « pas moins de 290 maisons d'édition et sociétés de presse, de 300 publications dont quatre quotidiens, de plusieurs centaines de radios libres et de presque 30 chaînes de télévision libres propageant l'idéologie islamique[32] ».

Face à cette montée des sentiments islamiques, les dirigeants turcs ont tenté d'adopter des pratiques fondamentalistes et de s'appuyer sur les fondamentalistes. Dans les années quatre-vingt et quatre-vingt-dix, le gouvernement, bien que soi-disant laïc, a soutenu un Bureau des affaires religieuses, avec un budget supérieur à celui de certains ministères ; il a financé la construction de mosquées, instauré l'instruction religieuse obligatoire dans les écoles publiques, subventionné des écoles islamiques. Leur nombre a quintuplé pendant les années quatre-vingt et elles ont fini par regrouper 15 % des élèves de l'enseignement secondaire. Elles enseignaient les doctrines islamiques et formaient de nombreux diplômés dont beaucoup deviennent fonctionnaires. Par contraste révélateur avec la France, le gouvernement a admis en pratique le port du voile, soixante-dix ans après qu'Atatürk a proscrit celui du fez[33]. Ces actions, en grande partie motivées par le désir d'aller dans le sens du vent soufflé par les islamistes, témoignent de la force de ce mouvement durant les années quatre-vingt et le début des années quatre-vingt-dix.

Deuxièmement, la résurgence de l'islam a changé la politique en Turquie. Les dirigeants, surtout Turgut Özal, ont repris à leur compte les symboles et les idées musulmans. En Turquie comme ailleurs, la démocratie a accru l'indigénisation et le retour à la religion. « Par électoralisme, les hommes politiques — et même l'armée, dernier bastion et garant de la laïcité — ont dû tenir compte des aspirations religieuses de la population : la plupart de leurs concessions étaient démagogiques. » L'opinion publique était favorable à la religion. Tandis que les élites et la bureaucratie, surtout dans l'armée, étaient plutôt laïques, la base de l'armée était très sensible aux sentiments islamistes. Plusieurs centaines d'élèves officiers ont dû être chassés des écoles militaires en 1987 à cause de leurs opinions. Les grands partis politiques ont ressenti la nécessité de chercher un soutien électoral du côté des *tarikas* musulmanes, sociétés secrètes interdites par Atatürk mais qui ont réapparu[34]. Aux élections locales de mars 1994, le Parti social fondamentaliste a été le seul des cinq partis en lice à progresser en voix : il a obtenu 19 % des voix alors que le parti du Premier ministre Ciller réalisait 21 % et le celui du défunt Özal 20 %. Le Parti social a pris le contrôle des deux plus grandes villes, Ankara et Istanbul, et est devenu très puissant dans le sud-est du pays. Aux élections de décembre 1995, il a gagné plus de voix et de sièges au parlement qu'aucun autre parti et, six mois plus tard, il a formé un gouvernement de coalition avec les partis laïcs. Comme dans d'autres pays, le soutien aux fondamentalistes est venu des jeunes, des émigrés revenus au pays, des démunis et des nouveaux venus dans les villes, les « sans-culottes des grandes villes[35] ».

Troisièmement, la résurgence de l'islam a affecté la politique étrangère turque. Sous la présidence de Özal, dans l'espoir que cela favoriserait son entrée dans la communauté européenne, la Turquie a opté pour l'Occident au moment de la guerre du Golfe. Elle n'a pas obtenu satisfaction pour autant. Les hésitations de l'OTAN sur la question de savoir comment répondre en cas d'attaque irakienne n'ont guère rassuré les Turcs, tout comme le flou de l'OTAN quant à une menace non russe sur la Turquie[36]. Les dirigeants turcs ont alors tenté de développer leurs relations militaires avec Israël, ce qui a suscité la critique chez les islamistes turcs. De façon plus significative encore, pendant les années quatre-vingt, la Turquie a intensifié ses relations avec les pays arabes et les autres pays musulmans. Dans les années quatre-vingt-dix, elle a activement défendu la cause islamique en soutenant les musulmans de Bosnie et les Azéris. En ce qui concerne les Balkans, l'Asie centrale ou le Moyen-Orient, la politique étrangère était ainsi de plus en plus islamisée.

Pendant de nombreuses années, la Turquie a réalisé deux des trois conditions minimales pour qu'un pays déchiré change d'identité civilisationnelle. Les élites soutenaient cette évolution et l'opinion approuvait. Les élites occidentales, cependant, ne voyaient pas cela d'un bon œil. La résurgence de l'islam en Turquie a attisé des sentiments anti-occidentaux dans l'opinion et a miné l'orientation laïque et pro-occidentale des élites. Les obstacles au fait, pour la Turquie, de devenir pleinement européenne, ses moyens limités pour jouer un rôle dominant dans les ex-républiques soviétiques et la montée des tendances islamiques portant atteinte à l'héritage d'Atatürk, tout cela semble assurer que la Turquie restera encore longtemps un pays déchiré.

Les dirigeants turcs décrivent souvent leur pays comme un « pont » entre les cultures. La Turquie, disait le Premier ministre Tansu Ciller en 1993, est à la fois une « démocratie occidentale » et une « partie du Moyen-Orient ». Elle « fait se rejoindre physiquement et culturellement deux civilisations ». Auprès du public turc, Ciller apparaît souvent comme musulmane, mais, quand elle s'adresse à l'OTAN, elle défend l'idée selon laquelle « le fait est que, d'un point de vue géographique et politique, la Turquie est un pays européen ». De même, le président Süleyman Demirel disait que la Turquie est « un pont important dans une région qui va de l'ouest à l'est, c'est-à-dire de l'Europe à la Chine[37] ». Cependant, un pont est une création artificielle qui relie deux entités solides, mais ne fait partie d'aucune d'entre elles. Quand les dirigeants turcs qualifient ainsi leur pays, c'est un euphémisme confirmant qu'il est bel et bien déchiré.

### LE MEXIQUE

La Turquie est devenue un pays déchiré dans les années vingt. Le Mexique, lui, a dû attendre les années quatre-vingt. Cependant, leurs relations historiques avec l'Occident n'en ont pas moins des similitudes évidentes. Même au XX^e^ siècle, selon l'expression d'Octavio Paz, « le Mexique a un fond indien. Ce pays n'est pas européen[38] ». Au XIX^e^ siècle, le Mexique comme la Turquie ont connu une révolution qui a changé les bases de leur identité nationale et de leur système politique unipartite. En Turquie, cependant, cette révolution a impliqué un rejet de la culture islamique et ottomane traditionnelle et un effort pour importer la culture occidentale et faire partie de l'Occident. Au Mexique, comme en Russie, cette révolution a impliqué l'incorporation et l'adaptation d'éléments empruntés à la culture occidentale, ce qui a donné lieu à une forme nouvelle de nationalisme distincte de la démocratie et du capitalisme de l'Occident. Ainsi, pendant soixante ans, la Turquie a tenté de se définir comme européenne, tandis que le Mexique s'efforçait de se définir par opposition aux États-Unis. De 1930 à 1980, les dirigeants mexicains ont suivi une politique économique et extérieure hostile aux intérêts américains.

Dans les années quatre-vingt, tout a changé. Le président Miguel De La Madrid a commencé à redéfinir en profondeur les intérêts, les pratiques et l'identité du pays, et son successeur, Carlos Salinas de Gortari, a poursuivi dans cette voie, ce qui a représenté le plus gros effort de changement depuis la révolution de 1910. Salinas est devenu véritablement le Mustafa Kemal du Mexique. Atatürk a défendu le laïcisme et le nationalisme, thèmes dominants en Europe à son époque ; Salinas a défendu le libéralisme économique, l'un des deux thèmes dominants à son époque. (Il n'a pas adhéré à l'autre, la démocratie politique.) Comme dans le cas d'Atatürk, ce point de vue a été partagé par les élites économiques et politiques, dont beaucoup de représentants, comme Salinas et De La Madrid, ont fait des études aux États-Unis. Salinas a réduit l'inflation, privatisé nombre d'entreprises publiques, soutenu les investissements étrangers, réduit les tarifs douaniers et les aides, restructuré la dette extérieure, réduit le pouvoir des syndicats, augmenté la productivité et fait entrer le Mexique dans l'ALENA aux côtés des États-Unis et du Canada. Les réformes d'Atatürk avaient pour but de transformer un pays musulman du Proche-Orient en pays européen laïc. De même, celles de Salinas devaient permettre au Mexique de cesser d'être un pays latino-américain pour devenir un pays d'Amérique du Nord.

Ce n'était pas inéluctable. Les élites mexicaines auraient pu continuer dans la voie protectionniste et nationaliste antiaméricaine suivie par les générations précédentes pendant près d'un siècle. À l'inverse, comme le souhaitaient certains Mexicains, elles auraient pu développer avec l'Espagne, le Portugal et les pays d'Amérique du Sud une association ibérique des nations.

Le Mexique réussira-t-il sa quête nord-américaine ? L'attitude dominante dans les élites politiques, économiques et intellectuelles va dans ce sens. À la différence de ce qui se passe avec la Turquie, les élites politiques, économiques et intellectuelles d'Amérique du Nord voient d'un bon œil le redéploiement identitaire du Mexique. Le problème intercivilisationnel clé que pose l'immigration souligne bien la différence. La crainte de voir arriver une masse d'immigrés turcs suscite la résistance des élites et de l'opinion à l'entrée de la Turquie dans l'Europe. Par contraste, l'immigration massive, légale et illégale, de Mexicains aux États-Unis plaidait en faveur de l'entrée du pays dans l'ALENA. Le choix était clair : « Ou bien vous acceptez nos marchandises, ou bien vous accueillez nos ressortissants. » En outre, la distance culturelle entre les États-Unis et le Mexique est bien moindre que celle qui sépare la Turquie et l'Europe. La religion du Mexique est le catholicisme, sa langue l'espagnol, ses élites sont proches de l'Europe (où elles envoyaient naguère leurs enfants étudier) et plus récemment des États-Unis (où elles envoient aujourd'hui leurs enfants). Un arrangement entre l'Amérique du Nord anglo-américaine et le Mexique hispanico-indien serait nettement plus aisé qu'entre l'Europe chrétienne et la Turquie musulmane. Malgré ces points communs, après la ratification de l'ALENA, l'opposition à l'intensification du rapprochement vis-à-vis du Mexique s'est développée aux États-Unis, où beaucoup de gens souhaitent que l'immigration ralentisse et s'inquiètent des délocalisations d'usines au Mexique. De même, on s'interroge sur la faculté qu'a le Mexique d'adhérer aux idées nord-américaines de liberté et d'État de droit[39].

La troisième condition nécessaire à la réussite du changement d'identité dans un pays déchiré est l'approbation générale, à défaut du soutien, de l'opinion publique. L'importance de ce facteur dépend, dans une certaine mesure, de l'influence de l'opinion publique sur les processus de décision du pays concerné. La position pro-occidentale du Mexique, jusqu'en 1995, n'a pas subi le test de la démocratie. La révolte, le jour du Nouvel an, de quelques milliers de guérilleros chiapas bien organisés et soutenus par l'étranger n'était pas en soi un signe important de résistance à l'américanisation. Cependant, l'accueil favorable qui lui a été fait par les intellectuels, les journalistes et les autres relais d'opinion au Mexique suggère que la nord-américanisation en général et l'ALENA en particulier pourraient susciter de plus en plus de réticences de la part des élites et de l'opinion mexicaines. Le président Salinas a délibérément donné la priorité aux réformes économiques et à l'occidentalisation sur les réformes politiques et la démocratisation. Le développement économique et le rapprochement avec les États-Unis renforceront toutefois le processus de démocratisation du système politique mexicain. La question clé pour l'avenir du Mexique est : jusqu'à quel point la modernisation et la démocratisation stimuleront-elles la désoccidentalisation, engendrant ainsi la rupture avec l'ALENA ou son affaiblissement et d'autres changements parallèles dans la politique imposée au Mexique par ses élites pro-occidentales durant les années quatre-vingt et quatre-vingt-dix ? La nord-américanisation du Mexique est-elle compatible avec sa démocratisation ?

### L'AUSTRALIE

Au contraire de la Russie, de la Turquie et du Mexique, l'Australie a depuis ses origines été une société occidentale. Durant tout le XXe siècle, elle a été reliée à la Grande-Bretagne d'abord, puis aux États-Unis. Et pendant la guerre froide, elle n'était pas seulement dans le camp occidental ; elle faisait aussi partie du noyau occidental américano-anglo-australo-canadien en matière de renseignements et d'opérations militaires. Au début des années quatre-vingt-dix, cependant, les dirigeants australiens ont décidé que l'Australie devait se détacher de l'Occident, évoluer pour devenir une société asiatique et cultiver des liens intimes avec ses voisins géographiques. L'Australie, selon le

Premier ministre Paul Keating, devait cesser d'être une « annexe de l'Empire », devenir une république et s'implanter en Asie. C'était nécessaire afin de conférer à l'Australie une identité propre en tant que pays indépendant. « L'Australie ne peut se présenter au monde comme une société multiculturelle, s'engager en Asie, créer des liens et ce, de façon persuasive, alors que, du moins en termes constitutionnels, elle reste une société dérivée. » L'Australie, déclarait Keating, a souffert de nombreuses années d'« anglophilie » et de « torpeur ». Continuer à être associée à la Grande-Bretagne reviendrait à « affaiblir notre culture nationale, notre avenir économique et notre destin en Asie et dans le Pacifique ». Le Premier ministre Gareth Evans a exprimé des sentiments semblables[40].

Vouloir faire de l'Australie un pays d'Asie se justifiait par l'idée que l'économie prime sur la culture pour façonner le destin des nations. L'élan a été surtout donné par la croissance dynamique des économies extrême-orientales, qui a stimulé l'expansion commerciale de l'Australie en Asie. En 1971, l'Extrême-Orient et le Sud-Est asiatique représentaient 39 % des exportations et 21 % des importations. En 1994, l'Extrême-Orient et le Sud-Est asiatique représentaient 62 % des exportations et 41 % des importations. Par contraste, en 1991, 11,8 % des exportations partaient vers la communauté européenne et 10,1 % vers les États-Unis. Ces liens en voie d'approfondissement avec l'Asie étaient renforcés dans l'esprit des Autraliens par l'idée que le monde était en passe de former trois grands blocs économiques et que la place de l'Australie était avec l'Extrême-Orient.

Malgré ces contacts économiques, l'ouverture vers l'Asie ne semble pas satisfaire les conditions nécessaires pour qu'un pays déchiré réussisse à évoluer d'une civilisation vers une autre. Premièrement, au milieu des années quatre-vingt-dix, les élites australiennes étaient loin d'être favorables à cette évolution. C'était un enjeu partisan. Les chefs du parti libéral étaient hésitants ou hostiles. Le gouvernement travailliste a été critiqué par toute une gamme d'intellectuels et de journalistes. Aucun consensus n'existait dans les élites sur l'option asiatique. Deuxièmement, l'opinion publique était ambivalente. De 1987 à 1993, la proportion d'Australiens favorables à la fin de la monarchie est passée de 21 % à 46 %. Mais elle ne progresse guère au-delà. La proportion d'Australiens favorables à l'abandon de l'Union Jack a chuté de 42 % en mai 1992 à 35 % en août 1993. Comme un responsable australien le faisait remarquer en 1992, « il est difficile au public d'avaler la pilule. Quand je dis que l'Australie devrait s'intégrer à l'Asie, vous n'imaginez pas combien de lettres je reçois[41] ».

Troisièmement et surtout, les élites des pays d'Asie ont été encore moins bien disposées à l'égard des avances australiennes que les Européens vis-à-vis des Turcs. Elles ont clairement manifesté que, si l'Australie voulait s'intégrer à l'Asie, elle devait devenir vraiment asiatique, ce qu'elles jugeaient presque impossible. « La réussite de l'intégration de l'Australie en Asie, a dit un responsable indonésien, dépend d'une seule et unique chose — l'accueil que les pays d'Asie feront aux bonnes intentions australiennes. L'Australie sera acceptée si le gouvernement et le peuple australiens comprennent la culture et la société asiatiques. » Les Asiatiques considèrent qu'il y a un fossé entre la rhétorique asiatique des Australiens et la réalité. Les Thaïlandais, selon un diplomate australien, traitent avec « condescendance » l'insistance avec laquelle l'Australie souligne qu'elle est asiatique[42]. « Culturellement, l'Australie est encore un pays européen, a déclaré Mahathir, le Premier ministre de Malaisie, en octobre 1994. Et nous pensons que c'est un pays européen. » L'Australie ne pourra donc entrer dans le Cercle économique d'Extrême-Orient. Nous autres Asiatiques « sommes moins portés à critiquer les autres pays ou à les juger. Mais l'Australie, qui est européenne culturellement parlant, croit qu'elle a le droit de dire aux autres ce qu'ils ont à faire, ce qu'ils ne doivent pas faire, ce qui est bien, ce qui est mal. Ce n'est bien sûr pas compatible avec le groupe. Voilà mes raisons [de m'opposer à son entrée dans le CEEO]. Ce n'est pas une question de couleur de peau, mais de culture[43] ». Les Asiatiques, en bref, sont résolus à exclure l'Australie de leur club pour les mêmes raisons que les Européens les Turcs : ils sont différents. Le Premier ministre Keating aimait à dire qu'il allait changer l'Australie : ce ne serait plus « le vilain petit canard de l'extérieur, mais le vilain petit canard à l'intérieur de l'Asie ». En fait, c'est un oxymoron : on laisse toujours les vilains petits canards à l'extérieur.

Comme Mahathir l'a dit, la culture et les valeurs représentent les obstacles fondamentaux à l'intégration de l'Australie dans l'Asie. Des conflits éclatent régulièrement à propos de l'engagement de l'Australie en faveur de la démocratie, des droits de l'homme, de la liberté de la presse et de ses protestations contre la violation de ces droits par les gouvernements de pratiquement tous ses voisins. « Le vrai problème pour l'Australie dans la région, remarquait un vieux diplomate, ce n'est pas notre drapeau, mais nos valeurs sociales profondes. Je crois bien qu'aucun Australien n'est prêt à renoncer à elles afin d'être accepté dans la région[44]. » Les différences de tempérament, de style et de comportement sont également prononcées. Comme le suggérait Mahathir, les Asiatiques traitent avec les autres de manière subtile, indirecte, nuancée, neutre, non moralisante et non conflictuelle. Les Australiens, au contraire, sont les personnes les plus directes, les plus extraverties et certains diraient même les plus insensibles du monde anglophone. Ce choc de cultures est particulièrement évident dans les rapports personnels de Paul Keating avec les Asiatiques. Il incarne à l'extrême les caractéristiques nationales australiennes. Politicien qualifié de « brutal », il a un style « provocant et pugnace » et n'hésite pas à traiter ses ennemis politiques de « sacs à bière », de « gigolos parfumés » ou de « dérangés »[45]. Bien que soutenant l'idée que l'Australie devait devenir asiatique, Keating a souvent irrité, choqué et fait se dresser contre lui les dirigeants asiatiques par sa franchise brutale. Ce fossé culturel était si grand qu'il a ruiné l'idée de convergence culturelle dans la mesure où son propre comportement suscitait le rejet de la part de ceux qu'il déclarait être des proches culturellement.

L'option Keating-Evans pourrait être considérée comme un produit immédiat des facteurs économiques et comme une façon d'ignorer plutôt que de renouveler la culture du pays, mais aussi comme une ruse politique pour détourner l'attention des problèmes économiques de l'Australie. Mais on pourrait aussi penser que c'est une initiative visionnaire pour intégrer et identifier l'Australie aux nouveaux centres de puissance économique, politique et militaire en Extrême-Orient. Dans cette mesure, l'Australie pourrait être le premier pays occidental à tenter de se détacher de l'Occident pour se raccrocher à des civilisations non occidentales. Au début du XXIIe siècle, les historiens verront peut-être dans l'option Keating-Evans un signe fort du déclin de l'Occident. Si elle continue à être suivie, cependant, cela ne fera pas disparaître l'héritage occidental de l'Australie. Ce « pays de Cocagne » restera longtemps un pays déchiré, à la fois « annexe de l'Empire », comme disait de façon critique Paul Keating, et « nouvelle poubelle blanche de l'Asie », comme le déclarait de manière méprisante Lee Kuan Yew[46].

Ce n'était pas et ce n'est pas inéluctable. Assumant leur désir de rompre avec la Grande-Bretagne sans pour autant définir l'Australie comme une puissance asiatique, les dirigeants australiens pourraient la définir comme un pays du Pacifique, à l'instar du prédécesseur de Keating au poste de Premier ministre, Robert Hawke. Si l'Australie souhaitait devenir une république séparée de la couronne britannique, elle pourrait se rallier au premier pays qui l'a fait, lequel, tout comme l'Australie, est d'origine britannique, a la taille d'un continent, parle anglais, a été son allié au cours de trois guerres et possède une population majoritairement européenne, même si elle est de plus en plus asiatique. Culturellement, les valeurs de la Déclaration d'indépendance américaine du 4 juillet 1776 s'accordent mieux avec celles de l'Australie que celles de n'importe quel pays d'Asie. Économiquement, au lieu d'essayer de se tailler un chemin parmi un groupe de sociétés vis-à-vis desquelles elle est culturellement étrangère et qui la rejettent, les dirigeants de l'Australie pourraient proposer d'étendre l'ALENA pour en faire un accord Amérique du Nord-Pacifique Sud rassemblant les États-Unis, le Canada, l'Australie et la Nouvelle-Zélande. Un tel regroupement réconcilierait la culture et l'économie et donnerait à l'Australie une identité solide et durable ne venant pas de vains efforts pour devenir asiatique.

### LE VIRUS OCCIDENTAL ET LA SCHIZOPHRÉNIE

Tandis que les dirigeants australiens se lançaient dans une quête vers l'Asie, ceux des autres pays déchirés — la Turquie, le Mexique, la

Russie — ont tenté d'incorporer l'Occident à leur société et celle-ci à l'Occident. Leur expérience démontre cependant la force, la résilience et la viscosité des cultures indigènes, ainsi que leur faculté de se renouveler et de résister aux importations venues d'Occident, de les contenir, de les adapter. Le rejet de l'Occident est impossible, mais le kémalisme n'a pas réussi. Si les sociétés non occidentales veulent se moderniser, elles doivent le faire à leur manière et, à l'instar du Japon, s'appuyer sur leurs traditions, leurs institutions, leurs valeurs.

Les dirigeants politiques qui ont l'orgueil de penser qu'ils peuvent refaçonner en profondeur la culture de leur société ne peuvent qu'échouer. Ils peuvent introduire chez eux des éléments de la culture occidentale, mais ils ne peuvent supprimer une fois pour toutes ou éliminer le fonds de leur culture indigène. À l'inverse, le virus occidental, une fois inoculé dans une autre société, est difficile à chasser. Il se maintient, mais il n'est pas fatal. Le patient survit, mais il n'est plus pareil. Les dirigeants politiques peuvent faire l'histoire, mais ils ne peuvent lui échapper. Ils produisent des pays déchirés ; ils ne créent pas des sociétés occidentales. Ils infectent leur pays avec une schizophrénie culturelle qui devient son caractère propre et durable.

# CHAPITRE 7

# États phares, cercles concentriques et ordre des civilisations

## *Ordre et civilisations*

Dans la politique globale qui s'impose, les États phares des grandes civilisations supplantent les deux superpuissances de la guerre froide en tant que principaux pôles d'attraction et de répulsion pour les autres pays. Ces changements sont particulièrement patents si on considère les civilisations occidentale, orthodoxe et chinoise. En l'occurrence, des regroupements civilisationnels apparaissent qui rassemblent des États phares, des États membres, des minorités culturellement affiliées dans les États adjacents et, ce qui pose plus de problèmes, des représentants d'autres cultures dans les États voisins. Au sein de ces blocs culturels, les États tendent à se distribuer en cercles concentriques autour du ou des États phares, et ce en fonction de leur degré d'identification et d'intégration avec le bloc auquel ils appartiennent. Dans le cas de l'islam, le sentiment d'appartenance s'accroît, certes, mais, faute d'État phare, les structures politiques communes restent rudimentaires.

Les pays tendent à se raccrocher à ceux qui ont une culture semblable et à faire pendant aux pays avec lesquels ils n'ont pas d'affinités culturelles. C'est particulièrement vrai des États phares. Leur puissance attire ceux qui sont culturellement semblables et repousse ceux qui sont culturellement différents. Pour des raisons de sécurité, les États phares tentent parfois d'incorporer ou de dominer des peuples appartenant à d'autres civilisations, lesquels s'efforcent de résister ou d'échapper à un tel contrôle (la Chine avec les Tibétains et les Ouïgours, la Russie avec les Tatars, les Tchétchènes et les musulmans d'Asie centrale). Le poids de l'histoire et les rapports de force conduisent aussi certains pays à résister à l'influence de leur État phare. La Géorgie et la Russie sont deux pays orthodoxes. Pourtant, les Géorgiens ont au cours de l'histoire résisté à la domination russe et à une association étroite avec la Russie. Le Viêt-nam et la Chine sont deux pays confucéens, mais ils éprouvent l'un pour l'autre une inimitié de longue date. Avec le temps, toutefois, les affinités culturelles entre eux et le développement d'une conscience civilisationnelle large et profonde pourraient rapprocher ces pays, à l'instar des pays d'Europe occidentale.

Pendant la guerre froide, l'ordre qui prévalait était le produit de la domination des superpuissances sur leurs blocs respectifs et de leur influence dans le Tiers-Monde. Dans le monde qui apparaît, la puissance globale est désormais une notion dépassée, et l'idée de communauté globale n'est plus qu'un rêve lointain. Aucun pays, même les États-Unis, n'a d'intérêts stratégiques globaux. Les composantes de l'ordre dans le monde plus complexe et hétérogène qui est désormais le nôtre se trouvent à l'intérieur des civilisations et entre elles. Le monde trouvera un ordre sur la base des civilisations, ou bien il n'en trouvera pas. Dans ce monde, les États phares des civilisations sont les sources de l'ordre au sein des civilisations et, par le biais de négociations avec les autres États phares, entre les civilisations.

Un monde dans lequel les États phares jouent un rôle directeur ou dominant est un monde fait de sphères d'influence. Mais c'est aussi un monde dans lequel l'exercice de l'influence par les États phares est tempéré et modéré par la culture commune qu'ils partagent avec les États membres de leur civilisation. Leur communauté culturelle légitime la suprématie et le rôle ordonnateur de l'État phare à la fois pour les États membres et pour les puissances et les institutions extérieures. Il est donc assez vain, comme l'a fait le secrétaire général des Nations unies Boutros-Ghali en 1994, de promulguer une règle pour la gestion des sphères d'influence en vertu de laquelle les forces de paix des Nations unies agissant dans une zone ne devraient pas provenir pour plus d'un tiers de la puissance régionale dominante de cette zone. Une telle condition ne s'accorde pas avec la réalité géopolitique, laquelle montre que dans n'importe quelle région où il y a un État dominant la paix ne peut être instaurée et préservée que par la suprématie de cet État. Les Nations unies ne représentent pas une alternative à la puissance régionale, et cette dernière devient responsable et légitime quand elle est exercée par des États phares liés aux autres membres de leur civilisation.

Un État phare peut exercer sa fonction ordonnatrice parce que les États membres le considèrent comme culturellement proche. Une cilivisation est une famille étendue, et, comme les aînés dans une famille, les États phares apportent à leurs proches soutien et discipline. En l'absence de tels liens, l'aptitude pour un État plus puissant que les autres à résoudre les conflits dans sa région et à lui imposer un ordre reste limitée. Le Pakistan, le Bangladesh et même le Sri Lanka n'accepteront pas que l'Inde joue un rôle ordonnateur en Asie du Sud et aucun État extrême-oriental n'acceptera que le Japon joue ce rôle en Extrême-Orient.

Lorsque les civilisations n'ont pas d'État phare, créer un ordre au sein des civilisations et en négocier un entre civilisations est nettement plus difficile. L'absence d'État phare islamique pouvant avec légitimité et autorité soutenir les Bosniaques, comme la Russie le fait avec les Serbes et l'Allemagne avec les Croates, a obligé les États-Unis à jouer ce rôle. Cela n'a guère été efficace, car la question des frontières dans l'ex-Yougoslavie n'est pas stratégique pour les États-Unis, parce qu'il n'existe pas de lien culturel entre les États-Unis et la Bosnie et parce que l'Europe est opposée à la création d'un État musulman sur son sol. L'absence d'État phare en Afrique et dans le monde arabe a beaucoup compliqué la résolution de la guerre civile persistante au Soudan. Là où il y a des États phares, à l'inverse, ceux-ci sont les clés du nouvel ordre international fondé sur les civilisations.

## *L'Europe et ses liens*

Pendant la guerre froide, les États-Unis étaient le centre d'un vaste regroupement très diversifié et multicivilisationnel de pays qui avaient tous pour but d'empêcher l'Union soviétique de poursuivre son expansion. Ce regroupement, appelé tantôt « le monde libre », tantôt « l'Ouest » et tantôt « les Alliés », comprenait de nombreuses sociétés occidentales, mais pas toutes, ainsi que la Turquie, la Grèce, le Japon, la Corée, les Philippines, Israël et, de manière moins étroite, d'autres pays comme Taiwan, la Thaïlande et le Pakistan. Il s'opposait à un autre regroupement de pays à peine moins hétérogène, comprenant tous les pays orthodoxes sauf la Grèce, plusieurs pays qui avaient appartenu à l'Occident, le Viêt-nam, Cuba, à un moindre degré l'Inde, et occasionnellement quelques pays d'Afrique. Avec la fin de la guerre froide, ces regroupements multicivilisationnels et interculturels ont éclaté. La dissolution de l'Union soviétique, en particulier du pacte de Varsovie, a été radicale. De même, mais de façon plus lente, le « monde libre » multicivilisationnel de la guerre froide se recompose en un nouveau regroupement correspondant plus ou moins à la civilisation occidentale. Un processus d'union est en cours, lequel implique de définir les critères d'appartenance aux organisations internationales occidentales.

Les États phares de l'Union européenne, la France et l'Allemagne, sont tout d'abord entourés par un groupe intégré composé de la Belgique, de la Hollande et du Luxembourg, qui ont accepté d'éliminer toute barrière aux échanges de biens et de personnes, puis par d'autres membres comme l'Italie, l'Espagne, le Portugal, le Danemark, la Grande-Bretagne, l'Irlande et la Grèce, par des États qui sont devenus membres en 1995 (l'Autriche, la Finlande, la Suède) et par des pays qui à ce jour sont des membres associés (la Pologne, la Hongrie, la République tchèque, la Slovaquie, la Bulgarie et la Roumanie). À l'image de cette réalité, le parti au pouvoir en Allemagne et les principaux dirigeants français ont proposé à l'automne 1994 de créer une Union à deux vitesses. Le plan allemand prévoyait un « noyau dur » comprenant les membres fondateurs moins l'Italie, « l'Allemagne et la France formant le noyau dur du noyau dur ». Ces pays s'efforceraient de créer rapidement une union monétaire et d'intégrer leur politique étrangère et leur politique de défense. Presque en même temps, le Premier ministre Édouard Balladur a suggéré de couper l'Europe en trois, les cinq États favorables à l'intégration formant le noyau dur, les autres membres actuels représentant un deuxième cercle et les nouveaux États en passe de devenir membres constituant un troisième cercle. Alain Juppé, alors ministre des Affaires étrangères, a développé cette idée en proposant de créer « un cercle extérieur d'États "partenaires", comprenant l'Europe centrale et orientale, un cercle médian d'États membres devant accepter une discipline commune dans certains domaines (marché unique, union douanière, etc.) et plusieurs cercles de "solidarité renforcée" regroupant les États souhaitant évoluer plus vite dans des domaines comme la défense, l'intégration monétaire, la politique étrangère, etc. et aptes à le faire [1] ». D'autres dirigeants politiques ont proposé d'autres types d'accords, tous impliquant cependant un regroupement intérieur d'États intimement associés et des regroupement extérieurs d'États moins intégrés jusqu'à ce que soit atteinte la frontière entre membres et non-membres.

Établir cette frontière en Europe a été l'un des principaux défis auxquels l'Occident s'est trouvé confronté dans le monde d'après la guerre froide. À l'époque de la guerre froide, l'Europe n'existait pas en tant que tout. Avec la chute du communisme, toutefois, il est devenu nécessaire de répondre à la question de savoir ce qu'est l'Europe. Ses frontières au nord, à l'ouest et au sud sont délimitées par des mers, la Méditerranée au sud coïncidant avec des différences culturelles certaines. Mais où se trouve donc la frontière à l'est ? Qui peut être considéré comme européen et donc comme un membre potentiel de l'Union européenne, de l'OTAN et d'autres organisations comparables ?

La grande frontière historique qui a existé pendant des siècles entre peuples chrétiens d'Occident et peuples musulmans et orthodoxes fournit la réponse la plus convaincante. Elle remonte à la division de l'Empire romain au IVe siècle et à la création du Saint Empire romain au Xe siècle. Elle est restée à peu près stable pendant au moins cinq cents ans. En partant du nord, elle passe par les frontières actuelles entre la Finlande et la Russie, entre les États baltes (Estonie,

Lettonie, Lituanie) et la Russie, pour traverser l'ouest de la Biélorussie, puis l'Ukraine, séparant ainsi les uniates à l'ouest et les orthodoxes à l'est, puis la Roumanie, faisant le partage entre la Transylvanie et sa population hongroise catholique d'un côté et le reste du pays de l'autre, et enfin l'ex-Yougoslavie, le long de la frontière qui sépare la Slovénie et la Croatie des autres républiques. Dans les Balkans, bien sûr, cette frontière coïncide avec la division historique entre les empires austro-hongrois et ottoman. C'est la frontière culturelle de l'Europe, et dans le monde d'après la guerre froide, c'est aussi la limite politique et économique de l'Europe et de l'Occident.

Le paradigme civilisationnel permet donc de répondre de façon nette et convaincante à la question de savoir où finit l'Europe. Elle se termine là où finit la chrétienté occidentale et où commencent l'islam et l'orthodoxie. C'est là la réponse que les Européens de l'Ouest ont envie d'entendre, qu'ils soutiennent à peu près tous *sotto voce* et que des dirigeants politiques et des intellectuels très divers ont reprise à leur compte. Il est nécessaire, comme l'a soutenu Michael Howard, d'admettre la distinction, occultée à l'époque de l'Union soviétique, entre l'Europe centrale ou *Mitteleuropa* et l'Europe orientale proprement dite. L'Europe centrale comprend « les terres qui appartenaient jadis à la chrétienté occidentale, le territoire de l'empire des Habsbourg, l'Autriche, la Hongrie et la Tchécoslovaquie, mais aussi la Pologne et les marches orientales de l'Allemagne. Le terme "Europe orientale" devrait être réservé aux régions qui se sont développées sous l'égide de l'Église orthodoxe : les communautés bulgares et roumaines de la mer Noire, qui sont apparues seulement sous la domination ottomane au XIX<sup>e</sup> siècle, et les parties "européennes" de l'Union soviétique ». Le but premier de l'Europe occidentale doit être, dit-il, « de réabsorber les peuples d'Europe centrale dans une seule et même communauté culturelle et économique à laquelle ils appartiennent bel et bien : c'est-à-dire de retisser les liens entre Londres, Paris, Rome, Munich et Leipzig, Varsovie, Prague et Budapest ». Une « nouvelle frontière » émerge, faisait remarquer Pierre Béhar deux ans plus tard. « Elle oppose culturellement une Europe marquée par la chrétienté d'Occident (catholique romaine et protestante) d'un côté et une Europe marquée par le catholicisme d'Orient et les traditions islamiques de l'autre. » De même, selon un dirigeant finnois influent, la division centrale en Europe qui remplace le Rideau de fer est l'« ancienne frontière culturelle entre l'Est et l'Ouest » qui place « les territoires de l'ex-Empire austro-hongrois tout comme la Pologne et les États baltes » dans l'Europe de l'Ouest et les autres pays d'Europe centrale et des Balkans à l'extérieur. C'était, convient un Anglais influent, « la grande division entre les Églises d'Orient et d'Occident : en gros, entre les peuples qui sont devenus chrétiens directement sous l'influence de Rome ou par des intermédiaires celtes ou germaniques et ceux de l'Est

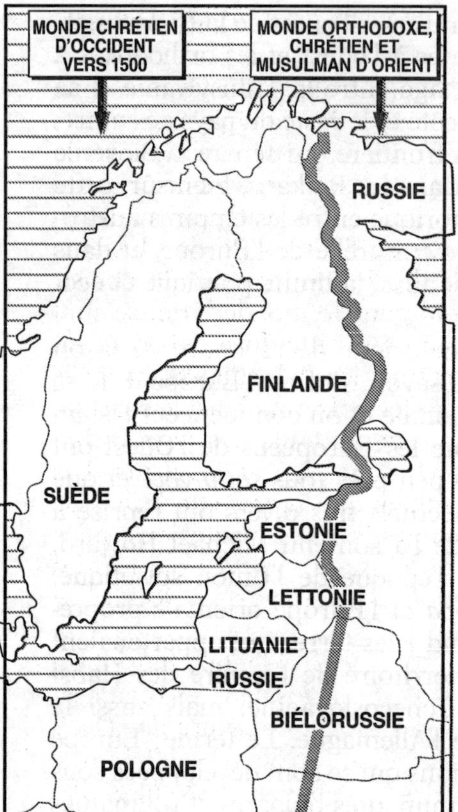


Source : W. Wallace, *The Transformation of Western Europe*, Londres, Pinter, 1990.

FRONTIÈRES ORIENTALES DE LA CIVILISATION OCCIDENTALE

et du Sud-Est qui le sont devenus par le biais de Constantinople (Byzance)[2] ».

Les peuples d'Europe centrale insistent sur la signification de cette ligne de partage. Les pays qui ont accompli des progrès importants pour se détacher de l'héritage communiste et pour évoluer vers la démocratie politique et l'économie de marché sont séparés de ceux qui ne l'ont pas fait par « la frontière qui distingue le catholicisme et le protestantisme d'une part et l'orthodoxie de l'autre ». Il y a plusieurs siècles, disait le président de Lituanie, les Lituaniens ont dû choisir entre « deux civilisations » et « ont opté pour le monde latin, se sont convertis au catholicisme romain et ont choisi une forme d'organisation politique fondée sur la loi ». De même, les Polonais disent qu'ils font partie de l'Occident depuis qu'au xe siècle ils ont choisi le christianisme latin plutôt que byzantin[3]. Les représentants des pays orthodoxes d'Europe orientale, par contraste, sont plus ambivalents. Les Bulgares et les Roumains voient l'avantage que représente le fait de faire partie de l'Occident et d'être incorporés à ses institutions, mais ils restent attachés à leur tradition orthodoxe et, pour ce qui est des Bulgares, à leur étroite association historique avec la Russie et Byzance.

L'identification de l'Europe à la chrétienté occidentale fournit un critère clair pour l'admission de nouveaux membres dans les organisations occidentales. L'Union européenne est l'entité majeure de l'Occident en Europe et son élargissement s'est arrêté en 1994 avec l'admission de l'Autriche, de la Finlande et de la Suède, pays culturellement occidentaux. Au cours du printemps 1994, l'Union a décidé de refuser d'admettre comme membres toutes les ex-républiques soviétiques sauf les États baltes. Elle a aussi signé des « accords d'association » avec les quatre États d'Europe centrale (la Pologne, la Hongrie, la République tchèque et la Slovaquie) et deux États d'Europe orientale (la Roumanie et la Bulgarie). Cependant, aucun d'eux n'a de chances de devenir membre à part entière avant des années et, à supposer que cela se produise, les États d'Europe centrale y parviendront avant la Roumanie et la Bulgarie. Dans le même temps, on peut penser que les États baltes et la Slovénie deviendront membres de l'Union, tandis que l'admission de la Turquie musulmane, de la trop petite île de Malte et de l'île orthodoxe de Chypre était encore en suspens en 1995. Pour l'élargissement de l'Union européenne, la préférence va clairement aux États qui sont culturellement occidentaux et qui sont économiquement développés. Si on appliquait ce critère, les pays du Visegrad (Pologne, République tchèque, Slovaquie, Hongrie), les république baltes, la Slovénie, la Croatie et Malte pourraient devenir membres de l'Union, et celle-ci coïnciderait avec la civilisation occidentale telle qu'elle a historiquement existé en Europe.

La logique des civilisations a des conséquences similaires en ce qui concerne l'élargissement de l'OTAN. La guerre froide a commencé avec l'extension du contrôle politique et militaire de l'Union soviétique sur l'Europe centrale. Les États-Unis et les pays d'Europe occidentale ont formé l'OTAN pour s'y opposer et, si nécessaire, pour triompher d'une éventuelle agression soviétique. Dans le monde d'après la guerre froide, l'OTAN est l'organisation de sécurité de l'Europe occidentale. Avec la fin de la guerre froide, l'OTAN a un but central : s'assurer qu'elle est bien toujours finie en prévenant une éventuelle remontée du contrôle politique et militaire russe en Europe centrale. Dans ces conditions, peut devenir membre de l'OTAN tout pays occidental qui souhaite y entrer et satisfait aux conditions de base en matière d'aptitude militaire, de démocratie politique et de contrôle civil sur l'armée.

La politique américaine vis-à-vis des accords européens de sécurité d'après la guerre froide a tout d'abord été plus universaliste. Elle a été symbolisée par le partenariat pour la paix, ouvert aux Européens et aux pays d'Eurasie. Cette approche accordait un rôle important à l'organisation pour la sécurité et la coopération en Europe. Une remarque du président Clinton lors de sa visite en Europe en 1994 l'illustre bien : « Les frontières de la liberté doivent désormais être définies par de nouveaux comportements, et plus par l'héritage de l'histoire. À tous ceux qui voudraient tracer une nouvelle frontière en Europe, je dis : nous ne devons pas empêcher que l'Europe connaisse un avenir meilleur — la démocratie partout, l'économie de marché partout, la coopération entre les pays pour la sécurité mutuelle partout. Nous ne devons pas nous satisfaire à moins. » Une année plus tard, toutefois, l'administration Clinton en est venue à reconnaître que les frontières définies par « l'héritage de l'histoire » ont un sens et qu'il faut faire avec les réalités des différences intercivilisationnelles. L'administration Clinton a joué un rôle actif pour définir les critères et le calendrier pour l'élargissement de l'OTAN, tout d'abord à la Pologne, à la Hongrie, à la République tchèque, puis à la Slovénie et ensuite sans doute aux républiques baltes.

La Russie s'est opposée avec vigueur à tout élargissement de l'OTAN, certains Russes, plutôt libéraux et pro-occidentaux, soutenant que cet élargissement attiserait les courants politiques nationalistes et antioccidentaux en Russie. Cependant, l'élargissement de l'OTAN restreint à des pays appartenant historiquement à la chrétienté d'Occident garantit à la Russie que la Serbie, la Bulgarie, la Roumanie, la Moldavie, la Biélorussie, ainsi que l'Ukraine, aussi longtemps qu'elle reste unie, ne seront pas concernées. L'élargissement de l'OTAN restreint aux États occidentaux soulignerait aussi le rôle de la Russie comme État phare d'une civilisation orthodoxe distincte, donc comme responsable de l'ordre régnant à l'intérieur et le long des frontières de l'orthodoxie.

L'utilité qu'il y a à différencier les pays en termes de civilisation est manifeste en ce qui concerne les républiques baltes. Ce sont les seules ex-républiques soviétiques qui sont nettement occidentales par leur histoire, leur culture et leur religion. Leur destinée a toujours constitué un souci majeur pour l'Occident. Les États-Unis n'ont jamais reconnu formellement leur intégration à l'Union soviétique, ont soutenu leur évolution vers l'indépendance lors de l'écroulement de l'Union soviétique et ont insisté pour que les Russes acceptent un calendrier négocié pour le retrait de leurs troupes de ces républiques. Le message adressé aux Russes était le suivant : ils devaient reconnaître que les pays baltes sont hors de la sphère d'influence qu'ils pourraient souhaiter établir avec les autres ex-républiques soviétiques. Cette action de l'administration Clinton a, selon le Premier ministre suédois, été « l'une des plus importantes contributions à la sécurité et à la stabilité en Europe » et a aidé les démocrates russes en posant clairement que tout dessein revanchard chez les nationalistes russes extrémistes était vain au regard de l'engagnement occidental clair pour les républiques baltes[4].

On s'est beaucoup penché sur l'élargissement de l'Union européenne et de l'OTAN. La reconfiguration culturelle de ces organisations pose aussi la question de leur éventuelle contraction. Un pays non occidental, la Grèce, est membre de ces deux organisations, et un autre, la Turquie, est membre de l'OTAN seulement et postule à entrer dans l'Union. Ces relations sont le produit de la guerre froide. Ont-elles encore une place dans le monde civilisationnel d'après la guerre froide ?

La participation pleine et entière de la Turquie à l'Union européenne est problématique et sa participation à l'OTAN a été critiquée par le parti social. La Turquie a cependant des chances de rester dans l'OTAN à moins que le parti social ne remporte une victoire électorale éclatante, qu'elle ne rejette délibérément l'héritage d'Atatürk et qu'elle ne se redéfinisse comme le chef de file de l'islam. C'est envisageable et cela peut être souhaitable pour la Turquie, mais c'est peu probable dans un proche avenir. Quel que soit son rôle dans l'OTAN, la Turquie suit désormais ses intérêts propres à l'égard des Balkans, du monde arabe et de l'Asie centrale.

La Grèce ne fait pas partie de la civilisation occidentale, mais c'est le berceau de la civilisation classique, une des sources importantes de la civilisation occidentale. Par opposition aux Turcs, les Grecs se sont considérés comme des représentants du christianisme. À la différence des Serbes, des Roumains ou des Bulgares, leur histoire a été intimement mêlée à celle de l'Occident. Cependant, la Grèce est aussi une anomalie, l'étranger orthodoxe dans les organisations occidentales. Elle n'a jamais été un membre facile de l'Union européenne ou de l'OTAN et a éprouvé des difficultés à s'adapter aux principes et aux mœurs de l'une et de l'autre. Du milieu des années soixante au milieu des années soixante-dix, elle a été gouvernée par une junte militaire et n'a pu rejoindre la Communauté européenne que lorsqu'elle est devenue démocratique. Ses dirigeants ont souvent donné l'impression de dévier des normes occidentales et de s'opposer aux gouvernements occidentaux. La Grèce était plus pauvre que les autres membres de la Communauté et de l'OTAN et a souvent suivi des politiques économiques qui semblaient ne pas respecter les exigences prévalant à Bruxelles. Son attitude lorsqu'elle a occupé la présidence du Conseil en 1994 a exaspéré les autres membres, et les fonctionnaires d'Europe occidentale considèrent que son entrée a été une erreur.

Dans le monde d'après la guerre froide, les politiques grecques ont de plus en plus dévié de celles de l'Occident. Les gouvernements occidentaux étaient opposés à son bouclage de la Macédoine, et cela lui a valu une injonction de la Commission européenne à la Cour européenne de justice. En ce qui concerne les conflits dans l'ex-Yougoslavie, la Grèce a pris ses distances vis-à-vis des politiques menées par les principales puissances occidentales, a soutenu activement les Serbes et a violé les sanctions prises par les Nations unies contre eux. Avec la fin de l'Union soviétique et de la menace communiste, la Grèce a des intérêts mutuels avec la Russie qui s'opposent à leur ennemi commun, la Turquie. Cela a permis à la Russie d'établir une présence importante dans la partie grecque de Chypre et, en conséquence de « leur religion orthodoxe d'Orient commune », les Chypriotes grecs ont accueilli des Russes et des Serbes dans l'île[5]. En 1995, deux mille entreprises possédées par des Russes étaient en activité à Chypre ; des journaux russes et serbo-croates y étaient publiés ; le gouvernement chypriote grec recevait des armes de Russie. La Grèce a aussi examiné avec la Russie la possibilité de faire passer du pétrole du Caucase et d'Asie centrale à la Méditerranée à travers un oléoduc bulgaro-grec contournant la Turquie et d'autres pays musulmans. De manière générale, la politique étrangère grecque a pris une orientation très orthodoxe. La Grèce restera sans aucun doute membre de l'OTAN et de l'Union européenne. Tandis que le processus de reconfiguration culturelle s'intensifie, cependant, ces liens deviendront plus ténus, perdront de leur sens et deviendront plus délicats pour les parties concernées. L'ennemi de l'Union soviétique à l'époque de la guerre froide devient l'allié de la Russie après la guerre froide.

## *La Russie et ses « étrangers proches »*

Ce qui a succédé aux empires tsariste et communiste, c'est un bloc civilisationnel parallèle à beaucoup d'égards à celui de l'Occident en Europe. Au cœur, la Russie, équivalente à l'Allemagne et à la France, est intimement liée à un cercle intérieur incluant les deux républiques orthodoxes slaves prédominantes de Biélorussie et de Moldavie, le Kazakhstan, dont la population est russe à 40 %, et l'Arménie, historiquement alliée très proche de la Russie. Au milieu des années quatre-vingt-dix, tous ces pays avaient des gouvernements prorusses parvenus en général au pouvoir à la faveur d'élections. Les relations entre la Russie et la Géorgie (surtout orthodoxe) et l'Ukraine (en grande partie orthodoxe) sont plus lâches. Ces deux pays ont un fort sentiment national et une claire conscience de leur indépendance passée. Dans les Balkans orthodoxes, la Russie a des relations étroites avec la Bulgarie, la Grèce, la Serbie et Chypre, et plus lâches avec la Roumanie. Les républiques musulmanes de l'ex-Union soviétique restent très dépendantes de la Russie à la fois économiquement et dans le domaine de la sécurité. Les républiques baltes, par constraste, sous l'effet de la force d'attirance de l'Europe, sont sorties de la sphère d'influence russe.

La Russie crée un bloc formé d'un territoire orthodoxe qu'elle dirige et entouré d'États musulmans relativement faibles qu'elle dominera à des degrés divers et dont elle tentera de détourner l'influence des autres puissances. Elle escompte que le monde accepte et approuve ce système. Les gouvernements étrangers et les organisations internationales, disait Eltsine en février 1993, doivent « reconnaître à la Russie des pouvoirs spéciaux en tant que garant de la paix et de la stabilité dans les anciennes régions de l'URSS ». L'Union soviétique était une superpuissance qui avait des intérêts globaux ; la Russie est une grande puissance qui a des intérêts régionaux et civilisationnels.

Les pays orthodoxes de l'ex-Union soviétique ont un rôle central pour le développement d'un bloc russe cohérent en Eurasie et dans les affaires internationales. Lorsque l'Union soviétique a explosé, ces cinq pays ont tout d'abord pris une direction très nationaliste et ont voulu marquer leur indépendance et leurs distances vis-à-vis de Moscou. Par la suite, les réalités économiques, géopolitiques et culturelles ont conduit les électeurs de quatre d'entre eux à porter au pouvoir des gouvernements prorusses et à soutenir des politiques prorusses. Les ressortissants de ces pays en appellent à la protection et au soutien de la Russie. Dans le cinquième, la Géorgie, l'intervention militaire russe a imposé une évolution similaire dans les positions du gouvernement.

Historiquement, les intérêts de l'Arménie se sont identifiés à ceux de la Russie, et celle-ci s'est enorgueillie d'être le défenseur de l'Arménie contre ses voisins musulmans. Ces relations ont repris de la vigueur dans les années postsoviétiques. Les Arméniens dépendaient du soutien économique et militaire russe et ont appuyé la Russie sur des questions concernant les relations entre les ex-républiques soviétiques. Ces deux pays ont des intérêts stratégiques convergents.

À la différence de l'Arménie, la Biélorussie a peu de conscience nationale. Elle est également bien plus dépendante du soutien russe. Nombre de ses résidents semblent s'identifier bien plus à la Russie qu'à leur propre pays. Aux élections de janvier 1994, un conservateur prorusse a remplacé un centriste et nationaliste modéré à la tête de l'État.

En juillet 1994, 80 % des votants ont élu comme président un extrémiste prorusse allié de Vladimir Zhirinovsky. La Biélorussie a très tôt rejoint la Communauté des États indépendants (CEI), a été un membre fondateur de l'union économique créée en 1993 avec la Russie et l'Ukraine, a consenti à une union monétaire avec la Russie, a abandonné ses armements nucléaires à la Russie et a accepté que des troupes russes stationnent sur son sol jusqu'à la fin du siècle. En 1995, la Biélorussie était de fait une partie de la Russie sauf par son nom.

Après que la Moldavie est devenue indépendante lorsque l'Union soviétique s'est écroulée, on a pu penser qu'elle serait réintégrée à la Roumanie. La crainte que cela se produise a en retour stimulé un mouvement sécessionniste dans l'est du pays, zone russifiée, et il a été soutenu tacitement par Moscou et activement par la 14e armée russe. Cela a conduit à la création de la république du Trans-Dniestr. Le sentiment que la Moldavie et la Roumanie feraient un tout a cependant décliné en réponse aux problèmes économiques rencontrés par les deux pays et sous la pression économique russe. La Moldavie a rejoint la CEI, et les échanges avec la Russie se sont développés. En février 1994, les partis prorusses ont gagné les élections parlementaires.

Dans ces trois États, en réponse à des intérêts stratégiques et économiques combinés, l'opinion publique a poussé au pouvoir des gouvernements favorables à un alignement étroit sur la Russie. Le schéma a été pratiquement le même en Ukraine. En Géorgie, cependant, le cours des événements a été différent. La Géorgie a été indépendante jusqu'en 1801 lorsque le roi Georges XIII a demandé la protection russe contre les Turcs. Pendant trois années après la Révolution russe, de 1918 à 1921, elle a été de nouveau indépendante, mais les bolcheviques l'ont de force réincorporée dans l'Union soviétique. Une coalition nationaliste a gagné les élections, mais son chef s'est engagé dans une répression autodestructrice et a été violemment destitué. Edouard A. Chevardnadze, qui avait été ministre des Affaires étrangères d'Union soviétique, est revenu diriger le pays et a été confirmé au pouvoir aux élections présidentielles de 1992 et de 1995. Il a cependant été confronté à une opposition séparatiste en Abkhazie, laquelle a reçu un soutien russe important, et à une insurrection menée par Gamsakhourdia. À l'instar du roi Georges, il a admis que la Géorgie n'avait pas le choix et a fait appel à l'aide de Moscou. Les troupes russes sont intervenues pour le soutenir à condition que le pays entre dans la CEI. En 1994, les Géorgiens ont accepté que les Russes aient trois bases militaires en Géorgie pour une durée indéfinie. L'intervention militaire russe, tout d'abord pour affaiblir le gouvernement géorgien puis pour le soutenir, a ainsi fait basculer la Géorgie, qui a des velléités d'indépendance, dans le camp russe.

Si on excepte la Russie, l'ex-république soviétique la plus peuplée et la plus importante est l'Ukraine. À des périodes diverses dans l'histoire, elle a été indépendante. Cependant, durant la majeure partie de l'ère moderne, elle a fait partie d'une entité politique gouvernée par Moscou. L'événement décisif s'est produit en 1654 lorsque Bogdan Khmelnitski, chef cosaque d'un soulèvement contre la domination polonaise, a fait allégeance au tsar en échange d'aide contre les Polonais. De cette date à 1991, sauf pendant le bref intermède où une république indépendante a été établie entre 1917 et 1920, ce qui est aujourd'hui l'Ukraine a été contrôlé par Moscou. Cependant, c'est un pays déchiré par deux cultures distinctes. La frontière civilisationnelle entre l'Occident et l'orthodoxie passe en plein cœur de l'Ukraine et ce depuis des siècles. Pendant certaines périodes, dans le passé, l'ouest de l'Ukraine a fait partie de la Pologne, de la Lituanie et de l'Empire austro-hongrois. Une grande part de sa population a adhéré à l'Église uniate, qui pratique le rituel orthodoxe mais reconnaît l'autorité du pape. Historiquement, les Ukrainiens de l'Ouest parlaient l'ukrainien et étaient très nationalistes. Les habitants de l'est du pays, au contraire, étaient surtout orthodoxes et parlaient en majorité le russe. Au début des années quatre-vingt-dix, 31 % de la population totale étaient russophones. Une majorité d'élèves de l'école élémentaire et du secondaire suivent des cours en russe[6]. La Crimée est majoritairement russe et a appartenu à la Fédération russe jusqu'en 1954, date à laquelle Khrouchtchev l'a transférée à l'Ukraine en reconnaissance officielle de la décision prise par Khmelnitski trois cents ans plus tôt.

Les différences entre l'est et l'ouest de l'Ukraine sont manifestes dans l'attitude de leur population. Fin 1992, par exemple, un tiers des Russes à l'ouest de l'Ukraine, mais seulement 10 % à Kiev, disaient

UKRAINE : UN PAYS DIVISÉ

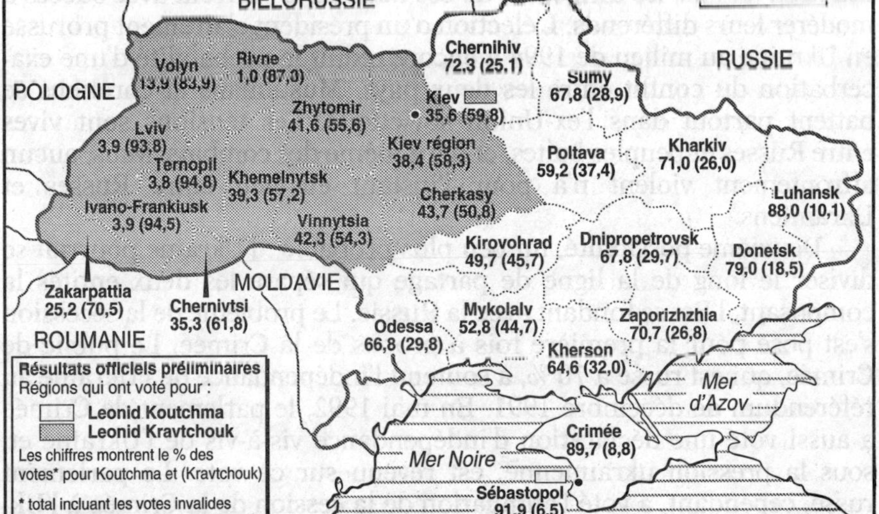


*Source* : International Foundation for Electoral Systems.

qu'ils souffraient d'une certaine animosité antirusse[7]. La coupure est/ouest a été évidente aux élections présidentielles de juillet 1994. Le sortant, Leonid Kravtchouk, qui se présentait comme un nationaliste même s'il avait travaillé de façon très proche avec les dirigeants russes, a gagné dans les treize provinces de l'ouest, avec une majorité qui a parfois atteint 90 %. Son adversaire, Leonid Koutchma, qui avait pris des leçons d'ukrainien pendant la campagne, a conquis les treize provinces de l'Est avec des majorités comparables. Koutchma a finalement gagné par 52 % des voix. Ainsi, une faible majorité a confirmé en 1994 la décision prise par Khmelnitski en 1654. Cette élection, comme le faisait observer un expert américain, « a reflété, et même cristallisé, la coupure entre les Slaves européanisés à l'ouest et la vision russo-slave de ce que devrait être l'Ukraine. Cela tient moins à une polarisation ethnique qu'à des différences culturelles[8] ».

En conséquence de cette division, les relations entre l'Ukraine et la Russie pourraient se développer dans l'une des trois directions suivantes. Au début des années quatre-vingt-dix, des problèmes importants se posaient entre les deux pays à propos des armements nucléaires, de la Crimée, des droits des Russes en Ukraine, de la flotte de la mer Noire et des relations économiques. Beaucoup pensaient qu'un conflit armé était possible, ce qui a conduit certains analystes occidentaux à défendre l'idée que l'Occident devait aider l'Ukraine à avoir des armes nucléaires pour éviter une agression russe[9]. Cependant, si le point de vue civilisationnel prévaut, un conflit entre Ukrainiens et Russes est peu probable. Ce sont deux peuples slaves, avant tout orthodoxes, qui ont eu des relations intimes pendant des siècles et au sein desquels les mariages mixtes sont chose commune. Malgré la gravité des problèmes et la pression des extrémistes nationalistes des deux camps, les dirigeants de ces deux pays œuvrent avec succès à modérer leurs différends. L'élection d'un président clairement prorusse en Ukraine au milieu de 1994 a encore réduit la probabilité d'une exacerbation du conflit entre les deux pays. Musulmans et chrétiens se battent partout dans l'ex-Union soviétique. Les tensions sont vives entre Russes et peuples baltes, et il y a même des combats. Mais, aucun affrontement violent n'a pour l'instant eu lieu entre Russes et Ukrainiens.

Deuxième possibilité, un peu plus probable : l'Ukraine pourrait se diviser le long de la ligne de partage qui sépare les deux entités la composant, l'Est se fondant avec la Russie. Le problème de la sécession s'est posé pour la première fois à propos de la Crimée. Le public de Crimée, qui est russe à 70 %, a soutenu l'indépendance de l'Ukraine au référendum de décembre 1991. En mai 1992, le parlement de Crimée a aussi voté une déclaration d'indépendance vis-à-vis de l'Ukraine et, sous la pression ukrainienne, est revenu sur ce vote. Le parlement russe, cependant, a voté l'annulation de la cession de la Crimée à l'Ukraine en 1994. En janvier 1994, les Criméens ont élu un Président qui avait fait campagne en faveur de « l'unité avec la Russie ». Cela a conduit certains à se demander si la Crimée serait le nouveau Nagorny-Karabakh ou bien la nouvelle Abkhazie[10]. La réponse a été « non ». Et le nouveau Président a dû revenir sur sa volonté d'organiser un référendum sur l'indépendance et négocier avec le gouvernement de Kiev. En mai 1994, la situation s'est aggravée de nouveau lorsque le parlement de Crimée a voté la restauration de la constitution de 1992, qui la rendait virtuellement indépendante vis-à-vis de l'Ukraine. Une fois encore, la modération des dirigeants russes et ukrainiens a évité que ce problème ne dégénère, et l'élection deux mois plus tard du pro-russe Koutchma en Ukraine a refroidi les ardeurs sécessionnistes en Crimée.

Cette élection pourrait cependant conduire l'ouest du pays à faire sécession vis-à-vis d'une Ukraine de plus en plus proche de la Russie. Certains Russes y seraient favorables. Comme le disait un général russe, « dans cinq, dix ou quinze ans, l'Ukraine, ou plutôt l'est de l'Ukraine, reviendra vers nous. L'Ouest n'a qu'à aller se faire voir ![11] ». Une Ukraine uniate et pro-occidentale ne serait pourtant viable qu'avec un fort soutien de l'Occident. Cela ne serait possible que si les relations de l'Occident avec la Russie se détérioraient gravement pour ressembler à ce qu'elles étaient à l'époque de la guerre froide.

Troisième scénario, plus probable encore : l'Ukraine restera unie, restera déchirée, restera indépendante et coopérera intimement avec la Russie. Une fois résolus les problèmes de transition en matière nucléaire et militaire, le problème, à long terme, le plus sérieux sera économique, et sa résolution sera facilitée par la communauté culturelle et les liens personnels qui unissent les deux pays. Les relations russo-ukrainiennes sont en Europe de l'Est, comme le soulignait John Morrison, ce que les relations franco-allemandes sont à l'Europe de l'Ouest[12]. Ces dernières forment le noyau de l'Union européenne, alors que les premières fournissent la base de l'unité dans le monde orthodoxe.

## *La Grande Chine et sa sphère de coprospérité*

La Chine s'est historiquement considérée comme sans limites : une « zone chinoise » comprenant la Corée, le Viêt-nam, les îles Lieou-k'ieou, et à certaines époques le Japon ; une « zone d'Asie intérieure » composée des Mandchous non chinois, des Mongols, des Ouïgours, des Turcs et des Tibétains, qui devaient être contrôlés pour diverses raisons ; et enfin une « zone extérieure » peuplée de barbabes dont on n'attendait pas moins qu'« ils paient tribut et reconnaissent l'autorité chinoise[13] ». La civilisation chinoise contemporaine se structure de façon semblable : le noyau central de la Chine des Hans, qui s'étend à des provinces qui font partie de la Chine mais ont une autonomie considérable, des provinces qui font légalement partie de la Chine mais sont habitées par des peuples non chinois appartenant à d'autres civilisations (Tibet, Xinjang), des sociétés chinoises qui vont ou devraient faire partie de la Chine de Pékin à des conditions bien définies (Hong Kong, Taiwan), un État à dominante chinoise de plus en plus tourné vers Pékin (Singapour), des populations très influentes en Thaïlande, au Viêt-nam, en Malaisie, en Indonésie, aux Philippines, et des sociétés non chinoises (Corée du Sud et du Nord, Viêt-nam) qui partagent une bonne part de la culture confucéenne chinoise.

Dans les années cinquante, la Chine s'est définie comme un allié de l'Union soviétique. Ensuite, après la rupture sino-soviétique, elle s'est considérée comme le chef de file du Tiers-Monde contre les deux superpuissances. Cela lui a coûté cher et ne lui a guère rapporté. Après l'évolution de la politique américaine sous l'administration Nixon, la Chine a cherché à constituer le troisième larron dans les rapports de force entre les deux superpuissances, en s'alignant sur les États-Unis pendant les années soixante-dix lorsque ceux-ci semblaient faibles pour adopter ensuite une position plus médiane dans les années quatre-vingt lorsque la puissance américaine s'est accrue et lorsque l'Union soviétique a commencé son déclin économique et s'est engluée en Afghanistan. Avec la fin de la compétition entre superpuissances, les cartes dont elle dispose ont perdu de leur valeur, et la Chine doit une fois encore redéfinir son rôle dans les affaires mondiales. Elle s'est assignée deux buts : devenir le champion de la culture chinoise, l'État phare jouant le rôle d'aimant vers lequel se tournent toutes les autres communautés chinoises et retrouver sa position historique, perdue au XIXe siècle, de puissance hégémonique en Extrême-Orient.

Ces nouveaux rôles, on en voit les traces dans : premièrement, la façon dont la Chine décrit sa position dans les affaires mondiales ; deuxièmement, l'implication considérable de la diaspora chinoise dans l'économie de la Chine ; et troisièmement, les liens économiques, politiques et diplomatiques de plus en plus importants de la Chine avec les trois autres principales entités chinoises, Hong Kong, Taiwan et Singapour, ainsi que le rapprochement vis-à-vis d'elle de pays d'Asie du Sud-Est sur lesquels les Chinois ont une influence politique importante.

Le gouvernement considère que la Chine continentale est le noyau d'une civilisation chinoise vers laquelle toutes les autres communautés chinoises devraient se tourner. Il a depuis longtemps renoncé à défendre ses intérêts à l'étranger par le truchement des partis communistes locaux et a cherché à « se positionner comme le représentant mondial de la sinitude[14] ». Pour le gouvernement chinois, les personnes d'ascendance chinoise, même si elles sont citoyennes d'un autre pays, sont membres de la communauté chinoise et donc sujettes dans une certaine mesure à l'autorité du gouvernement chinois. L'identité chinoise est définie en termes de race. Les Chinois sont ceux qui « sont de même race, ont le même sang et ont la même culture », comme l'a dit un chercheur de Chine populaire. Au milieu des années quatre-vingt-dix, ce thème a de plus en plus été repris par des sources chinoises gouvernementales et privées. Pour les Chinois et pour les descendants de Chinois qui vivent dans des sociétés non chinoises, le « test du miroir » devient ainsi un test d'identité : « Regardez-vous dans la glace », disent les Chinois favorables à Pékin à ceux qui essaient de s'assimiler à des sociétés étrangères. Les membres de la diaspora, c'est-à-dire les *huaren* ou Chinois d'origine, par opposition aux *zhongguoren* ou Chinois de Chine, développent de plus en plus l'idée de « Chine culturelle » en tant que manifestation de leur *gonshi* ou conscience identitaire commune. L'identité chinoise, sujette à tant d'interrogations de la part de l'Occident au XXe siècle, est désormais redéfinie à partir des éléments durables de la culture chinoise[15].

Historiquement, cette identité s'est aussi définie par les relations avec les autorités centrales de l'État chinois. Ce sens de l'identité culturelle facilite le développement des relations économiques entre les différentes Chine et est renforcé par elles. En retour, cela favorise le développement économique rapide en Chine continentale et ailleurs, ce qui, en conséquence, stimule matériellement et psychologiquement l'identité culturelle chinoise.

La « Grande Chine » n'est donc pas un concept abstrait. C'est une réalité culturelle et économique en pleine expansion et elle a même commencé à être une réalité politique. C'est aux Chinois que l'on doit le développement économique considérable des années quatre-vingt et quatre-vingt-dix : sur le continent, chez les Dragons (dont trois sur quatre sont chinois) et en Asie du Sud-Est. L'économie de l'Extrême-Orient est de plus en plus centrée autour de la Chine et dominée par elle. Les Chinois de Hong Kong, de Taiwan et de Singapour ont fourni la plus grande partie des capitaux qui ont permis la croissance sur le continent dans les années quatre-vingt-dix. Au début des années quatre-vingt-dix, les Chinois représentaient aux Philippines 1 % de la population mais contrôlaient 35 % du chiffre d'affaires des entreprises locales. En Indonésie, au milieu des années quatre-vingt, les Chinois représentaient 2 à 3 % de la population, mais possédaient environ 70 % des capitaux privés locaux. Dix-sept des vingt-cinq plus grandes entreprises étaient contrôlées par des Chinois, et un conglomérat chinois contribuait à lui seul pour 5 % au PNB. Au début des années quatre-vingt-dix, les Chinois constituaient 10 % de la population de Thaïlande, mais possédaient neuf des dix plus grands groupes et contribuaient pour 50 % au PNB. Les Chinois représentent un tiers de la population de Malaisie, mais dominent presque totalement l'économie[16]. Hors du Japon et de la Corée, l'économie de l'Extrême-Orient est fondamentalement une économie chinoise.

L'émergence de la sphère de coprospérité de la Grande Chine a été grandement facilitée par un « réseau de bambou » reposant sur des relations familiales et personnelles, et par une culture commune. Les Chinois de l'étranger sont bien mieux à même que les Occidentaux et les Japonais de faire des affaires en Chine. En Chine, la confiance et les engagements dépendent des contacts personnels, pas de contrats, de lois ou d'autres documents légaux. Les hommes d'affaires occidentaux trouvent plus facile de travailler en Inde qu'en Chine où le caractère sacré d'un accord repose sur les relations personnelles entre les parties. La Chine, disait avec envie un dirigeant japonais en 1993, a bénéficié d'« un réseau sans frontière de marchands chinois à Hong Kong, à Taiwan et en Asie du Sud-Est[17] ». Les Chinois de l'étranger, admet un homme d'affaires américain, « ont l'esprit d'entreprise, ils ont la langue et ils utilisent le réseau de bambou de leurs relations familiales pour nouer des contacts. C'est un énorme avantage sur quelqu'un qui doit en référer à sa direction à Akron ou à Philadelphie ». Les avantages qu'ont les Chinois de l'étranger pour faire des affaires avec ceux du continent ont également été bien exprimés par Lee Kuan Yew : « Nous sommes d'ethnie chinoise. [...] Nous partageons certaines caractéristiques en vertu de notre culture et de nos ancêtres communs. [...] Les gens éprouvent une empathie naturelle pour ceux qui partagent leurs attributs physiques. Cette conscience de l'existence d'une proximité est renforcée quand ils ont une base linguistique et culturelle commune. Cela facilite la confiance et les relations, qui sont le fondement de tous les rapports d'affaires[18]. » Dans les années quatre-vingt et quatre-vingt-dix, les Chinois de l'étranger ont pu « démontrer à un monde sceptique que les relations *quanxi* que permettent une même langue et une même culture peuvent pallier un manque d'État de droit et de transparence dans les règlements ». Le fait que le développement économique a des racines dans une culture commune a été bien illustré par la deuxième Conférence mondiale des entrepreneurs chinois de Hong Kong en novembre 1993 : on l'a décrite comme « une démonstration de triomphalisme chinois de la part des hommes d'affaires d'origine chinoise[19] ». Dans le monde chinois comme partout ailleurs, des liens de communauté culturelle favorisent les engagements économiques.

Après la place Tian'anmen, la réduction des engagements économiques occidentaux, passé une décennie de croissance économique rapide en Chine, a fourni aux Chinois de l'étranger l'occasion et le stimulant pour capitaliser sur leur culture commune et leurs contacts personnels, et pour investir en masse en Chine. Il en est résulté une expansion considérable des liens économiques entre les communautés chinoises. En 1992, 80 % des investissements directs étrangers en Chine (11,3 milliards de dollars) venaient de Chinois de l'étranger, surtout de Hong Kong (68,3 %), mais aussi de Taiwan (9,3 %), de Singapour, de Macao et d'ailleurs. Par contraste, le Japon a fourni 6,6 % et les États-Unis 4,6 % du total. Sur un total cumulé de 50 milliards de dollars d'investissements étrangers, 67 % provenaient de sources chinoises. La croissance du commerce était également impressionnante. Les exportations de Taiwan en Chine sont passées de presque rien en 1986 à 8 % du total des exportations taiwanaises en 1992, soit une augmentation cette année-là de 35 %. Les exportations de Singapour en Chine ont augmenté de 22 % en 1992, alors que ses exportations totales ne se sont accrues que de 2 %. Comme le faisait observer Murray Weidenbaum en 1993, « malgré la domination japonaise actuelle sur la région, l'économie basiquement chinoise de l'Asie est en train d'apparaître très vite comme le nouvel épicentre pour l'industrie, le commerce et la finance. Cette zone stratégique a des ressources technologiques et des moyens industriels (Taiwan), atteint des sommets dans le domaine de l'esprit d'entreprise, du marketing et des services (Hong Kong), possède un réseau de communications moderne (Singapour), un pôle financier extraordinaire (ces trois pays) et des terres, des ressources naturelles, de la main-d'œuvre (Chine continentale)[20] ». En outre, évidemment, la Chine continentale était potentiellement le plus gros marché en développement, et au milieu des années quatre-vingt-dix les investissements en Chine étaient plus orientés vers la vente sur ce marché que vers l'exportation.

Les Chinois présents dans les pays d'Asie du Sud-Est s'assimilent à des degrés divers avec les populations locales, celles-ci faisant souvent preuve de sentiments antichinois qui parfois, comme ce fut le cas lors de la révolte de Meda en Inde, dégénèrent en violence. Certains Malaisiens et Indonésiens ont vu dans le flot des investissements chinois sur le continent une « fuite des capitaux », et les dirigeants politiques, sous la conduite du président Suharto, doivent assurer à leur opinion publique que cela n'entraînera pas de dommages pour leur économie. Les Chinois d'Asie du Sud-Est, en retour, ont dû rappeler que leur loyauté va au pays où ils sont nés, pas à celui de leurs ancêtres. Au début des années quatre-vingt-dix, le flux de capitaux chinois allant d'Asie du Sud-Est en Chine a été contrebalancé par l'important flux d'investissements taiwanais aux Philippines, en Malaisie et au Viêtnam.

Le développement économique combiné avec le partage d'une même culture chinoise a conduit Hong Kong, Taiwan et Singapour à s'impliquer de plus en plus sur le continent chinois. Une fois habitués à la perspective du transfert de souveraineté, les Chinois de Hong Kong ont commencé à s'adapter à la tutelle de Pékin plutôt qu'à celle de Londres. Les hommes d'affaires et les autres personnalités influentes ont de plus en plus évité de critiquer la Chine ou bien d'accomplir des actes susceptibles de la mécontenter. Quand ce fut le cas, le gouvernement chinois n'a pas hésité à réagir promptement. En 1994, des centaines d'hommes d'affaires coopéraient avec Pékin et servaient de « conseillers de Hong Kong » dans ce qui était en fait un gouvernement de l'ombre. Au début des années quatre-vingt-dix, l'influence économique chinoise à Hong Kong s'est beaucoup accrue, les investissements venus du continent dépassant en 1993 le total de ceux des États-Unis et du Japon[21]. Au milieu des années quatre-vingt-dix, l'intégration économique de Hong Kong et de la Chine continentale est devenue virtuellement complète, et l'intégration politique a été consommée en 1997.

Le développement des liens économiques de Taiwan avec le continent est à la traîne par rapport à celui de Hong Kong. Des changements importants ont pourtant commencé à se produire dans les années quatre-vingt. Après 1949, pendant une trentaine d'années, les deux républiques chinoises ont refusé de reconnaître leur existence ou leur légitimité respectives, elles n'entretenaient aucune communication et étaient virtuellement en guerre, ce qui se traduisait à certains moments par des canonnades dans les îles côtières. Après que Deng Xiaoping a consolidé son pouvoir et a lancé le processus de réforme économique, cependant, le gouvernement de Chine continentale a entrepris une série de démarches de conciliation. En 1981, le gouvernement de Taiwan a réagi et a commencé à abandonner sa politique des « trois non » : pas de contact, pas de négociation, pas de compromis. En mai 1986, la première négociation a eu lieu entre des représentants des deux parties sur la restitution d'un avion de république de Chine détourné sur le continent et, l'année suivante, la République a levé son interdit sur les voyages en Chine populaire[22].

Le développement rapide des relations économiques entre Taiwan et le continent qui a suivi a été grandement facilité par leur « sinitude partagée » et par la confiance mutuelle qui en résultait. Les gens de Taiwan et de Chine ont, comme le remarquait le principal négociateur taiwanais, « en quelque sorte le sentiment que le sang prime l'eau », et ils étaient fiers de ce que faisait l'autre. À la fin de 1993, il y eut plus de 4,2 millions de visites de Taiwanais sur le continent et quarante mille visites de continentaux à Taiwan ; quarante mille lettres et treize mille coups de téléphone étaient échangés chaque jour. Les échanges commerciaux entre les deux Chine avaient atteint 14,4 milliards de dollars en 1993, et vingt mille hommes d'affaires taiwanais avaient investi entre 15 et 30 milliards de dollars sur le continent. « Avant 1980, le plus important marché pour Taiwan, c'était l'Amérique, remarquait un haut fonctionnaire taiwanais en 1993, mais depuis les années quatre-vingt-dix, nous savons que le facteur le plus critique pour la réussite économique taiwanaise, c'est l'économie du continent. » La main-d'œuvre bon marché de Chine populaire attirait aussi les investisseurs taiwanais confrontés chez eux à un manque de main-d'œuvre. En 1994, l'équilibre capital-travail entre les deux Chine a commencé à être rectifié lorsque les sociétés de pêche de Taiwan ont embauché dix mille continentaux pour faire marcher leurs bateaux[23].

Le développement de ces liens économiques a suscité des négociations entre les deux gouvernements. En 1991, pour favoriser la communication entre eux, Taiwan a créé la Fondation pour les échanges dans le Détroit, et le continent l'Association pour les relations dans le Détroit de Taiwan. Leur première réunion s'est tenue à Singapour en avril 1993, et d'autres ont ensuite eu lieu sur le continent et à Taiwan. En août 1994, un accord est intervenu sur un grand nombre de questions, et on a commencé à évoquer la possibilité d'un sommet entre les hauts dirigeants des deux gouvernements.

Au milieu des années quatre-vingt-dix, des problèmes majeurs subsistaient toujours entre Taipei et Pékin, notamment la question de la souveraineté, la participation de Taiwan aux organisations internationales et la possibilité pour Taiwan de se redéfinir en tant qu'État indépendant. Cette éventualité est cependant peu probable dans la mesure où le principal défenseur de l'indépendance, le parti progressiste démocratique, a compris que les électeurs ne voulaient pas rompre les relations existantes avec le continent et que ses perspectives de succès électoral seraient amoindries s'il faisait pression sur cette question. Les dirigeants du PPD ont donc fait savoir que, s'ils arrivaient au pouvoir, l'indépendance ne serait pas une question prioritaire. Les deux gouvernements ont aussi l'un et l'autre intérêt à affirmer la souveraineté de la Chine sur les Sparly et d'autres îles situées dans le sud de la mer de Chine, et en assurant aux États-Unis un traitement priviligié dans le commerce avec le continent. Au début des années quatre-vingt-dix, lentement mais de façon perceptible et inéluctable, les deux Chine se tournaient l'une vers l'autre et développaient des intérêts communs à partir de leurs relations économiques accrues et de leur identité culturelle commune.

Cette évolution vers un arrangement s'est trouvée brutalement arrêtée en 1995 lorsque le gouvernement de Taiwan a fait agressivement pression pour obtenir une reconnaissance diplomatique et être admis dans les grandes organisations internationales. Le président Lee Teng-hui a effectué une visite « privée » aux États-Unis, et des élections législatives se sont tenues en décembre 1995, suivies par des élections présidentielles en mars 1996. En retour, le gouvernement chinois a testé des missiles dans des eaux proches des principaux ports taiwanais et a fait des manœuvres militaires à proximité d'îles côtières contrôlées par Taiwan. Ces événements posent deux problèmes clés. Aujourd'hui, Taiwan peut-elle rester démocratique sans devenir formellement indépendante ? Dans l'avenir, Taiwan pourrait-elle être démocratique sans rester effectivement indépendante ?

Dans les faits, les relations de Taiwan avec le continent ont connu deux phases et elles pourraient entrer dans une troisième. Pendant plusieurs décennies, le gouvernement nationaliste a déclaré qu'il était le gouvernement de toute la Chine. Cela signifiait qu'il était en conflit avec celui qui gouvernait de fait toute la Chine sauf Taiwan. Dans les années quatre-vingt, le gouvernement taiwanais a abandonné cette prétention et s'est défini comme le gouvernement de Taiwan seule, ce qui a fourni la base à un arrangement avec le continent fondé sur l'idée « un pays, deux systèmes ». Certaines personnes et certains groupes à Taiwan ont cependant fait de plus en plus valoir que l'île a une identité culturelle distincte, qu'elle n'a été sous la tutelle chinoise que pendant une brève période et que sa langue locale est incompréhensible à ceux qui parlent seulement le mandarin. Ils ont tenté de définir la société taiwanaise comme non chinoise et donc comme légitimement indépendante de la Chine. En outre, le gouvernement de Taiwan devenant plus actif à l'échelon international, cela semblait suggérer qu'elle formait un pays distinct, non une partie de la Chine. Bref, pour le gouvernement de Taiwan, il n'était plus le gouvernement de toute la Chine, ni même d'une partie de la Chine, il n'était plus du tout un gouvernement chinois. Cette dernière possibilité, autrement dit son indépendance de fait, serait inacceptable pour Pékin, qui a sans cesse affirmé que la force pourrait être employée pour empêcher que ce processus se réalise. Les dirigeants chinois ont aussi dit qu'après le retour de Hong Kong à la Chine populaire en 1997 et de Macao en 1999 ils tenteront de réassocier Taiwan au continent. Pour ce faire, tout dépendra sans doute du degré de soutien apporté à l'indépendance formelle à Taiwan même, de la résolution des luttes de succession à Pékin, lesquelles encouragent les dirigeants politiques et militaires à être fortement nationalistes, et du développement des moyens militaires chinois permettant un blocus ou une invasion de Taiwan. Au début du XXIe siècle, il est probable que par la force ou la négociation, ou par un mélange des deux, Taiwan sera intégrée de façon plus étroite à la Chine continentale.

Jusqu'aux années soixante-dix, les relations entre Singapour, très anticommuniste, et la République populaire étaient glaciales. Lee Kuan Yew et les autres dirigeants de Singapour regardaient de haut l'arriération chinoise. Depuis le décollage économique de la Chine dans les années quatre-vingt-dix, cependant, Singapour a commencé à se tourner vers le continent pour suivre le vent. En 1992, Singapour a investi 1,9 milliard de dollars en Chine, et l'année suivante on annonçait des plans pour la construction d'une ville nouvelle, Singapour II, à l'extérieur de Shanghai, qui nécessiterait des milliards de dollars d'investissements. Lee Kuan Yew est devenu un soutien enthousiaste de l'avenir économique de la Chine et un admirateur de sa puissance. « C'est en Chine, disait-il en 1993, qu'il se passe des choses[24]. » Les investissements de Singapour à l'étranger, jusqu'alors surtout concentrés en Malaisie et en Indonésie, se sont tournés vers la Chine. La moitié des projets étrangers subventionnés par le gouvernement de Singapour en 1993 étaient chinois. Lors de sa première visite à Pékin dans les années soixante-dix, Lee Kuan Yew avait, dit-on, insisté pour s'adresser aux dirigeants chinois en anglais plutôt qu'en mandarin. Il est peu probable qu'il l'ait fait vingt ans après.

## *L'islam : conscience commune sans cohésion*

La structure de la loyauté politique entre Arabes et entre musulmans a en général été l'opposé de celle qui prévaut dans l'Occident moderne. Pour ce dernier, l'État-nation est le parangon de la loyauté politique. Des loyautés plus restreintes lui sont subordonnées et sont subsumées dans la loyauté vis-à-vis de l'État-nation. Les groupes qui transcendent les États-nations — communautés linguistiques ou religieuses, ou civilisations — requièrent une loyauté et un engagement moins intenses. Le long du continuum qui va des entités les plus étroites aux plus larges, les loyautés occidentales atteignent ainsi un sommet au milieu, la courbe d'intensité de la loyauté formant en quelque sorte un U renversé. Dans le monde islamique, la structure de la loyauté a été presque l'inverse. L'islam connaît un creux au milieu de la hiérarchie de ses loyautés. Les « deux structures fondamentales, originales et durables », comme le notait Ira Lapidus, étaient la famille, le clan et la tribu d'une part, et « les unités formées par la culture, la religion et l'empire à plus grande échelle » de l'autre[25]. « Le tribalisme et la religion (l'islam) ont joué et jouent encore, remarquait également un chercheur libyen, un rôle significatif et déterminant dans le développement social, économique, culturel et politique des sociétés et des systèmes politiques arabes. Bien évidemment, ils sont entremêlés de sorte qu'ils sont considérés comme les facteurs cruciaux façonnant et déterminant la culture politique arabe et l'esprit politique arabe. » Les tribus ont été centrales dans la vie politique des États arabes, dont beaucoup, comme le disait Tashin Bashir, sont d'ailleurs simplement « des tribus avec des drapeaux ». Le fondateur de l'Arabie Saoudite a réussi en grande partie parce qu'il a su créer une coalition tribale entre autres moyens par le mariage, et la politique saoudienne a continué à être une politique tribale dressant les Sudairis contre les Shammars et d'autres tribus. Dix-huit des plus grandes tribus au moins ont joué un rôle significatif dans le développement de la Libye, et on dit que cinq cents tribus vivent au Soudan, la plus nombreuse dépassant les 12 % de la population du pays[26].

En Asie centrale, il n'y avait historiquement pas d'identités nationales. « La loyauté allait à la tribu, au clan et à la famille élargie, pas à l'État. » À l'autre extrême, les gens avaient en commun « langue, religion, culture et styles de vie » et « l'islam était la plus grande force unitaire, bien plus que le pouvoir de l'émir ». On trouvait une centaine de clans « des montagnes » et soixante-dix « des plaines » chez les Tchétchènes et au nord du Caucase. Ils contrôlaient la politique et l'économie à un tel degré que, par opposition à l'économie planifiée d'Union soviétique, on a dit que l'économie tchétchène était « clanifiée[27] ».

Dans tout l'islam, le petit groupe et la grande foi, la tribu et la *Oumma* ont été les principaux foyers de loyauté et d'engagement. L'État-nation est bien moins important. Dans le monde arabe, les États existants rencontrent des problèmes de légitimité parce qu'ils sont pour la plupart les produits arbitraires, voire capricieux, de l'impérialisme occidental, et leurs frontières ne coïncident souvent même pas avec celles des groupes ethniques, comme c'est le cas pour les Berbères et les Kurdes. Ces États ont divisé la nation arabe, mais, d'un autre côté, jamais un État panarabe n'a pu se matérialiser. En outre, l'idée d'État-nation souverain est incompatible avec la croyance en la souveraineté d'Allah et la primauté de la *Oumma*. En tant que mouvement révolutionnaire, le fondamentalisme islamiste rejette l'État-nation au profit de l'unité de l'islam, tout comme le marxisme le rejetait au profit de l'unité du prolétariat international. La faiblesse de l'État-nation dans l'islam s'exprime aussi dans le fait que de nombreux conflits ont eu lieu entre *groupes* musulmans après la Seconde Guerre mondiale, alors que les guerres majeures entre *États* musulmans ont été rares, la plus importante ayant impliqué l'Irak, qui a envahi ses voisins.

Dans les années soixante-dix et quatre-vingt, les mêmes facteurs qui ont suscité la résurgence islamique au sein des différents pays ont aussi attisé l'identification à la *Oumma* ou à la civilisation islamique prise comme un tout. Comme le faisait observer un chercheur au milieu des années quatre-vingt :

> La conscience identitaire et unitaire musulmane s'est trouvée stimulée par la décolonisation, la croissance démographique, l'industrialisation, l'urbanisation et les modifications de l'ordre économique international associées notamment à la richesse pétrolière dans les pays musulmans. [...] Les communications modernes ont renforcé et raffiné les liens entre musulmans. Le nombre de pèlerins à La Mecque s'est beaucoup accru, ce qui a créé une conscience plus forte d'une identité commune chez les musulmans, de la Chine au Sénégal, du Yémen au Bangladesh. Un nombre de plus en plus grand d'étudiants venus d'Indonésie, de Malaisie, du sud des Philippines et d'Afrique suivent des cours dans les universités du Moyen-Orient, qui diffusent les idées et établissent des contacts personnels par-delà les frontières nationales. Il se tient régulièrement et de plus en plus souvent des conférences et des colloques entre intellectuels musulmans et *oulémas* (théologiens) dans des centres comme Téhéran, La Mecque et Kuala Lumpur. [...] Des cassettes (audio et désormais vidéo) répandent les sermons à travers les fontières internationales, de sorte que les prêcheurs influents touchent aujourd'hui un public qui va bien au-delà de leur communauté locale[28].

La conscience de l'unité musulmane s'est aussi exprimée dans les actions menées par certains États et organisations internationales, et ceux qui l'ont encouragée. En 1969, les dirigeants d'Arabie Saoudite, avec ceux du Pakistan, du Maroc, d'Iran, de Tunisie et de Turquie, ont organisé le premier sommet islamique de Rabat. Il en est ressorti l'Organisation de la conférence islamique (OCI), formellement créée en 1972 avec Djedda pour siège. Virtuellement, tous les États qui ont une importante population musulmane appartiennent désormais à la Conférence, seule organisation interétatique de ce type. Les gouvernements chrétiens, orthodoxes, bouddistes et hindous n'ont pas d'organisation interétatique fondée sur la religion. Les gouvernements musulmans si. En outre, les gouvernements d'Arabie Saoudite, du Pakistan, d'Iran et de Libye ont financé et soutenu des organisations non gouvernementales comme le Congrès musulman mondial (création pakistanaise) et la Ligue mondiale musulmane (création saoudienne), ainsi que « nombre de régimes, de partis, de mouvements et de causes, parfois très éloignés, dont ils pensaient qu'ils partageaient leurs orientations idéologiques » et qui « ont enrichi le flux d'informations et de ressources parmi les musulmans[29] ».

Le passage de la conscience islamique à la cohésion islamique comporte cependant deux paradoxes. Premièrement, l'islam est divisé en plusieurs centres de pouvoir concurrents, chacun tentant de capitaliser à son profit l'identification des musulmans avec la *Oumma* afin de réaliser la cohésion islamique sous son égide. Cette compétition se joue entre les régimes établis et leurs organisations d'un côté et les régimes islamistes et leurs organisations de l'autre. L'Arabie Saoudite a donné l'exemple en créant l'OCI entre autres raisons pour contrer la Ligue arabe, alors dominée par Nasser. En 1991, après la guerre du Golfe, le leader soudanais Hassan al-Turabi a créé la Conférence arabe et islamique populaire (CAIP) pour contrebalancer l'OCI dominée par les Saoudiens. La troisième conférence de la CAIP, à Khartoum début 1995, a rassemblé plusieurs centaines de délégués d'organisations et de mouvements islamistes venus de quatre-vingts pays[30]. Outre ces organisations formelles, la guerre d'Afghanistan a suscité la création d'un réseau très étendu de groupes informels et officieux de vétérans qui se sont battus pour des causes musulmanes ou islamistes en Algérie, en Tchétchénie, en Égypte, en Tunisie, en Bosnie, en Palestine, aux Philippines et ailleurs. Après la guerre, ils ont été rejoints par des combattants formés et soutenus par différentes factions afghanes. Les intérêts communs des régimes et des mouvements radicaux ont permis d'abandonner certains antagonismes traditionnels, et, avec le soutien de l'Iran, des liens se sont créés entre groupes fondamentalistes sunnites et chiites. Le Soudan et l'Iran entretiennent une coopération militaire étroite. L'aviation et la marine iraniennes utilisent les bases soudanaises. Et les deux gouvernements coopèrent pour soutenir des groupes fondamentalistes notamment en Algérie. Hassan al-Turabi et Saddam Hussein ont développé des liens étroits en 1994, et l'Iran et l'Irak évoluent vers la réconciliation[31].

Deuxièmement, le concept de *Oumma* présuppose que l'État-nation n'est pas légitime, et pourtant la *Oumma* ne peut être unifiée que sous l'action d'au moins un État phare fort qui fait actuellement défaut. L'idée de l'islam comme communauté politico-religieuse unifiée a signifié que les États phares se matérialisaient dans le passé seulement lorsque les suprématies religieuse et politique — le califat et le sultanat — étaient combinées en une seule entité gouvernante. La conquête arabe rapide de l'Afrique du Nord et du Moyen-Orient au VIIe siècle a culminé dans le califat umayyade qui avait pour capitale Damas. Il a été suivi au VIIIe siècle par le califat abbasside, basé à Bagdad et sous influence perse, et par des califats secondaires apparus au Caire et à Cordoue au Xe siècle. Quatre cents ans plus tard, les Turcs ottomans se sont étendus à travers le Moyen-Orient, prenant Constantinople en 1453 et établissant un nouveau califat en 1517. Presque en même temps, d'autres Turcs ont envahi l'Inde et fondé l'Empire mogol. La montée en puissance de l'Occident a affaibli à la fois l'Empire ottoman et l'Empire mogol, et la fin du premier a laissé l'islam sans État phare. Ses territoires se sont trouvés, en grande partie, divisés entre les puissances occidentales. Et lorsqu'elles se sont retirées, elles ont laissé derrière elles des États fragiles formés sur le modèle occidental étranger aux traditions de l'islam. Pendant la plus grande partie du Xe siècle, aucun pays musulman n'a été assez puissant et assez légitime culturellement et religieusement pour jouer le rôle de chef de file de l'islam et être accepté comme tel par les autres États islamiques et par les pays non islamiques.

L'absence d'État phare islamique a beaucoup contribué à la multiplication des conflits internes et externes qui caractérise l'islam. Le fait que l'islam engendre une conscience identitaire commune sans cohésion politique est une source de faiblesse et une menace pour les autres civilisations. Qu'en sera-t-il dans l'avenir ?

Un État phare islamique doit posséder les ressources économiques, la puissance militaire, les compétences d'organisation et l'identité et l'engagement islamiques pour conférer à la *Oumma* une suprématie politique et religieuse. On mentionne périodiquement six États au titre de chef de file de l'islam. Pour lors, aucun d'eux n'a rempli toutes les conditions pour constituer effectivement un État phare. L'Indonésie est le pays musulman le plus vaste et elle connaît un développement économique rapide. Cependant, elle est située à la périphérie de l'islam, loin de ses centres arabes. Sa variante de l'islam est très souple. Et sa population et sa culture résultent d'un mélange d'influences indigènes, musulmanes, hindoues, chinoises et chrétiennes. L'Égypte est un pays arabe, à la population nombreuse, situé à un emplacement central et stratégique du Moyen-Orient. Elle possède la principale institution d'enseignement islamique, l'université Al-Azhar. C'est toutefois un pays pauvre, économiquement dépendant des États-Unis, des institutions internationales contrôlées par l'Occident et des États arabes riches en pétrole.

L'Iran, le Pakistan et l'Arabie Saoudite se sont tous explicitement définis comme des pays musulmans et ont activement tenté d'exercer une influence et de conférer la suprématie à la *Oumma*. Ce faisant, ils sont devenus rivaux dans le financement d'organisations et de groupes islamiques, dans le soutien aux combattants en Afghanistan et dans l'agitation des musulmans d'Asie centrale. L'Iran a la taille, la situation centrale, la population, les traditions historiques, les ressources pétrolières et le niveau de développement économique requis pour être un État phare islamique. 90 % des musulmans, cependant, sont sunnites et l'Iran est chiite. Le persan est loin derrière l'arabe comme langue de l'islam. Et les relations entre Perses et Arabes ont été historiquement antagonistes.

Le Pakistan a la taille, la population et les moyens militaires nécessaires. Ses dirigeants se sont faits les défenseurs de la coopération entre États islamiques et les hérauts de l'islam dans le reste du monde. Le Pakistan est cependant assez pauvre et souffre de sérieuses divisions ethniques et régionales internes. Il est très instable politiquement et obsédé par le problème de sa sécurité vis-à-vis de l'Inde, ce qui explique en grande partie son souci de développer des relations étroites avec d'autres pays islamiques, ainsi qu'avec des puissances non islamiques, comme la Chine et les États-Unis.

L'Arabie Saoudite a été le berceau de l'islam ; les lieux saints de l'islam s'y trouvent ; sa langue est celle de l'islam ; elle a les plus grandes réserves de pétrole du monde et l'influence financière qui va de pair ; son gouvernement a conformé la société saoudienne à un islam strict. Pendant les années soixante-dix et quatre-vingt, l'Arabie Saoudite était la force la plus influente de l'islam. Elle a dépensé des milliards de dollars pour défendre la cause des musulmans dans le monde entier, des mosquées aux anthologies de textes, des partis politiques aux organisations islamistes et aux mouvements terroristes, et ce de façon assez indifférenciée. D'un autre côté, sa population relativement limitée et sa vulnérabilité géographique la rendent dépendante de l'Occident pour sa sécurité.

Enfin, la Turquie a l'histoire, la population, le niveau économique, la cohésion nationale, les traditions et les compétences militaires pour être l'État phare de l'islam. En définissant explicitement la Turquie comme laïque, cependant, Atatürk a empêché la république turque de succéder à l'Empire ottoman dans ce rôle. La Turquie ne peut même pas devenir membre de l'OCI parce que sa constitution garantit la laïcité. Aussi longtemps qu'elle se définira comme un État laïc, la suprématie sur l'islam lui sera déniée.

Et si la Turquie changeait ? Jusqu'à un certain point, elle semble prête à renoncer à son statut, plutôt frustrant et humiliant, de mendiant vis-à-vis de l'Occident pour retrouver son rôle historique, plus impressionnant et plus élevé, de principal interlocuteur islamique et d'adversaire de l'Occident. Le fondamentalisme gagne en Turquie. Sous Özal, elle s'est efforcée de s'identifier au monde arabe. Elle a capitalisé sur ses liens ethniques et linguistiques pour jouer un rôle modeste en Asie centrale. Elle a encouragé et soutenu les musulmans de Bosnie. Parmi les pays musulmans, la Turquie est unique en cela qu'elle a des liens historiques étendus avec les musulmans des Balkans, du Moyen-Orient, d'Afrique du Nord et d'Asie centrale. Elle pourrait donc « faire une bonne Afrique du Sud » : en abandonnant la laïcité, qui est étrangère à son être profond, comme l'Afrique du Sud a abandonné l'apartheid, et en cessant ainsi d'être un paria au yeux de sa civilisation pour devenir son chef de file. Ayant expérimenté ce qu'il y a de bien et ce qu'il y a de mal dans l'Occident, à travers le christianisme et l'apartheid, l'Afrique du Sud est très qualifiée pour mener l'Afrique. Ayant expérimenté ce qu'il y a de bien et de mal dans l'Occident, à travers la laïcité et la démocratie, la Turquie pourrait tout aussi bien être qualifiée pour mener l'islam. Mais pour ce faire, il lui faut rejeter l'héritage d'Atatürk plus fermement encore que la Russie celui de Lénine. Il faudrait aussi un chef du calibre d'Atatürk qui combine légitimité religieuse et légitimité politique pour faire que la Turquie ne soit plus un État déchiré mais devienne un État phare.

Quatrième partie

# LES CONFLITS ENTRE CIVILISATIONS

CHAPITRE 8

# L'Occident et le reste du monde : problèmes intercivilisationnels

## *L'universalisme occidental*

Dans le monde qui naît, les relations entre États et groupes appartenant à différentes civilisations ne seront guère étroites, mais souvent plutôt antagonistes. Cependant, certaines relations intercivilisationnelles porteront plus au conflit que d'autres. Au niveau régional, les lignes de partage les plus violentes opposent l'islam et ses voisins orthodoxes, hindous, africains et chrétiens d'Occident. Au niveau planétaire, c'est la division prépondérante entre l'Occident et le reste du monde qui prédomine, les affrontements les plus intenses ayant lieu entre les musulmans et les sociétés asiatiques, d'un côté, et l'Occident, de l'autre. Les chocs dangereux à l'avenir risquent de venir de l'interaction de l'arrogance occidentale, de l'intolérance islamique et de l'affirmation de soi chinoise.

L'Occident est la seule parmi les civilisations à avoir eu un impact important et parfois dévastateur sur toutes les autres. La relation entre la puissance et la culture de l'Occident et la puissance et les cultures des autres civilisations est ainsi une des clés du monde civilisationnel. Tandis que la puissance des autres civilisations s'accroît, l'attrait que présente la culture occidentale s'estompe, et les non-Occidentaux prennent confiance dans leurs cultures indigènes et s'impliquent plus en elles. Le problème central dans les relations entre l'Occident et le reste du monde est par conséquent la discordance entre les efforts de l'Occident — en particulier de l'Amérique — pour promouvoir une culture occidentale universelle et son aptitude déclinante pour ce faire.

La chute du communisme a exacerbé ce phénomène en renforçant en Occident l'idée que son idéologie démocrate libérale aurait triomphé globalement et donc serait universellement valide. L'Occident, en particulier les États-Unis, qui ont toujours été une nation missionnaire, croit que les non-Occidentaux devraient adopter les valeurs occidentales, la démocratie, le libre-échange, la séparation des pouvoirs, les droits de l'homme, l'individualisme, l'État de droit, et conformer leurs institutions à ces valeurs. Des minorités embrassent ces valeurs et les défendent au sein d'autres civilisations, mais l'attitude dominante à leur égard dans les cultures non-occidentales va plutôt du scepticisme au rejet. Ce qui semble de l'universalisme aux yeux de l'Occident passe pour de l'impérialisme ailleurs.

L'Occident s'efforce et s'efforcera à l'avenir de maintenir sa position prééminente et de défendre ses intérêts en les présentant comme ceux de la « communauté mondiale ». Cette expression est un euphémisme collectif (qui remplace « le monde libre ») censé donner une légitimité globale aux actions qui reflètent en fait les intérêts des États-Unis et des autres puissances occidentales. L'Occident tente, par exemple, d'intégrer les économies des sociétés non occidentales dans un système économique global qu'il domine. Il défend ses intérêts économiques par l'intermédiaire du FMI et des autres institutions économiques internationales, et cherche à imposer aux autres nations les politiques économiques qu'il pense adaptées. N'importe quel sondage effectué chez les non-Occidentaux montrerait que les ministres des Finances et certaines autres personnes sont favorables au FMI, mais que presque tout le monde lui est défavorable et reprendrait à son compte la façon dont Georgi Arbatov décrit les fonctionnaires du FMI : « des néobolcheviques qui aiment exproprier les autres de leur argent, imposer des règles non démocratiques et étrangères de conduite économique et politique, et renforcer la liberté économique[1] ».

Les non-Occidentaux n'hésitent pas non plus à montrer du doigt le fossé qui sépare les principes et les actions des Occidentaux. Les prétentions à l'universalisme n'empêchent pas l'hypocrisie, le double langage, les exceptions. On défend la démocratie mais pas si elle porte au pouvoir les fondamentalistes islamistes ; on prêche la non-prolifération pour l'Iran et l'Irak mais pas pour Israël ; le libre-échange est l'élixir de la croissance économique mais pas pour l'agriculture ; les droits de l'homme représentent un problème en Chine mais pas en Arabie Saoudite ; une agression contre le Koweït riche en pétrole est repoussée avec vigueur mais pas les assauts contre les Bosniaques qui n'ont pas de pétrole. Le double langage dans la pratique va de pair avec des principes universels.

Parvenues à l'indépendance politique, les sociétés non occidentales veulent se libérer de la domination économique, militaire et culturelle de l'Occident. Les sociétés d'Extrême-Orient sont en passe de rivaliser économiquement avec l'Occident. Les pays asiatiques et islamiques comptent sur des coupes dans les budgets militaires de l'Occident pour parvenir à son niveau. Les aspirations universelles de la civilisation occidentale, la puissance relative déclinante de l'Occident et l'affirmation culturelle de plus en plus forte des autres civilisations suscitent des relations généralement difficiles entre l'Occident et le reste du monde. Leur nature et leur degré d'antagonisme varient cependant considérablement et se décomposent en trois catégories. Avec ses civilisations rivales, l'islam et la Chine, l'Occident risque d'entretenir des rapports très tendus et même souvent très conflictuels. Ses relations avec l'Amérique latine et l'Afrique, civilisations plus faibles et dans une certaine mesure dépendantes vis-à-vis de lui, impliqueront des conflits moins forts, en particulier avec l'Amérique latine. Les relations de la Russie, du Japon et de l'Inde avec l'Occident risquent, quant à elles, de se situer entre ces deux autres groupes. Elles impliqueront à la fois de la coopération et des conflits selon que ces États phares s'aligneront sur les civilisations rivales de l'Occident ou se caleront sur lui. Ce sont des civilisations qui hésitent entre l'Occident, d'un côté, et les civilisations islamique et chinoise, de l'autre.

L'islam et la Chine incarnent de grandes traditions culturelles très différentes de celle de l'Occident et à leurs yeux infiniment supérieures. Leur puissance et leur confiance en elles vis-à-vis de l'Occident augmentent ; les conflits entre leurs valeurs, leurs intérêts et ceux de l'Occident se multiplient et deviennent plus intenses. Parce que l'islam n'a pas d'État phare, ses relations avec l'Occident varient grandement selon les pays. Depuis les années soixante-dix, cependant, un courant antioccidental s'est développé, marqué par la montée du fondamentalisme, le remplacement à la tête des pays musulmans de gouvernements pro-occidentaux par des gouvernements antioccidentaux, l'apparition d'une quasi-guerre entre certains groupes islamiques et l'Occident, et l'affaiblissement des liens de sécurité datant de la guerre froide entre certains États musulmans et les États-Unis. Nonobstant les différences sur des problèmes particuliers, la question fondamentale porte sur le rôle que joueront ces civilisations vis-à-vis de l'Occident pour façonner le monde de demain. Les institutions globales, les rapports de force et la politique et l'économie des nations au XXI^e^ siècle refléteront-ils les valeurs et les intérêts de l'Occident ou bien seront-ils façonnés par ceux de l'islam et de la Chine ?

La théorie réaliste des relations internationales prédit que les États phares des civilisations non occidentales devraient se rapprocher pour contrebalancer la puissance dominante de l'Occident. Dans certaines régions, c'est ce qui s'est passé. Cependant, une coalition antioccidentale généralisée semble peu probable dans un avenir proche. Les civilisations islamique et chinoise diffèrent fondamentalement en termes de religion, de culture, de structure sociale, de traditions, de vie politique et de présupposés à la base de leur mode de vie. Intrinsèquement, elles ont sans doute chacune beaucoup moins en commun avec l'autre qu'avec la civilisation occidentale. Pourtant, en politique, un ennemi commun crée des intérêts communs. Les sociétés islamique et chinoise qui regardent l'Occident comme leur adversaire ont ainsi des raisons de coopérer entre elles contre lui, à l'instar des Alliés et de Staline contre Hitler. Cette coopération se manifeste dans des domaines très variés, notamment les droits de l'homme, l'économie, l'armement, en particulier les armes de destruction massive et les missiles, et ce pour contrebalancer la supériorité de l'Occident dans le domaine conventionnel. Au début des années quatre-vingt-dix, une « filière islamo-confucéenne » s'est mise en place entre la Chine et la Corée du Nord, d'un côté, et à des degrés divers le Pakistan, l'Iran, l'Irak, la Syrie, la Libye et l'Algérie, de l'autre, pour s'opposer à l'Occident dans ces domaines.

Les problèmes qui divisent l'Occident et ces sociétés sont de plus en plus importants sur la scène internationale. Trois d'entre eux concernent les efforts de l'Occident *primo* pour préserver sa supériorité militaire grâce à une politique de non-prolifération et de contre-prolifération à l'égard des armes nucléaires, biologiques et chimiques, et des moyens de les utiliser ; *secundo* pour promouvoir les valeurs et les institutions occidentales en pressant les autres sociétés de respecter les droits de l'homme tels qu'ils sont conçus en Occident et d'adopter la démocratie à l'occidentale ; *tertio* pour protéger l'intégrité culturelle, sociale et ethnique des sociétés occidentales en restreignant le nombre de non-Occidentaux admis comme immigrés ou comme réfugiés. Dans ces trois domaines, l'Occident a éprouvé des difficultés à défendre ses intérêts contre ceux des sociétés non occidentales, et cela continuera à l'avenir.

## *La prolifération des armements*

La diffusion des moyens militaires est la conséquence du développement social et économique global. Devenus plus riches économiquement, le Japon, la Chine et les autres pays d'Asie deviendront plus puissants militairement, et les sociétés islamiques aussi probablement. De même pour la Russie, si elle réussit à réformer son économie. Durant les vingt ou trente dernières années du siècle, de nombreuses nations non occidentales ont acheté des armes sophistiquées aux sociétés occidentales, à la Russie, à Israël et à la Chine, et elles ont aussi créé des industries locales aptes à en produire. Ce processus devrait se poursuivre et s'accélérer au tout début du XXIe siècle. Pour autant, longtemps encore, l'Occident, c'est-à-dire d'abord les États-Unis avec l'aide de la Grande-Bretagne et de la France, sera seul capable d'intervenir militairement n'importe où dans le monde. Et seuls les États-Unis auront la puissance aérienne permettant de bombarder n'importe quel endroit au monde. Telles sont les clés de la position militaire des États-Unis en tant que puissance globale et de l'Occident en tant que civilisation dominant le monde. Dans un avenir immédiat, l'équilibre de la puissance militaire conventionnelle entre l'Occident et le reste du monde restera en faveur de l'Occident.

Le temps, l'énergie et l'argent qu'il faut pour développer des équipements militaires conventionnels de haut niveau incitent les États non occidentaux à suivre d'autres voies pour contrebalancer la puissance militaire conventionnelle de l'Occident. Un bon raccourci consiste à acquérir des armes de destruction massive avec les moyens de les utiliser. Les États phares des différentes civilisations et les pays qui sont des puissances régionales dominantes ou aspirent à le devenir sont particulièrement incités à acheter ces armes. Celles-ci leur permettent tout d'abord d'établir leur domination sur les autres États de leur civilisation et de leur région, et ensuite, elles leur donnent les moyens d'empêcher une invasion de leur civilisation ou de leur région par les États-Unis ou d'autres puissances extérieures. Si Saddam Hussein avait attendu deux ou trois ans, pour envahir le Koweït, que l'Irak possède des armes nucléaires, il en aurait très probablement pris possession et se serait peut-être même assuré le contrôle des champs de pétrole saoudiens. Les États non occidentaux ont tiré les leçons de la guerre du Golfe. Pour les militaires nord-coréens, elle signifie : « Ne pas laisser les Américains resserrer leurs forces ; ne pas les laisser utiliser la puissance aérienne ; ne pas leur laisser l'initiative ; ne pas les laisser entrer dans une guerre qui ferait peu de victimes américaines. » Pour un haut responsable militaire indien, la leçon est encore plus claire : « Ne pas se battre avec les États-Unis à moins d'avoir des armes nucléaires[2]. » Cette leçon a été apprise par cœur par les dirigeants politiques et les généraux dans tout le monde non occidental, avec son corollaire : « Si vous avez des armes nucléaires, alors les États-Unis ne se battront pas avec vous. »

« Au lieu de renforcer la politique habituelle de la puissance, notait Lawrence Freedman, les armes nucléaires confirment en fait la tendance à la fragmentation du système international en vertu de laquelle les grandes puissances actuelles jouent un rôle moindre. » Les armes nucléaires ont pour l'Occident, dans le monde d'après la guerre froide, une fonction opposée à celle qu'elles ont exercée pendant la guerre froide. Comme le soulignait le secrétaire d'État à la Défense Les Aspin, les armes nucléaires compensaient alors l'infériorité conventionnelle occidentale vis-à-vis de l'Union soviétique. Elles avaient une fonction « égalisatrice ». Dans le monde d'après la guerre froide, cependant, les États-Unis « ont une puissance militaire conventionnelle sans rivale, et ce sont [leurs] adversaires potentiels qui pourraient se doter d'armes nucléaires. [Ils sont] ceux qu'il faut égaliser[3] ».

Il n'est donc pas étonnant que la Russie ait privilégié les armes nucléaires dans ses plans et, en 1995, se soit arrangée pour récupérer des missiles et des bombardiers intercontinentaux d'appoint en

Ukraine. « Nous entendons aujourd'hui ce que nous disions des Russes dans les années cinquante, notait un expert américain en armement. Désormais, les Russes disent : “Il nous faut des armes nucléaires pour compenser leur supériorité conventionnelle.” » Par un retour des choses assez proche, à l'époque de la guerre froide, les États-Unis, par souci de dissuasion, refusaient de renoncer à utiliser les premiers les armes nucléaires. En accord avec la nouvelle fonction dissuasive des armes nucléaires dans le monde d'après la guerre froide, la Russie en 1993 est revenue sur l'engagement soviétique de ne pas utiliser en premier les armes nucléaires. Dans le même temps, la Chine, qui a développé depuis la fin de la guerre froide sa stratégie nucléaire de dissuasion limitée, a aussi commencé à remettre en question et à limiter ses engagements de 1964[4]. En faisant l'acquisition d'armes nucléaires et de différents armements de destruction massive, les autres États phares et les autres puissances régionales suivront vraisemblablement ces exemples afin d'accroître l'effet dissuasif de leurs armes sur une éventuelle action militaire conventionnelle de l'Occident contre eux.

Les armes nucléaires peuvent aussi représenter une menace plus directe pour l'Occident. La Chine et la Russie ont des missiles balistiques qui peuvent expédier des ogives nucléaires en Europe et en Amérique du Nord. La Corée du Nord, le Pakistan et l'Inde accroissent la portée de leurs missiles et devraient avoir la capacité de prendre l'Occident pour cible. En outre, les armes nucléaires peuvent être utilisées autrement. Les analystes militaires ont établi que le spectre de la violence va d'états de guerre de faible intensité, comme le terrorisme et la guérilla, à des guerres limitées et à d'autres, plus importantes, qui impliquent des forces conventionnelles en masse, jusqu'à la guerre nucléaire. Le terrorisme a historiquement été l'arme des faibles, c'est-à-dire de ceux qui ne possèdent pas de puissance militaire conventionnelle. Depuis la Seconde Guerre mondiale, les armes nucléaires ont aussi servi aux faibles à compenser leur infériorité conventionnelle. Dans le passé, les terroristes ne pouvaient provoquer que des violences limitées, en tuant quelques personnes ici ou en détruisant un bâtiment là. La violence massive demandait des forces militaires massives. Un jour ou l'autre, cependant, certains terroristes seront capables de susciter des violences et des destructions massives. Isolément, le terrorisme et les armements nucléaires sont l'arme des faibles hors d'Occident. S'ils les combinent, les faibles non occidentaux deviendront forts.

Dans le monde d'après la guerre froide, ce sont les États islamiques et confucéens qui ont accompli les plus grands efforts pour développer des armes de destruction massive et les moyens de les utiliser. Le Pakistan et sans doute la Corée du Nord disposent d'un petit nombre d'armes nucléaires ou du moins de la capacité à les assembler rapidement et ils développent ou achètent des missiles à longue portée capables de les lancer. L'Irak dispose d'une importante panoplie d'armes chimiques et s'est efforcé de se doter d'armes biologiques et nucléaires. L'Iran a un grand programme de développement d'armes nucléaires de portée de plus en plus lointaine. En 1988, le président Rafsandjani déclarait que les Iraniens « devaient être parfaitement équipés en armes chimiques, bactériologiques et radiologiques offensives et défensives ». Trois ans plus tard, son vice-président a déclaré à une conférence islamique : « Puisque Israël possède toujours des armes nucléaires, nous musulmans devons coopérer pour produire une bombe atomique, malgré les tentatives de l'ONU pour empêcher la prolifération. » En 1992 et 1993, de hauts responsables des renseignements américains reconnaissaient que l'Iran poursuivait ses efforts pour acquérir des armes nucléaires et, en 1995, le secrétaire d'État Warren Christopher a déclaré que l'Iran s'efforçait d'en développer. La Libye, l'Algérie et l'Arabie Saoudite cherchent aussi à développer des armes nucléaires. Comme le disait joliment Ali Mazrui, « il y a foule au-dessus du champignon nucléaire », et l'Occident n'est pas le seul menacé. L'islam pourrait finir par « jouer à la roulette russe nucléaire avec deux autres civilisations — l'hindouisme en Asie du Sud et le sionisme et l'État juif au Moyen-Orient[5] ».

La prolifération des armements est le domaine dans lequel la filière islamo-confucéenne a été le plus développée et le plus fructueuse concrètement, la Chine jouant un rôle central dans le transfert d'armes conventionnelles et non conventionnelles à de nombreux États musulmans. Ces transferts comprennent : la construction d'un réacteur nucléaire secret et fortement protégé dans le désert algérien, en apparence pour la recherche mais capable, selon les experts occidentaux, de produire du plutonium ; la vente d'armes chimiques à la Libye ; la livraison de missiles CSS-2 de moyenne portée à l'Arabie Saoudite ; la fourniture de technologies ou de matériel nucléaires à l'Irak, à la Libye, à la Syrie et à la Corée du Nord ; et le transfert d'un grand nombre d'armes conventionnelles à l'Irak. En complément des transferts chinois, au début des années quatre-vingt-dix, la Corée du Nord a, *via* l'Iran, fourni à la Syrie des missiles Scud-C ainsi que le support mobile pour les lancer[6].

Le nœud de la filière militaire islamo-confucéenne a été les relations entre la Chine et dans une moindre mesure la Corée du Nord, d'un côté, et le Pakistan et l'Iran, de l'autre. Entre 1980 et 1991, les deux principaux destinataires des armes chinoises ont été l'Iran et le Pakistan, l'Irak venant ensuite. Depuis le début des années soixante-dix, la Chine et le Pakistan ont développé des relations militaires extrêmement étroites. En 1989, ces deux pays ont signé un accord décennal de coopération militaire « dans le domaine des fournitures, de la recherche et du développement conjoints, de la production conjointe, du transfert de technologie, ainsi que de l'exportation par accord mutuel vers des pays tiers ». Un accord complémentaire de crédit pour les livraisons d'armes chinoises au Pakistan a été signé en 1993. La Chine est donc devenue « le principal et plus sûr fournisseur de matériel militaire du Pakistan et exporte à peu près tout ce qui est possible et imaginable pour chaque branche de l'armée pakistanaise ». La Chine a aussi aidé le Pakistan à créer des bases pour les avions, les chars, l'artillerie et les missiles. Surtout, elle lui a fourni une aide cruciale pour développer sa panoplie nucléaire : fourniture d'uranium enrichi, conseil pour la conception des bombes, et peut-être autorisation de procéder à un test sur un site chinois. En violation de son engagement vis-à-vis des États-Unis, la Chine a aussi fourni des missiles balistiques M-11 d'une portée de trois cents kilomètres, qui peuvent porter des ogives nucléaires. En retour, la Chine a pu avoir accès à la technologie pakistanaise pour le ravitaillement en vol et à des missiles Stinger[7].

*Tableau 8.1* Extraits des transferts chinois d'armement, 1980-1991

| | Iran | Pakistan | Irak |
|---|---|---|---|
| Chars d'assaut | 540 | 1 100 | 1 300 |
| Transports de troupes | 300 | — | 650 |
| Missiles guidés antichars | 7 500 | 100 | — |
| Pièces d'artillerie lance-rockets | 1 200* | 50 | 720 |
| Avions de combat | 140 | 212 | — |
| Missiles mer-mer | 332 | 32 | — |
| Missiles sol-air | 788* | 222* | — |

* Estimations non confirmées

*Source* : Karl W. Eikenberry, *Explaining and Influencing Chinese Arms Transfers*, Washington, National Defense University, Institute for National Strategic Studies, McNair Paper n° 36, février 1995, p. 12.

Dans les années quatre-vingt-dix, les ventes d'armes entre la Chine et l'Iran ont également beaucoup augmenté. Pendant la guerre Iran-Irak, dans les années quatre-vingt, la Chine a fourni à l'Iran 22 % de ses armes et, en 1989, elle est devenue son principal pourvoyeur. Elle a aussi activement collaboré aux efforts menés par l'Iran au vu et au su du monde entier pour acquérir des armes nucléaires. Les deux pays ont signé « un accord préalable de coopération sino-iranienne », puis en janvier 1990 un plan décennal de coopération scientifique et de transfert de technologies militaires. En septembre 1992, le président Rafsandjani a accompagné des experts nucléaires iraniens en visite au Pakistan et est allé en Chine signer un autre accord de coopération nucléaire. En février 1993, la Chine a accepté de construire deux réacteurs nucléaires de trois cents mégawatts en Iran. Dans le cadre de ces accords, la Chine a transféré de la technologie et des informations en Iran, a formé des scientifiques et des ingénieurs iraniens et a fourni à l'Iran un procédé d'enrichissement. En 1995, sous la forte pression des États-Unis, la Chine a accepté d'« annuler », selon les États-Unis, ou de

« suspendre », selon la Chine, la vente de ces deux réacteurs. La Chine a aussi été un pourvoyeur important de missiles et de technologie pour les missiles à l'Iran, notamment à la fin des années quatre-vingt de missiles Silmworm livrés par l'intermédiaire de la Corée du Nord et de « dizaines et peut-être de centaines de systèmes et de composants électroniques de guidage » en 1994-1995. La Chine a aussi autorisé la production sous licence en Iran de missiles sol-sol chinois. La Corée du Nord a complété cette assistance en livrant des Scud à l'Iran, en l'aidant à développer ses sites de production et en acceptant en 1993 de fournir à l'Iran son missile Nodong I d'une portée de sept cents kilomètres. L'Iran et le Pakistan ont aussi développé une coopération étroite dans le domaine nucléaire, le Pakistan formant des scientifiques iraniens, et le Pakistan, l'Iran et la Chine se mettant d'accord en novembre 1992 pour travailler ensemble sur des projets nucléaires[8]. L'aide très importante de la Chine au Pakistan et à l'Iran pour développer des armes de destruction massive témoigne d'un haut degré d'engagement et de coopération entre ces pays.

Résultat de ces évolutions et des menaces potentielles qu'elles représentent pour les intérêts occidentaux, la prolifération des armes de destruction massive est devenue une question prioritaire pour la politique de sécurité de l'Occident. En 1990, par exemple, 59 % du public américain pensait que prévenir la diffusion des armes nucléaires était important en politique étrangère. En 1994, 82 % du public et 90 % des diplomates se sont ralliés à cette idée. Le président Clinton a déclaré en septembre 1993 que la non-prolifération était une priorité et, à l'automne 1994, il a indiqué que faire face aux « dangers extraordinaires pour la sécurité nationale, la politique étrangère et l'économie des États-Unis » que représente « la prolifération des armes nucléaires, biologiques et chimiques, ainsi que des moyens de les utiliser » était « une urgence nationale ». En 1991, la CIA a créé un Centre pour la non-prolifération qui occupe cent personnes, et, en décembre 1993, le secrétaire d'État Les Aspin a annoncé une nouvelle Initiative de défense pour la contre-prolifération et la création d'un nouveau poste de sous-secrétaire pour la sécurité nucléaire et la contre-prolifération[9].

Pendant la guerre froide, les États-Unis et l'Union soviétique se sont engagés dans une course aux armements classique en cherchant à développer des armes nucléaires et des supports de lancement de plus en plus sophistiqués techniquement. L'accumulation répondait à l'accumulation. Dans le monde d'après la guerre froide, la compétition en matière d'armements est d'un type différent. Les adversaires de l'Occident tentent d'acquérir des armes de destruction massive, et l'Occident s'efforce de les en empêcher. L'accumulation ne répond plus à l'accumulation, mais à la diminution. La taille et le potentiel de l'arsenal nucléaire de l'Occident, toute rhétorique mise à part, ne servent à rien. Le résultat d'une course aux armements par accumulation dépend des ressources, de l'énergie et des compétences technologiques des deux parties. L'issue n'est pas prédéterminée. Le résultat d'une course par accumulation et diminution est davantage prédictible. Les efforts de l'Occident pour accumuler plus d'armes peuvent ralentir la production d'armes des autres sociétés, mais non l'arrêter. Le développement économique et social des sociétés non occidentales, l'incitation commerciale pour toutes les sociétés, occidentales comme non occidentales, à gagner de l'argent grâce à la vente d'armes, de technologies et d'expertise, ainsi que les raisons politiques qu'ont les États phares et les puissances régionales de protéger leur hégémonie locale, tout cela concourt à ruiner les efforts de l'Occident pour empêcher la production de nouvelles armes.

L'Occident défend la non-prolifération au nom de l'intérêt de toutes les nations pour l'ordre et la stabilité internationaux. Les autres nations, cependant, considèrent que la non-prolifération sert les intérêts de l'hégémonie occidentale. On le voit bien si on regarde les différences d'attitude à l'égard de la prolifération entre, d'un côté, l'Occident et en particulier les États-Unis, et, de l'autre, les puissances régionales dont la sécurité serait affectée par elle. C'est patent dans le cas de la Corée. En 1993 et 1994, les États-Unis ont découvert avec horreur que la Corée du Nord allait se doter d'armes nucléaires. Le président Clinton a déclaré tout bonnement que « la Corée du Nord ne peut être autorisée à développer une bombe atomique » et que « les États-Unis doivent être fermes sur ce point ». Les sénateurs, les représentants et d'ex-responsables de l'administration Bush ont émis l'idée qu'il pourrait être nécessaire de mener une attaque préventive contre les bases nucléaires nord-coréennes. L'inquiétude américaine vis-à-vis du programme nord-coréen trouvait sa source dans les préoccupations liées à la prolifération globale. Non seulement les actions éventuelles des États-Unis en Extrême-Orient pourraient être empêchées et compliquées si la Corée du Nord possédait la bombe, mais, de plus, si cette dernière vendait sa technologie et/ou ses armes, cela pourrait avoir des effets comparables pour les États-Unis en Asie du Sud-Est et au Moyen-Orient.

La Corée du Sud, par ailleurs, considère la bombe à la lumière de ses intérêts régionaux. Nombre de Sud-Coréens estiment qu'une bombe nord-coréenne est d'abord *coréenne*, et qu'elle ne serait jamais utilisée contre d'autres Coréens mais seulement pour défendre l'indépendance de la Corée et ses intérêts contre le Japon et d'autres menaces potentielles. Les fonctionnaires civils et les officiers sud-coréens lorgnent vers une Corée unie qui posséderait la bombe. La Corée du Sud y trouverait son compte : c'est la Corée du Nord qui paierait et supporterait le blocus international ; c'est la Corée du Sud qui en hériterait ; la combinaison des armes nucléaires du Nord et de l'appareil industriel du Sud permettrait à une Corée réunifiée de devenir un acteur majeur sur la scène extrême-orientale. En conséquence, des différences marquées sont apparues entre les États-Unis et la Corée du Sud : pour Washington, c'est une crise majeure qui s'est produite dans la péninsule en 1994, mais pas pour Séoul, ce qui a créé un fossé entre les deux capitales. Un fossé assez semblable entre les intérêts de sécurité américains et ceux des puissances régionales est apparu en Asie du Sud aussi, lorsque les États-Unis ont commencé à s'y préoccuper de la prolifération nucléaire plus que les habitants de la région. L'Inde et le Pakistan ont chacun trouvé la menace nucléaire de l'autre plus facile à accepter que les propositions américaines de couvrir, réduire ou éliminer ces deux menaces [10].

Les efforts des États-Unis et des autres pays occidentaux pour empêcher la prolifération des armes « égalisantes » de destruction massive ont connu et risquent fort de connaître peu de succès. Un mois après que le président Clinton a déclaré que la Corée du Nord ne pouvait être autorisée à avoir des armes nucléaires, les services secrets américains l'ont informé qu'elle en avait probablement une ou deux [11]. La politique américaine a alors évolué pour proposer aux Nord-Coréens une carotte susceptible de les inciter à ne pas développer leur arsenal nucléaire. Les États-Unis ont également été incapables de retarder ou d'arrêter le développement par l'Inde et le Pakistan d'armes nucléaires et d'arrêter le processus en Iran.

Lors de la conférence d'avril 1995 sur le traité de non-prolifération nucléaire, la discussion a surtout porté sur la question de savoir s'il devait être renouvelé pour une période indéfinie ou bien pour vingt-cinq ans. Les États-Unis ont fait pression pour qu'il devienne permanent. Cependant, un grand nombre de pays ne se sont déclarés favorables à cette extension que si elle s'accompagnait d'une réduction drastique de l'arsenal des cinq puissances nucléaires reconnues. En outre, l'Égypte s'y est opposée si Israël ne signait pas le traité et n'acceptait pas des inspections. Finalement, les États-Unis ont obtenu un consensus généralisé grâce au marchandage et à la menace. Ni l'Égypte ni le Mexique, par exemple, n'ont pu rester sur leur position hostile à une extension du traité pour une durée indéterminée vu leur dépendance économique vis-à-vis des États-Unis. Le traité a donc été étendu par consensus, mais les représentants de sept nations musulmanes (Syrie, Jordanie, Iran, Irak, Libye, Égypte et Malaisie) ainsi que d'un pays d'Afrique (Nigeria) ont exprimé leur désaccord au cours du débat de clôture [12].

En 1993, les principaux objectifs de l'Occident, tels que définis dans la politique américaine, sont passés de la non-prolifération à la contre-prolifération. Ce changement correspondait au fait de reconnaître de façon réaliste qu'on ne peut empêcher la prolifération nucléaire. La politique américaine, à coup sûr, passera de la contre-prolifération à la prolifération négociée et, si le gouvernement parvient à rompre avec ses idées héritées de la guerre froide, à la prolifération stimulée dans l'intérêt des États-Unis et de l'Occident. Cependant, en

1995, les États-Unis et l'Occident restaient engagés dans une politique de réduction, laquelle, au bout du compte, est vouée à l'échec. La prolifération des armes nucléaires ou autres de destruction massive est un phénomène central lié à la diffusion lente et inéluctable de la puissance dans un monde multicivilisationnel.

## *Les droits de l'homme et la démocratie*

Pendant les années soixante-dix et quatre-vingt, plus de trente pays sont passés de l'autoritarisme à la démocratie. Cette vague de transition s'explique par plusieurs causes. Le développement économique a indubitablement été le facteur principal qui a sous-tendu ces changements politiques. En outre, cependant, la politique et l'action des États-Unis, des grandes puissances européennes et des institutions internationales a aidé à apporter la démocratie à l'Espagne et au Portugal, à de nombreux pays d'Amérique latine, aux Philippines, à la Corée du Sud et à l'Europe de l'Est. La démocratisation a été réussie surtout dans les pays où les influences chrétiennes et occidentales étaient fortes. De nouveaux régimes démocratiques semblent appelés à se stabiliser surtout dans l'Europe méridionale et centrale où le catholicisme et le protestantisme prédominent et avec moins de certitude dans les pays d'Amérique latine. En Extrême-Orient, les Philippines, pays catholique très influencé par les États-Unis, sont revenues à la démocratie dans les années quatre-vingt, tandis que les dirigeants chrétiens ont appuyé le mouvement pour la démocratie en Corée du Sud et à Taiwan. Comme on l'a vu plus haut, dans l'ex-Union soviétique, la démocratie semble avoir réussi à se stabiliser dans les républiques baltes. L'ampleur et la stabilité de la démocratie dans les républiques orthodoxes varient considérablement et ne sont guère certaines ; les perspectives démocratiques dans les pays musulmans sont sombres. En 1990, sauf pour Cuba, la transition démocratique, hors de l'Afrique, a eu lieu dans la plupart des pays chrétiens d'Occident ou sous forte influence chrétienne.

Cette transition et l'écroulement de l'Union soviétique ont fait croire en Occident, en particulier aux États-Unis, qu'une révolution démocratique globale était en cours et qu'à court terme la conception occidentale des droits de l'homme ainsi que la démocratie à l'occidentale prévaudraient dans le monde entier. Cette vision a été endossée par l'administration Bush, et le secrétaire d'État James Baker a déclaré en avril 1990 que, « après le *containment*, il y avait la démocratie » et que, pour le monde d'après la guerre froide, « le président Bush a défini notre nouvelle mission comme étant la défense et la consolidation de la démocratie ». Dans sa campagne de 1992, Bill Clinton a rappelé à de nombreuses reprises que la défense de la démocratie serait une priorité pour son administration, et la démocratisation a été le seul sujet de politique étrangère auquel il a consacré un grand discours de campagne. Une fois aux affaires, il a recommandé que le budget du National Endowment for Democracy soit augmenté des deux tiers, et son conseiller pour la sécurité nationale a fait de « l'élargissement de la démocratie » le thème central de sa politique étrangère. Considérant que la défense de la démocratie était un de leur quatre objectifs majeurs, son secrétaire à la Défense a créé pour cela un poste dans son département. La défense des droits de l'homme et de la démocratie a aussi joué un rôle dominant, mais à un moinde degré et de façon moins patente, dans la politique étrangère des États européens et dans les critères sur lesquels s'appuient les institutions économiques internationales contrôlées par l'Occident pour accorder crédits et garanties aux pays en voie de développement.

Jusqu'en 1995, les efforts européens et américains pour aller dans ce sens ont connu un succès limité. Presque toutes les civilisations non occidentales résistent à la pression de l'Occident. C'est vrai des civilisations hindoue, orthodoxe, africaine et dans une certaine mesure même des pays d'Amérique latine. La plus grande résistance rencontrée par l'Occident dans ses efforts en faveur de la démocratie est pourtant venue de l'islam et de l'Asie. Elle s'enracine dans les mouvements plus globaux d'affirmation culturelle que représentent la résurgence de l'islam et l'affirmation de l'Asie.

Les échecs des États-Unis à l'égard de l'Asie s'expliquent surtout par la richesse économique et la confiance en soi de plus en plus grandes des gouvernements asiatiques. Les publicitaires asiatiques rappellent sans cesse à l'Occident que c'en est fini de la dépendance et de la subordination, et que l'Occident qui réalisait la moitié du produit économique mondial dans les années quarante, dominait les Nations unies et a écrit la Déclaration universelle des droits de l'homme est une chose passée. « Les efforts pour défendre les droits de l'homme en Asie, soutenait un responsable singapourien, doivent prendre en compte le fait que la répartition de la puissance dans le monde d'après la guerre froide a changé. [...] L'influence occidentale sur l'Extrême-Orient et l'Asie du Sud-Est a beaucoup diminué[13]. »

Il a raison. Tandis que l'accord sur les questions nucléaires entre les États-Unis et la Corée du Nord pourrait être qualifié d'« abandon négocié », la capitulation américaine sur les problèmes de droits de l'homme en Chine et dans d'autres pays d'Asie a été un abandon inconditionnel. Après avoir menacé la Chine de renoncer à la clause de la nation la plus favorisée si elle ne progressait pas sur le respect des droits de l'homme, l'administration Clinton a tout d'abord vu son secrétaire d'État être humilié à Pékin, puis perdre la face. Washington a répondu en renonçant à sa politique antérieure et en isolant la clause de la nation la plus favorisée des questions liées aux droits de l'homme.

En retour, la Chine, a réagi à cette démonstration de faiblesse en continuant de commettre et même en intensifiant les actes auxquels l'administration Clinton s'était opposée. Cette dernière a également battu en retraite dans ses tractations avec Singapour sur l'emprisonnement d'un citoyen américain et avec l'Indonésie à propos des violences perpétrées à Timor.

La capacité des régimes asiatiques à résister à la pression occidentale concernant les droits de l'homme s'est trouvée renforcée par plusieurs facteurs. Les hommes d'affaires américains et européens, désireux de développer leurs échanges et leurs investissements dans ces pays à forte croissance, ont soumis leurs gouvernements à une intense pression pour qu'ils ne viennent pas perturber leurs relations économiques avec eux. En outre, les pays d'Asie ont vu dans cette pression une atteinte à leur souveraineté et se sont serrés les coudes lorsque ces problèmes se sont posés. Les hommes d'affaires taiwanais, japonais et hong-kongais qui avaient investi en Chine avaient intérêt à ce que celle-ci conserve ses privilèges de nation la plus favorisée vis-à-vis des États-Unis. Le gouvernement japonais a pris ses distances vis-à-vis de la politique américaine des droits de l'homme : nous ne laisserons pas « une conception abstraite des droits de l'homme » affecter nos relations avec la Chine, a dit le Premier ministre Kiichi Miyazawa peu de temps après Tian'anmen. Les pays de l'ANSEA n'ont pas souhaité faire pression sur le Myanmar et, en 1994, ont accueilli la junte militaire à leur réunion alors que l'Union européenne, comme l'a dit son porte-parole, a dû reconnaître que sa politique « avait échoué » et qu'elle devrait suivre la démarche de l'ANSEA vis-à-vis du Myanmar. En outre, leur puissance économique de plus en plus grande permet à des États comme la Malaisie et l'Indonésie de pénaliser les pays et les sociétés qui les critiquent ou adoptent d'autres comportements qu'ils n'admettent pas [14].

Par-dessus tout, la force économique de plus en plus grande des pays d'Asie les préserve de plus en plus de la pression occidentale en ce qui concerne les droits de l'homme et la démocratie. « La puissance économique de la Chine d'aujourd'hui, notait Richard Nixon en 1994, rend imprudentes les démarches américaines. Dans dix ans, elles ne seront plus pertinentes. Dans vingt ans, on en rira [15]. » À ce moment, cependant, le développement économique de la Chine pourrait les rendre inutiles. La croissance économique rend les gouvernements d'Asie plus forts par rapport à ceux d'Occident. À long terme, elle renforcera aussi les sociétés asiatiques par rapport à leurs gouvernements. Si la démocratie doit apparaître dans de nouveaux pays d'Asie, c'est parce que des bourgeoisies et des classes moyennes plus fortes le voudront.

Par contraste avec l'accord sur l'extension à une durée indéterminée du traité de non-prolifération, les efforts de l'Occident pour défendre les droits de l'homme et la démocratie dans les agences des

Nations unies n'ont en général rien donné. À de rares exceptions près, comme la condamnation de l'Irak, les résolutions en faveur des droits de l'homme n'ont jamais eu gain de cause à l'ONU. Sauf certains pays d'Amérique latine, les autres gouvernements ont dédaigné de s'associer aux efforts pour défendre ce que la plupart considéraient comme « l'impérialisme des droits de l'homme ». En 1990, par exemple, la Suède a soumis à l'approbation de vingt nations occidentales une résolution condamnant le régime militaire du Myanmar, mais l'opposition de pays d'Asie et d'ailleurs l'a fait avorter. Les résolutions condamnant l'Iran pour des abus commis contre les droits de l'homme ont été rejetées, et pendant cinq ans durant les années quatre-vingt-dix, la Chine a reçu un soutien en Asie pour repousser les résolutions défendues par l'Occident que suscitaient ses violations des droits de l'homme. En 1994, le Pakistan a déposé une résolution à la commission des Nations unies sur les droits de l'homme condamnant les violations perpétrées par l'Inde au Cachemire. Les pays favorables à l'Inde s'y sont opposés, tout comme deux des plus proches amis du Pakistan, la Chine et l'Iran, qui avaient été la cible de semblables mesures et qui ont persuadé le Pakistan d'abandonner sa proposition. En échouant à condamner les brutalités indiennes au Cachemire, comme l'a noté *The Economist*, la commission de l'ONU sur les droits de l'homme « les a sanctionnées par défaut. D'autres pays aussi s'en tirent : la Turquie, l'Indonésie, la Colombie et l'Algérie ont échappé à la critique. La commission renforce ainsi des gouvernements qui pratiquent des boucheries et des tortures, ce qui va à l'encontre de ce que voulaient ses créateurs[16] ».

Les différences quant aux droits de l'homme entre l'Occident et les autres civilisations, et la capacité limitée de l'Occident à atteindre ses objectifs sont apparues au grand jour lors de la Conférence mondiale de l'ONU sur les droits de l'homme à Vienne, en juin 1993. D'un côté se tenaient les pays européens et nord-américains ; de l'autre, on trouvait un bloc d'environ cinquante États non occidentaux, dont les quinze plus actifs comprenaient les gouvernements d'un pays d'Amérique latine (Cuba), d'un pays bouddhiste (Myanmar), de quatre pays confucéens aux idéologies politiques, aux systèmes économiques et aux niveaux de développement très différents (Singapour, le Viêt-nam, la Corée du Nord et la Chine) et de neuf pays musulmans (la Malaisie, l'Indonésie, le Pakistan, l'Iran, l'Irak, la Syrie, le Yémen, le Soudan et la Libye). Le regroupement islamo-asiatique représenté par la Chine, la Syrie et l'Iran dominait. Entre ces deux groupes, il y avait les pays d'Amérique latine, sauf Cuba, qui ont souvent soutenu l'Occident, et les pays africains et orthodoxes qui l'ont parfois soutenu mais qui s'y sont opposés le plus souvent.

Les problèmes à propos desquels les pays se divisaient en termes de civilisation étaient les suivants : universalisme/relativisme culturel en matière de droits de l'homme ; priorité relative de l'économie et des droits sociaux dont le droit au développement/droits politiques et civiques ; conditions politiques posées à l'assistance économique ; création d'un commissaire de l'ONU aux droits de l'homme ; autorisation donnée aux organisations non gouvernementales de défense des droits de l'homme, qui se rassemblaient simultanément à Vienne, de participer à la conférence gouvernementale ; droits particuliers traités par cette conférence ; problèmes plus spécifiques, comme la possibilité laissée au dalaï-lama de s'adresser à la conférence et la nécessité de condamner explicitement les abus commis en Bosnie contre les droits de l'homme.

D'importantes différences se sont révélées entre les pays occidentaux et le bloc islamo-asiatique à propos de ces problèmes. Deux mois avant la conférence de Vienne, les pays d'Asie s'étaient réunis à Bangkok et avaient adopté une déclaration soulignant que les droits de l'homme devaient être considérés « dans le contexte [...] des particularités nationales et régionales et des différents fonds religieux et culturels hérités de l'histoire », que les droits de l'homme impliquaient des violations de la souveraineté des États et que le fait de conditionner l'assistance économique à la situation des droits de l'homme était contraire au droit au développement. Les différences que ces problèmes, entre autres, ont fait émerger étaient si grandes que presque tout le document issu de la dernière réunion préparatoire à la conférence de Vienne, début mai, était entre guillemets, ce qui montrait bien que tous les pays n'étaient pas d'accord.

Les nations occidentales étaient mal préparées pour Vienne. Elles étaient en infériorité numérique et, pendant les séances, elles ont fait plus de concessions que leurs adversaires. Sauf pour les droits des femmes, la déclaration adoptée par la conférence a donc été minimale. Ce fut, comme l'a fait remarquer un défenseur des droits de l'homme, un document « flou et contradictoire » qui représentait une victoire pour la coalition islamo-asiatique et une défaite pour l'Occident[17]. La déclaration de Vienne ne contenait aucune défense de la liberté de parole, de la presse, d'assemblée et de religion, et était donc par bien des aspects plus faible que la Déclaration universelle des droits de l'homme que les Nations unies avaient adoptée en 1948. Cette évolution traduit le déclin de puissance de l'Occident. « Le régime international des droits de l'homme de 1945, a fait remarquer un défenseur américain des droits de l'homme, n'est plus. L'hégémonie américaine s'est effritée. L'Europe, même avec les événements de 1992, n'est guère qu'une péninsule. Le monde est désormais aussi arabe, asiatique et africain qu'il est occidental. Aujourd'hui, la Déclaration universelle des droits de l'homme et les conventions internationales sont moins pertinentes pour la plus grande partie de la planète que dans l'immédiate après-guerre. » Un détracteur asiatique de l'Occident disait lui aussi : « Pour la première fois depuis que la Déclaration universelle a été adoptée en 1948, des pays qui n'ont pas été marqués profondément par les traditions du judéo-christianisme et du droit naturel sont au premier rang. Cette situation sans précédent va définir la nouvelle politique internationale des droits de l'homme. Elle va également multiplier les occasions de conflit[18]. »

« Le grand gagnant [de Vienne], notait un observateur, fut clairement la Chine, du moins si on mesure la réussite au fait de dire aux autres ce qu'ils ne doivent pas faire. Pékin a gagné tout au long de la réunion simplement en jouant de son poids[19]. » Mis en minorité et en mauvaise position à Vienne, l'Occident n'en a pas moins été capable quelques mois plus tard de remporter sur la Chine une victoire non dépourvue d'importance. Assurer à Pékin l'organisation des Jeux olympiques d'été de 2000 représentait un objectif majeur pour le gouvernement chinois, qui avait beaucoup investi dans ce sens. En Chine, beaucoup de publicité était faite sur la candidature chinoise, et les espoirs populaires étaient importants ; le gouvernement faisait pression sur les autres gouvernements pour qu'ils interviennent auprès de leur fédération olympique ; Taiwan et Hong Kong l'avaient rejoint dans cette campagne. Dans l'autre camp, le Congrès américain, le Parlement européen et les organisations de défense des droits de l'homme se sont opposés avec force au choix de Pékin. Bien que le vote au Comité international olympique ait lieu à bulletin secret, il s'est à l'évidence joué en termes civilisationnels. Au premier tour, Pékin est arrivé en tête devant Sidney, avec le soutien avéré de l'Afrique. Aux tours suivants, une fois Istanbul éliminé, la filière islamo-confucéenne a apporté ses voix à Pékin ; lorsque Berlin et Manchester ont été éliminés à leur tour, leurs voix sont allées à Sidney, qui a gagné au quatrième tour, causant une défaite humiliante pour la Chine, laquelle en a rendu responsables les États-Unis[20]. « L'Amérique et la Grande-Bretagne, notait Lee Kuan Yew, ont réussi à faire plier la Chine. [...] La raison apparente était "les droits de l'homme". Mais la vraie raison était une démonstration d'influence occidentale[21]. » À l'évidence, de par le monde, le sport préoccupe davantage que les droits de l'homme, mais vu les défaites subies par l'Occident à Vienne et ailleurs sur la question des droits de l'homme, cette démonstration isolée d'« influence » occidentale a aussi rappelé la faiblesse occidentale.

Non seulement cette influence diminue, mais le paradoxe de la démocratie atténue aussi la volonté occidentale de défendre la démocratie dans le monde d'après la guerre froide. Pendant la guerre froide, l'Occident et les États-Unis en particulier étaient confrontés au problème que posait le fait de collaborer avec des « tyrans amis » : ils se demandaient s'il fallait bel et bien coopérer avec des juntes militaires et des dictateurs qui étaient anticommunistes et donc utiles dans le cadre de la guerre froide. Une telle coopération jetait un trouble et entraînait même des embarras lorsque ces régimes portaient atteinte de façon trop criante aux droits de l'homme. Cette coopération se justifiait toutefois parce qu'elle était un moindre mal : ces gouvernements étaient moins répressifs que les régimes communistes et sans doute moins durables et plus sujets à des influences extérieures, entre autres américaine. Pourquoi ne pas travailler avec un tyran ami si l'alternative est un autre tyran, plus brutal et moins amical ? Dans le monde d'après la guerre froide, le choix est plus délicat entre tyran ami et démocratie hostile. Le présupposé occidental selon lequel des gouvernements élus démocratiquement seront coopératifs et pro-occidentaux pourrait bien se révéler faux dans les sociétés non occidentales où la compétition électorale peut porter au pouvoir des nationalistes et des fondamentalistes anti-occidentaux. L'Occident s'est senti soulagé lorsque l'armée algérienne est intervenue en 1992 et a annulé les élections que les fondamentalistes du FIS allaient gagner. Les gouvernements occidentaux ont aussi été rassurés lorsque le Parti social fondamentaliste en Turquie et le BJP nationaliste en Inde ont été chassés du pouvoir, qu'ils avaient conquis aux élections de 1995 et 1996. D'un autre côté, dans le contexte révolutionnaire qui est le sien, l'Iran a dans une certaine mesure l'un des régimes les plus démocratiques du monde islamique, et des élections libres dans de nombreux pays arabes, comme l'Égypte et l'Arabie Saoudite, donneraient sans doute des gouvernements bien moins ouverts vis-à-vis des intérêts occidentaux que leurs prédécesseurs non démocratiques. Un gouvernement élu par le peuple en Chine pourrait fort bien être très nationaliste. Comme les dirigeants occidentaux ont compris que le processus démocratique dans les sociétés non occidentales suscite des gouvernements hostiles à l'Occident, ils s'efforcent d'influencer ces élections et mettent moins d'ardeur que naguère à défendre la démocratie dans ces sociétés.

## *L'immigration*

Si la démographie dicte le destin de l'histoire, les mouvements de population en sont le moteur. Au cours des siècles passés, les différences de taux de croissance, les conditions économiques difficiles et la politique menée par certains gouvernements ont engendré des migrations massives de Grecs, de Juifs, de tribus germaniques, de Normands, de Turcs, de Russes, de Chinois, etc. Certaines fois, ces mouvements étaient assez pacifiques et, d'autres fois, ils étaient plutôt violents. Les Européens du XIX^e^ siècle, cependant, sont passés maîtres dans l'art de l'invasion démographique. Entre 1821 et 1924, environ cinquante-cinq millions d'Européens ont émigré outre-mer, dont trente-quatre millions aux États-Unis. Les Occidentaux ont conquis et parfois exterminé d'autres peuples ; ils ont exploré et colonisé des terres moins densément peuplées. L'exportation des personnes a peut-être représenté la plus importante dimension de la montée en puissance de l'Occident entre le XVI^e^ et le XX^e^ siècle.

À la fin du XXe siècle, une poussée d'immigration différente et même plus importante s'est produite. En 1990, les immigrés en situation légale étaient environ cent millions, les réfugiés environ dix-neuf et les immigrés en situation illégale sans doute dix millions de plus. Cette nouvelle vague migratoire résulte en grande partie de la décolonisation et de l'établissement de nouveaux États et de régimes policiers qui ont encouragé ou forcé les gens à bouger. C'est toutefois aussi le résultat de la modernisation et du développement technologique. Le progrès des transports a rendu les migrations plus faciles, plus rapides et meilleur marché ; le progrès des communications a favorisé les échanges économiques et les contacts entre les émigrés et leurs familles restées au pays. La croissance économique de l'Occident a stimulé l'émigration au XIXe siècle ; de même le développement économique dans les sociétés non occidentales au XXe siècle. L'immigration se nourrit elle-même. « S'il y a une "loi" de l'immigration, soutient Myron Weiner, elle stipule que le flux migratoire, une fois qu'il a commencé à couler, induit son propre flux. Les émigrés permettent à leurs frères et à leurs proches restés au pays d'émigrer en leur donnant des informations sur la façon de s'y prendre, en leur fournissant des moyens pour se déplacer et de l'aide pour trouver un travail et un logement. » Il en résulte, selon ses propres termes, une « crise migratoire globale[22] ».

Les Occidentaux se sont opposés de façon systématique à la prolifération nucléaire et ils ont défendu la démocratie et les droits de l'homme. Leur conception de l'immigration, par contraste, a été plutôt flottante, mais un grand changement s'est produit dans les deux dernières décennies du XXe siècle. Jusqu'aux années soixante-dix, les pays européens étaient plutôt favorables à l'immigration et dans certains cas, surtout en Allemagne et en Suisse, ils l'encourageaient parce qu'elle leur permettait de remédier à leur pénurie de main-d'œuvre. En 1965, les États-Unis ont supprimé les quotas favorables aux Occidentaux qui dataient des années vingt et ont révisé en profondeur leur législation : un nombre d'immigrés bien plus important est alors venu de nouvelles sources dans les années soixante-dix et quatre-vingt. À la fin des années quatre-vingt, cependant, le fort taux de chômage, le nombre de plus en plus grand d'immigrés et le fait qu'ils étaient massivement « non européens » ont profondément modifié les attitudes et les politiques européennes. Quelques années plus tard, ce mouvement a gagné les États-Unis.

Une majorité d'immigrés et de réfugiés de la fin de ce siècle ont quitté des sociétés non occidentales pour une autre. L'afflux d'immigrés dans les sociétés occidentales, cependant, a avoisiné en chiffres absolus les niveaux de l'émigration à la fin du XIXe siècle. En 1990, on estimait que 20 millions d'immigrés de première génération se trouvaient aux États-Unis, 15,5 en Europe et 8 en Australie et au Canada. La proportion d'immigrés dans la population totale a atteint 7 à 8 %

dans les grands pays européens. Aux États-Unis, les immigrés représentaient 8,7 % de la population en 1994, deux fois le niveau de 1970, 25 % de la population de Californie et 16 % de celle de New York. Environ 8,3 millions de personnes sont entrées aux États-Unis dans les années quatre-vingt et 4,5 au cours des quatre premières années de la décennie quatre-vingt-dix.

Les nouveaux immigrés venaient surtout des sociétés non occidentales. En Allemagne, les résidents étrangers turcs étaient 1 675 000 en 1990 ; arrivaient ensuite les ressortissants de Yougoslavie, d'Italie et de Grèce. En Italie, les principaux apports provenaient du Maroc, des États-Unis (sans doute des Italo-Américains revenant au pays), de Tunisie et des Philippines. Au milieu des années quatre-vingt-dix, environ quatre millions de musulmans vivaient en France et treize dans toute l'Europe. Dans les années cinquante, les deux tiers des immigrés vivant aux États-Unis venaient d'Europe et du Canada ; dans les années quatre-vingt, près de 35 % du nombre, bien plus important, d'immigrés venaient d'Asie, 45 % d'Amérique latine et moins de 15 % d'Europe et du Canada. La croissance démographique naturelle est faible aux États-Unis et potentiellement nulle en Europe. Les immigrés ont au contraire des taux de fertilité élevés et assurent la majeure partie de la croissance démographique dans les sociétés occidentales. Par conséquent, les Occidentaux craignent de plus en plus d'« être envahis non plus par des armées et des chars, mais par des immigrés qui parlent d'autres langues, croient en d'autres dieux, appartiennent à d'autres cultures et qui, redoutent-ils, prendront leurs emplois, occuperont leurs terres, profiteront des services sociaux et menaceront leur mode de vie[23] ». Comme le notait Stanley Hoffmann, ces phobies, qui puisent leurs racines dans le déclin démographique, « s'expliquent par des chocs culturels et des peurs quant à l'identité nationale[24] ».

Au début des années quatre-vingt-dix, les deux tiers des immigrés en Europe étaient musulmans. La préoccupation des Européens en la matière concernait par-dessus tout l'immigration musulmane. Le défi est démographique — les immigrés représentent 10 % des naissances en Europe occidentale et les Arabes 50 % de celles-ci à Bruxelles — et culturel. Les communautés musulmanes, turque en Allemagne ou algérienne en France, n'étaient pas intégrées dans leur culture d'accueil et, au grand dam des Européens, ne semblaient pas devoir l'être. « On craint de plus en plus dans toute l'Europe, disait Jean-Marie Domenach en 1991, qu'une communauté musulmane se constitue par-dessus les frontières des pays européens, créant ainsi une treizième nation dans la Communauté. » Un journaliste américain notait :

> Vis-à-vis des immigrés, l'hostilité européenne est étrangement sélective. Peu de gens en France s'inquiètent d'un afflux de ressortissants de l'Est — les Polonais, après tout, sont européens et catholiques. Les immigrés africains qui ne sont pas arabes ne sont pour la plupart ni redoutés ni

méprisés. L'hostilité est surtout dirigée contre les musulmans. Le mot « immigré » est potentiellement synonyme de musulman, l'islam étant aujourd'hui la deuxième religion en France, ce qui reflète un racisme culturel et ethnique profondément enraciné dans l'histoire française[25].

Les Français sont toutefois plus attachés à leur culture que racistes à proprement parler. Ils ont accordé la nationalité à des Africains noirs qui parlent un français parfait, mais n'admettent pas dans leurs écoles les jeunes musulmanes qui portent le voile. En 1990, 76 % de l'opinion française pensait qu'il y avait trop d'Arabes en France, 46 % trop de Noirs, 40 % trop d'Asiatiques et 24 % trop de Juifs. En 1994, 47 % des Allemands disaient qu'ils préféreraient ne pas avoir pour voisins des Arabes, 39 % des Polonais, 36 % des Turcs et 22 % des Juifs[26]. En Europe occidentale, l'antisémitisme vis-à-vis des Arabes a en grande partie remplacé l'antisémitisme à l'égard des Juifs.

L'opposition publique à l'égard de l'immigration et l'hostilité vis-à-vis des immigrés se manifestent dans des cas extrêmes par des violences perpétrées contre des communautés musulmanes et des personnes. Ce fut en particulier un problème en Allemagne au début des années quatre-vingt-dix. Plus significative est l'augmentation des suffrages ralliés par les partis d'extrême-droite, nationalistes et anti-immigrés. Pourtant, ils ont rarement obtenu un grand nombre de voix. Le Parti républicain en Allemagne a obtenu plus de 7 % des voix aux élections européennes de 1989, mais seulement 2,1 % aux élections nationales de 1990. En France, le Front national, négligeable en 1981, est monté à 9,6 % en 1988 et s'est ensuite stabilisé entre 12 et 15 % aux élections régionales et législatives. En 1995, les deux candidats nationalistes à la présidence de la République ont rassemblé 19,9 % des voix, et le Front national a ravi des mairies, dont Toulon. En Italie, les voix en faveur du MSI et de l'Alliance nationale sont passées de 5 % en 1980 à 10-15 % au début des années quatre-vingt-dix. En Belgique, le Bloc flamand et le Front national ont progressé de 9 % aux élections locales de 1994, le Bloc obtenant 28 % à Anvers. En Autriche, les voix du Parti de la liberté sont passées de moins de 10 % en 1986 à plus de 15 % en 1990 et à près de 23 % en 1994[27].

Ces partis européens hostiles à l'immigration étaient pour une bonne part l'image en miroir des partis islamistes dans les pays musulmans. C'étaient des *outsiders* dénonçant un *establishment* social et politique corrompu, exploitant les mécontentements économiques, en particulier le chômage, en appelant à la race et à la religion et critiquant les influences étrangères sur leur société. Dans la plupart des cas, les partis islamistes et nationalistes européens ont obtenu plus de résultats à l'échelon local qu'au plan national. L'*establishment* politique musulman et européen a réagi de la même manière. Dans les pays musulmans, comme on l'a vu, les gouvernements sont tous devenus plus islamiques dans leurs orientations, leurs symboles, leurs politiques et leurs actions. En Europe, les partis modérés ont adopté la rhétorique des partis d'extrême-droite anti-immigrés et repris les mesures que ces derniers défendaient. Là où l'alternative démocratique fonctionnait de façon efficace et où il n'existait pas que des partis d'opposition islamistes ou nationalistes, leurs scores ont atteint un plafond de 20 %. Les partis extrémistes ne l'ont dépassé que lorsqu'il n'existait pas d'alternative crédible au parti ou à la coalition au pouvoir, comme ce fut le cas en Algérie, en Autriche et, dans une large mesure, en Italie.

Au début des années quatre-vingt-dix, les dirigeants politiques européens ont rivalisé pour répondre aux sentiments anti-immigrés. En France, Jacques Chirac a déclaré en 1990 que « l'immigration devait être stoppée net » ; le ministre de l'Intérieur Charles Pasqua a défendu en 1993 l'idée d'« immigration zéro » ; François Mitterrand, Édith Cresson, Valéry Giscard d'Estaing et d'autres hommes politiques modérés ont adopté des positions anti-immigration. L'immigration a représenté une question clé aux élections législatives de 1993 et semble avoir contribué à la victoire des conservateurs. Au début des années quatre-vingt-dix, la politique du gouvernement français a changé : il s'est agi de rendre plus difficile l'obtention de la nationalité française aux enfants d'étrangers ; on a mis des barrières à l'immigration des familles d'étrangers, au droit d'asile et à la délivrance de visas aux Algériens désireux de venir en France. Des immigrés en situation illégale ont été renvoyés aux frontières, et les pouvoirs de la police ainsi que des administrations concernées ont été accrus.

En Allemagne, le chancelier Helmut Kohl et d'autres dirigeants ont aussi manifesté leur préoccupation vis-à-vis de l'immigration. C'est ainsi que le gouvernement a amendé l'article XVI de la constitution allemande garantissant le droit d'asile aux « personnes persécutées pour des raisons politiques » et supprimé les avantages accordés aux demandeurs du droit d'asile. En 1992, 438 000 personnes qui le sollicitaient sont venues en Allemagne ; en 1994, seulement 127 000. En 1980, la Grande-Bretagne avait brutalement réduit le nombre d'immigrés à environ 50 000 personnes par an. Du coup, ce problème a suscité moins d'émotions intenses et d'opposition que sur le continent. Entre 1992 et 1994, cependant, la Grande-Bretagne a réduit le nombre des demandeurs d'asiles autorisés à rester sur son territoire de plus de 20 000 à moins de 10 000. Les barrières tombant au sein de l'Union européenne, les Britanniques étaient surtout préoccupés des dangers résultant d'une immigration non européenne venue du continent. Au total, au milieu des années quatre-vingt-dix, les pays d'Europe occidentale s'acheminaient inexorablement vers une réduction considérable, voire vers une élimination totale de l'immigration de source non européenne.

Aux États-Unis, le problème de l'immigration est apparu au devant de la scène un peu plus tard qu'en Europe, et il n'a pas suscité les mêmes passions. Les États-Unis ont toujours été un pays d'immigrés ;

ils se sont définis ainsi ; et, au cours de leur histoire, ils ont réussi à assimiler les nouveaux venus. En outre, dans les années quatre-vingt et quatre-vingt-dix, le chômage a été bien moins élevé qu'en Europe, et la peur de perdre son emploi n'a guère joué dans l'attitude à l'égard de l'immigration. Les sources de l'immigration en Amérique étaient aussi plus variées qu'en Europe, et donc la crainte d'être envahi par un seul et même groupe étranger était moindre au plan national, même si elle était bien réelle dans certaines parties des États-Unis. La distance culturelle des deux plus grands groupes d'immigrés vis-à-vis de la culture d'accueil était aussi moins grande : les Mexicains sont catholiques et hispanophones ; les Philippins, catholiques et anglophones.

Malgré cela, dans le quart de siècle suivant la loi de 1964, laquelle a ouvert les vannes à une plus grande immigration asiatique et latino-américaine, l'opinion publique américaine a nettement évolué. En 1965, seulement 33 % du public voulait moins d'immigrés. En 1977, 42 %. En 1986, 49 % et, en 1990 et 1993, 61 %. Les sondages des années quatre-vingt-dix ont montré que 60 % au moins du public était favorable à une réduction[28]. Les préoccupations et les conditions économiques jouent sur les attitudes à l'égard de l'immigration. Cependant, la montée constante de l'opposition à l'immigration dans les périodes favorables comme défavorables semble montrer que la culture, la criminalité et la vie quotidienne ont été plus importantes pour expliquer cette évolution de l'opinion. « Beaucoup d'Américains, peut-être même la majorité, notait un observateur en 1994, pensent encore que leur pays est une nation d'Européens, dont les lois sont héritées d'Angleterre, dont la langue est et doit rester l'anglais, dont les institutions et les bâtiments publics sont inspirés des normes occidentales classiques, dont la religion a des racines judéo-chrétiennes et dont la grandeur est venue de l'éthique protestante du travail. » 55 % des personnes interrogées ont ainsi dit qu'elles pensaient que l'immigration constituait une menace pour la culture américaine. Les Européens voient un danger dans l'immigration musulmane ou arabe ; les Américains voient un péril dans l'immigration latino-américaine et asiatique, mais surtout mexicaine. Lorsqu'on leur demandait, en 1990, de quel pays les États-Unis admettaient que provenaient trop d'émigrés, un échantillon représentatif a répondu deux fois plus souvent du Mexique. Arrivaient ensuite Cuba, l'Orient (non précisé), l'Amérique du Sud et l'Amérique latine (non précisé), le Japon, le Viêt-nam, la Chine et la Corée[29].

L'opposition publique de plus en plus grande à l'immigration au début des années quatre-vingt-dix a suscité une réaction politique comparable à celle qui est apparue en Europe. Compte tenu de la nature du système politique américain, les partis de droite anti-immigration n'ont pas rassemblé de voix, mais les personnalités et les groupes de pression hostiles à l'immigration sont devenus plus nombreux, plus actifs, plus présents sur la scène publique. Une bonne part de l'hostilité s'est concentrée sur les 3,5 à 4 millions d'immigrés illégaux, et les hommes politiques en ont tenu compte. Tout comme en Europe, la réaction la plus vive est venue des États et des municipalités, qui supportent presque tout le coût de l'immigration. En 1994, la Floride, bientôt suivie par six autres États, a exigé du gouvernement fédéral une somme de 884 millions de dollars par an pour couvrir notamment les dépenses scolaires, sociales et judiciaires induites par l'immigration illégale. En Californie, l'État qui compte le plus grand nombre d'immigrés en chiffres absolus comme en proportion, le gouverneur Pete Wilson s'est acquis une grande popularité en excluant les enfants d'immigrés illégaux du système scolaire public, en refusant la nationalité américaine aux enfants d'immigrés illégaux nés sur le sol des États-Unis et en arrêtant le financement public des soins médicaux d'urgence aux immigrés illégaux. En novembre 1994, les Californiens ont massivement approuvé la Proposition 187, laquelle dénie le droit à la santé, à l'éducation et à l'assistance aux étrangers en situation illégale et à leurs enfants.

En 1994 aussi, l'administration Clinton, revenant sur ses positions antérieures, a accru les contrôles, durci les règles concernant le droit d'asile politique, développé les services de l'immigration et des naturalisations et les patrouilles aux frontières, et construit une barrière physique le long de la frontière mexicaine. En 1995, la Commission sur la réforme de l'immigration, mandatée par le Congrès en 1990, a recommandé que l'immigration annuelle soit réduite pour passer de 800 000 à 550 000 et qu'on donne la préférence aux jeunes enfants et aux épouses mais pas aux autres parents de citoyens ou de résidents actuels, proposition qui « a suscité la fureur des familles asiatiques et hispaniques[30] ». Des lois conformes à ces recommandations et d'autres mesures restrictives ont été examinées au Congrès en 1995-1996. Au milieu des années quatre-vingt-dix, l'immigration est ainsi devenue un problème politique important aux États-Unis, et, en 1996, Patrick Buchanan a fait de l'opposition à l'immigration un point central de son programme pour les élections présidentielles. Les États-Unis suivent la même évolution que l'Europe en cherchant à restreindre au minimum l'entrée de non-Occidentaux dans leur société.

L'Europe ou bien les États-Unis peuvent-ils inverser la tendance ? En France, le pessimisme démographique est de mise, depuis le roman de Jean Raspail dans les années soixante-dix jusqu'aux analyses académiques de Jean-Claude Chesnais dans les années quatre-vingt-dix. Pierre Lellouche l'a bien résumé en 1991 : « L'histoire, la géographie et la pauvreté montrent que la France et l'Europe sont destinées à être noyées par la population des pays à problèmes du Sud. L'Europe était blanche et judéo-chrétienne dans le passé ; elle ne le sera plus à l'avenir[*, 31]. » L'avenir n'est cependant pas inéluctable. La question n'est pas

* Jean Raspail, *Le Camp des saints*, Paris, Robert Laffont, 1973 ; New York, Scribner, 1975 ; Jean-Claude Chesnais, *Le Crépuscule de l'Occident : démographie et*

de savoir si l'Europe sera islamisée ou les États-Unis hispanisés. La question est de savoir si l'Europe et l'Amérique deviendront des sociétés déchirées entre deux communautés distinctes et en grande partie opposées, appartenant à deux civilisations, ce qui dépend du nombre d'immigrés et de leur degré d'assimilation dans les cultures occidentales dominantes en Europe et en Amérique.

Les sociétés européennes ne veulent en général pas assimiler les immigrés ou bien elles éprouvent de grandes difficultés à le faire. Les immigrés musulmans et leurs enfants sont également ambigus quant à leur désir d'assimilation. Une immigration importante ne peut donc que produire des pays divisés entre chrétiens et musulmans. Ce phénomène pourrait être évité si les gouvernements et les électeurs européens étaient prêts à payer le prix de mesures restrictives : coût fiscal des mesures anti-immigration, coût social du rejet des communautés immigrées existantes et coût économique à long terme par la pénurie de main-d'œuvre et des taux de croissance plus faibles.

Le problème de l'invasion démographique musulmane a cependant des chances de s'atténuer lorsque les taux de croissance démographique en Afrique du Nord et au Moyen-Orient atteindront un sommet, comme on l'a déjà vu dans certains pays, et commenceront à décliner [32]. Dans la mesure où la pression démographique stimule l'immigration, l'immigration musulmane sera moindre à partir de 2025. Ce n'est pas vrai de l'Afrique subsaharienne. En cas de décollage économique favorisant la mobilité sociale en Afrique de l'Est et de l'Ouest, de plus en plus de gens auront à la fois des raisons d'émigrer et des moyens accrus pour ce faire, de sorte que la menace ne sera plus l'« islamisation », mais l'« africanisation ». Ce danger serait cependant atténué par une importante réduction de la population africaine due au sida et aux autres épidémies, ainsi que par une forte immigration africaine en Afrique du Sud.

Les musulmans posent un problème immédiat à l'Europe ; ce sont les Mexicains qui préoccupent les États-Unis. Comme le montre le tableau 8.2, à tendances et politiques constantes, la population américaine changera considérablement dans la première moitié du XXIe siècle : elle sera à 50 % blanche et à 25 % hispanique. Tout comme en Europe, des changements dans la politique d'immigration ainsi que le renforcement sensible des mesures anti-immigration pourraient modifier ces prévisions. Malgré cela, le problème central restera le degré d'assimilation des hispaniques dans la société américaine. Les Hispaniques de deuxième et troisième générations se sentent poussés à s'assimiler. D'un autre côté, l'immigration mexicaine diffère des autres par bien des aspects qui peuvent devenir importants. Tout

---

*politique*, Paris, Robert Laffont, 1995 ; Pierre Lellouche, cité *in* Miller, "Strangers at the Gate", p. 80.

*Tableau 8.2* Population américaine par race et ethnie (en %)

| | 1995 | 2020 Est. | 2050 Est. |
|---|---|---|---|
| Blancs non hispaniques | 74 % | 64 % | 53 % |
| Hispaniques | 10 % | 16 % | 25 % |
| Noirs | 12 % | 13 % | 14 % |
| Asiatiques et originaires des îles du Pacifique | 3 % | 6 % | 8 % |
| Indiens d'Amérique et natifs d'Alaska | <1 % | <1 % | 1% |
| Total (millions) | 263 | 323 | 394 |

*Source :* Bureau américain du recencement, *Population Projections of the United States by Age, Sex, Race, and Hispanic Origin : 1995 to 2050*, Washington, US Governement Printing Office, 1996, p. 12-13.

d'abord, les immigrés venus d'Europe et d'Asie traversent des océans ; les Mexicains, eux, traversent une frontière ou une rivière. Ce point, plus la facilité croissante des communications et des transports leur permettent de maintenir des contacts étroits avec leur communauté d'origine et de se sentir proches d'elle. Deuxièmement, les immigrés mexicains sont concentrés dans le sud-ouest des États-Unis et forment une partie de la grande société mexicaine qui va du Yucatán au Colorado (voir carte 8.1). Troisièmement, les résistances à l'assimilation sont plus fortes parmi les Mexicains qu'au sein des autres groupes, et ils tendent à conserver leur identité mexicaine, comme on l'a bien vu en 1994 au moment des luttes engendrées par la Proposition 187, en Californie. Quatrièmement, la zone peuplée par les immigrés mexicains a été annexée par les États-Unis après sa victoire sur le Mexique au XIXe siècle. Le développement économique du Mexique engendrera presque à coup sûr des sentiments revanchards. Le produit de l'expansion militaire américaine au XIXe siècle pourrait ainsi être menacé et perdu du fait de l'expansion démographique mexicaine au XXIe siècle.

L'évolution des rapports de force entre les civilisations empêche de plus en plus l'Occident d'atteindre ses objectifs en termes de contrôle de la prolifération nucléaire, de défense des droits de l'homme, de maîtrise de l'immigration, etc. Afin de s'en tirer au mieux, l'Occident doit se servir avec talent de ses ressources économiques comme carottes et comme bâtons pour traiter avec les autres sociétés, affermir son unité et coordonner ses politiques afin d'empêcher les autres sociétés de jouer un pays occidental contre un autre, et attiser et exploiter les différences entre les nations non occidentales. La capacité de l'Occident à parvenir à ses fins dépendra de la nature et de l'intensité de ses affrontements avec ses civilisations rivales, d'un côté, et de l'ampleur avec laquelle il saura identifier et développer des intérêts communs avec les civilisations hésitantes, de l'autre.

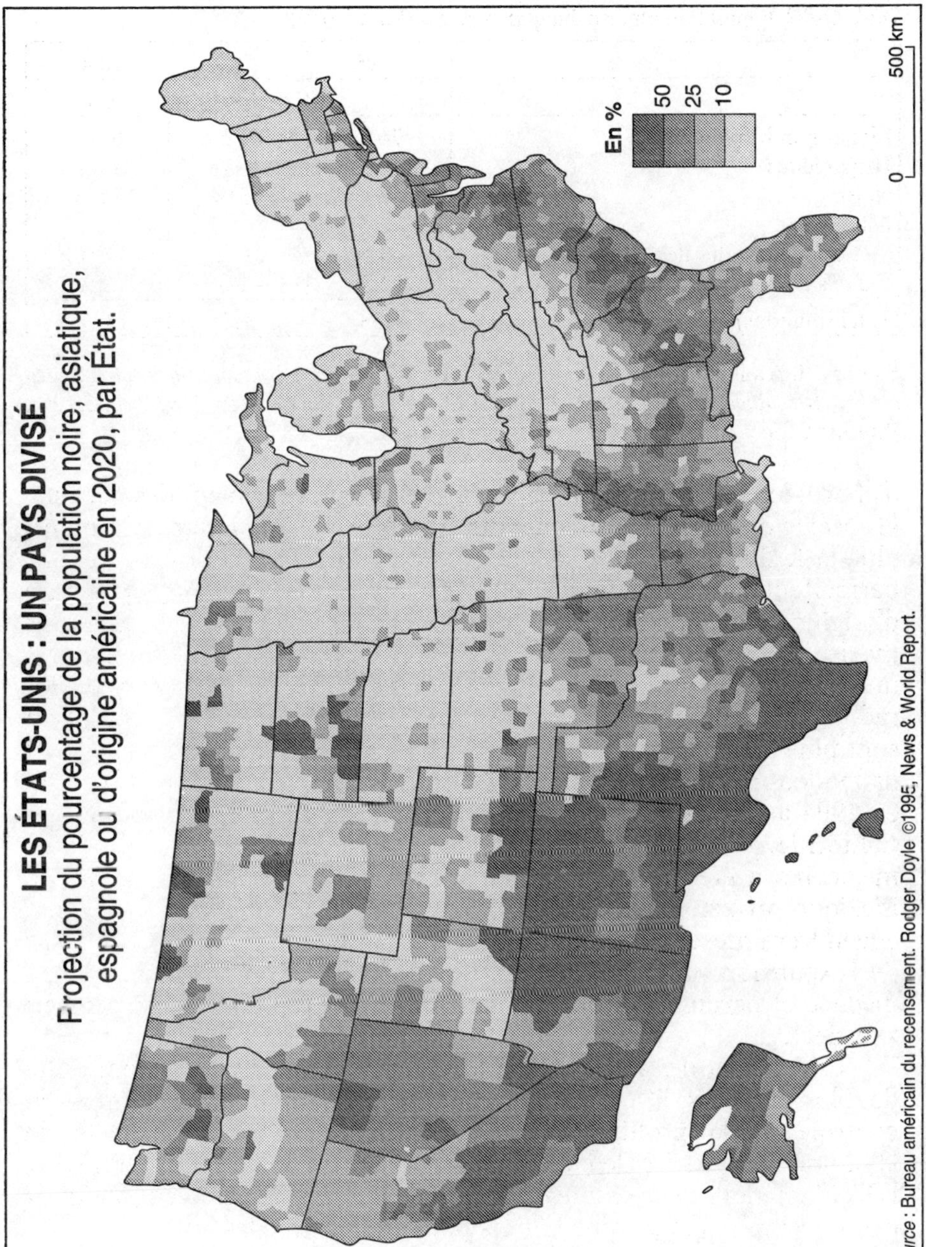
LES ÉTATS-UNIS : UN PAYS DIVISÉ
Projection du pourcentage de la population noire, asiatique, espagnole ou d'origine américaine en 2020, par État.
En %
50
25
10
0
500 km
*Source* : Bureau américain du recensement. Rodger Doyle ©1995, News & World Report.

**Carte 8.1**

CHAPITRE 9

# La politique globale des civilisations

## *États phares et conflits frontaliers*

Les civilisations forment les tribus humaines les plus vastes, et le choc des civilisations est un conflit tribal à l'échelle globale. Dans le monde nouveau qui apparaît, les États et les groupes, appartenant à différentes civilisations, pourraient former au besoin des réseaux et des coalitions tactiques pour défendre leurs intérêts contre des entités appartenant à une troisième civilisation ou pour d'autres objectifs communs. Les relations entre groupes appartenant à différentes civilisations ne seront toutefois jamais étroites ni en général détendues, mais souvent hostiles. Les relations héritées du passé entre États appartenant à différentes civilisations, comme les alliances militaires issues de la guerre froide, ont peu de chances de se relâcher ou de disparaître. Les espoirs de « partenariats » intercivilisationnels étroits, comme ceux qui ont été formulés pour la Russie et l'Amérique par leurs dirigeants, ne se réaliseront pas. Les relations intercivilisationnelles qui se font jour oscilleront entre l'indifférence et la violence, la plupart se situant entre les deux. Dans de nombreux cas, elles approcheront ce que Boris Eltsine a appelé une « paix froide » pour caractériser les relations à venir entre la Russie et l'Occident. D'autres relations entre civilisations pourraient s'apparenter à une « guerre froide ». Le terme *guerra fria* a été forgé au XIX^e^ siècle par les Espagnols pour désigner leur « difficile coexistence » avec les musulmans de Méditerranée, et, dans les années quatre-vingt-dix, on a souvent dit qu'une « guerre froide civilisationnelle » se développait de nouveau entre l'islam et l'Occident [1]. Dans un monde reposant sur l'ordre des civilisations, ce ne seront pas les seules relations qu'il faudra désigner ainsi. La paix froide, la guerre froide, la guerre commerciale, la quasi-guerre, la drôle de paix, les relations agitées, la rivalité intense, la coexistence dans la concurrence, la course aux armements : toutes ces expressions pourront à bon droit désigner les relations entre entités appartenant à différentes civilisations. La confiance et l'amitié seront rares.

Les conflits entre civilisations prennent deux formes. Au niveau local, les conflits civilisationnels surviennent entre États voisins appartenant à différentes civilisations, entre groupes appartenant à différentes civilisations, comme dans l'ex-Union soviétique et l'ex-Yougoslavie. Ils visent à créer de nouveaux États à partir des restes des anciens. Les conflits civilisationnels dominent particulièrement entre musulmans et non-musulmans. Leurs causes, leur nature et leur cours sont examinés aux chapitres 10 et 11. Au niveau global, *les conflits entre États phares* ont lieu entre les grands États appartenant à différentes civilisations. Les problèmes qui entrent en ligne de compte sont classiques en politique internationale. Ils concernent :

— l'influence relative sur le développement global et les actions des organisations internationales globales comme l'ONU, le FMI et la Banque mondiale ;

— les rapports de force militaires, qui se manifestent dans les discussions sur la non-prolifération et le contrôle des armements, ainsi que dans la course aux armements ;

— la puissance et la prospérité économiques, qui se manifestent dans les débats sur le commerce, les investissements et d'autres questions ;

— les personnes, à travers les tentatives menées par un État appartenant à une civilisation pour protéger des apparentés vivant au sein d'une autre civilisation, pour pratiquer la discrimination contre des personnes appartenant à une autre civilisation et pour exclure de son territoire des personnes appartenant à une autre civilisation ;

— les valeurs et la culture, qui suscitent des conflits lorsqu'un État s'efforce de promouvoir ou d'imposer ses valeurs auprès des représentants d'une autre civilisation ;

— les territoires, à propos desquels des États phares montent à l'assaut dans des conflits civilisationnels.

Ces problèmes, bien évidemment, ont donné lieu à des affrontements entre les hommes tout au long de l'histoire. Toutefois, lorsque des États appartenant à diverses civilisations sont impliqués, les différences culturelles rendent le conflit plus intense. Dans leur rivalité entre eux, les États phares tentent de rallier les membres de leur civilisation, d'obtenir l'appui de tierces civilisations, de favoriser la division et la trahison chez leurs adversaires et ils utilisent toute une panoplie de moyens diplomatiques, politiques, économiques et clandestins, de campagnes de propagande et de menaces pour parvenir à leurs fins. Cependant, ils sont peu tentés de recourir directement à la force militaire les uns contre les autres, sauf, comme ce fut le cas au Moyen-Orient et dans le sous-continent indien, lorsqu'ils se sont battus entre eux autour de lignes de fracture civilisationnelles. Les guerres entre États phares peuvent se produire dans deux cas de figure seulement. Tout d'abord, elles peuvent résulter de l'escalade de conflits civilisationnels entre groupes locaux, lorsque des groupes apparentés, dont des États phares, viennent soutenir les combattants sur le terrain. Cette possibilité incite toutefois les États phares de civilisations antagonistes à contenir ou à résoudre le conflit civilisationnel.

Deuxièmement, une guerre entre États phares peut résulter de changements dans les rapports de force globaux entre civilisations. Au sein de la civilisation grecque, par exemple, c'est, selon Thucydide, la puissance de plus en plus grande d'Athènes qui aurait donné lieu à la guerre du Péloponnèse. De même, l'histoire de la civilisation occidentale a été faite de « guerres hégémoniques » entre puissances montantes et déclinantes. La survenue de ces conflits entre États phares montants et déclinants de différentes civilisations dépend de la façon dont, au sein de ces civilisations, la plupart des États réagissent à la montée d'une nouvelle puissance, selon qu'ils se rallient à elle ou cherchent à s'y opposer. La première option est sans doute plus caractéristique des civilisations asiatiques, mais la montée en puissance de la Chine pourrait inciter à la seconde des États appartenant à d'autres civilisations, comme les États-Unis, l'Inde et la Russie. Dans l'histoire occidentale, il n'y a pas eu de guerre hégémonique entre la Grande-Bretagne et les États-Unis, et le fait que le passage de la *Pax Britannica* à la *Pax Americana* ait été pacifique s'explique sans doute par la proximité des deux sociétés. Dans le cas de l'évolution en cours dans le rapport de force entre l'Occident et la Chine, l'absence de tels liens ne rend pas automatiquement certain qu'un conflit armé éclate, mais c'est probable. Le dynamisme de l'islam est à la source de nombreuses petites guerres civilisationnelles ; la montée de la Chine pourrait, quant à elle, donner lieu à une grande guerre intercivilisationnelle entre États phares.

## *L'islam et l'Occident*

Certains Occidentaux, comme le président Bill Clinton, soutiennent que l'Occident n'a pas de problèmes avec l'islam, mais seulement avec les extrémistes islamistes violents. Quatorze cents ans d'histoire démontrent le contraire. Les relations entre l'islam et le christianisme, orthodoxe comme occidental, ont toujours été agitées. Chacun a été l'autre de l'autre. Au XX^e^ siècle, le conflit entre la démocratie libérale et le marxisme-léninisme n'est qu'un phénomène historique superficiel en comparaison des relations sans cesse tendues entre l'islam et le christianisme. Parfois, c'est la coexistence pacifique qui a prévalu ; plus souvent, ce fut la rivalité intense et la guerre, plus ou moins violente. Leur « dynamique historique, notait John Esposito, a souvent placé les deux communautés en rivalité et les a fait parfois entrer dans des combats mortels pour le pouvoir, la terre et les âmes[2] ». À travers les siècles, le destin de ces deux religions a connu des vicissitudes et a vu se succéder des phases d'expansion, d'apaisement et de repli.

Par la conquête, les Arabes ont, du début du VIIe siècle au milieu du VIIIe, soumis à l'islam l'Afrique du Nord, la péninsule ibérique, le Moyen-Orient, la Perse et le nord de l'Inde. Pendant deux siècles à peu près, la ligne de partage entre l'islam et le christianisme s'est stabilisée. Puis, à la fin du XIe siècle, les chrétiens ont repris le contrôle de l'ouest de la Méditerranée, conquis la Sicile et pris Tolède. En 1095, la chrétienté a lancé les croisades et pendant un siècle et demi, les potentats chrétiens ont tenté, avec de moins en moins de succès au fil du temps, de dominer la Terre sainte et ses marches du Proche-Orient, pour finir par perdre Acre, leur dernier bastion, en 1291. Parallèlement, les Turcs ottomans sont apparus au-devant de la scène. Après avoir affaibli Byzance et conquis une bonne partie des Balkans et de l'Afrique du Nord, ils ont pris Constantinople en 1453 et fait le siège de Vienne en 1529. « Pendant presque deux siècles, notait Bernard Lewis, depuis l'arrivée des Maures en Espagne jusqu'au deuxième siège de Vienne par les Turcs, l'Europe a été sous la menace constante de l'islam[3]. » C'est la seule civilisation qui a mis en danger l'existence même de l'Occident, et ce à deux reprises.

Au XVe siècle, cependant, le vent a commencé à tourner. Les chrétiens ont petit à petit reconquis la péninsule ibérique, processus qui s'est achevé à Grenade en 1492. Dans le même temps, les innovations européennes en matière de navigation océanique ont permis aux Portugais, et à d'autres par la suite, de contourner les territoires contrôlés par les musulmans et d'accéder à l'océan Indien et au-delà. C'est à la même époque aussi que les Russes ont mis fin à deux siècles de domination tatare. Puis les Ottomans ont mené un dernier assaut, qui les a conduits à assiéger Vienne en 1683. Cependant, leur échec a été le début d'un long recul : les orthodoxes se sont battus dans les Balkans pour se libérer de la tutelle turque ; l'empire des Habsbourg s'est étendu ; les Russes ont atteint la mer Noire et le Caucase. En un siècle, « le bourreau du christianisme » est devenu « la victime de l'Europe[4] ». À la fin de la Seconde Guerre mondiale, la Grande-Bretagne, la France et l'Italie ont donné le coup de grâce et établi leur domination directe ou indirecte sur les restes de l'Empire ottoman, à l'exception de la République turque. En 1920, seuls quatre pays musulmans — la Turquie, l'Arabie Saoudite, l'Iran et l'Afghanistan — étaient indépendants d'une forme ou d'une autre de tutelle non musulmane.

Le recul du colonialisme occidental, en retour, a commencé, tout d'abord doucement dans les années vingt et trente, pour s'accélérer brusquement aux lendemains de la Seconde Guerre mondiale. La chute de l'Union soviétique a permis ensuite à d'autres sociétés musulmanes d'accéder à l'indépendance. Selon certains décomptes, des gouvernements non-musulmans ont pris le contrôle de quatre-vingt-douze territoires musulmans entre 1757 et 1919. En 1995, soixante-neuf d'entre eux étaient revenus sous tutelle musulmane et quarante-cinq États indépendants avaient une population à dominante musulmane. Le fait que 50 % des guerres ayant impliqué deux États appartenant à des religions différentes entre 1820 et 1929 aient opposé des musulmans et des chrétiens témoigne à l'évidence de la nature violente des relations entre les deux religions[5].

Les causes de cet affrontement séculaire ne résident pas dans des phénomènes transitoires comme l'élan passionnel des chrétiens au Xe siècle ou le fondamentalisme musulman au XXe. Elles tiennent à la nature même de ces deux religions et des civilisations fondées sur elles. Le conflit est un produit de leur différence, en particulier de l'idée musulmane de l'islam comme mode de vie transcendant, unifiant religion et politique par opposition à la conception chrétienne de la séparation du spirituel et du temporel. Le conflit vient aussi de leurs similarités. L'islam et le christianisme sont tous deux des religions monothéistes qui, à la différence des religions polythéistes, admettent mal les autres divinités et d'après lesquelles le monde est divisé en deux : d'un côté eux, de l'autre nous. Tous deux sont universalistes et prétendent incarner la vraie foi, à laquelle tous les humains doivent adhérer. Tous deux sont des religions missionnaires dont les membres ont l'obligation de convertir les non-croyants. Depuis ses origines, l'islam s'est étendu par la conquête et, le cas échéant, le christianisme aussi. Les concepts parallèles de *Jihad* et de « croisade » se ressemblent beaucoup et distinguent ces deux fois des autres grandes religions du monde. L'islam et le christianisme, avec le judaïsme, ont aussi une conception théologique de l'histoire qui contraste avec la vision cyclique ou statique qui prévaut dans les autres civilisations.

Le niveau de violence dans ce conflit entre islam et christianisme a été, au cours de l'histoire, fonction de la croissance et du déclin géographiques, du développement économique, du changement technologique et de l'intensité de la ferveur religieuse. La diffusion de l'islam au VIIe siècle s'est accompagnée de migrations massives d'Arabes, à une vitesse et à une échelle sans précédent, sur le territoire des empires byzantin et sassanide. Quelques siècles plus tard, les croisades ont commencé sous l'effet de la croissance économique, de l'augmentation de la population et du renouveau cistercien dans l'Europe du XIe siècle, de sorte qu'un grand nombre de chevaliers et de paysans ont pu être mobilisés pour marcher vers la Terre sainte. Quand la première croisade a atteint Constantinople, un Byzantin a déclaré que tout se passait comme si « l'Occident tout entier, notamment toutes les tribus barbares vivant de l'Adriatique aux colonnes d'Hercule, avait commencé une immense migration et s'était mis en marche pour pénétrer en masse en Asie avec toutes ses possessions[6] ». Au XIXe siècle, la croissance démographique spectaculaire de l'Europe a de nouveau donné lieu à une éruption, laquelle a entraîné la plus grande migration de l'histoire, en pays musulman mais aussi vers d'autres contrées.

Un mélange de facteurs en tout point comparable a durci le conflit entre l'islam et l'Occident à la fin du XXe siècle. Tout d'abord, la croissance de la population musulmane a accru le nombre des chômeurs et des défavorisés chez les jeunes, qui ont embrassé la cause islamiste, exercé une pression sur les sociétés voisines et émigré en Occident. Deuxièmement, la résurgence de l'islam a redonné aux musulmans foi dans les mérites propres de leur civilisation et de leurs valeurs en comparaison de celles de l'Occident. Troisièmement, les efforts accomplis parallèlement par l'Occident pour universaliser ses valeurs et ses institutions, pour préserver sa supériorité militaire et économique et pour intervenir dans des conflits internes au monde musulman ont engendré un grand ressentiment chez les musulmans. Quatrièmement, la chute du communisme a fait disparaître l'ennemi commun de l'Occident et de l'islam, de sorte que chaque camp est désormais la principale menace pour l'autre. Cinquièmement, les échanges et les contacts de plus en plus étroits entre musulmans et Occidentaux stimulent leur conscience identitaire et leur montrent leurs différences. Cela révèle au grand jour les divergences entre eux quant aux droits reconnus aux membres d'une civilisation vivant dans les pays dominés par les membres de l'autre civilisation. Au sein des sociétés musulmanes et chrétiennes, la tolérance pour l'autre a beaucoup décliné dans les années quatre-vingt et quatre-vingt-dix.

Les causes du conflit renaissant entre l'islam et l'Occident résident ainsi dans des questions culturelles et politiques fondamentales. *Kto ? Kovo ?* Qui domine ? Qui est dominé ? La question centrale en politique selon Lénine est à la racine même de cette rivalité. Mais ils s'opposent aussi sur une autre question, que Lénine aurait sans doute jugée dépourvue de sens, à savoir sur ce qui est bien et ce qui est mal, donc sur qui a raison et qui a tort. Tant que l'islam restera l'islam (ce qui est certain) et que l'Occident restera l'Occident (ce qui l'est moins), ce conflit fondamental entre deux grandes civilisations et deux modes de vie continuera à influencer leurs relations à venir, tout comme il les a définies depuis quatorze siècles.

Ces relations sont également marquées par un grand nombre de problèmes importants sur lesquels ils diffèrent ou s'opposent. Historiquement, la question territoriale a été importante, mais elle devient relativement insignifiante. Dix-neuf des vingt-huit conflits civilisationnels au milieu des années quatre-vingt-dix entre musulmans et non-musulmans se jouaient entre musulmans et chrétiens. Onze avaient lieu avec des chrétiens orthodoxes et sept avec des chrétiens d'Occident en Afrique et en Asie du Sud-Est. Un seul de ces conflits violents, ou potentiellement violents, celui qui opposait les Croates aux Bosniaques, a eu lieu directement le long de la ligne de partage entre l'Occident et l'islam. La fin de l'impérialisme territorial occidental et, pour l'instant du moins, le fait qu'il n'y ait pas de nouvel expansionnisme territorial musulman ont produit une coupure géographique, de sorte que ce n'est qu'en de rares endroits, comme les Balkans, que des communautés occidentales et musulmanes se trouvent directement limitrophes. Les conflits entre l'Occident et l'islam sont donc moins centrés sur des questions territoriales qu'intercivilisationnelles, comme la prolifération des armements, les droits de l'homme et la démocratie, le contrôle du pétrole, les migrations de populations, le terrorisme islamiste et les interventions de l'Occident.

À la fin de la guerre froide, des représentants des deux communautés ont perçu l'importance de plus en plus grande que prenait cet antagonisme historique. En 1991, par exemple, Barry Buzan écrivait qu'une guerre froide sociétale s'installait « entre l'Occident et l'islam, dont l'Europe pourrait être le théâtre ».

> Cette évolution résulte en partie de l'opposition entre valeurs laïques et religieuses, en partie de la rivalité historique entre la chrétienté et l'islam, en partie de la jalousie que suscite la puissance de l'Occident, en partie du ressentiment né de la domination occidentale sur les structures politiques postcoloniales du Moyen-Orient, et en partie de l'aigreur et de l'humiliation que suscite la comparaison entre ce qu'ont produit la civilisation islamique et la civilisation occidentale ces deux derniers siècles.

En outre, il remarquait qu'« une guerre froide sociétale avec l'islam servirait à renforcer l'identité de l'Europe à un moment crucial de son processus d'union ». « Un groupe important pourrait ainsi se constituer en Occident qui non seulement soutiendrait une guerre froide avec l'islam, mais chercherait même à l'encourager par des mesures politiques. » En 1990, Bernard Lewis, un des plus grands spécialistes occidentaux de l'islam, concluait son analyse des « racines de la violence musulmane » par ces mots :

> Il devrait désormais être clair que nous sommes confrontés à un état d'esprit et à un mouvement qui vont bien au-delà des problèmes, des politiques et des gouvernements qui les incarnent. Ce n'est rien de moins qu'un choc des civilisations — c'est la réaction irrationnelle peut-être, mais ancienne d'un vieux rival contre notre héritage judéo-chrétien et ce que nous sommes aujourd'hui, et contre l'expansion de l'un et de l'autre. Il est d'une importance cruciale, que de notre côté, nous ne tombions pas dans une réaction tout aussi irrationnelle et tout aussi ancienne à l'égard de ce rival[7].

Des remarques semblables sont venues du camp musulman. « Des signes qui ne trompent pas, soutenait Mohammed Sid-Ahmed, un grand journaliste égyptien, en 1994, témoignent du choc de plus en plus fort entre l'éthique judéo-chrétienne et le mouvement du renouveau islamique, qui va maintenant de l'Atlantique à l'ouest à la Chine à l'est. » Un musulman indien influent a prédit en 1992 que « la prochaine confrontation de l'Occident aurait sans conteste lieu avec le monde musulman. C'est chez les nations islamiques, du Maghreb au Pakistan, que la lutte pour un monde nouveau commencera ». Pour un grand juriste tunisien, ce combat est déjà commencé : « Le colonialisme a essayé de déformer toutes les traditions culturelles de l'islam. Je ne suis pas islamiste. Je ne pense pas qu'il y ait un conflit entre les religions. Mais il y a un conflit entre les civilisations [8]. »

Dans les années quatre-vingt et quatre-vingt-dix, la tendance générale chez les musulmans a été l'opposition à l'Occident. C'est en partie la conséquence naturelle de la résurgence de l'islam et de la réaction contre la *gharbzadegi*, ou « occidentoxication » des sociétés musulmanes. « La réaffirmation de l'islam, quelle que soit sa forme spécifique, signifie la répudiation de l'influence européenne et américaine sur la société, la politique et la morale locales [9]. » Parfois, dans le passé, les chefs musulmans ont dit à leur peuple : « Nous devons nous occidentaliser. » Si un chef musulman a tenu pareils propos pendant les vingt-cinq dernières années de ce siècle, il est resté très isolé. Il est difficile de trouver aujourd'hui des jugements venant de musulmans, hommes politiques, hauts fonctionnaires, universitaires, hommes d'affaires ou journalistes, qui soient favorables aux valeurs et aux institutions européennes. Ils soulignent au contraire les différences entre la civilisation occidentale et la leur, la supériorité de leur culture et la nécessité qu'il y aurait à préserver l'intégrité de cette culture contre les intrusions de l'Occident. Les musulmans craignent et déplorent la puissance de l'Occident et la menace qu'elle constitue pour leur société et leurs croyances. Ils considèrent que la culture occidentale est matérialiste, corrompue, décadente et immorale. Ils la jugent aussi séduisante et soulignent donc d'autant combien il est nécessaire de résister à son impact sur leur mode de vie. De plus en plus, les musulmans critiquent non le fait que l'Occident adhère à une religion imparfaite, erronée, qui ne serait pas du tout « la religion du Livre », mais le fait qu'il n'adhère plus à aucune religion. Aux yeux des musulmans, le laïcisme, l'irréligiosité et donc l'immoralisme occidentaux sont pires que le christianisme qui les a produits. Pendant la guerre froide, l'adversaire de l'Occident, c'était « le communisme sans Dieu » ; au cours du conflit des civilisations d'après la guerre froide, pour les musulmans, c'est désormais « l'Occident sans Dieu ».

Les imams fondamentalistes ne sont pas les seuls à donner de l'Occident cette image d'une civilisation arrogante, matérialiste, répressive, brutale et décadente. Ceux que beaucoup d'Occidentaux considéreraient comme leurs alliés et leurs soutiens naturels aussi. Peu de livres dus à des auteurs musulmans et publiés dans les années quatre-vingt-dix en Occident ont été aussi bien accueillis qu'*Islam and Democracy* de Fatima Mernissi. Il a été présenté comme le témoignage courageux d'une musulmane moderne et libérale [10]. Cependant, le portrait qu'elle brosse fait de l'Occident pourrait difficilement être moins flatteur. L'Occident est « militariste » et « impérialiste » ; il a « traumatisé » les autres nations par la « terreur coloniale » (p. 3, 9). L'individualisme, marque de la culture occidentale, est « la source de tous les maux » (p. 8). Il faut craindre la puissance de l'Occident. « Il décide seul si les satellites serviront à enseigner aux Arabes ou bien à leur lancer des bombes. [...] Il ruine nos possibilités et investit nos vies avec ses produits d'importation et ses films de télévision qui envahissent les ondes [...]. C'est une puissance qui nous ruine, qui détruit nos marchés et contrôle nos ressources, nos initiatives, nos possibilités. On pouvait s'en douter, mais la guerre du Golfe a changé cette impression en certitude » (p. 146-147). L'Occident « acquiert de la puissance par la recherche militaire » et vend ensuite les produits de cette recherche aux pays sous-développés qui sont ses « consommateurs passifs ». Pour se libérer de cette soumission, l'islam doit développer ses propres ingénieurs et ses propres scientifiques, construire ses propres armes (nucléaires ou conventionnelles, elle ne le précise pas) et « s'affranchir de la dépendance militaire vis-à-vis de l'Occident » (p. 43-44). Répétons-le, ce ne sont pas des propos tenus par un ayatollah barbu.

Quelles que soient leurs opinions politiques ou religieuses, les musulmans conviennent qu'il existe des différences fondamentales entre la culture occidentale et la leur. Pour Sheik Ghanoushi, « nos sociétés sont fondées sur des valeurs autres que celles de l'Occident ». Les Américains « viennent ici, dit un fonctionnaire égyptien, et ils veulent que nous soyons comme eux. Ils ne comprennent rien à nos valeurs et à notre culture ». « Nous sommes différents, convient un journaliste égyptien. Nous avons un fonds culturel différent, une histoire différente. Nous avons donc droit à un avenir différent. » Les publications musulmanes populaires mais aussi intellectuelles rendent sans cesse compte de plans que l'Occident concevrait pour soumettre, humilier et ruiner les institutions et la culture islamiques [11].

Cette réaction hostile à l'Occident ne s'observe pas seulement dans les cercles intellectuels impliqués dans la résurgence de l'islam, mais aussi dans le changement d'attitude à l'égard de l'Occident des gouvernements des pays musulmans. Les gouvernements au pouvoir juste après l'ère coloniale avaient en général des idéologies politiques et économiques et des politiques occidentales. Ils étaient pro-occidentaux en politique étrangère, sauf à de rares exceptions, comme l'Algérie et l'Indonésie, deux pays devenus indépendants à la suite d'une révolution nationaliste. L'un après l'autre, cependant, les gouvernements pro-occidentaux ont cédé la place à des gouvernements moins proches de l'Occident ou clairement anti-occidentaux en Irak, en Libye, au Yémen, en Syrie, en Iran, au Soudan, au Liban et en Afghanistan. L'orientation et les alliances d'autres États, comme la Tunisie, l'Indonésie et la Malaisie, ont connu des changements moins nets mais assez similaires. Les deux principaux pays musulmans alliés des États-Unis pendant la guerre froide, la Turquie et le Pakistan, subissent d'importantes pressions islamistes internes, et leurs liens avec l'Occident pourraient se tendre.

En 1995, le seul État musulman qui était plus pro-occidental que dix ans avant était le Koweït. Les meilleurs amis de l'Occident dans le monde arabe sont aujourd'hui soit dépendants militairement de lui comme le Koweït, l'Arabie Saoudite et les émirats du Golfe, soit dépendants économiquement comme l'Égypte et l'Algérie. À la fin des années quatre-vingt, les régimes communistes de l'Europe de l'Est se sont écroulés quand il est devenu apparent que l'Union soviétique ne pourrait ou ne voudrait plus leur offrir un soutien économique et militaire. S'il devenait patent que l'Occident ne protégeait plus ses régimes satellites musulmans, ils pourraient avoir un destin comparable.

À l'anti-occidentalisme de plus en plus grand des musulmans répond en Occident la crainte de la « menace islamique », représentée en particulier par l'extrémisme musulman. L'islam est considéré comme une source de prolifération nucléaire, de terrorisme et, en Europe, d'immigration indésirable. Cela préoccupe à la fois l'opinion publique et les dirigeants. En novembre 1994, par exemple, à la question de savoir si le « renouveau islamique » constituait une menace pour les intérêts américains au Moyen-Orient, 61 % d'un échantillon de trente-cinq mille Américains intéressés par la politique étrangère ont répondu oui et seulement 28 % non. Un an plus tôt, sur la question de savoir quel pays représentait le plus grand danger pour les États-Unis, un échantillon représentatif de l'opinion publique a choisi l'Iran, la Chine et l'Irak comme les trois principaux. De même, en 1994, parmi les « menaces critiques » pour les États-Unis, 72 % du public et 61 % des responsables de la politique étrangère citèrent la prolifération nucléaire ; 69 % du public et 33 % des responsables de la politique étrangère le terrorisme — deux problèmes largement associés à l'islam. En outre, 33 % du public et 39 % des responsables voyaient un danger dans l'expansion possible du fondamentalisme islamique. Les Européens voient les choses de la même manière. Au printemps 1991, par exemple, 51 % des Français déclaraient que la principale menace pour la France venait du Sud et 8 % seulement de l'Est. Les quatre pays que l'opinion française craignait le plus étaient tous musulmans : l'Irak, 52 % ; l'Iran, 35 % ; la Libye, 26 % ; l'Algérie, 22 %[12]. Des dirigeants politiques occidentaux, dont le chancelier allemand et le Premier ministre français, ont exprimé semblables préoccupations. Par exemple, le secrétaire général de l'OTAN a déclaré en 1995 que le fondamentalisme islamique était « au moins aussi dangereux que le communisme » l'avait été pour l'Occident, et un « membre très respecté » de l'administration Clinton a désigné l'islam comme rival global de l'Occident[13].

À mesure que disparaît la menace militaire de l'Est, les plans de l'OTAN sont de plus en plus dirigés contre les menaces potentielles qui viennent du Sud. « Le front sud, observait un expert de l'armée américaine en 1992, remplace le front central et devient la nouvelle frontière de l'OTAN. » Pour faire face à ces menaces venues du Sud, les membres méridionaux de l'OTAN — l'Italie, la France, l'Espagne et le Portugal — ont commencé à concevoir des plans communs et à mener des opérations conjointes. Ils ont également enrôlé les gouvernements du Maghreb dans des réflexions sur la façon de contrer l'extrémisme islamiste. Ces craintes justifient également la présence militaire américaine en Europe. « Les forces américaines en Europe ne sont pas la panacée pour résoudre les problèmes que pose l'islam fondamentaliste, notait un ex-haut fonctionnaire américain. Elles jettent une ombre sur les plans militaires dans toute la zone. Vous vous rappelez le déploiement réussi des forces américaines, françaises et britanniques venues d'Europe dans la guerre du Golfe de 1990-91 ? Les gens de la région s'en souviennent, eux[14]. » Il aurait pu ajouter qu'ils s'en souviennent avec crainte, ressentiment et haine.

Compte tenu de la vision dominante que les musulmans et les Occidentaux ont les uns des autres et de la montée de l'extrémisme islamiste, il n'est guère surprenant que, à la suite de la révolution iranienne de 1979, une quasi-guerre intercivilisationnelle se soit développée entre l'islam et l'Occident. C'est une quasi-guerre pour trois raisons. Premièrement, la totalité de l'islam ne s'est pas dressée contre la totalité de l'Occident. Deux États fondamentalistes (l'Iran et le Soudan), trois États non fondamentalistes (l'Irak, la Libye et la Syrie), plus toute une gamme d'organisations islamistes, avec le soutien financier d'autres pays musulmans comme l'Arabie Saoudite, se sont dressés contre les États-Unis et par moments contre la Grande-Bretagne, la France et d'autres États et groupes occidentaux, ainsi que contre Israël et les Juifs. Deuxièmement, c'est une quasi-guerre parce que, sauf pendant la guerre du Golfe de 1990-1991, on a seulement employé des moyens limités : le terrorisme d'un côté et la puissance aérienne, les actions ponctuelles et les sanctions économiques de l'autre. Troisièmement, c'est une quasi-guerre parce que la violence a été discontinue. Des actions intermittentes de la part d'un camp ont entraîné des réactions de l'autre camp. Cependant, une quasi-guerre est encore une guerre. Même en excluant les dizaines de milliers de soldats et de civils irakiens tués par les bombardements occidentaux en janvier-février 1991, le nombre des morts et des victimes se compte par milliers et ce, presque chaque année depuis 1979. Beaucoup plus d'Occidentaux sont morts au cours de cette quasi-guerre que pendant la « vraie » guerre du Golfe.

Surtout, les deux camps ont reconnu que ce conflit était bel et bien une guerre. Très tôt, Khomeiny a déclaré, non sans raison, que « l'Iran [était] en guerre avec l'Amérique[15] » et Kadhafi proclame régulièrement la guerre sainte contre l'Occident. Les dirigeants d'autres groupes et États extrémistes se sont exprimés en des termes semblables. Du côté occidental, les États-Unis ont classé sept pays comme « États terroristes » : cinq sont musulmans (l'Iran, l'Irak, la Syrie, la Libye, le Soudan) ; Cuba et la Corée du Nord figurent également dans la liste. Cela les pose de fait en ennemis, parce qu'ils attaquent les États-Unis et leurs amis avec les armes les plus efficaces dont ils disposent et cela vaut reconnaissance de fait d'un état de guerre avec eux. Les fonctionnaires américains qualifient ces États de « hors la loi » et de « renégats » — ce qui les exclut de l'ordre international civilisé et ce qui en fait des cibles légitimes pour les représailles multilatérales ou unilatérales. Le gouvernement des États-Unis a condamné les responsables de l'attentat du World Trade Center pour avoir « déclaré une guerre de terrorisme urbain contre les États-Unis » et a soutenu que les conspirateurs accusés de préparer des attentats à la bombe à Manhattan étaient des « combattants » d'une lutte « impliquant une guerre » contre les États-Unis. Si les musulmans supposent que l'Occident porte la guerre contre l'islam et si les Occidentaux supposent que des groupes islamiques portent la guerre contre l'Occident, il semble raisonnable d'en conclure qu'une sorte de guerre a lieu.

Dans cette quasi-guerre, chaque camp a capitalisé sur ses propres forces et sur les faiblesses de l'autre. D'un point de vue militaire, cette guerre a en grande partie opposé le terrorisme à la puissance aérienne. Des militants islamiques spécialement entraînés exploitent les opportunités qu'offre le libéralisme de l'Occident et abandonnent des voitures piégées à des emplacements précis. Les soldats de métier occidentaux exploitent le vide qui règne dans les airs au-dessus des territoires musulmans pour envoyer des bombes intelligentes sur des cibles précises. Des islamistes intriguent pour assassiner des personnalités occidentales ; les États-Unis intriguent pour renverser des régimes islamiques extrémistes. Entre 1980 et 1995, selon le ministère américain de la Défense, les États-Unis se sont engagés dans dix-sept opérations militaires au Moyen-Orient, toutes dirigées contre des musulmans. Aucune autre civilisation n'a suscité pareille mobilisation militaire de la part des États-Unis.

À ce jour, chaque camp a, sauf pendant la guerre du Golfe, maintenu la violence à un niveau assez bas et s'est gardé de considérer que les actes violents accomplis par l'autre devaient être assimilés à des actes de guerre appelant une réponse radicale. « Si la Libye ordonnait à un de ses sous-marins de couler un vaisseau américain, notait *The Economist,* les États-Unis traiteraient cela comme un acte de guerre émanant d'un gouvernement. Ils ne demanderaient pas l'extradition du commandant du sous-marin. En principe, un attentat à la bombe perpétré par les services secrets de Libye contre un avion de ligne n'est pas différent[16]. » Cependant, les belligérants de cette guerre utilisent des tactiques bien plus violentes l'un contre l'autre que les États-Unis et l'Union soviétique durant la guerre froide. À de rares exceptions près, aucune de ces deux superpuissances n'a tué de civils et même de militaires appartenant à l'autre camp. C'est souvent le cas au cours de la quasi-guerre qui a aujourd'hui lieu.

Les dirigeants américains considèrent que les musulmans engagés dans cette quasi-guerre sont une petite minorité et que l'usage qu'il font de la violence est rejeté par la grande majorité des musulmans modernistes. C'est peut-être vrai, mais on manque de preuves. On n'a guère vu de manifestations contre la violence exercée à l'égard de l'Occident dans les pays musulmans. Les gouvernements musulmans, même ceux qui vivent sous cloche parce qu'ils sont favorables à l'Occident et dépendent de lui, sont étonnamment réticents lorsqu'il s'agit de condamner les actes terroristes perpétrés contre l'Occident. De l'autre côté, l'opinion et les gouvernements européens ont pour la plupart soutenu et rarement critiqué les actions des États-Unis contre leurs adversaires musulmans, alors que les actions américaines contre l'Union soviétique et le communisme à l'époque de la guerre froide ont suscité une vive hostilité. Dans les conflits civilisationnels, à la différence des affrontements idéologiques, on prend parti pour ses frères.

Le problème central pour l'Occident n'est pas le fondamentalisme islamique. C'est l'islam, civilisation différente dont les représentants sont convaincus de la supériorité de leur culture et obsédés par l'infériorité de leur puissance. Le problème pour l'islam n'est pas la CIA ou le ministère américain de la Défense. C'est l'Occident, civilisation différente dont les représentants sont convaincus de l'universalité de leur culture et croient que leur puissance supérieure, bien que déclinante, leur confère le devoir d'étendre cette culture à travers le monde. Tels sont les ingrédients qui alimentent le conflit entre l'islam et l'Occident.

## *L'Asie, la Chine et l'Amérique*

### LE CHAUDRON DES CIVILISATIONS

Les changements économiques en Asie, notamment en Extrême-Orient, représentent l'une des évolutions les plus importantes survenues à l'échelle du monde au cours de la dernière moitié du siècle. Dans les années quatre-vingt-dix, elle a suscité une euphorie généralisée chez beaucoup d'observateurs : l'Extrême-Orient et toute la zone Pacifique, désormais reliés par de vastes réseaux commerciaux très dynamiques, allaient assurer la paix et l'harmonie entre les nations. Cet optimisme reposait sur l'idée, fort discutable, que les échanges commerciaux constituent invariablement un facteur de paix. Tel n'est cependant pas le cas. La croissance économique crée un état d'instabilité politique au sein même des différents pays et entre eux ; elle modifie également les rapports de force entre les pays et les régions. Les échanges économiques favorisent les contacts entre les personnes, mais ils ne garantissent pas que celles-ci vont s'entendre. Au cours de l'histoire, ce phénomène a plutôt accru la conscience des différences et engendré des peurs mutuelles. Le commerce entre les pays produit autant de conflits que de profit. Si l'on en croit l'expérience passée, le paradis économique asiatique pourrait être un enfer politique.

Le développement économique de l'Asie et la confiance en elles de plus en plus grande des sociétés asiatiques perturbent la politique internationale de trois façons au moins. Tout d'abord, le développement économique permet aux États asiatiques d'accroître leur arsenal militaire ; il suscite des incertitudes quant aux relations qu'ils auront demain entre eux ; et il attise les problèmes et les rivalités que la guerre froide avait calmés, augmentant ainsi la probabilité que des conflits et des troubles surviennent dans la région. Deuxièmement, le développement économique durcit les conflits entre les sociétés asiatiques et l'Occident, en particulier les États-Unis, et rend les premières plus fortes pour gagner ces combats. Troisièmement, la croissance économique de la Chine, la plus grande puissance d'Asie, accroît son influence dans la zone et son désir de recouvrer sa suprématie traditionnelle en Extrême-Orient. Les autres nations risquent ainsi d'avoir à se soumettre ou à se démettre.

Pendant les siècles qu'a duré la prépondérance de l'Occident, les relations internationales importantes étaient en fait un jeu inventé par lui, auquel jouaient seulement les grandes puissances occidentales, plus la Russie au XVIII^e siècle et le Japon au XX^e. C'est en Europe surtout que les grandes puissances se déchiraient ou s'entendaient entre elles, et même pendant la guerre froide, la principale ligne d'affrontement entre les superpuissances restait le cœur de l'Europe. Après la fin de la guerre froide, les relations internationales qui comptent se jouent surtout sur un terrain bien particulier : l'Asie, notamment l'Extrême-Orient. L'Asie est le chaudron des civilisations. Rien qu'en Extrême-Orient, on trouve des sociétés qui appartiennent à six civilisations — japonaise, chinoise, orthodoxe, bouddhiste, musulmane et occidentale —, plus l'hindouisme en Asie du Sud. Les États phares de quatre civilisations, le Japon, la Chine, la Russie et les États-Unis, sont des acteurs de poids en Extrême-Orient ; l'Inde joue également un rôle majeur en Asie du Sud, tandis que l'Indonésie, pays musulman, monte de plus en plus en puissance. En outre, l'Extrême-Orient comprend aussi plusieurs puissances moyennes aux ressources économiques de plus en plus grandes, comme la Corée du Sud, Taiwan, la Malaisie, plus le Viêt-nam qui a un gros potentiel. Cela donne au total une structure internationale très complexe, comparable par bien des aspects à ce qui existait en Europe aux XVIIIe et XIXe siècles, avec toute la fragilité et l'instabilité qui caractérisent les situations multipolaires.

C'est précisément ce caractère multipolaire et multicivilisationnel qui distingue l'Extrême-Orient de l'Europe occidentale, et les différences économiques et politiques accroissent encore le contraste. Tous les pays d'Europe occidentale sont des démocraties stables qui ont une économie de marché et un haut niveau de développement économique. Au milieu des années quatre-vingt-dix, l'Extrême-Orient comprenait une démocratie stable, plusieurs démocraties jeunes et instables, quatre des cinq dernières dictatures communistes, plus des gouvernements militaires, des dictatures personnelles et des systèmes autoritaires à parti unique. Le niveau de développement économique, de celui du Japon et de Singapour à celui du Viêt-nam et de la Corée du Nord, était très variable. On pouvait observer une tendance générale à la libéralisation économique, mais aussi à peu près tous les systèmes économiques possibles, de l'économie dirigée en Corée du Nord jusqu'au laisser-faire de Hong Kong en passant par tous les mélanges entre contrôle public et liberté d'entreprendre.

Sauf lorsque la Chine, en exerçant sa suprématie, est parvenue à créer un ordre dans la région, jamais l'Extrême-Orient n'a connu comme l'Europe occidentale de société internationale (au sens anglais du terme)[17]. Au XXe siècle, l'Europe s'est unifiée par le truchement d'un réseau extraordinairement complexe d'institutions internationales : l'Union européenne, l'OTAN, l'Union de l'Europe occidentale, le Conseil de l'Europe, l'Organisation pour la sécurité et la coopération en Europe, etc. Rien de tel en Extrême-Orient, à part l'ANSEA, qui ne comprend aucune grande puissance, qui a échoué sur presque toutes les questions de sécurité et qui commence à peine à évoluer vers des formes très primitives d'intégration économique. Dans les années quatre-vingt-dix, une organisation plus large a été créée : l'APEC. Elle comprend les pays de la zone Pacifique, mais elle est encore plus faible que l'ANSEA. Aucune autre grande institution multilatérale ne rassemble les principales puissances d'Asie.

Autre contraste avec l'Europe, les sources de conflits entre États sont légion en Extrême-Orient. La question des deux Corées et celle des deux Chine sont évidemment bien connues. Ce sont toutefois des résidus de la guerre froide. Les différences idéologiques perdent aujourd'hui de leur signification et, en 1995, les relations entre les deux Chine se développaient, tout comme, à un moindre degré, les rapports entre les deux Corées. La probabilité d'une guerre entre Coréens est faible ; celle d'une guerre entre Chinois est plus élevée, mais elle reste limitée, sauf si les Taiwanais renoncent à leur identité chinoise et créent officiellement une république indépendante de Taiwan. « On ne devrait pas se battre entre frères[18] », disait un général cité dans un document militaire chinois. Une explosion de violence entre les deux Corées et les deux Chine reste possible, mais, au fil du temps, leurs affinités culturelles devraient de plus en plus l'empêcher.

En Extrême-Orient, les conflits hérités de la guerre froide sont complétés et remplacés par d'autres conflits possibles reflétant des rivalités anciennes mais aussi des évolutions économiques plus récentes. Selon les experts des questions de sécurité, au début des années quatre-vingt-dix, l'Extrême-Orient était « une zone dangereuse », « un sac de nœuds », une région où avaient lieu « plusieurs guerres froides » et qui « tournait le dos au futur[19] ». Par contraste avec l'Europe occidentale, l'Extrême-Orient des années quatre-vingt-dix est toujours en proie à des querelles ; les plus importantes opposent la Russie et le Japon à propos des îles du nord, la Chine, le Viêt-nam, les Philippines et même d'autres pays d'Asie du Sud-Est à propos du sud de la mer de Chine. Les différends frontaliers entre la Chine d'un côté et la Russie et l'Inde de l'autre se sont atténués au milieu des années quatre-vingt-dix, mais ils pourraient resurgir, tout comme les visées chinoises sur la Mongolie. Il existe des mouvements insurrectionnels ou sécessionnistes, souvent soutenus par l'étranger, à Mindanao, à Timor, au Tibet, au sud de la Thaïlande et à l'est de la Myanmar. En outre, si la paix entre les États règne dans l'Extrême-Orient du milieu des années quatre-vingt-dix, ces cinquante dernières années, des guerres ont eu lieu en Corée et au Viêt-nam, et la principale puissance de la zone, la Chine, s'est battue contre les Américains et presque tous ses voisins, dont les Coréens, les Viêtnamiens, les nationalistes chinois, les Indiens, les Tibétains et les Russes. En 1993, selon les militaires chinois, la sécurité de la Chine était menacée dans huit points chauds ; la Commission militaire centrale chinoise jugeait « très sombres » les perspectives de sécurité en Extrême-Orient. Après des siècles de guerre, l'Europe occidentale est pacifique, et la guerre y est devenue inimaginable. Ce n'est pas le cas en Extrême-Orient. Comme le disait Aaron Friedberg, le passé de l'Europe pourrait être le futur de l'Asie[20].

Le dynamisme économique, les querelles territoriales, les rivalités passées qui resurgissent, l'incertitude politique : tout cela explique que les budgets militaires aient augmenté dans l'Extrême-Orient des années quatre-vingt et quatre-vingt-dix. Forts de leur richesse nouvelle et, dans de nombreux cas, de leur population bien formée, les gouvernements extrême-orientaux ont petit à petit remplacé leurs grandes armées populaires pauvrement équipées par des forces plus réduites en nombre, mais plus professionnelles et aux technologies plus sophistiquées. Dès lors que l'engagement américain en Extrême-Orient devient plus incertain, certains pays cherchent à devenir autonomes sur le plan de la sécurité. Les États d'Extrême-Orient continuent d'importer des armes d'Europe, des États-Unis et d'ex-URSS, mais ils donnent la préférence aux technologies qui pourraient leur permettre de développer leur propre production d'avions, de missiles et d'équipements électroniques de pointe. L'industrie d'armement se développe au Japon et dans les États chinois — la Chine, Taiwan, Singapour et la Corée du Sud. Dans la mesure où l'Extrême-Orient comporte beaucoup de zones côtières, l'accent a été mis sur les lanceurs et les forces aériennes et navales. Il en résulte que des nations qui n'étaient auparavant pas capables de se battre entre elles le sont de plus en plus. Ce processus manque beaucoup de transparence, ce qui accroît encore la suspicion et l'incertitude[21]. Alors même que les rapports de force évoluent, chaque gouvernement ne peut aujourd'hui manquer de se demander qui sera son ennemi dans les dix ans à venir et qui sera son ami, à supposer qu'il en ait un.

### LES GUERRES FROIDES AMÉRICANO-ASIATIQUES

À la fin des années quatre-vingt et au début des années quatre-vingt-dix, les relations entre les États-Unis et les pays d'Asie, sauf le Viêt-nam, sont devenues de plus en plus conflictuelles. L'aptitude des États-Unis à jouer un rôle dominant a décliné. Ces tendances ont été particulièrement nettes vis-à-vis des grandes puissances d'Extrême-Orient, de sorte que les relations des États-Unis avec la Chine et le Japon ont suivi des chemins parallèles. Les Américains, tout comme les Chinois et les Japonais, parlent de guerre froide à propos des relations entre leurs pays[22]. Ces courants simultanés ont commencé sous l'administration Bush et ont continué sous celle de Carter. Au milieu des années quatre-vingt-dix, les relations des États-Unis avec les deux grandes puissances asiatiques étaient « tendues », et il est probable que cela ne cessera pas de sitôt*.

Au début des années quatre-vingt-dix, les relations nippo-américaines ont été agitées par des querelles portant sur toute une série de

* Il est à noter que, du moins aux États-Unis, il règne une certaine confusion terminologique en ce qui concerne les relations entre pays. De « bonnes » relations sont censées être amicales, propices à la coopération ; de « mauvaises » relations sont hostiles, conflictuelles. Ces expressions mêlent deux dimensions différentes : amitié/hostilité et désirabilité/indésirabilité. Cela reflète le préjugé américain selon lequel l'harmonie dans les relations internationales est toujours bonne et le conflit mauvais. Cependant, on ne peut considérer que de bonnes relations sont amicales que si on juge que le conflit n'est jamais désirable. La plupart des Américains estiment qu'il était « bien » que l'administration Bush rendent « mauvaises » les relations des États-Unis avec l'Irak en allant faire la guerre au Koweit. Pour éviter les confusions à propos de la question de savoir si « bon » signifie désirable ou harmonieux et « mauvais » indésirable ou hostile, j'utilise « bon » et « mauvais » seulement pour désigner ce qui est désirable et ce qui ne l'est pas. Fait remarquable et paradoxal, les Américains valorisent la compétition au sein de la société américaine entre les opinions, les groupes, les partis, les pouvoirs, les intérêts économiques. La question de savoir pourquoi ils croient que le conflit est bon au sein de leur société mais mauvais entre les sociétés est fascinante. À ma connaissance, personne ne l'a étudiée sérieusement.

problèmes, dont le rôle du Japon dans la guerre du Golfe, la présence militaire américaine au Japon, l'attitude des Japonais à l'égard de la politique américaine des droits de l'homme vis-à-vis de la Chine et d'autres pays, la participation du Japon à des missions de maintien de la paix, et surtout, sur des problèmes économiques, en particulier commerciaux. Parler de guerre commerciale est devenu un lieu commun[23]. Les responsables américains, en particulier au sein de l'administration Clinton, ont exigé de plus en plus de concessions du Japon ; les responsables japonais ont résisté avec de plus en plus de force. Les controverses commerciales nippo-américaines sont devenues de plus en plus vives et difficiles à résoudre. En mars 1994, par exemple, le président Clinton a signé un décret lui donnant autorité pour appliquer des sanctions plus strictes à l'égard du Japon, ce qui a suscité des protestations non seulement du Japon mais de la direction du GATT, principale organisation commerciale mondiale. Quelque temps après, le Japon a répondu en critiquant violemment la politique américaine, à la suite de quoi les États-Unis ont « officiellement accusé » le Japon de pratiquer la discrimination à l'égard des entreprises américaines dans les appels d'offres publics. Pendant le printemps 1995, l'administration Clinton a menacé d'imposer des tarifs douaniers de 100 % sur les voitures de luxe japonaises, et un accord l'empêchant n'est intervenu que juste avant que les sanctions prennent effet. On était donc tout près de la guerre commerciale entre les deux pays. Au milieu des années quatre-vingt-dix, l'acrimonie a atteint un tel degré que les principaux dirigeants politiques japonais ont commencé à remettre en cause la présence militaire américaine au Japon.

À cette époque, l'opinion publique de chacun de ces pays a commencé à être moins bien disposée à l'égard de l'autre. En 1985, 87 % des Américains disaient qu'ils étaient globalement favorables au Japon. En 1990, ils n'étaient plus que 67 % et, en 1993, seulement 50 %. Près des deux tiers des Américains déclaraient alors qu'ils s'efforçaient d'éviter d'acheter des produits japonais. En 1985, 73 % des Japonais considéraient que les relations nippo-américaines étaient amicales ; en 1993, 64 % disaient l'inverse. L'année 1991 a marqué le tournant de cette évolution. Chacun de ces pays a remplacé l'Union soviétique dans le regard de l'autre. Pour la première fois, les Américains ont classé le Japon devant l'Union soviétique au premier rang des menaces pour leur sécurité, et, pour la première fois, les Japonais ont classé les États-Unis avant l'Union soviétique parmi les menaces contre leur sécurité[24].

Ces changements d'attitude dans l'opinion publique ont trouvé leurs équivalents du côté des élites. Aux États-Unis, un important groupe d'universitaires, d'intellectuels et d'hommes politiques révisionnistes s'est développé ; il a mis l'accent sur les différences culturelles et structurelles entre les deux pays et sur la nécessité pour les États-Unis d'adopter une position plus dure vis-à-vis du Japon sur les questions économiques. L'image du Japon dans les médias, les essais et la littérature grand public est devenue de plus en plus négative. De même, au Japon, une nouvelle génération d'hommes politiques est apparue. Elle n'a pas connu la puissance américaine pendant la Seconde Guerre mondiale et les bienfaits prodigués par les États-Unis après la guerre, mais elle tire beaucoup d'orgueil de la réussite économique japonaise et est prête à résister aux exigences américaines d'une manière différente de celle des générations précédentes. Ces « résistants » japonais sont la contrepartie des « révisionnistes » américains, et, dans les deux pays, les candidats aux élections font de la sévérité dans les relations nippo-américaines leur cheval de bataille.

À la fin des années quatre-vingt et au début des années quatre-vingt-dix, les relations des États-Unis avec la Chine se sont elles aussi durcies. Les conflits entre les deux pays, comme le disait Deng Xiaoping en septembre 1991, constituaient « une nouvelle guerre froide », expression sans cesse reprise par la presse chinoise. En août 1995, l'agence de presse officielle a déclaré que « les relations sino-américaines sont au plus mal depuis que les deux pays ont établi des relations diplomatiques » en 1979. Les responsables chinois dénoncent sans cesse les prétendues ingérences dans les affaires chinoises. « Nous devons souligner, déclarait en 1992 un document interne du gouvernement chinois, que, depuis qu'ils sont devenus la seule superpuissance, les États-Unis s'efforcent d'exercer leur hégémonie, mais que leur force est en déclin et qu'elle a des limites. » « Les forces hostiles occidentales, a déclaré le président Jiang Zemin, en août 1995, n'ont pas encore abandonné leur projet d'occidentaliser et de diviser notre pays. » En 1995, il existait un large consensus chez les dirigeants et les universitaires chinois pour penser que les États-Unis s'efforçaient de « diviser territorialement la Chine, de la subvertir politiquement, de la contenir stratégiquement et de la frustrer économiquement[25] ».

Ces accusations ne sont pas sans fondement. Les États-Unis ont permis au président de Taiwan de venir en visite, ont vendu cent cinquante F-16 à Taiwan, ont qualifié le Tibet de « territoire souverain occupé », ont dénoncé les violations des droits de l'homme en Chine, ont empêché Pékin d'organiser les Jeux olympiques de l'an 2000, ont normalisé leurs relations avec le Viêt-nam, ont accusé la Chine d'exporter des composants d'armes chimiques en Iran, ont décidé des sanctions commerciales contre la Chine pour la vente de missiles au Pakistan, ont menacé la Chine de sanctions économiques tout en empêchant son admission au sein de l'Organisation commerciale mondiale. Chaque camp accuse l'autre de faire preuve de mauvaise foi : la Chine, selon les Américains, a violé les accords sur les exportations de missiles, la propriété intellectuelle et le travail en prison ; les États-Unis, selon la Chine, ont violé les accords en laissant venir en Amérique le président Lee et en vendant des avions de chasse à Taiwan.

Les plus hostiles, en Chine, aux États-Unis sont les militaires, qui font régulièrement pression sur le gouvernement pour qu'il adopte une ligne plus dure. En juin 1993, cent généraux chinois ont envoyé une lettre à Deng pour se plaindre de la politique « passive » du gouvernement vis-à-vis des États-Unis et de son incapacité à résister aux tentatives américaines de « chantage ». À l'automne de cette même année, un document gouvernemental confidentiel chinois à exposé les raisons avancées par les militaires pour se battre avec les États-Unis : « Parce que la Chine et les États-Unis sont depuis longtemps en conflit du fait de leurs idéologies, de leurs systèmes sociaux et de leurs politiques étrangères différents, il sera impossible d'améliorer en profondeur les relations sino-américaines. » Puisque les Américains croient que l'Extrême-Orient deviendra « le cœur de l'économie mondiale [...] les États-Unis ne peuvent tolérer un adversaire puissant en Extrême-Orient[26] ». Au milieu des années quatre-vingt-dix, les agences et les responsables chinois présentaient en général les États-Unis comme une puissance hostile.

L'antagonisme de plus en plus fort entre la Chine et les États-Unis s'explique en grande partie par des raisons intérieures. Comme pour le Japon, l'opinion américaine est divisée. De nombreux représentants de l'*establishment* soutiennent l'ouverture vers la Chine, le développement de relations économiques plus étroites et l'entrée de la Chine dans le concert des nations. Pour d'autres, la Chine représente une menace potentielle ; les concessions à son égard auront des résultats négatifs, et une attitude ferme pour la contenir s'impose. En 1993, parmi les pays dangereux pour les États-Unis, l'opinion américaine classait la Chine deuxième derrière l'Iran. Les hommes politiques américains ont joué avec des symboles qui heurtaient les Chinois, comme la visite de Lee à Cornell et la rencontre de Clinton avec le dalaï-lama, tout en poussant l'administration à sacrifier la question des droits de l'homme aux intérêts économiques, comme on l'a vu lors de l'extension de la clause de la nation la plus favorisée. Du côté chinois, le gouvernement a eu besoin d'un nouvel ennemi pour justifier ses appels au nationalisme chinois et légitimer son pouvoir. Comme les luttes de succession durent, l'influence politique de l'armée s'accroît. Le président Jiang et ses concurrents pour la succession de Deng au pouvoir ne peuvent se permettre d'être laxistes dans la défense des intérêts chinois.

En quelques années, les relations américaines avec le Japon et la Chine se sont donc détériorées. Ce changement est si brutal et touche tellement de questions qu'il ne faut sans doute pas chercher ses causes dans des conflits d'intérêts individuels sur des composants automobiles, des ventes d'appareils photo ou des bases militaires d'un côté et, de l'autre, sur l'emprisonnement de dissidents, des transferts d'armements ou la piraterie intellectuelle. En outre, il n'était pas du tout dans l'intérêt des Américains de permettre que ces relations deviennent simultanément plus conflictuelles avec les deux grandes puissances d'Asie. D'après les règles les plus élémentaires de la diplomatie et de la politique étrangère, les États-Unis auraient dû tenter de jouer l'une contre l'autre, ou du moins d'améliorer leurs relations avec l'une si celles qu'ils entretenaient avec l'autre devenaient plus conflictuelles. Et pourtant, ce n'est pas ce qui s'est produit. Des causes plus profondes ont dégradé les relations américano-asiatiques et ont rendu plus difficile encore la résolution des questions particulières qui se posaient. Ce phénomène général a donc eu des causes générales.

Premièrement, les interactions de plus en plus nombreuses entre les sociétés asiatiques et les États-Unis, par le biais des communications, du commerce, des investissements et de la découverte mutuelle, ont multiplié les problèmes et les sujets de discorde. Les pratiques et les croyances de chacun, à distance, paraissaient exotiques et pacifiques à l'autre ; elles semblent aujourd'hui menaçantes. Deuxièmement, la menace soviétique dans les années cinquante a donné lieu à l'accord de sécurité mutuelle nippo-américain. La montée en puissance de l'Union soviétique dans les années soixante-dix a conduit les États-Unis à rétablir leurs relations diplomatiques avec la Chine, en 1979 ; la coopération s'est développée entre les deux pays pour défendre leurs intérêts communs en neutralisant cette menace. Avec la fin de la guerre froide, ces intérêts communs n'existent plus, et rien ne les remplace. En conséquence, d'autres problèmes faisant surgir des conflits d'intérêts sont venus au-devant de la scène. Troisièmement, le développement économique des pays d'Extrême-Orient a modifié le rapport de force entre eux et les États-Unis. Les Asiatiques, comme on l'a vu, ont de plus en plus affirmé la validité de leurs valeurs et de leurs institutions, ainsi que la supériorité de leur culture vis-à-vis de la culture occidentale. Les Américains, d'un autre côté, avaient tendance à supposer, en particulier après leur victoire dans la guerre froide, que leurs valeurs et leurs institutions étaient universellement pertinentes et qu'ils conservaient la puissance de façonner la politique intérieure et extérieure des sociétés asiatiques.

Cet environnement international nouveau a mis en avant les différences culturelles fondamentales entre les civilisations asiatiques et américaine. L'ethos confucéen dominant dans de nombreuses sociétés asiatiques valorise l'autorité, la hiérarchie, la subordination des droits et des intérêts individuels, l'importance du consensus, le refus du conflit, la crainte de « perdre la face » et, de façon générale, la suprématie de l'État sur la société et de la société sur l'individu. En outre, les Asiatiques ont tendance à penser l'évolution de leur société en siècles et en millénaires, et à donner la priorité aux gains à long terme. Ces attitudes contrastent avec la primauté, dans les convictions américaines, accordée à la liberté, à l'égalité, à la démocratie et à l'individualisme, ainsi qu'avec la propension américaine à se méfier du gouvernement, à s'opposer à l'autorité, à favoriser les contrôles et les équilibres, à encourager la compétition, à sanctifier les droits de l'homme, à oublier le passé, à ignorer l'avenir et à se concentrer sur les gains immédiats.

Ces différences sociales et culturelles fondamentales sont des sources de conflit.

Elles ont beaucoup influé sur les relations entre les États-Unis et les grandes sociétés asiatiques. Les diplomates ont déployé beaucoup d'énergie à résoudre les conflits nippo-américains en matière économique, en particulier les excédents commerciaux japonais et la résistance du Japon aux produits et aux investissements américains. Les négociations commerciales nippo-américaines ont revêtu nombre des caractéristiques de celles qui avaient lieu entre Russes et Américains sur le contrôle des armements à l'époque de la guerre froide. En 1995, elles avaient produit encore moins de résultats, parce que ces affrontements proviennent de différences fondamentales au sein même des deux économies, et en particulier de la nature particulière de l'économie japonaise au regard de celle des principaux pays industrialisés. Les importations de produits manufacturés du Japon représentaient 3,1 % environ de son PNB, alors que la moyenne des autres grands pays industrialisés est de 7,4 %. Les investissements étrangers directs au Japon équivalaient à 0,7 % du PIB, à 28,6 % aux États-Unis et 38,5 % en Europe. Le Japon était le seul des grands pays industrialisés à avoir un budget excédentaire au début des années quatre-vingt-dix[27].

Surtout, l'économie japonaise n'a pas suivi les règles prétendument universelles de la doctrine occidentale. Les économistes occidentaux croyaient, dans les années quatre-vingt, que la dévaluation du dollar réduirait l'excédent commercial japonais. Cela s'est révélé faux. Les accords du Plaza en 1985 ont réduit le déficit américain vis-à-vis de l'Europe. Mais ils ont eu peu d'effet concernant le Japon. La valeur du yen par rapport au dollar a fait que l'excédent japonais est resté élevé et a même augmenté. Les Japonais ont donc pu préserver à la fois la force de leur monnaie et leur excédent commercial. La pensée économique occidentale a tendance à postuler qu'il existe une corrélation négative entre chômage et inflation : un taux de chômage inférieur à 5 % est considéré comme un facteur puissant d'inflation. Cependant, pendant des années, le taux moyen de chômage a été au Japon inférieur à 3 %, alors que celui de l'inflation était en moyenne de 1,5 %. Dans les années quatre-vingt-dix, les économistes américains et japonais en sont venus à reconnaître et à conceptualiser les différences de base des deux systèmes économiques. « On ne peut expliquer avec des facteurs économiques habituels » le faible taux des importations de produits manufacturés qui caractérise le Japon, remarquait une étude approfondie. « L'économie japonaise ne suit pas la logique occidentale, soutenait un autre analyste, quoi qu'en disent les prévisions occidentales, pour la simple raison que ce n'est pas une économie libérale occidentale. Les Japonais [...] ont inventé un type d'économie qui se comporte de telle façon qu'elle défie les prévisions des observateurs occidentaux[28]. »

Qu'est-ce qui explique le caractère particulier de l'économie japonaise ? Au regard des principaux pays industrialisés, l'économie japonaise est unique parce que la société japonaise est la seule à ne pas être occidentale. La société et la culture japonaises diffèrent de la société et de la culture occidentales, en particulier américaines. Ces différences ont été bien mises en lumière par toutes les analyses comparatives[29]. Pour que les problèmes économiques entre le Japon et les États-Unis soient résolus, il faudrait donc des changements fondamentaux dans la nature de l'une au moins de ces économies, et, pour cela, des changements de fond dans la société et la culture de l'une au moins. De tels changements ne sont pas impossibles. De fait, les sociétés et les cultures changent. Cela pourrait venir d'un événement traumatique majeur : la défaite totale à la fin de la Seconde Guerre mondiale a fait de deux des pays les plus militaristes du monde deux des plus pacifistes. Cependant, il semble peu probable que les États-Unis infligent au Japon, et *vice versa* un Hiroshima économique. Le développement économique peut aussi modifier en profondeur la structure sociale et la culture d'un pays, comme on l'a vu en Espagne, entre le début des années cinquante et la fin des années soixante-dix. Peut-être la richesse économique transformera-t-elle le Japon en société de consommation à l'américaine. À la fin des années quatre-vingt, on disait au Japon et en Amérique que les deux pays se rapprochaient. L'accord nippo-américain sur les SII était censé favoriser cette convergence. Son échec et celui d'initiatives semblables démontrent cependant que les différences économiques ont des racines profondes dans la culture de ces deux sociétés.

Les conflits entre les États-Unis et l'Asie s'enracinent dans des différences culturelles. La façon dont ils évoluent reflète les changements dans les rapports de force entre les États-Unis et l'Asie. Les États-Unis ont remporté des victoires, mais la balance penche du côté de l'Asie et sa montée en puissance ne fait qu'exacerber les antagonismes. Les États-Unis escomptaient que les gouvernements asiatiques les reconnaissent comme chef de file de « la communauté internationale » et acceptent d'appliquer chez eux les valeurs et les principes occidentaux. De l'autre côté, les Asiatiques, comme l'a dit le secrétaire d'État adjoint Winston Lord, étaient « de plus en plus conscients et fiers de ce qu'ils ont fait », s'attendaient à être traités en égaux et avaient tendance à considérer les États-Unis comme « une nurse internationale un peu sévère ». Des impératifs culturels très forts poussent cependant les États-Unis à jouer le rôle de nurse sévère dans les affaires internationales, de sorte que les attentes américaines sont de plus en plus entrées en conflit avec celles des sociétés asiatiques. Sur un grand nombre de problèmes, les Japonais et les autres dirigeants d'Asie ont appris à dire non à leurs interlocuteurs américains à la façon polie des Asiatiques. Le tournant symbolique dans les relations américano-asiatiques a sans doute été ce qu'un haut fonctionnaire japonais a appelé « le premier gros accroc » dans les relations nippo-américaines : il s'est produit en février 1994, lorsque le Premier ministre Morihiro Hosokawa a fermement rejeté les exigences du président Clinton en matière de quotas sur les importations japonaises de produits manufacturés américains. « Cela aurait été impossible ne serait-ce qu'il y a un an », notait un fonctionnaire japonais. Un an plus tard, le ministre japonais des Affaires étrangères a souligné l'évolution qui était en cours en indiquant qu'à une époque d'intense compétition économique entre les nations et les régions, l'intérêt national du Japon comptait plus que son appartenance au camp occidental[30].

Les Américains se sont petit à petit adaptés à ce rapport de force modifié, comme on le voit dans l'évolution de leur politique à l'égard de l'Asie dans les années quatre-vingt-dix. Premièrement, en concédant de fait qu'ils manquent du désir et/ou de la capacité d'exercer une pression sur les sociétés asiatiques, les États-Unis ont bien distingué les problèmes sur lesquels ils pouvaient agir de ceux sur lesquels il y avait conflit. Bien que Clinton ait proclamé que les droits de l'homme était une des priorités de la politique étrangère américaine vis-à-vis de la Chine, en 1994, il a répondu à la pression d'hommes d'affaires américains, de Taiwan et d'autres sources pour bien séparer les droits de l'homme des problèmes économiques. Il a également cessé d'utiliser l'extension de la clause de la nation la plus favorisée pour influer sur le comportement des Chinois à l'égard de leurs dissidents politiques. Suivant la même évolution, l'administration a explicitement séparé la politique de sécurité à l'égard du Japon, sur laquelle il peut agir, des problèmes commerciaux et autres, qui sont plus conflictuels. Les États-Unis ont ainsi renoncé à des armes qu'ils auraient pu utiliser pour défendre les droits de l'homme en Chine et obtenir des concessions commerciales de la part du Japon.

Deuxièmement, les États-Unis ont suivi une démarche de réciprocité anticipée avec les nations d'Asie : ils ont fait des concessions dans l'espoir qu'elles en entraîneraient d'autres de la part des Asiatiques. Cette attitude a souvent été justifiée par le besoin de préserver un « engagement constructif » ou un « dialogue » avec les pays d'Asie. Toutefois, ceux-ci ont bien souvent interprété ces concessions comme des signes de faiblesse, ce qui les a incités à rejeter plus vivement les exigences américaines. C'est particulièrement notable avec la Chine, qui a répondu à l'affaiblissement par les États-Unis de la clause de la nation la plus favorisée par une nouvelle vague de violations des droits de l'homme. Les Américains ont tendance à considérer que de « bonnes » relations sont des relations « amicales ». Ils sont très désavantagés face aux sociétés asiatiques pour lesquelles de « bonnes » relations sont celles dont ils tirent avantage. Pour les Asiatiques, les concessions américaines n'appellent pas de réciprocité ; il faut en profiter.

Troisièmement, les conflits commerciaux entre les États-Unis et le Japon suivent toujours la même structure : les États-Unis ont des exigences vis-à-vis du Japon et le menacent de sanctions si celles-ci ne sont pas satisfaites. De longues négociations s'ensuivent, et au dernier moment, juste avant que les sanctions prennent effet, un accord est annoncé. Ces accords sont en général formulés de façon si ambiguë que les États-Unis chantent victoire, tandis que le Japon conserve la possibilité d'agir à sa guise, de sorte que les choses restent en l'état. De même, les Chinois acceptent de reconnaître de vagues principes en matière de droits de l'homme, de propriété intellectuelle et de prolifération des armements, mais ils les interprètent autrement que les Américains et suivent la même politique qu'auparavant.

Ces différences dans la culture et les rapports de force entre l'Asie et l'Amérique encouragent les sociétés asiatiques à se soutenir les unes les autres dans les conflits qui les opposent aux États-Unis. En 1994, par exemple, presque tous les pays d'Asie, « de l'Australie à la Malaisie et à la Corée du Sud », se sont ralliés au Japon pour résister aux exigences américaines concernant les quotas d'importations. De même pour la clause de la nation la plus favorisée réservée à la Chine : le Premier ministre japonais Hosokawa a pris la tête du mouvement et soutenu l'idée que les droits de l'homme à l'occidentale n'étaient pas « applicables tels quels » en Asie. Lee Kuan Yew a menacé les États-Unis : s'ils faisaient pression sur la Chine, ils se retrouveraient seuls dans le Pacifique[31]. Autres manifestations de solidarité : les Asiatiques et les Africains, entre autres, ont soutenu la candidature d'un Japonais à la tête de l'Organisation mondiale de la santé contre son adversaire occidental ; le Japon a appuyé celle d'un Sud-Coréen à la tête de l'Organisation mondiale du commerce, contre un candidat américain, l'ex-président du Mexique Carlos Salinas. Dans les années quatre-vingt-dix, sur les questions trans-pacifiques, chaque pays d'Extrême-Orient avait le sentiment qu'il avait bien plus en commun avec ses voisins proches qu'avec les États-Unis.

La fin de la guerre froide, les interactions de plus en plus nombreuses entre l'Asie et l'Amérique et le déclin relatif de la puissance américaine ont ainsi fait ressortir au grand jour les divergences culturelles entre les États-Unis et le Japon et les autres sociétés d'Asie ; elles ont ainsi été plus fortes pour résister à la pression américaine. La montée de la Chine fait également émerger un défi nouveau pour les États-Unis. Les conflits entre ces derniers et la Chine touchent un nombre plus grand de sujets que ceux qui les opposent au Japon : ils concernent les questions économiques, les droits de l'homme, le Tibet, Taiwan, le sud de la mer de Chine et la prolifération des armements. Sur presque toutes les questions politiques, les États-Unis et la Chine ont en fait des objectifs divergeants. Comme dans le cas du Japon, ces conflits s'enracinent en grande partie dans les différences culturelles qui séparent les deux sociétés. Les conflits entre les États-Unis et la Chine, sont aussi fondamentalement des conflits de pouvoir. La Chine refuse d'admettre le leadership ou l'hégémonie des États-Unis dans le monde ; les États-Unis refusent d'admettre le leadership ou l'hégémonie de la Chine en Asie. Depuis plus de deux cents ans, les États-Unis s'efforcent d'empêcher qu'émerge une puissance dominante en Europe. Depuis presque cent ans, avec la politique de « la porte ouverte » vis-à-vis de la Chine, ils procèdent de même en Extrême-Orient. Pour ce faire, ils se sont battus dans deux guerres mondiales et dans une guerre froide avec l'Allemagne impériale, l'Allemagne nazie, le Japon impérial, l'Union soviétique et la Chine communiste. Les intérêts de l'Amérique n'ont pas changé, et Reagan et Bush n'ont fait que les rappeler. L'émergence de la Chine comme puissance régionale dominante en Extrême-Orient, si elle se poursuit, est un défi posé aux intérêts vitaux américains. La cause sous-jacente du conflit entre l'Amérique et la Chine est à chercher dans leurs différences de fond sur la question de savoir quel doit être l'équilibre de la puissance en Extrême-Orient.

### L'HÉGÉMONIE CHINOISE : ÉQUILIBRE ET SUIVISME

Avec six civilisations, dix-huit pays, des économies en pleine croissance et des différences politiques, économiques et sociales importantes, il est bien difficile de dire quel sera l'avenir des relations internationales en Extrême-Orient au début du XXIe siècle. On peut toutefois imaginer qu'un ensemble extrêmement complexe de rapports de coopération et de conflit apparaîtra entre les grandes puissances et les puissances moyennes de la région. Ou bien un système international multipolaire pourrait prendre forme entre la Chine, le Japon, les États-Unis, la Russie et peut-être l'Inde, ces puissances s'équilibrant et rivalisant entre elles. Il se pourrait aussi que la vie politique en Extrême-Orient soit dominée par un affrontement bipolaire entre la Chine et le Japon ou entre les États-Unis et la Chine, les autres pays venant se ranger dans un camp ou dans l'autre, ou bien optant pour le non-alignement. Mais elle pourrait encore revenir à une structure unipolaire traditionnelle, avec Pékin comme centre de pouvoir. Si la Chine maintient son haut niveau de croissance économique au XXIe siècle, préserve son unité et ne se déchire pas dans des luttes de succession, elle tentera sans doute de jouer ce rôle. Sa réussite dépendra des réactions des autres acteurs du jeu politique extrême-oriental.

L'histoire, la culture, les traditions, la taille, le dynamisme économique et l'image de soi de la Chine : tout l'invite à s'assurer une position hégémonique en Extrême-Orient. Ce serait en tout cas le produit naturel de son développement économique rapide. La Grande-Bretagne et la France, l'Allemagne et le Japon, les États-Unis et l'Union soviétique se sont engagés sur la voie de l'expansion extérieure, de l'affirmation et de l'impérialisme alors même ou peu après qu'ils ont connu une industrialisation rapide et de forts taux de croissance. Il n'y a pas de raison de penser que la puissance économique et militaire de la Chine ne produira pas les mêmes effets. Pendant deux cents ans, la Chine a dominé l'Extrême-Orient. Aujourd'hui, les Chinois réaffirment de plus en plus leur intention de retrouver leur rôle historique et d'en finir avec le long siècle d'humiliations et de subordination que l'Occident et le Japon leur ont infligé depuis que la Grande-Bretagne leur imposa le traité de Nankin en 1842.

À la fin des années quatre-vingt, la Chine a commencé à convertir ses ressources économiques plus abondantes en puissance militaire et en influence politique. Si son développement économique continue, ce processus prendra des proportions importantes. D'après les statistiques officielles, pendant la plus grande partie des années quatre-vingt, les dépenses militaires chinoises ont chuté. Entre 1988 et 1993, toutefois, elles ont doublé en valeur constante et ont augmenté de 50 % en valeur réelle. 21 % d'augmentation étaient prévus pour 1995. Les estimations des dépenses militaires chinoises pour 1993 vont de 22 à 37 milliards de dollars au taux de change officiel et s'élèvent à 90 milliards de dollars au taux réel. À la fin des années quatre-vingt, la Chine a redessiné sa stratégie militaire. Celle-ci privilégiait jusqu'alors la défense contre une invasion survenant au cours d'une guerre majeure avec l'Union soviétique. Désormais, elle met l'accent sur la puissance s'exerçant à l'extérieur dans la région. En accord avec cette évolution, la Chine a développé ses équipements navals, a acquis des avions de combat modernes à long rayon d'action, a developpé son matériel de ravitaillement en vol et a décidé d'acquérir un avion de transport de troupes. Elle a aussi commencé des échanges croisés d'armes avec la Russie.

La Chine est en passe de devenir la puissance dominante en Extrême-Orient. Le développement économique extrême-oriental tourne de plus en plus autour d'elle. Il est alimenté par la croissance rapide du continent et des trois autres Chine, ainsi que par l'action décisive des Chinois d'origine pour développer l'économie de la Thaïlande, de la Malaisie, de l'Indonésie et des Philippines. Plus menaçante encore est la vigueur accrue avec laquelle elle exprime ses revendications sur le sud de la mer de Chine : elle a développé des bases dans les îles Paracels, elle a livré bataille avec les Vietnamiens sur de nombreuses îles en 1988, elle a établi une présence militaire au large des Philippines, elle a fait valoir ses prérogatives sur certaines réserves de gaz indonésiennes. La Chine a aussi cessé d'admettre la présence militaire américaine en Extrême-Orient et a commencé à s'y opposer activement. De même, bien que durant la guerre froide elle ait poussé le Japon à se doter de forces militaires, dans les années qui ont suivi la fin de la guerre froide, elle s'est inquiétée du réarmement japonais. Agissant à la manière classique d'une puissance régionale dominante, elle tente d'écarter les obstacles qui se dressent sur sa route pour acquérir la supériorité militaire dans la région.

À de rares exceptions près, comme dans le cas du sud de la mer de Chine, l'hégémonie chinoise en Extrême-Orient ne devrait pas se traduire par des conquêtes impliquant l'usage direct de la force militaire. Cela signifie toutefois que la Chine escomptera des autres pays d'Extrême-Orient, à des degrés plus ou moins hauts, qu'ils acceptent tout ou partie des conditions suivantes :

— défendre l'intégrité du territoire chinois, le contrôle par la Chine du Tibet et du Xinjiang, l'intégration de Hong Kong et de Taiwan à la Chine ;

— admettre la souveraineté chinoise sur le sud de la mer de Chine et sans doute la Mongolie ;

— admettre la prépondérance de la Chine dans la région et éviter de se doter d'armes nucléaires ou de forces conventionnelles qui pourraient remettre en cause cette prépondérance ;

— adopter des politiques commerciales et financières compatibles avec les intérêts chinois et favorisant le développement économique de la Chine ;

— se soumettre au leadership chinois quant aux problèmes régionaux ;

— interdire ou détruire les mouvements anti-Chine ou anti-Chinois au sein de leurs sociétés ;

— s'abstenir d'alliances militaires ou de coalitions anti-chinoises avec d'autres puissances ;

— promouvoir l'usage du mandarin comme deuxième langue et comme langue véhiculaire dominante à la place de l'anglais en Extrême-Orient.

Les analystes comparent la montée de la Chine à celle de l'Allemagne wilhelmine dans l'Europe de la fin du XIX<sup>e</sup> siècle. L'émergence de nouvelles grandes puissances est toujours déstabilisante et celle de la Chine pourrait dépasser en cela tout autre phénomène comparable de la deuxième moitié du deuxième millénaire. « L'ampleur du bouleversement que la Chine va entraîner dans le monde, notait Lee Kuan Yew en 1994, est telle qu'il faudra trouver un nouvel équilibre dans trente ou quarante ans. On ne peut prétendre que ce sera simplement un acteur important de plus sur la scène mondiale. C'est le plus grand acteur mondial dans l'histoire de l'humanité [32]. » Si le développement économique de la Chine se poursuit dans les dix ans à venir et si elle préserve son unité pendant la période de transition ouverte par la mort de Deng Xiaoping, ce qui semble probable, les pays d'Extrême-Orient et le monde entier devront réagir à l'affirmation de plus en plus forte du plus grand acteur qu'a connu l'histoire de l'humanité.

En termes généraux, les États peuvent réagir d'une seule manière ou bien de deux manières combinées à la montée d'une puissance nouvelle. Seuls ou alliés à d'autres, ils peuvent s'efforcer d'assurer leur sécurité en recherchant l'équilibre avec la puissance émergeante, la refouler ou, si nécessaire, entrer en guerre avec elle pour la vaincre.

Au contraire, ils peuvent se rallier à elle, se mettre d'accord avec elle et adopter une position secondaire ou subordonnée vis-à-vis d'elle dans l'espoir de voir leurs intérêts clés protégés. Ou bien encore, les États peuvent s'efforcer de combiner recherche de l'équilibre et suivisme, bien que cela présente le risque d'antagoniser la puissance émergeante et de les laisser sans protection. Selon la théorie occidentale des relations internationales, la recherche de l'équilibre est une option plus souhaitable et elle a plus souvent prévalu que le suivisme. Comme le soutenait Stephen Walt :

> En général, les États qui s'efforcent de calculer les intentions des autres sont encouragés à l'équilibre. Le suivisme est risqué car il requiert d'avoir confiance ; on assiste une puissance dominante dans l'espoir qu'elle restera bienveillante. Il est plus sûr de chercher l'équilibre, car la puissance dominante peut devenir agressive. De plus, se placer du côté des plus faibles accroît son influence dans la coalition qui en résulte, car le camp des plus faibles a un plus grand besoin d'assistance[33].

L'analyse par Walt de la formation des alliances en Asie du Sud-Ouest a montré que les États s'efforcent presque toujours de contrer les menaces extérieures qui pèsent sur eux. On a aussi presque toujours supposé que cette attitude était la norme dans l'histoire européenne moderne, les différentes puissances faisant évoluer leurs alliances afin d'équilibrer et de contenir la menace que représentaient pour elles, tour à tour, Philippe II, Louis XIV, Frédéric le Grand, Napoléon, le Kaiser et Hitler. Walt admet cependant que les États peuvent choisir le suivisme « sous certaines conditions » et, comme le soutient Randall Schweller, les États révisionnistes sont enclins à se rallier aux puissances émergeantes parce qu'ils ne sont pas satisfaits et espèrent profiter de changements dans le statu quo[34]. En outre, comme le suggère Walt, le suivisme implique une certaine confiance dans les intentions non malveillantes de l'État le plus puissant.

En recherchant l'équilibre des forces, les États peuvent jouer un rôle primaire ou bien secondaire. Premièrement, l'État A peut s'efforcer d'équilibrer la puissance de l'État B, dans lequel il voit un ennemi potentiel, en faisant alliance avec les États C et D, en développant ses forces militaires ou autres (ce qui conduit à une course aux armements) ou en combinant ces méthodes. Dans cette situation, les États A et B sont des rivaux *primaires* l'un de l'autre. Deuxièmement, l'État A peut considérer qu'il n'a pas d'adversaire immédiat mais qu'il a intérêt à favoriser l'équilibre des forces entre les États B et C, l'un des deux, s'il devenait trop puissant, pouvant constituer une menace pour lui. Dans cette situation, l'État A agit comme un rival *secondaire* des États B et C, qui peuvent être des rivaux primaires l'un vis-à-vis de l'autre.

Comment les États se comporteront-ils vis-à-vis de la Chine si elle devient la puissance hégémonique en Extrême-Orient ? Les réactions seront extrêmement variables. La Chine a présenté les États-Unis comme son principal ennemi. Les Américains auront donc tendance à réagir comme des rivaux primaires et à empêcher que la Chine n'accède à cette position hégémonique. Cela serait conforme à la tradition, l'Amérique s'étant toujours souciée d'empêcher que l'Europe et l'Asie soient dominées par une seule puissance. Ce n'est plus d'actualité en Europe, mais en Asie, cet objectif reste valide. En Europe occidentale, une fédération relativement lâche, liée intimement aux États-Unis d'un point de vue culturel, politique et économique ne menacerait pas la sécurité américaine. Une Chine réunifiée, puissante et sûre d'elle le ferait. Les Américains ont-ils intérêts à se tenir prêts à entrer en guerre pour empêcher la Chine de dominer l'Extrême-Orient ? Si le developpement économique de la Chine se poursuit, voilà qui devrait représenter le principal sujet de préoccupation pour les responsables de la sécurité américaine au début du XXIe siècle. Si les États-Unis ne veulent pas arrêter la domination chinoise sur l'Extrême-Orient, ils devront réorienter leur alliance avec le Japon pour ce faire, développer des relations militaires étroites avec les autres nations d'Asie, accroître leur présence militaire en Asie et la puissance de feu qu'ils peuvent y transporter. Si les États-Unis ne veulent pas se battre contre l'hégémonie chinoise, ils devront renoncer à leurs visées universalistes, apprendre à vivre avec cette hégémonie, et admettre leur moindre capacité à peser sur les événements de l'autre côté du Pacifique. Le plus dangereux serait pour les États-Unis de ne pas faire de choix clair et d'entrer en guerre avec la Chine sans s'être demandé si c'était vital pour la nation et sans s'y être préparés pour se battre efficacement.

En théorie, les États-Unis pourraient s'efforcer de contenir la Chine en étant un rival secondaire si une autre puissance se comportait comme le rival primaire de la Chine. Le seul candidat possible est le Japon, et cela nécessiterait des changements importants dans la politique japonaise : réarmement intensif, acquisition d'armes nucléaires, compétition soutenue avec la Chine pour s'assurer le soutien d'autres puissances asiatiques. Même si ce n'est pas garanti, le Japon ne craindrait sans doute pas de participer à une coalition menée par les États-Unis contre la Chine. Toutefois, il est peu probable qu'il devienne le rival primaire de la Chine. En outre, les États-Unis n'ont guère paru désireux ni capables de jouer le rôle de rival secondaire. Quand ils n'étaient encore qu'un petit pays neuf, ils ont tenté de jouer ce rôle pendant l'ère napoléonienne et ont fini par se battre avec la Grande-Bretagne et la France. Pendant la première partie du XXe siècle, ils ont très peu fait pour l'équilibre des forces en Europe et en Asie, ce qui les a ensuite obligé à s'engager dans deux guerres mondiales afin de restaurer l'équilibre rompu. Pendant la guerre froide, ils n'ont eu d'autre choix que d'être l'adversaire primaire de l'Union soviétique. Les États-Unis, comme grande puissance, n'ont jamais été un rival secondaire.

Être une grande puissance implique un rôle subtil, changeant, ambigu et parfois même cynique. Cela peut nécessiter de changer de camp, de refuser de soutenir un État ou même de s'opposer à lui alors qu'il paraît moralement bon d'après les valeurs américaines, et de soutenir un État moralement mauvais. Même si le Japon devenait le rival primaire de la Chine en Asie, la capacité des États-Unis à soutenir cet équilibre est sujette à caution. Les États-Unis sont bien plus capables de se mobiliser directement contre une menace existante que de favoriser l'équilibre entre deux menaces potentielles. Enfin, la propension au suivisme existe bel et bien parmi les puissances d'Asie, ce qui ruinerait les efforts des États-Unis pour être des rivaux secondaires.

Dans la mesure où le suivisme implique une certaine confiance, il s'ensuit trois propositions. Premièrement, le suivisme a plus de chances d'apparaître entre États appartenant à la même civilisation ou du moins partageant certaines affinités culturelles qu'entre États qui n'ont pas de terrain culturel commun. Deuxièmement, le degré de confiance varie avec le contexte. Un jeune garçon suivra son frère aîné face à d'autres enfants ; il lui fera moins confiance lorsqu'ils seront à la maison. Les interactions moins fréquentes qu'entretiennent des États appartenant à différentes civilisations encouragent le suivisme au sein d'une civilisation donnée. Troisièmement, le suivisme et la recherche de l'équilibre varient entre les civilisations parce que le niveau de confiance entre leurs membres diffère. La seconde voie prévaut au Moyen-Orient, par exemple, ce qui pourrait refléter l'idée commune selon laquelle la confiance n'est guère répandue dans les cultures arabes et moyen-orientales.

Outre ces influences, la propension au suivisme et à la recherche de l'équilibre est fonction des attentes et des préférences concernant la distribution du pouvoir. Les sociétés européennes ont connu une phase d'absolutisme, mais elles n'ont pas eu à subir les empires bureaucratiques ou les « despotismes orientaux » qui ont dominé l'Asie pendant la plus grande partie de son histoire. Le féodalisme a ouvert la voie au pluralisme et à l'idée qu'une certaine dispersion du pouvoir est à la fois naturelle et désirable. À l'échelon international, l'équilibre des pouvoirs était donc lui aussi naturel et souhaitable, et il était de la responsabilité des hommes d'État de le protéger et de le maintenir. Dès lors, quand l'équilibre était menacé, il fallait résister pour le restaurer. Le modèle européen de société internationale reflétait ainsi le modèle sur lequel était fondée la société européenne.

Les empires bureaucratiques asiatiques, par contraste, laissaient peu de place au pluralisme social et politique, ainsi qu'à la séparation des pouvoirs. Au sein même de la Chine, le suivisme a pris une importance plus grande que la recherche de l'équilibre, à la différence de l'Europe. Dans les années vingt, Lucian Pyes notait que « les seigneurs de la guerre cherchaient d'abord à voir ce qu'ils pouvaient tirer d'une alliance avec les plus forts et ne s'alliaient qu'ensuite avec plus faibles qu'eux. [...] Pour les seigneurs chinois de la guerre, l'autonomie n'était pas la valeur suprême, à la différence des raisonnements traditionnels européens ; ils se ralliaient plutôt aux plus puissants ». De même, selon Avery Goldstein, le suivisme a caractérisé la politique de la Chine communiste tant que la structure de l'autorité a pris une forme claire, de 1949 à 1966. C'est lorsque la Révolution culturelle a créé un état de quasi-anarchie — l'autorité devenant insaisissable et les acteurs politiques se sentant menacés —, qu'a prévalu la recherche de l'équilibre[35]. On peut penser que la restauration d'une structure d'autorité définie plus clairement après 1978 a réimplanté le suivisme comme mode privilégié de comportement politique.

Au cours de l'histoire, les Chinois n'ont pas vraiment distingué les affaires intérieures et extérieures. Leur « image de l'ordre mondial n'était rien de plus qu'un corollaire de l'ordre intérieur chinois, et donc une projection de l'identité propre à la civilisation chinoise », laquelle « était présumée se reproduire en cercles concentriques puisqu'elle incarnait l'ordre cosmique juste ». Comme le disait Roderick MacFarquhar, « la vision du monde chinoise traditionnelle était le reflet de la vision confucéenne selon laquelle la société est organisée de façon hiérarchique. Les monarques et les États étrangers était censés être les vassaux de l'empire du Milieu, puisqu'"il n'y a pas deux soleils dans le ciel" et qu'"il ne peut y avoir deux empereurs sur Terre" ». Les Chinois ne se sont guère montrés favorables aux « conceptions multipolaires ou même multilatérales en matière de sécurité ». Les Asiatiques pensent en général les relations internationales en termes de hiérarchie, et l'Asie n'a guère connu de guerres hégémoniques à l'européenne, non plus que de systèmes reposant sur l'équilibre des forces. Jusqu'à l'arrivée des puissances occidentales, au milieu du XIXe siècle, les relations internationales en Extrême-Orient étaient sinocentriques, les autres sociétés étant liées à Pékin par différents types de subordination, d'autonomie ou de coopération[36]. L'ordre confucéen idéal du monde ne s'est bien sûr jamais réalisé. Cependant, le modèle hiérarchique asiatique jure franchement avec le modèle équilibré à l'occidentale.

En conséquence de cette image de l'ordre mondial, la propension chinoise au suivisme en politique intérieure s'exprime aussi dans les relations internationales. Cela influence la politique étrangère des différents États en fonction de leur degré d'implication dans la culture confucéenne et leurs relations historiques avec la Chine. La Corée a beaucoup de points communs cuturels avec la Chine et, au cours de l'histoire, s'est souvent callée sur la Chine. À l'époque de la guerre froide, la Chine communiste était un ennemi pour Singapour. Dans les années quatre-vingt, cependant, Singapour a commencé à changer d'attitude et ses dirigeants ont défendu l'idée que les États-Unis et d'autres pays avec eux devaient regarder les choses en face et admettre la puissance de la Chine. La Malaisie, où vivent beaucoup de Chinois d'origine et dont les dirigeants sont très enclins à l'anti-occidentalisme, a aussi beaucoup penché en faveur de la Chine. La Thaïlande a préservé son indépendance aux XIXe et XXe siècles en s'accommodant de l'impérialisme européen et japonais et a exprimé ouvertement ses dispositions à en faire autant avec la Chine, inclination encore renforcée par la menace potentielle que représente pour elle le Viêt-nam.

L'Indonésie et le Viêt-nam sont deux pays du Sud-Est asiatique enclins à la recherche de l'équilibre et à une politique de *containment* vis-à-vis de la Chine. L'Indonésie est très étendue ; elle est peuplée de musulmans et elle est située loin de la Chine. Pour autant, sans aide extérieure, elle est incapable d'empêcher la Chine de faire valoir ses prérogatives sur la mer de Chine méridionale. À l'automne 1995, l'Indonésie et l'Australie ont conclu un accord de sécurité qui les engageait à se consulter mutuellement dans le cas où leur sécurité serait menacée. Bien que les deux parties aient nié que c'était là une entente anti-chinoise, elles ont présenté la Chine comme la menace pesant sur elles[37]. Le Viêt-nam est de culture nettement confucéenne, mais, au cours de l'histoire, il a entretenu des relations hautement conflictuelles avec la Chine et, en 1979, il a même livré une courte guerre contre elle. Le Viêt-nam et la Chine revendiquent tous deux les îles Spartly et leurs navires se sont souvent affrontés dans les années soixante-dix et quatre-vingt. Au début des années quatre-vingt-dix, le Viêt-nam a moins investi que la Chine en matière militaire. Plus que tout autre État d'Extrême-Orient, le Viêt-nam a des raisons sérieuses de rechercher des partenaires pour faire contrepoids à la Chine. Son admission dans l'ANSEA et la normalisation de ses relations avec les États-Unis en 1995 vont dans cette direction. Les divisions au sein de l'ANSEA et la répugnance de l'association à faire contrepoids à la Chine rendent cependant peu probable l'hypothèse selon laquelle l'ANSEA pourrait constituer une alliance anti-chinoise ou soutenir activement le Viêt-nam en cas de confrontation avec la Chine. Les États-Unis pourraient représenter un garde-fou plus résolu, mais au milieu des années quatre-vingt-dix, on ne sait pas très bien jusqu'où ils iraient si la Chine cherchait à prendre le contrôle du sud de la mer de Chine. Au bout du compte, pour le Viêt-nam, « la solution la moins pire » serait de s'arranger avec la Chine et d'accepter une finlandisation, ce qui, quoique « blessant pour l'orgueil vietnamien [...] garantirait la survie du pays[38] ».

Dans les années quatre-vingt-dix, presque toutes les nations d'Extrême-Orient, sauf la Chine et la Corée du Nord, ont fait savoir qu'elles continuaient à approuver la présence militaire américaine dans la région. En pratique, cependant, à l'exception du Viêt-nam, elles ont tendance à chercher des accommodements avec la Chine. Il n'y a plus de bases aériennes et navales américaines importantes aux Philippines et, à Okinawa, la présence de forces américaines nombreuses suscite de plus en plus le rejet. En 1994, la Thaïlande, la Malaisie et l'Indonésie ont refusé d'héberger dans leurs eaux territoriales six navires américains supplémentaires censés faciliter une intervention militaire en Asie du Sud-Est ou du Sud-Ouest. Autre manifestation hostile : au cours de sa première réunion, le Forum régional de l'ANSEA a accepté, à la demande de la Chine, que la question des îles Spartly ne soit pas inscrite à l'ordre du jour, et l'occupation d'un îlot au large des côtes des Philippines n'a suscité aucune protestation de la part des autres membres de l'ANSEA. En 1995-1996, quand la Chine a verbalement et militairement menacé Taiwan, les gouvernements d'Asie se sont tus. Leur propension au suivisme a été bien résumée par Michael Oksenberg : « Les dirigeants asiatiques ne souhaitent pas que l'équilibre des forces penche en faveur de la Chine, mais, anticipant sur l'avenir, ils ne veulent pas non plus affronter Pékin aujourd'hui [et] ils ne se joindront pas aux États-Unis dans une croisade anti-chinoise[39]. »

La montée en puissance de la Chine représentera un défi majeur pour le Japon et les Japonais seront très divisés sur la stratégie à adopter. Le Japon doit-il s'entendre avec la Chine, à la faveur d'une sorte de troc, la Chine gagnant la suprématie politique et militaire, et le Japon la primauté économique ? Doit-il redonner sens et vigueur à l'alliance nippo-américaine pouvant constituer le cœur d'une coalition protectrice contre la Chine ? Doit-il développer sa propre puissance militaire pour défendre ses intérêts contre toute incursion chinoise ? Le Japon évitera sans doute aussi longtemps que possible de répondre franchement à ces questions.

Pour faire contrepoids à la Chine, l'alliance nippo-américaine est essentielle. On peut penser que le Japon acceptera petit à petit de redéfinir cette alliance dans ce but. Cela dépendra de la confiance qu'il aura : 1) dans l'aptitude des États-Unis à rester la seule superpuissance mondiale et à préserver son *leadership* dans les affaires mondiales ; 2) dans l'engagement des États-Unis à maintenir leur présence en Asie et à combattre les efforts de la Chine pour accroître son influence et 3) dans l'aptitude des États-Unis et du Japon à contenir la Chine sans que cela coûte trop cher en ressources ou que cela entraîne des risques de guerre.

En l'absence de signe fort (et d'ailleurs improbable) de résolution et d'engagement de la part des États-Unis, le Japon pourrait chercher à s'entendre avec la Chine. Pendant les années trente et quarante, il a poursuivi une politique unilatérale de conquête en Extrême-Orient. Mais, sauf pendant cette période, il a toujours privilégié la sécurité en s'alliant avec ce qu'il considérait comme la puissance dominante. Même lorsque, dans les années trente, il a rejoint l'Axe, il s'alliait en fait à ce qui lui semblait représenter la force idéologico-militaire la plus dynamique sur la scène mondiale. C'est ainsi qu'au début du siècle, le Japon a conclu une alliance avec la Grande-Bretagne, pays qui dominait alors le monde. Dans les années cinquante, le Japon s'est lié aux États-Unis qui étaient le pays le plus puissant du monde et qui pouvaient garantir sa sécurité. À l'instar des Chinois, les Japonais voient la politique internationale de manière hiérarchique parce que leur politique intérieure l'est. Comme le notait un éminent chercheur japonais :

> quand les Japonais pensent à leur nation au sein de la société internationale, ils se servent souvent d'analogies avec leurs modèles intérieurs. Ils ont tendance à considérer que l'ordre international doit exprimer à l'extérieur ce qui se manifeste à l'intérieur dans la société japonaise. Une telle idée de l'ordre international a été influencée par l'expérience que les Japonais ont depuis longtemps des relations avec la Chine.

Le comportement japonais est donc « foncièrement suiviste » et conduit à « s'allier avec la puissance dominante »[40]. Les Japonais, notait un Occidental qui a longtemps résidé dans l'archipel, « sont plus prompts que beaucoup à se plier aux cas de force majeure et à coopérer avec d'apparents supérieurs [...] et ils sont très rapides à ressentir comme une offense le retrait d'un maître ». Comme le rôle des États-Unis en Asie décline tandis que celui de la Chine se développe, la politique japonaise s'adaptera à cette évolution. La question clé pour les relations nippo-américaines, comme le faisait observer Kishore Mahbubani, est : « Qui est le numéro un ? » La réponse devient de plus en plus claire. « Rien n'est dit ouvertement, mais il est significatif que l'empereur japonais ait choisi d'aller en Chine en 1992 à un moment où Pékin était encore assez isolé à l'échelle internationale[41]. »

Idéalement, les dirigeants et le peuple japonais préféreraient en rester au schéma qui a prévalu depuis des années et rester sous la protection des États-Unis. Cependant, plus l'engagement américain en Asie diminue, plus les forces qui réclament au Japon la « ré-asianisation » du pays gagnent en vigueur, de sorte que les Japonais finiront par tenir la domination nouvelle de la Chine sur l'Extrême-Orient pour inévitable. Quand on leur demandait, par exemple, en 1994 quelle nation serait la plus influente en Asie au XXI^e siècle, 44 % des Japonais répondaient la Chine, 30 % les États-Unis et seulement 16 % le Japon[42]. Comme le prédisait un haut fonctionnaire japonais en 1995, le Japon fera preuve de « discipline » pour s'adapter à la montée de la Chine. Il se demandait ensuite si les États-Unis agiraient de même. Sa première proposition est plausible ; la seconde est loin d'être certaine.

L'hégémonie de la Chine atténuera l'instabilité et réduira les conflits en Extrême-Orient. Elle diminuera aussi l'influence américaine et occidentale dans la région et incitera les États-Unis à accepter ce qu'au cours de l'histoire, ils se sont efforcés d'empêcher : la domination d'une région clé du monde par une autre puissance. Dans quelle mesure cette hégémonie menace-t-elle les intérêts des autres pays d'Asie et des États-Unis ? Tout dépend de ce qui se passera en Chine même. La croissance économique engendre la puissance militaire et l'influence politique. Mais elle peut aussi stimuler l'évolution vers des formes politiques plus ouvertes, plus pluralistes, voire plus démocratiques. Cela s'est déjà produit en Corée du Sud et à Taiwan. Dans ces deux pays, toutefois, les dirigeants politiques les plus actifs à militer pour la démocratie étaient des chrétiens.

L'héritage confucéen de la Chine met l'accent sur l'autorité, l'ordre, la hiérarchie et la primauté du collectif sur l'individuel. Il représente un obstacle pour la démocratie. Cependant, la croissance économique crée, dans le sud de la Chine, beaucoup de richesses et fait émerger une bourgeoisie dynamique et une classe moyenne de plus en plus nombreuse. Le pouvoir économique échappe de plus en plus à l'emprise du gouvernement. En outre, les Chinois sont de plus en plus en contact avec le monde extérieur, à la faveur des échanges commerciaux et financiers, ainsi que des études que beaucoup font désormais à l'étranger. Tout cela fournit une base sociale à une évolution vers le pluralisme politique.

La condition préalable à l'ouverture politique au sein d'un système autoritaire est en général l'arrivée au pouvoir de réformistes. Cela se produira-t-il en Chine ? Certainement pas avec les premiers successeurs de Deng, mais peut-être ensuite. Le siècle à venir pourrait voir la création dans le sud de la Chine de groupes porteurs d'un programme politique qui pourraient constituer les embryons de partis politiques et pourraient être très liés aux Chinois de Taiwan, de Hong Kong et de Singapour, et très soutenus par eux. Si une telle évolution avait lieu dans le sud de la Chine et si une faction réformiste prenait le pouvoir à Pékin, une certaine transition politique pourrait commencer. La démocratisation pourrait encourager les hommes politiques à prendre des positions nationalistes, ce qui accroîtrait le risque de guerre, même si, à long terme, il est probable qu'un système pluraliste stable en Chine faciliterait les relations du pays avec les autres puissances.

Le passé de l'Europe est peut-être, selon l'expression de Friedberg, le futur de l'Asie. Mais il est plus probable que le passé de l'Asie sera aussi son futur. L'Asie doit choisir entre l'équilibre des forces au prix de la guerre et la paix garantie au prix de l'hégémonie. Les sociétés occidentales pousseront sans doute à l'équilibre des forces et au conflit. Mais l'histoire, la culture et les rapports de force réels montrent que l'Asie optera pour la paix et pour l'hégémonie. L'ère qui a commencé avec les intrusions occidentales des années 1840 et 1850 est finie. La Chine retrouve sa place de suzerain régional et l'Orient reprend la sienne.

## *Civilisations et États phares : les nouvelles alliances*

Le monde multipolaire et multicivilisationnel d'aujourd'hui ne connaît pas de clivage universel semblable à celui qui a marqué la guerre froide. Tant que la poussée démographique musulmane et que l'élan économique asiatique dureront, les conflits entre l'Occident et ces civilisations seront cependant plus décisifs à l'échelle planétaire que tout autre clivage. Les gouvernements des pays musulmans deviendront sans doute de plus en plus hostiles à l'Occident et des bouffées de violence plus ou moins intenses auront lieu entre groupes islamiques et sociétés occidentales. Les relations entre les États-Unis, d'un côté, et la Chine, le Japon et les autres pays d'Asie, de l'autre, seront hautement conflictuelles. Une guerre majeure pourrait éclater si les États-Unis s'avisaient de défier la Chine, élevée au rang de puissance hégémonique en Asie.

Dans ces conditions, la filière islamo-confucéenne est vouée à se développer. À cet égard, la coopération entre sociétés musulmanes et chinoises s'opposant à l'Occident sur la question de la prolifération des armements et des droits de l'homme, entre autres, a joué un rôle central. Les relations entre le Pakistan, l'Iran et la Chine ont joué un rôle clé. Elle se sont crystallisées au début des années quatre-vingt-dix avec la visite du président Yang Shagnkun en Iran et au Pakistan et celle du président Rafsandjani au Pakistan et en Chine. On a vu apparaître « l'embryon d'une alliance entre le Pakistan, l'Iran et la Chine ». En route pour la Chine, Rafsandjani a déclaré à Islamabad qu'il existait une « alliance stratégique » entre l'Iran et le Pakistan, et qu'une attaque contre le Pakistan serait considérée comme une attaque contre l'Iran. Dans le même esprit, Benazir Bhutto, dès qu'elle est devenue Premier ministre en octobre 1993, s'est rendue en Iran et en Chine. La coopération entre ces trois pays a inclus des échanges réguliers entre responsables politiques, militaires et administratifs, ainsi que des efforts conjoints menés dans divers domaines civils et militaires, dont la production d'armes, sans compter les transferts d'armements en provenance de Chine. Le développement de ces relations a été vivement soutenu par les Pakistanais appartenant aux écoles de pensée « indépendantiste » et « musulmane » en matière de politique étrangère. Ceux-ci sont favorables à un « axe Téhéran-Islamabad-Pékin ». À Téhéran, on pense que « la nature même du monde contemporain » exige « une coopération étroite » entre l'Iran, la Chine, le Pakistan et le Kazakhstan. Au milieu des années quatre-vingt-dix, une sorte d'alliance de fait existait donc entre ces trois pays, et elle s'enracinait dans l'opposition à l'Occident, la crainte suscitée par l'Inde et le désir de contrebalancer l'influence de la Turquie et de la Russie en Asie centrale[43].

Ces trois États vont-ils former le nouveau d'un regroupement plus large de pays musulmans et asiatiques ?. Selon Graham Fuller, « une alliance islamo-confucéenne informelle pourrait prendre corps, non parce que Mahomet et Confucius sont anti-occidentaux, mais parce que ces cultures fournissent un véhicule à l'expression de mécontements dont l'Occident est rendu en partie responsable — lequel Occident voit sa domination politique, militaire, économique et culturelle décliner dans un monde où de plus en plus d'États estiment qu'ils n'ont plus à la supporter ». L'appel le plus fervent en faveur d'une telle coopération est venu de Muammar al-Kadhafi, qui a déclaré en mars 1994 :

> Le nouvel ordre mondial signifie que les Juifs et les chrétiens contrôlent les musulmans. Ensuite, s'ils le peuvent, ils contrôleront le confucianisme et les autres religions en Inde, en Chine et au Japon [...].
> Que disent aujourd'hui les Juifs et les chrétiens ? Nous étions déterminés à en découdre avec le communisme, et maintenant l'Occident doit en découdre avec l'islam et le confucianisme.
> Aujourd'hui, nous espérons assister à une confrontation entre la Chine, chef de file du camp confucianiste, et l'Amérique, chef de file des croisés chrétiens. Nous n'avons pas d'autre choix que de nous allier contre les croisés. Nous sommes aux côtés du confucianisme, et en nous alliant et en nous battant avec lui pour former un seul et même front international, nous éliminerons notre adversaire commun.
> Nous, musulmans, nous soutiendrons donc la Chine dans son combat contre notre ennemi commun [...].
> Nous souhaitons la victoire de la Chine [...][44].

Cependant, l'enthousiasme en faveur d'une étroite alliance entre États confucéens et islamiques contre l'Occident est plutôt mitigé du côté chinois. Le président Jiang Zemin a declaré en 1995 que la Chine ne conclurait d'alliance avec aucun pays. Cette position traduit sans doute l'idée chinoise classique selon laquelle l'empire du Milieu n'a pas besoin d'allié officiel, les autres pays ayant intérêt à coopérer avec la Chine. Les différends entre la Chine et l'Occident, d'un autre côté, justifient un partenariat avec d'autres États anti-occidentaux, surtout musulmans. En outre, les besoins pétroliers de plus en plus grands de la Chine pourraient l'inciter à développer ses relations avec l'Iran, l'Irak, l'Arabie Saoudite, ainsi qu'avec le Kazakhstan et l'Azerbaijian. Fondé sur un troc armes-contre-pétrole, un tel axe, notait un observateur en 1994, « n'aurait plus à compter avec Londres, Paris ou Washington[45] ».

Les relations des autres civilisations et de leurs États phares avec l'Occident et ses adversaires varieront considérablement. Les civilisations du sud, l'Amérique latine et l'Afrique, n'ont pas d'État phare, sont dépendantes de l'Occident et sont relativement faibles militairement et économiquement (bien que les choses changent rapidement en Amérique latine). Dans leurs relations avec l'Occident, elles évolueront sans doute dans des directions opposées. L'Amérique latine est proche culturellement de l'Occident. Pendant les années quatre-vingt et quatre-vingt-dix, ses systèmes politiques et économiques se sont de plus en plus approchés de ceux de l'Occident. Les deux États latino-américains qui s'étaient efforcés d'acquérir la bombe ont renoncé. L'Amérique latine est la civilisation la moins armée de toutes. Elle peut déplorer la domination militaire américaine, mais elle n'a pas l'intention de la remettre en cause. La montée rapide du protestantisme dans de nombreuses sociétés latino-américaines les rapproche des sociétés occidentales marquées à la fois par le catholicisme et le protestantisme, et permet de développer des liens religieux autres qu'avec Rome. Parallèlement, l'afflux aux États-Unis de Mexicains ainsi que d'originaires d'Amérique centrale et des Caraïbes a une influence sur la société américaine et favorise les convergences culturelles. Les principaux problèmes entre l'Amérique latine et l'Occident, c'est-à-dire en fait les États-Unis en l'occurence, sont l'immigration, la drogue et le terrorisme qu'elle engendre, ainsi que l'intégration économique (soit les États d'Amérique latine entrent dans le NAFTA, soit ils se regoupent dans le Mercosur ou le Pacte andin). Comme le montre le problème qu'a posé l'entrée du Mexique dans le NAFTA, le mariage des civilisations latino-américaines et occidentales ne sera pas facile. Peut-être faudra-t-il une bonne partie du XXI^e siècle pour qu'il prenne corps. Il se pourrait même qu'il ne soit jamais consommé. Cependant, les différends entre l'Occident et l'Amérique latine sont peu de choses en comparaison de ceux de l'Occident avec les autres civilisations.

Les relations de l'Occident avec l'Afrique ne devraient impliquer que des conflits limités principalement parce que l'Afrique est très faible. Cependant, des problèmes importants se posent. L'Afrique du Sud, à la différence du Brésil et de l'Argentine, n'a pas renoncé à son programme nucléaire ; elle a détruit les armes déjà fabriquées. Celles-ci ont été produites par un gouvernement blanc pour se protéger des attaques contre l'apartheid et ce gouvernement ne voulait pas les abandonner à un gouvernement noir qui pourrait les utiliser à d'autres fins. Toutefois, la capacité à fabriquer des armes nucléaires ne peut être détruite, et il est possible qu'un gouvernement post-apartheid se dote d'un arsenal nucléaire pour jouer le rôle d'État phare et pour empêcher une intervention occidentale en Afrique. Les droits de l'homme, l'immigration, les problèmes économiques et le terrorisme sont aussi des questions à l'ordre du jour entre l'Afrique et l'Occident. Malgré les efforts de la France pour préserver des liens étroits avec ses anciennes colonies, un processus au long cours de désoccidentalisation semble à l'œuvre en Afrique : les intérêts et l'influence des puissances occidentales reculent, la culture indigène est réaffirmée et l'Afrique du Sud finit par donner dans sa culture la prépondérance aux éléments africains sur les éléments afrikaaners et britanniques. L'Amérique latine devient plus occidentale ; l'Afrique, quant à elle, l'est de moins en moins. Toutes deux, cependant, restent dépendantes de l'Occident et incapables, sauf par leur vote aux Nations unies, d'influer de manière importante sur l'équilibre des forces entre l'Occident et ses opposants.

Ce n'est évidemment pas le cas des trois civilisations « flottantes ». Leurs États phares sont des acteurs majeurs sur la scène internationale et entretiennent des relations complexes, ambivalentes et changeantes avec l'Occident et ses adversaires. Elles auront aussi des relations variables les unes avec les autres. Le Japon, comme on l'a dit, risque au fil du temps et non sans angoisses de s'éloigner des États-Unis pour pencher en faveur de la Chine. Comme les autres alliances trans-civilisationnelles datant de l'époque de la guerre froide, les liens de sécurité du Japon avec les États-Unis s'affaibliront sans pour autant disparaître entièrement. Ses relations avec la Russie resteront difficiles tant que la Russie refusera un compromis à propos des îles Kouriles, qu'elle a envahies en 1945. À la fin de la guerre froide, ce problème aurait pu trouver sa solution, mais ce n'est plus le cas avec la montée du nationalisme russe. Il est peu probable que les États-Unis soutiennent à l'avenir les revendications japonaises comme ils l'ont fait dans le passé.

Dans les dernières années de la guerre froide, la Chine a joué la « carte chinoise » contre l'Union soviétique et les États-Unis. Après la fin de la guerre froide, la Russie avait aussi une « carte russe » à jouer. L'union de ces deux pays ferait pencher la balance contre l'Occident et redonnerait un sens aux inquiétudes que suscitaient les relations sino-russes dans les années cinquante. À l'inverse, une Russie œuvrant avec l'Occident aiderait à faire contrepoids à la filière islamo-confucéenne sur les questions internationales et réveillerait les peurs de la Chine datant de la guerre froide concernant une invasion venue du Nord. Cependant, la Russie rencontre des problèmes avec ces deux civilisations proches. Avec l'Occident, ils se posent surtout à court terme ; ils résultent de la fin de la guerre froide et de la nécessité qui s'ensuit de redéfinir l'équilibre des forces entre la Russie et l'Occident sur des bases équitables et dans le respect d'un partage négocié des sphères d'influence respectives. En pratique, cela signifierait :

1. l'acceptation par la Russie de l'élargissement de l'Union européenne et de l'OTAN en faveur des États chrétiens d'Europe centrale et orientale, et l'engagement de l'Occident à ne pas aller au-delà, sauf si l'Ukraine éclatait en deux ;

2. un traité de partenariat entre la Russie et l'OTAN prévoyant des accords de non-agression, des consultations fréquentes sur les questions de sécurité, des efforts positifs pour éviter la course aux armements et une entente sur le contrôle des armements qui soit adaptée aux contraintes de sécurité d'après la guerre froide ;

3. la reconnaissance par l'Occident de la Russie comme principal

responsable du maintien de la sécurité dans les pays orthodoxes et dans les regions où prédomine l'orthodoxie ;

4. la prise de conscience par l'Occident des problèmes de sécurité, réels ou potentiels, auxquels la Russie est confrontée avec les peuples musulmans au Sud et l'accueil favorable qu'il pourrait faire aux accords passés par elle pour gérer ces menaces ;

5. un accord entre la Russie et l'Occident pour coopérer sur un pied d'égalité à propos de problèmes, tels que la Bosnie, impliquant des intérêts occidentaux et orthodoxes.

Si une entente se faisait sur ces bases, ni la Russie ni l'Occident ne représenteraient une menace mutuelle à long terme. L'Europe et la Russie ont une démographie avancée, avec de faibles taux de natalité et une population âgée ; de telles sociétés n'ont plus l'élan de la jeunesse pour se lancer dans une politique expansionniste et agressive.

Dans la période qui a suivi immédiatement la fin de la guerre froide, les relations sino-russes sont devenues plus ouvertes. Les querelles de frontières ont été résolues ; les forces armées des deux camps ont été réduites ; les échanges commerciaux se sont développés ; chacun a cessé de pointer ses missiles nucléaires sur l'autre ; les ministres des Affaires étrangères ont discuté ensemble de leurs intérêts convergeants dans le combat contre le fondamentalisme islamique. Surtout, la Russie a trouvé dans la Chine un client important et très demandeur pour ses équipements et ses technologies militaires, dont des chars, des avions de chasse, des bombardiers à long rayon d'action, des missiles sol-air[46]. Du point de vue russe, ces relations plus chaleureuses traduisaient la volonté de travailler avec la Chine, considérée comme un « partenaire » asiatique, compte tenu de la froideur persistante des relations avec le Japon et en réaction aux différends avec l'Occident sur l'élargissement de l'OTAN, les réformes économiques, le contrôle des armements, les aides économiques et la participation aux institutions internationales occidentales. Pour sa part, la Chine a ainsi pu montrer à l'Occident qu'elle n'était pas seule au monde et pouvait se doter des moyens militaires lui permettant d'exercer sa puissance dans toute la région. Pour les deux pays, la filière sino-russe, comme la filière islamo-confucéenne, est un moyen de contrebalancer la puissance et l'universalisme de l'Occident.

À longue échéance, cette filière survivra-t-elle ? Cela dépendra tout d'abord de la façon dont les relations de la Russie et de l'Occident évolueront. Chacun y trouvera-t-il son compte ? Cela dépendra ensuite de la menace que la montée en puissance de la Chine en Extrême-Orient représentera pour la Russie sur les plans économiques, démographique et militaire. Le dynamisme économique de la Chine rayonne jusqu'en Sibérie et les hommes d'affaires chinois, en même temps que coréens et japonais, s'efforcent d'exploiter le potentiel de cette région. À l'avenir, le pôle d'attraction économique de la Sibérie sera davantage l'Extrême-Orient que la Russie européenne. Plus menaçante encore pour la Russie est l'immigration chinoise en Sibérie : les immigrés illégaux étaient en 1995 trois à cinq millions, et les Russes environ sept millions en Sibérie orientale. Selon le ministre russe de la Défense Pavel Grachev, « les Chinois sont en train de conquérir pacifiquement les confins orientaux de la Russie ». Un haut responsable russe des questions d'immigration a également déclaré : « Nous devons résister à l'expansionnisme chinois[47]. » En outre, les relations économiques qui se développent entre la Chine et les ex-républiques soviétiques d'Asie centrale pourraient bien engendrer des tensions dans les relations avec la Russie. L'expansion chinoise pourrait aussi prendre une forme militaire si la Chine décidait de réclamer la Mongolie, que les Russes ont détachée d'elle après la Première Guerre mondiale et qui a ensuite longtemps été un satellite de l'Union soviétique. Le « péril jaune », qui hante l'imagination des Russes depuis les invasions mongoles, pourrait bien redevenir une réalité.

Les relations de la Russie avec l'islam restent marquées par des siècles de conquêtes menées contre les Turcs, les peuples du nord du Caucase et les émirats d'Asie centrale. La Russie collabore aujourd'hui avec des alliés orthodoxes, la Serbie et la Grèce, pour contrebalancer l'influence turque dans les Balkans et avec l'Arménie, autre pays orthodoxe, pour restreindre cette même influence en Transcaucasie. Elle s'est efforcée de préserver son influence politique, économique et militaire au sein des républiques d'Asie centrale. Elle les a fait entrer dans la CEI et a déployé des forces militaires sur leur territoire. Les réserves de pétrole et de gaz de la mer Caspienne sont essentielles pour la Russie, tout comme les routes par lesquelles ces ressources peuvent être acheminée vers l'Occident et l'Extrême-Orient. La Russie a aussi livré une première guerre au nord du Caucase contre le peuple tchétchène, qui est musulman, et une deuxième au Tadjikistan, pour soutenir le gouvernement face à un insurrection menée notamment par des fondamentalistes islamiques. Ces problèmes ne peuvent qu'inciter la Russie à coopérer avec la Chine pour contenir la « menace islamique » en Asie centrale. Ils justifient aussi un rapprochement vis-à-vis de l'Iran. La Russie a ainsi vendu des sous-marins, des avions de chasse sophistiqués, des chasseurs bombardiers, des missiles sol-air, ainsi que des instruments de reconnaissance et de guidage à l'Iran. En outre, elle a accepté d'y construire un réacteur nucléaire et de fournir du matériel pour l'enrichissement de l'uranium. En retour, la Russie escompte que l'Iran restreigne la diffusion du fondamentalisme en Asie centrale et coopère pour contrer l'influence turque qui s'étend dans cette zone et dans le Caucase. Dans les années à venir les relations de la Russie avec l'islam seront fonction de sa vision de la menace que représente le boom démographique musulman sur sa périphérie méridionale.

Pendant la guerre froide, l'Inde, troisième civilisation « flottante », était alliée à l'Union soviétique et s'est battue une fois avec la Chine et plusieurs fois avec le Pakistan. Ses relations avec l'Occident, en particulier les États-Unis, étaient distantes, voire hostiles. Dans le monde d'après la guerre froide, les relations de l'Inde avec le Pakistan resteront sans doute très tendues sur les questions touchant le Cachemire, les armes atomiques et l'équilibre des forces dans le Sous-continent. Si le Pakistan se révèle capable de s'assurer le soutien d'autres pays musulmans, les relations de l'Inde avec l'islam en général seront difficiles. Pour faire contrepoids, l'Inde devra, comme par le passé, convaincre individuellement chaque pays musulman de prendre ses distances avec le Pakistan. Avec la fin de la guerre froide, les efforts de la Chine pour nouer de meilleures relations avec ses voisins l'ont conduite à se rapprocher de l'Inde et les tensions entre elles se sont calmées. Cette tendance ne devrait cependant pas durer. La Chine est de plus en plus influente en Asie du Sud et elle le sera plus encore demain : ses relations sont étroites avec le Pakistan, dont elle aide à renforcer la puissance militaire nucléaire et conventionnelle ; elle courtise le Myanmar en lui accordant des aides économiques, financières et militaires, en échange sans doute de base navales sur ses côtes. Aujourd'hui, la puissance de la Chine se développe ; celle de l'Inde devrait s'épanouir au début du XXIe siècle. Un conflit semble donc hautement probable. « Le conflit de pouvoir latent entre ces deux géants d'Asie ainsi que leur conscience de représenter naturellement de grandes puissances et de hauts lieux de culture, notait un expert, les conduiront à soutenir différents pays et différentes causes. L'Inde s'efforcera d'être non seulement un centre de puissance indépendant dans un monde multipolaire, mais aussi un contrepoids à la puissance et l'influence chinoises[48]. »

Face à une alliance sino-pakistanaise, voire à unc filière islamo-confucéenne plus large, il est clair que l'Inde aura intérêt à conserver des relations étroites avec la Russie et à rester un débouché important pour le matériel militaire russe. Au milieu des années quatre-vingt-dix, l'Inde a acheté à la Russie des armes de presque tous les types possibles, dont des transports de troupes et de la technologie permettant de fabriquer des rocquettes cryogéniques, ce qui entraîné des sanctions de la part des États-Unis. Les problèmes qui opposent l'Inde et les États-Unis ne tiennent pas seulement à la prolifération des armements ; ils concernent aussi les droits de l'homme, le Cachemire, la libéralisation économique. Avec le temps, cependant, le refroidissement des relations américano-pakistanaises et les intérêts communs que l'Inde et les États-Unis ont de contenir la Chine devraient les rapprocher. L'expansion de l'influence indienne en Asie du Sud ne doit pas inquiéter les États-Unis. Ils peuvent en tirer avantage.

Les relations entre les civilisations et leurs États phares sont complexes, souvent ambivalentes. Et elles sont sujettes à des changements. Au sein de chaque civilisation, la plupart des pays conformeront en général leur attitude à l'égard de ceux des autres civilisations à celle de l'État phare de leur civilisation. Mais ce ne sera pas toujours

**Figure 9. 1 La politique globale des civilisations : les nouvelles alliances**

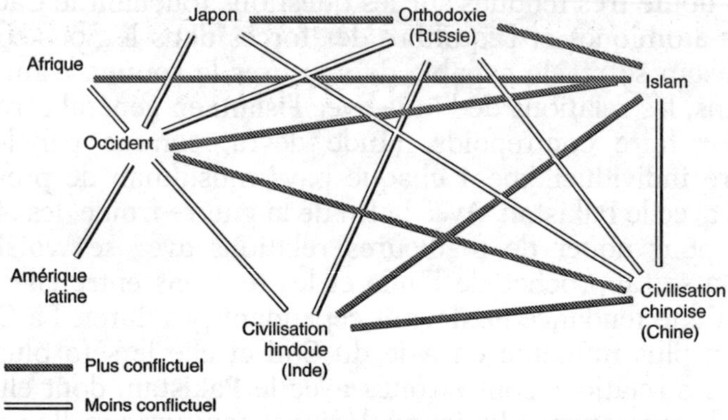


le cas, et tous les pays d'une civilisation donnée n'auront pas les mêmes relations avec tous les pays d'une autre. L'existence d'intérêts communs, en général un ennemi commun appartenant à une troisième civilisation, peut susciter la coopération entre pays relevant de civilisations différentes. Des conflits éclatent aussi, à l'évidence, au sein même d'une civilisation, en particulier l'islam. En outre, les relations entre groupes situés aux lignes de partage entre civilisations peuvent diverger dans une mesure importante des relations entre les États phares des différentes civilisations concernées. Cependant, certaines tendances lourdes sont à l'œuvre et on peut généraliser de façon plausible sur ce que seront demain les nouvelles alliances et les nouveaux antagonismes entre civilisations et États phares. La figure 9. 1 en donne une vue résumée. Comme on le voit, la bipolarité relativement simple de l'époque de la guerre froide cède la place à un monde complexe, multipolaire et multicivilisationnel.

CHAPITRE 10

# Des guerres de transition aux guerres civilisationnelles

## *Guerres de transition : la guerre en Afghanistan et la guerre du Golfe*

« La première guerre entre civilisations » : c'est ainsi que l'éminent spécialiste marocain Mahdi Elmandjra a qualifié la guerre du Golfe à l'époque des hostilités [1]. En réalité, il s'agissait de la deuxième, la première ayant été la guerre entre l'Afghanistan et l'Union soviétique, entre 1979 et 1989. Toutes deux ont commencé par une pure et simple invasion. Ce n'est qu'ensuite qu'elles se sont transformées en guerres entre civilisations, contribuant ainsi à définir ce type même de conflit. En fait, elles incarnent une transition vers un nouveau type de conflits ethniques et d'affrontements entre groupes appartenant à des civilisations différentes.

La guerre d'Afghanistan a tout d'abord été une tentative de la part de l'Union soviétique de soutenir l'un de ses régimes satellites. Elle s'est transformée en guerre froide lorsque les États-Unis ont commencé à organiser, à financer et à équiper les insurgés afghans qui résistaient aux forces soviétiques. Pour les Américains, la défaite soviétique a confirmé la validité de la doctrine reaganienne recommandant d'encourager toute résistance armée aux régimes communistes. L'humiliation des Soviétiques les a aussi rassurés et a racheté la défaite essuyée au Viêt-nam. Cette défaite a également eu des effets sur l'ensemble de la société soviétique, y compris sa classe dirigeante, ce qui a contribué de manière significative à la désagrégation de l'empire soviétique. Pour les Américains en particulier et le camp occidental en général, l'Afghanistan a représenté la victoire finale, décisive, le Waterloo soviétique en quelque sorte, de la guerre froide.

Pour ceux qui ont combattu les Soviétiques, en revanche, la guerre d'Afghanistan a été perçue très différemment. Comme l'a fait remarquer un spécialiste occidental[2], « pour la première fois, la résistance à une puissance étrangère était couronnée de succès sans pour autant se fonder sur des principes nationalistes ou socialistes », mais sur des principes islamiques ; elle a donc été menée au nom du *djihad* et a aidé le monde musulman à prendre confiance en sa puissance. L'impact qu'a eu cette guerre sur le monde musulman est, de fait, comparable à celui que la défaite russe face au Japon en 1905 avait eu sur le monde oriental. Là où l'Occident voit une victoire du monde libre, les musulmans voient une victoire de l'islam.

Les dollars et les missiles américains ont beaucoup compté dans la victoire contre les Soviétiques. Mais tout aussi indispensable a été l'effort collectif de l'islam, nombre de gouvernements et de groupes ayant collaboré à vaincre l'Union soviétique et à remporter une victoire qui serve leurs intérêts. La principale source d'aide financière musulmane est venue d'Arabie Saoudite. Entre 1984 et 1986, les Saoudiens ont fait don de 525 millions de dollars a la résistance ; en 1989, ils ont accepté de fournir 61 % d'un montant total de 715 millions de dollars, soit 436 millions de dollars, tandis que le restant était à la charge des États-Unis. En 1993, les Saoudiens ont fourni 193 millions de dollars au gouvernement afghan. Le total des sommes fournies au fil de la guerre est égal, voire supérieur aux 3 à 3,3 milliards de dollars fournis par les États-Unis. Pendant la guerre, vingt-cinq mille volontaires provenant d'autres pays musulmans, essentiellement arabes, ont pris part aux combats. Recrutés en grande partie en Jordanie, ces volontaires ont été entraînés par l'agence de renseignements Inter-Services du Pakistan. Le Pakistan a également fourni la base externe dont la résistance avait besoin, ainsi qu'un soutien logistique notamment. En outre, le Pakistan, qui a joué le rôle de relais pour le versement de l'aide financière américaine, a sciemment consacré 75 % des sommes allouées par les États-Unis au financement des groupes islamistes les plus intégristes ; notamment, 50 % du total a été attribué à la faction sunnite la plus extrémiste dirigée par Gulbuddin Hekmatyar. Bien que se battant contre les Soviétiques, les participants arabes étaient majoritairement anti-occidentaux et ont critiqué les organisations occidentales d'aide humanitaire pour leur action immorale et subversive vis-à-vis de l'islam. Finalement, les Soviétiques ont été vaincus par trois facteurs auxquels ils étaient incapables de se mesurer : la technologie américaine, l'argent saoudien, ainsi que la démographie et la *ferveur* musulmanes[3].

La guerre a donc accouché d'une coalition instable formée par diverses organisations islamistes qui cherchaient à promouvoir l'islam contre toutes les forces non musulmanes. Elle a également légué toute une infrastructure d'experts et de combattants expérimentés, de camps, de bases d'entraînement et de services logistiques, de réseaux avancés de relations interpersonnelles et administratives entre États musulmans, une quantité non négligeable d'équipement militaire dont trois à cinq cents missiles Stinger qui ont disparu dans la nature, et, surtout, un sentiment de puissance et de confiance en soi alimenté par la victoire, ainsi que la ferme intention de poursuivre dans cette voie. Comme l'a dit un responsable américain en 1994, les volontaires afghans « sont des combattants modèles du *djihad*, du point de vue tant religieux que politique. Ils ont déjà battu l'une des deux superpuissances, et ils sont en train de s'attaquer à l'autre[4] ».

La guerre d'Afghanistan est devenue une guerre entre civilisations parce que tous les musulmans l'ont conçue ainsi et se sont alliés contre l'Union soviétique. La guerre du Golfe est devenue une guerre entre civilisations parce que l'Occident est intervenu par la force dans un conflit musulman. Les Occidentaux ont, dans une écrasante majorité, soutenu cette intervention. Les musulmans du monde entier, quant à eut, ont fini par voir dans cette intervention une guerre qui les visait en tant que musulmans. Ils se sont donc alliés contre ce qui leur apparaissait comme un exemple de plus de l'impérialisme occidental.

À l'origine, les gouvernements arabes et musulmans étaient partagés à propos de cette guerre. Saddam Hussein avait violé des frontières, et, en août 1990, la Ligue arabe avait, à une nette majorité (quatorze pour, deux contre, cinq abstentions ou non votants), condamné l'action de l'Irak. L'Égypte et la Syrie, ainsi que, dans une moindre mesure, le Pakistan, le Maroc et le Bangladesh, ont accepté de fournir des troupes en grand nombre à la coalition anti-irakienne qui s'organisait sous la houlette des États-Unis. La Turquie a fermé l'oléoduc qui traverse son territoire entre l'Irak et la Méditerranée, et avait autorisé la coalition à utiliser ses bases aériennes. En contrepartie, la Turquie en tire argument pour exiger d'entrer dans la communauté européenne ; le Pakistan et le Maroc ont réaffirmé leurs liens privilégiés avec l'Arabie Saoudite ; l'Égypte a obtenu l'annulation de sa dette *extérieure* ; et la Syrie a obtenu le contrôle du Liban. En revanche, les gouvernements de l'Iran, de la Jordanie, de la Libye, de la Mauritanie, du Yémen, du Soudan et de la Tunisie, ainsi que des organisations telles que l'OLP, le Hamas et le FIS, malgré le soutien financier que plusieurs d'entre eux avaient reçu de l'Arabie Saoudite, ont soutenu l'Irak et condamné l'intervention occidentale. D'autres gouvernements musulmans, comme celui de l'Indonésie, ont adopté des positions de compromis ou bien ont tenté d'éviter de prendre position.

Tandis que les gouvernements musulmans étaient partagés de prime abord, l'opinion publique arabe et musulmane a, dès le départ, exprimé son opposition aux pays occidentaux. « Le monde arabe, comme l'a souligné un observateur américain après sa visite au Yémen, en Syrie, en Égypte, en Jordanie et en Arabie Saoudite, trois semaines après l'invasion du Koweït, bouillonne de colère contre les États-Unis.

Il contient à peine sa joie à l'idée qu'un dirigeant arabe ose tenir tête à la plus grande puissance mondiale[5]. » Des millions de musulmans, du Maroc à la Chine, se sont ralliés à la cause de Saddam Hussein et ont acclamé en lui un « héros musulman[6] ». Le paradoxe de la démocratie a donné lieu à « l'un des plus étonnants paradoxes de ce conflit » : c'est dans les pays arabes les plus ouverts et où la liberté d'expression est le mieux garantie que le soutien à Saddam Hussein a été le plus « fervent et [le plus] large[7] ». Au Maroc, au Pakistan, en Jordanie, en Indonésie et dans d'autre pays, des manifestations gigantesques ont eu lieu contre l'Occident ainsi que contre des dirigeants politiques comme le roi Hasan II, Benazir Bhutto et Suharto, traités de sbires à la solde de l'Occident. Une opposition à la coalition est même parvenue à se faire jour en Syrie, où un « grand nombre de citoyens se sont opposés à la présence de forces étrangères dans le Golfe ». 75 % des cent millions de musulmans vivant en Inde ont tenu les États-Unis responsables de la guerre, et les 171 millions de musulmans d'Indonésie sont « presque universellement » opposés à l'intervention militaire américaine dans le Golfe. De même, de nombreux intellectuels arabes se sont mobilisés, au prix de contorsions parfois byzantines, pour justifier le soutien qu'ils apportaient à un dirigeant aussi dictatorial que peut l'être Saddam Hussein, pour dénoncer l'intervention occidentale[8].

Les Arabes et les autres musulmans en général s'accordaient à reconnaître que Saddam Hussein était un tyran sanguinaire. Pour autant, en écho aux formules de Roosevelt, ils voyaient en lui « leur tyran sanguinaire à eux ». De leur point de vue, l'invasion était une histoire de famille à régler en famille, et ceux qui intervenaient au nom d'une grande théorie de la justice internationale le faisaient tout simplement pour protéger leurs intérêts privés et pour maintenir les pays arabes dans leur état de sujétion vis-à-vis de l'Occident. Les intellectuels arabes, comme l'a signalé une étude, « méprisent le régime irakien et en déplorent le caractère brutal et l'autoritarisme, mais ils le considèrent comme un centre de résistance au grand ennemi du monde arabe : l'Occident ». Ils « définissent le monde arabe par opposition à l'Occident ». Pour reprendre les mots d'un universitaire palestinien, « ce qu'a fait Saddam est condamnable, mais nous ne pouvons pas pour autant condamner l'Irak de tenir tête à l'intervention militaire occidentale ». Les musulmans, en Occident et ailleurs, ont dénoncé la présence de troupes non musulmanes en Arabie Saoudite, et la profanation de lieux sacrés qui en a découlé[9]. Pour simplifier, le point de vue dominant était le suivant : si Saddam avait tort d'avoir envahi le Koweït, l'Occident avait encore plus tort d'intervenir. Donc, Saddam avait raison de combattre l'Occident et nous avions raison de le soutenir.

Saddam Hussein, comme tout principal intéressé dans une guerre *frontalière*, a identifié son régime, jusqu'alors séculier, à la cause qui lui apporterait le soutien le plus vaste, à savoir l'islam. Étant donné la répartition en forme de fer à cheval des allégeances dans le monde arabe, Saddam n'avait guère le choix. Le fait d'avoir choisi l'islam plutôt que le nationalisme arabe ou un vague anti-occidentalisme tiers-mondiste « témoigne de la valeur de l'islam comme idéologie politique lorsqu'il s'agit de mobiliser des renforts [10] ». Bien que l'Arabie Saoudite observe des pratiques et soit dotée d'institutions musulmanes plus strictes que les autres États musulmans, hormis peut-être l'Iran et le Soudan, et bien qu'il lui soit arrivé de financer des groupes islamistes dans divers pays, aucun mouvement islamiste au monde n'a soutenu la coalition occidentale contre l'Irak, et presque tous se sont opposés à l'intervention occidentale.

Pour les musulmans, la guerre s'est donc rapidement transformée en guerre entre civilisations. C'est l'intégrité de l'islam qui semblait en jeu. Des groupes musulmans intégristes d'Égypte, de Syrie, de Jordanie, du Pakistan, de Malaisie, d'Afghanistan, du Soudan et d'ailleurs se sont élevés contre cette guerre qu'ils ont qualifiée de « guerre contre l'islam » menée par une alliance de « croisés et [de] sionistes ». Ils ont clamé haut et fort leur soutien à l'Irak face à « l'agression économique et militaire dont était victime son peuple ». À l'automne *1980* [*sic*], le doyen de la faculté islamique de La Mecque, Safar al-Hawali, a déclaré, dans un enregistrement qui a eu un certain retentissement en Arabie *Saoudite,* que la guerre « ne fait pas rage entre le monde et l'Irak, mais entre l'Occident et l'islam ». De même, pour le roi Hussein de Jordanie, il s'agissait d'« une guerre contre tous les Arabes et contre tous les musulmans, et pas seulement contre l'Irak ». En outre, comme l'a fait remarquer Fatima Mernissi, la fréquence avec laquelle, dans ses déclarations, le président Bush a pris Dieu à témoin au nom des États-Unis n'a fait que renforcer l'impression, pour les Arabes, qu'il s'agissait d'une « guerre de religion ». Les remarques de Bush rappelaient dangereusement « les raids des hordes pré-islamiques, au VII^e^ siècle, ainsi que les croisades chrétiennes qui ont suivi ». Inversement, l'argument selon lequel la guerre serait le pur produit d'une conspiration occidentale et sioniste justifiait, voire exigeait, la mobilisation en retour d'un *djihad* [11].

Le fait, pour les musulmans, de voir la guerre comme un conflit entre l'Occident et l'islam a atténué, voire suspendu les antagonismes au sein même du monde musulman. Les vieux différends entre musulmans se sont ainsi estompés au regard de celui, infiniment plus criant, qui opposait l'islam à l'Occident. Au cours de la guerre, les gouvernements et les groupes musulmans se sont constamment efforcés de garder leurs distances vis-à-vis de l'Occident. Tout comme la guerre d'Afghanistan, celle du Golfe a rapproché des musulmans qui, jusqu'alors, étaient parfois à couteaux tirés : Arabes laïcs, nationalistes et intégristes ; gouvernement de Jordanie et Palestiniens ; OLP et Hamas ; Iran et Irak ; et, plus généralement, partis d'opposition et gouvernements. Comme l'a dit Safar al-Hawali, « les baassistes d'Irak sont nos ennemis depuis quelques heures, tandis que Rome est notre ennemi jusqu'au jugement dernier[12] ».

La guerre a également amorcé le processus de réconciliation entre l'Irak et l'Iran. Les dirigeants religieux chiites iraniens ont dénoncé l'intervention occidentale et ont appelé à un *djihad* contre l'Occident. Le gouvernement iranien a pris ses distances avec les mesures qui visaient son ancien ennemi, et la guerre a été suivie d'une amélioration progressive des relations entre les deux régimes.

La présence d'un ennemi extérieur contribue également à réduire les conflits internes à un pays. En janvier 1991, par exemple, on signalait que le Pakistan était « la proie de polémiques anti-occidentales », ce qui, du moins pour un temps, avait rassemblé tout le pays. « Le Pakistan n'a jamais été aussi uni. Dans la province méridionale du Sind, où les Sindhis autochtones et les immigrants indiens s'entretuaient depuis cinq ans, les gens des deux bords manifestaient bras dessus bras dessous contre les Américains. Dans les régions tribales ultra-conservatrices à la frontière nord-ouest, on voyait les femmes descendre dans la rue pour manifester, souvent même dans des lieux où, jusqu'alors, les gens ne s'étaient rassemblés que pour les prières du vendredi[13]. »

Tandis que l'opposition à la guerre faisait l'unanimité dans l'opinion publique, les gouvernements qui s'étaient à l'origine associés à la coalition revenaient sur leurs décisions, se retrouvaient partagés ou encore inventaient de subtils arguments pour justifier leur attitude. Des dirigeants comme Hafez el-Assad, qui avaient fourni des troupes à la coalition menée par l'Occident, déclaraient désormais qu'elles étaient nécessaires pour équilibrer, voire remplacer les forces occidentales présentes en Arabie Saoudite. En tout état de cause, elles seraient employées uniquement dans des fonctions défensives et pour la protection des lieux saints. En Turquie et au Pakistan, les plus hauts dirigeants militaires ont dénoncé publiquement le ralliement de leur gouvernement à la coalition. Les gouvernements d'Égypte et de Syrie, ceux qui avaient fourni le plus de troupes, disposaient d'un contrôle social suffisamment musclé pour pouvoir éliminer ou purement et simplement ignorer les pressions anti-occidentales. Les gouvernements des pays musulmans relativement plus ouverts, quant à eux, ont été amenés à se démarquer de l'Occident et à adopter des positions anti-occidentales de plus en plus tranchées. Au Maghreb, « l'explosion de soutien à l'Irak » a représenté « l'une des grandes surprises de la guerre ». L'opinion publique tunisienne était vigoureusement anti-occidentale, et le président Ben Ali n'a pas tardé à condamner l'intervention occidentale. Le gouvernement marocain avait initialement fourni mille cinq cents soldats à la coalition, mais, comme des groupes anti-occidentaux se mobilisaient, il a été amené à soutenir une grève générale de soutien à l'Irak. En Algérie, une manifestation pro-irakienne de quatre cent mille personnes a incité le président Bendjedid, qui à l'origine penchait en faveur de l'Occident, à revoir sa position, à dénoncer l'Occident et à déclarer que « l'Algérie [était] aux côtés de son frère irakien[14] ». En août 1990, les gouvernements des trois pays du Maghreb avaient voté, contrairement à la Ligue arabe, pour condamner l'Irak. À l'automne, sous la pression populaire, ils votaient en faveur d'une motion qui condamnait l'intervention américaine.

L'effort militaire de l'Occident a également été peu soutenu par les peuples appartenant à des civilisations non occidentales non musulmanes. En janvier 1991, 53 % des Japonais interrogés se déclaraient opposés à la guerre, tandis que 25 % seulement s'y déclaraient favorables. Les hindous étaient divisés à parts égales entre ceux qui tenaient Saddam Hussein et ceux qui tenaient George Bush pour responsable de la guerre qui, comme le soulignait avec inquiétude le *Times of India*, pourrait conduire à « une confrontation bien plus critique entre le monde judéo-chrétien arrogant et puissant et le monde musulman faible mais animé par le zèle religieux ». Ainsi, la guerre du Golfe, qui avait commencé comme guerre entre l'Irak et le Koweït, finissait par apparaître à de nombreux non-Occidentaux comme une guerre entre l'Orient et l'Occident, « une guerre de blancs, une nouvelle crise d'impérialisme à la papa[15] ».

Hormis les Koweïtiens, aucun peuple musulman n'était enthousiasmé par la guerre, et la plupart se sont même nettement opposés à l'intervention occidentale. Seuls Londres et New York ont fêté la fin des hostilités par des défilés victorieux. Comme l'a fait observer Sohail H. Hashmi, « la guerre n'a donné lieu à aucune réjouissance » parmi les Arabes. Au contraire, un sentiment cuisant de déception, de désarroi, d'humiliation et de rancœur dominait. Une fois de plus, c'est l'Occident qui avait remporté la victoire. Une fois de plus, un nouveau Saladin avait attisé les espoirs arabes pour finir par s'effondrer face à la puissance écrasante de l'Occident, faire irruption dans la communauté des croyants. « Qu'aurait-il pu arriver de pire aux Arabes que ce que la guerre a apporté, demandait Fatima Mernissi, c'est-à-dire de nous faire bombarder par l'Occident armé de toute sa technologie ? C'est l'horreur absolue. »

À la suite de la guerre, l'opinion arabe, en dehors du Koweït, est devenue de plus en plus critique à l'égard de la présence militaire américaine dans le Golfe. Le Koweït étant libéré, toutes les raisons de s'opposer à Saddam Hussein se sont évanouies, ainsi que quasiment toutes celles de maintenir une présence militaire américaine dans le Golfe. D'où le fait que, jusque dans des pays comme l'Égypte, l'opinion publique soit devenue de plus en plus favorable à l'Irak. Les gouvernements arabes qui avaient rejoint les rangs de la coalition changèrent de camp[16]. L'Égypte et la Syrie, notamment, se sont opposées à l'interdiction de survoler le sud de l'Irak en août 1992. Les gouvernements arabes, rejoints par la Turquie, ont également dénoncé les attaques aériennes contre l'Irak en janvier 1993. Puisque l'Occident pouvait utiliser sa puissance aérienne pour répondre aux attaques perpétrées par les musulmans sunnites contre les chiites et les Kurdes, pourquoi ne pas l'utiliser pour répondre aux attaques commises par les Serbes orthodoxes contre les musulmans bosniaques ? En juin 1993, lorsque le président Clinton ordonna le bombardement de Bagdad en guise de représailles contre la tentative irakienne d'assassinat de l'ex-président Bush, les réactions au sein de la communauté internationale se sont conformées parfaitement aux *lignes de partage* entre les civilisations. Israël et les gouvernements d'Europe occidentale soutenaient franchement le raid ; la Russie l'acceptait comme un acte de « légitime défense » ; la Chine a exprimé « une vive inquiétude » ; l'Arabie Saoudite et les émirats du Golfe ne se sont pas manifestés ; les autres gouvernements musulmans, dont l'Égypte, ont dénoncé le bombardement comme un exemple de plus de l'hypocrisie occidentale, tandis que l'Iran le qualifiait d'« agression caractérisée » inspirée par « le néo-expansionnisme et la suffisance » des Américains[17]. À plusieurs reprises, la question suivante a été soulevée : pourquoi les États-Unis et la « communauté internationale » (c'est-à-dire l'Occident) ne réagissaient-ils pas de la même manière au comportement scandaleux d'Israël et à ses violations des résolutions des Nations unies ?

La guerre du Golfe fut la première guerre entre civilisations d'après la guerre froide à avoir pour enjeu le contrôle des ressources minières. La question était de savoir si la majeure partie des plus grandes réserves de pétrole au monde allait rester sous le contrôle du gouvernement saoudien et des émirats, dont la sécurité dépend de la puissance militaire occidentale, ou bien si elle allait tomber aux mains de régimes indépendants anti-occidentaux, qui auraient la possibilité, voire l'intention, de se servir du pétrole comme arme économique contre l'Occident. Ce dernier a échoué à renverser Saddam Hussein, mais a remporté une victoire relative en démontrant la dépendance des États du Golfe vis-à-vis de l'Occident en matière de sécurité et en maintenant sa présence militaire dans le Golfe en temps de paix. Avant la guerre, l'Iran, l'Irak, le Conseil de coopération du Golfe et les États-Unis jouaient des coudes pour s'assurer la suprématie dans la région. Après la guerre, le golfe Persique n'était plus qu'un simple lac américain.

## *Caractéristiques des guerres civilisationnelles*

Les guerres entre clans, tribus, nations, communautés religieuses ou groupes ethniques différents ont été la règle à travers les époques et les civilisations, dans la mesure où elles s'enracinent dans les questions identitaires. Ces conflits traduisent les particularismes et ne soulèvent pas de problèmes idéologiques ou politiques plus larges susceptibles d'intéresser directement des non-participants, bien qu'ils puissent, pour des groupes extérieurs, représenter un sujet d'inquiétude sur le plan humanitaire. Ces affrontements tendent à être très violents et sanglants parce qu'ils mettent en jeu des questions fondamentales d'identité. En outre, ils ont tendance à traîner en longueur ; il arrive qu'ils soient entrecoupés de trêves ou d'ententes, mais en général ces dernières ne durent pas, et les combats reprennent. D'autre part, en cas de victoire militaire décisive de l'un des deux camps, les risques de génocide sont plus élevés lorsqu'il s'agit d'une guerre civile identitaire[18].

Les conflits civilisationnels sont des conflits communautaires entre États ou groupes appartenant à des civilisations différentes. Des guerres civilisationnelles résultent de ces conflits. Elles peuvent éclater entre États ainsi qu'entre groupes non gouvernementaux. Les conflits civilisationnels au sein d'un même État peuvent impliquer des groupes qui sont majoritairement localisés dans des zones géographiques distinctes, auquel cas le groupe qui n'a pas le contrôle du gouvernement se bat en général pour obtenir l'indépendance et peut éventuellement se montrer prêt à accepter des compromis. Les conflits civilisationnels au sein d'un même État peuvent également impliquer des groupes qui sont géographiquement mélangés, auquel cas ce sont des relations perpétuellement tendues qui dérapent de temps en temps vers la violence, comme cela se produit entre hindous et musulmans en Inde ou entre musulmans et Chinois en Malaisie, ou encore cela peut donner lieu à des combats à proprement parler, notamment lorsque ce sont la définition même et les frontières d'un nouvel État qui sont en jeu, ainsi qu'à des tentatives brutales pour séparer les peuples par la force.

Les conflits civilisationnels sont parfois des luttes pour le contrôle des populations. Mais, le plus souvent, c'est le contrôle du sol qui est en jeu. Le but de l'un des participants au moins est de conquérir un territoire et d'en éliminer les autres peuples par l'expulsion, l'assassinat ou les deux à la fois, c'est-à-dire par la « purification ethnique ». Ces conflits ont tendance à être violents et cruels, les deux camps se livrant à des massacres, des actes terroristes, des viols et des tortures. Le territoire en jeu représente souvent, pour l'un ou l'autre des deux camps, un symbole historique et identitaire très marqué, une terre sacrée sur laquelle ils estiment avoir des droits inaliénables : ainsi la Cisjordanie, le Cachemire, le Nagorny-Karabakh, la vallée de la Drina ou le Kosovo.

Les guerres civilisationnelles présentent un certain nombre de points communs avec l'ensemble des guerres communautaires. Ce sont des conflits qui s'éternisent. Lorsqu'ils ont lieu au sein d'un même État, ils durent en moyenne six fois plus longtemps que les guerres entre États. Comme ils mettent en jeu des questions fondamentales d'identité et de pouvoir, on a du mal à les résoudre par des négociations ou des compromis. Lorsque l'on parvient à un accord, il n'est pas rare que certaines des parties d'un camp donné refusent d'y souscrire. L'accord dure alors d'autant moins longtemps. Les guerres civilisationnelles sont des guerres intermittentes qui peuvent passer de la violence la plus aiguë à la guérilla la plus larvée et à l'hostilité la plus latente, pour se rallumer ensuite brutalement. Il est rare que les brasiers des haines communautaires soient totalement éteints, sauf par le génocide. Du fait de leur tendance à traîner en longueur, les guerres civilisationnelles, tout comme les autres guerres communautaires, produisent en général de grands nombres de victimes et de réfugiés. Il convient de traiter avec prudence les estimations en ce sens, mais les chiffres couramment admis pour les morts des guerres civilisationnelles qui ont eu lieu au début des années quatre-vingt-dix sont les suivants : 50 000 aux Philippines, 50 000 à 100 000 au Sri Lanka, 20 000 au Cachemire, 500 000 à 1,5 million au Soudan, 100 000 au Tadjikistan, 50 000 en Croatie, 50 000 à 200 000 en Bosnie, 30 000 à 50 000 en Tchétchénie, 100 000 au Tibet, 200 000 au Timor oriental[19]. Presque tous ces conflits ont produit des quantités de réfugiés encore plus importantes.

Nombre de ces guerres contemporaines sont simplement le dernier chapitre d'une longue histoire marquée par des conflits sanglants, et la violence de cette fin de XXe siècle a résisté aux efforts pour y mettre fin de manière définitive. Au Soudan, par exemple, les combats ont éclaté en 1959, se sont prolongés jusqu'en 1972, lorsqu'on est parvenu à un accord qui garantissait une autonomie relative du sud du Soudan, mais ils ont repris en 1983. La rébellion des Tamouls au Sri Lanka a commencé en 1983 ; les négociations de paix pour y mettre un terme se sont interrompues brutalement en 1991, mais elles ont repris en 1994, et on est parvenu à un accord de cessez-le-feu en janvier 1995. Quatre mois plus tard, les Tigres insurgés ont rompu la trêve et se sont retirés des pourparlers de paix, si bien que la guerre a repris avec une violence redoublée. La rébellion des Moros aux Philippines a commencé au début des années soixante-dix et s'est calmée en 1976 après que l'on eut conclu un accord qui garantissait l'autonomie de certaines régions de Mindanao. Mais, en 1993, les explosions de violence n'étaient pas rares et allaient en s'aggravant, après que les groupes insurgés ont rejeté l'ensemble du processus de paix. Les dirigeants russes et tchétchènes sont parvenus à un accord sur la démilitarisation en juillet 1995 afin de mettre un terme aux hostilités qui avaient commencé au mois de décembre précédent. La guerre s'est interrompue pour quelque temps, mais elle a repris à l'occasion des attaques tchétchènes contre des personnalités dirigeantes russes et prorusses, suivies de représailles russes, de l'incursion tchétchène au Daghestan en janvier 1996 et de l'écrasante offensive russe début 1996.

Les guerres civilisationnelles partagent avec les autres guerres communautaires les traits suivants : longueur dans le temps, niveau de violence élevé et ambivalence idéologique. Elles en diffèrent toutefois à deux égards.

Tout d'abord, les guerres communautaires peuvent éclater entre groupes ethniques, religieux, raciaux ou linguistiques. Comme la religion est la principale caractéristique identitaire des civilisations, les guerres civilisationnelles ont presque toujours lieu entre peuples appartenant à des religions différentes. Certains observateurs minimisent l'importance de ce facteur. Ils insistent, par exemple, sur le facteur ethnique, la langue commune, la coexistence pacifique dans le passé et le nombre élevé de mariages croisés entre Serbes et musulmans en Bosnie, et ils écartent le facteur religieux en faisant référence à ce que Freud appelait « le narcissisme des petites différences[20] ». Toutefois, ce point de vue est naïf. L'histoire, depuis des millénaires, prouve que la religion n'est pas une simple « petite différence », mais la différence entre les peuples la plus profonde qui soit. La fréquence, l'intensité et la violence des guerres civilisationnelles sont nettement aggravées par les différences de foi religieuse.

D'autre part, les autres guerres communautaires sont relativement localisées et présentent peu de risques de s'étendre jusqu'à impliquer d'autres participants. En revanche, les guerres civilisationnelles éclatent, par définition, entre groupes qui font respectivement partie d'ensembles culturels plus larges. Dans un conflit communautaire ordinaire, le groupe A se bat contre le groupe B. Les groupes C, D et E n'ont aucune raison de s'impliquer, sauf si A ou B attaque directement leurs intérêts. Inversement, dans une guerre civilisationnelle, le groupe A1 se bat contre le groupe B1, et chacun des deux tente d'étendre la guerre et de mobiliser le soutien de ses proches « parents », à savoir A2, A3 et A4, d'une part, B2, B3 et B4, d'autre part. Ces derniers à leur tour s'identifient à leur « parent ». L'extension des transports et des communications dans le monde moderne a contribué à mettre en place de telles connections, et donc à « internationaliser » les guerres civilisationnelles. Les migrations ont donné naissance à des diasporas dans des tierces civilisations. Les communications permettent plus facilement aux parties en présence d'appeler à l'aide, et à leurs « proches parents » d'apprendre immédiatement ce qui arrive à leurs alliés. Le rétrécissement de la planète permet ainsi aux « groupes apparentés » de fournir un soutien moral, diplomatique, financier et matériel aux parties en présence. Il est plus difficile de faire la sourde oreille à de tels appels à l'aide. Les réseaux internationaux se développent afin de fournir ce type de soutien. À son tour, le soutien apporte un renfort aux parties en présence et prolonge le conflit. Ce « syndrome du pays proche parent », pour reprendre l'expression de H. D. S. Greenway, est un trait caractéristique des guerres civilisationnelles en cette fin de XX^e^ siècle. De manière plus générale, même des violences minimes entre peuples de civilisations différentes ont des ramifications et des conséquences que n'a pas la violence intracivilisationnelle. Lorsque des tireurs sunnites ont tué des fidèles chiites dans une mosquée de Karachi en février 1995, ils ont contribué à troubler l'ordre public de la ville et à créer un problème à l'échelle du pays. Lorsque, exactement un an plus tôt, un colon juif a tué vingt-neuf musulmans en prière au Tombeau des Patriarches à Hébron, il a perturbé le processus de paix au Moyen-Orient et créé un problème à l'échelle mondiale.

## *Du sang aux frontières de l'islam*

Les conflits communautaires et les guerres civilisationnelles constituent la matière même de l'histoire. D'après certaines estimations, il se serait produit trente-deux conflits ethniques pendant la guerre froide, dont des guerres civilisationnelles entre Arabes et Israéliens, entre Indiens et Pakistanais, entre musulmans et chrétiens au Soudan, entre bouddhistes et Tamouls au Sri Lanka, et entre chiites et maronites au Liban. Les guerres identitaires ont constitué environ la moitié de toutes les guerres civiles dans les années quarante et cinquante, mais environ les trois quarts des guerres civiles au cours des décennies suivantes. L'intensité des révoltes qui mettaient en jeu des groupes ethniques a triplé entre le début des années cinquante et la fin des années quatre-vingt. Étant donné la primauté de la rivalité entre superpuissances, ces conflits, à quelques exceptions remarquables près, ont relativement peu attiré l'attention et ont souvent été perçus à travers le prisme de la guerre froide. Avec le déclin de la guerre froide, les conflits communautaires sont devenus plus visibles et sans doute plus répandus qu'ils ne l'étaient auparavant. Les conflits ethniques ont effectivement connu une recrudescence[21].

Ces conflits ethniques et guerres civilisationnelles n'ont pas été répartis de manière uniforme entre les diverses civilisations de la planète. Les principaux combats de ce type ont eu lieu entre Serbes et Croates en ex-Yougoslavie et entre bouddhistes et hindouistes au Sri Lanka, tandis que des conflits moins violents se déroulaient entre groupes non musulmans en certains autres points du globe. Mais la grande majorité des conflits civilisationnels ont eu lieu sur la frontière en forme de U qui sépare les musulmans des non-musulmans de l'Eurasie à l'Afrique. Si, au niveau géopolitique global, le principal *heurt* entre civilisations *a lieu* entre l'Occident et le reste du monde, au niveau local, il *oppose* l'islam et les autres.

Les antagonismes intenses et les conflits violents sont endémiques entre musulmans et non-musulmans à l'échelle locale. En Bosnie, les musulmans ont mené une guerre sanglante et désastreuse contre les Serbes orthodoxes et se sont livrés à d'autres violences encore contre les Croates catholiques. Au Kosovo, les musulmans albanais subissent la domination serbe et entretiennent un gouvernement parallèle souterrain, ce qui laisse redouter des explosions de violence entre les deux groupes. Le gouvernement albanais et le gouvernement grec se regardent en chiens de faïence à propos des droits de leurs minorités respectives dans chacun de leurs deux pays. Les Turcs et les Grecs sont depuis longtemps à couteaux tirés. À Chypre, les Turcs musulmans et les Grecs orthodoxes forment deux États voisins et rivaux. Dans le Caucase, la Turquie et l'Arménie s'opposent depuis longtemps, et les Azéris et les Arméniens sont en guerre pour le contrôle du Nagorny-Karabakh. Dans le nord du Caucase, depuis deux cents ans, les Tchétchènes, les Ingouches et d'autres peuples musulmans se battent pour leur indépendance, lutte que la querelle entre la Russie et la Tchétchénie a reprise de manière sanglante en 1994. Des combats ont également eu lieu entre Ingouches musulmans et Ossètes orthodoxes. Dans le bassin de la Volga, les Tatars musulmans se sont jadis battus contre les Russes et, au début des années quatre-vingt-dix, sont parvenus à un compromis très fragile avec la Russie, qui leur a concédé une souveraineté partielle.

Tout au long du XIX^e^ siècle, la Russie a progressivement étendu par la force son influence sur les peuples musulmans d'Asie centrale. Dans les années quatre-vingt, les Afghans et les Russes se sont livré une guerre en règle, et, après la retraite russe, la guerre s'est déplacée au Tadjikistan entre troupes russes qui soutenaient le gouvernement existant et insurgés majoritairement musulmans. Au Xingjiang, les Ouigours ainsi que d'autres groupes musulmans luttent contre la sinisation, et nouent des relations avec leurs proches parents ethniques et religieux dans les autres anciennes républiques soviétiques. Dans la péninsule indienne, le Pakistan et l'Inde se sont déjà livré trois guerres, la domination indienne au Cachemire est contestée par un soulèvement musulman, des immigrés musulmans se battent avec les peuples tribaux de l'Assam, et musulmans et Hindous se livrent régulièrement à des émeutes et des violences dans l'ensemble de l'Inde, explosions qu'attise encore la montée des mouvements intégristes au sein des deux communautés religieuses. Au Bangladesh, les Bouddhistes protestent contre les discriminations que leur impose la majorité musulmane, tandis qu'au Myanmar, ce sont les musulmans qui s'élèvent contre les discriminations que leur impose la majorité bouddhiste. En Malaisie et en Indonésie, les musulmans se livrent régulièrement à des émeutes contre les Chinois, pour protester contre la domination qu'exercent ces derniers sur la vie économique. Dans le sud de la Thaïlande, des groupes musulmans ont été impliqués dans des soulèvements intermittents contre le gouvernement bouddhiste, tandis que dans le sud des Philippines un soulèvement musulman lutte pour l'indépendance dans un pays et contre un gouvernement catholique. En Indonésie, inversement, les Timoriens catholiques de l'Ouest luttent contre la répression que leur impose un gouvernement musulman.

Au Moyen-Orient, le conflit entre Arabes et Juifs en Palestine remonte à la fondation de l'État juif. Quatre guerres ont déjà eu lieu entre Israël et les États arabes, ainsi qu'entre Israël et les Palestiniens engagés dans l'*intifada* contre la domination israélienne. Au Liban, les chrétiens maronites se sont battus en vain contre les chiites ainsi que d'autres groupes musulmans. En Éthiopie, les Amharas chrétiens ont pris la place des musulmans et ont eu à faire face à un soulèvement d'Oromos musulmans. D'une côte à l'autre de l'Afrique, un grand nombre de conflits ont éclaté entre Arabes musulmans au nord et Noirs animistes et chrétiens au sud. La guerre la plus sanglante entre musulmans et chrétiens fait rage au Soudan depuis plusieurs décennies. Elle a suscité des centaines de milliers de victimes. La politique nigérienne est dominée par les conflits entre Fulani-Haoussas musulmans au nord et tribus chrétiennes au sud. De nombreuses émeutes et plusieurs coups d'État ont eu lieu, ainsi qu'une guerre proprement dite. Au Tchad, au Kenya et en Tanzanie, des luttes similaires se sont déroulées entre groupes chrétiens et musulmans.

Dans tous ces points du globe, les rapports entre musulmans et peuples appartenant à d'autres religions (qu'il s'agisse de catholiques, de protestants, d'orthodoxes, d'hindous, de Chinois, de bouddhistes ou de juifs) ont généralement été conflictuels et la plupart du temps violents à un moment ou à un autre, en particulier au cours des années quatre-vingt-dix. Si on considère le périmètre qu'occupe l'islam, on peut se rendre compte que les musulmans ont du mal à vivre en paix avec leurs voisins. Ce schéma, valable à la fin du XXe siècle, s'applique-t-il également aux relations entre groupes relevant d'autres civilisations ? Or cela n'est pas le cas. Les musulmans représentaient seulement un cinquième de la population du globe au cours des années quatre-vingt-dix. Cependant, on les retrouve plus souvent impliqués dans les violences entre groupes culturels différents que les peuples appartenant à d'autres civilisations. Les chiffres sont irréfutables.

1. Des musulmans étaient impliqués dans vingt-six des cinquante conflits ethnopolitiques de 1993-1994 qu'a analysés en détail Ted Robert Gurr (voir tableau 10.1). Vingt de ces conflits opposaient des groupes de civilisations différentes, et quinze d'entre eux opposaient des musulmans et des non-musulmans. Il y avait, pour résumer, trois fois plus de conflits entre civilisations qui impliquaient des musulmans qu'il n'y avait de conflits entre civilisations non musulmanes. Les conflits au sein même de l'islam étaient également plus nombreux que les conflits internes à toute autre civilisation, y compris les conflits tribaux en Afrique. Contrairement à l'islam, l'Occident n'était impliqué que dans deux conflits intracivilisationnels et dans deux conflits intercivilisationnels. Les conflits impliquant des musulmans avaient également tendance à faire davantage de victimes. Sur les six guerres dont

Gurr estime qu'elles ont fait au moins deux cent mille victimes, trois (au Soudan, en Bosnie et au Timor oriental) opposaient des musulmans et des non-musulmans, deux (en Somalie, et la guerre entre les Kurdes et l'Irak) opposaient des musulmans, et une seule (en Angola) impliquait uniquement des non-musulmans.

2. Le *New York Times* a localisé quarante-huit points du globe où se sont déroulés quelque cinquante-neuf conflits ethniques en 1993. Dans la moitié des cas, des musulmans en conflit avec d'autres musulmans ou des non-musulmans. Trente et un des cinquante-neuf conflits opposaient des groupes de civilisations différentes, et, pour faire écho aux chiffres avancés par Gurr, deux tiers (soit vingt et un) des ces conflits intracivilisationnels opposaient des musulmans à d'autres groupes (voir tableau 10.2).

3. Dans une autre analyse encore, Ruth Leger Sivard a identifié vingt-neuf guerres (soit des conflits faisant au moins mille victimes par an) en cours en 1992. Sur les douze conflits intercivilisationnels, neuf opposaient des musulmans et des non-musulmans. Une fois encore, les musulmans étaient impliqués dans un plus grand nombre de guerres que les peuples d'aucune autre civilisation[22].

Trois compilations de données différentes aboutissent donc à la même conclusion : dans les années quatre-vingt-dix, la violence intergroupes concernait plus les musulmans que les non-musulmans, et les deux tiers des guerres intercivilisationnelles se déroulaient entre

*Tableau 10.1* Conflits ethnopolitiques en 1993-1994

| | Intracivilisationnels | Intercivilisationnels | Total |
|---|---|---|---|
| Islam | 11 | 15 | 26 |
| Autres | 19* | 5 | 24 |
| Total | 30 | 20 | 50 |

* Dont 10 conflits tribaux en Afrique.
*Source :* Ted Robert Gurr, « Les peuples contre les états : conflits ethnopolitiques et évolution de l'ordre mondial », *International Studies Quarterly*, vol. 38, septembre 1994, p. 347-378. Nous avons repris la classification des conflits proposée par Gurr, hormis pour le conflit sino-tibétain, qu'il avait classé parmi les conflits noncivilisationnels et que nous rangeons dans la catégorie intercivilisationnelle, puisqu'il s'agit manifestement d'un heurt entre Hans chinois confucéens et Tibétains bouddhistes lamaïstes.

*Tableau 10.2* Conflits ethniques en 1993

| | Intracivilisationnels | Intercivilisationnels | Total |
|---|---|---|---|
| Islam | 7 | 21 | 28 |
| Autres | 21* | 10 | 31 |
| Total | 28 | 31 | 59 |

* Dont 10 conflits tribaux en Afrique.
*Source : New York Times*, 7 février 1993, p. 1 et 14.

musulmans et non-musulmans. L'islam a effectivement du sang à ses frontières, ainsi que sur ses propres territoires*.

La tendance de l'islam à s'engager dans des conflits violents est à rapprocher du niveau de militarisation des États musulmans. Dans les années quatre-vingt, les pays musulmans avaient des taux de militarisation (c'est-à-dire un nombre de soldats par mille habitants) et des indices d'effort militaire (taux de militarisation mesuré relativement à la richesse d'un pays) nettement plus élevés que ceux d'autres pays. Les pays chrétiens, inversement, avaient des taux de militarisation et des indices d'effort militaire nettement inférieurs à ceux des autres pays. Le taux de militarisation et l'indice d'effort militaire moyens des pays musulmans étaient en gros le double de ceux des pays chrétiens (voir tableau 10.3). « Il est clair, conclut James Payne, qu'il y a un lien entre l'islam et le militarisme. »

*Tableau 10.3* Militarisme comparé des pays musulmans et chrétiens

| | Taux moyen de militarisation | Indice moyen d'effort militaire |
|---|---|---|
| Pays musulmans (n = 25) | 11,8 | 17,7 |
| Autres pays (n = 112) | 7,1 | 12,3 |
| Pays chrétiens (n = 57) | 5,8 | 8,2 |
| Autres pays (n = 80) | 9,5 | 16,9 |

*Source :* James L. Payne, *Why Nations Arm* (Basil Blackwell, 1989, Oxford), p. 125 et 138-139. Les pays chrétiens et musulmans sont ceux où plus de 80 % des habitants sont membres de la religion en question.

Les États musulmans manifestent également une forte propension à avoir recours à la violence lors des crises internationales : ils l'ont employée pour résoudre 76 crises sur un total de 142 où ils ont été impliqués entre 1928 et 1979. Dans 25 cas, la violence était le principal moyen employé pour régler la crise ; pour 51 des crises, des États musulmans ont eu recours à la violence ainsi qu'à d'autres moyens. Lorsqu'ils ont eu recours à la violence, les États musulmans ont utilisé une violence de forte intensité ; ils ont eu recours à une guerre proprement dite dans 41 % des cas où la violence était utilisée, et, dans 38 % d'autres cas, se sont engagés dans des hostilités assez graves. Tandis que les États musulmans avaient recours à la violence pour régler 53,5 % de leurs crises, elle n'a été utilisée par le Royaume-Uni que pour régler 11,5 % de ses crises, par les États-Unis pour régler 17,9 % des leurs, et par l'Union soviétique pour régler 28,5 % des siennes. Parmi

* Dans mon article sur les *Relations étrangères*, l'expression « Du sang aux frontières de l'islam » est celle qui a attiré le plus de critiques. J'avais émis ce jugement à partir d'une étude rapide des conflits inter-civilisations. Toutes les données quantitatives fournies par des sources neutres en prouvent la validité de manière concluante.

les grandes puissances, seule la Chine est plus encline à la violence que les États musulmans : elle s'est servie de la violence pour régler 76,9 % de ses crises [23]. Le caractère belliqueux et violent des pays musulmans à la fin du XXe siècle est donc un fait que personne, musulman ou non-musulman, ne saurait nier.

## *Causes historiques, démographiques et politiques*

Comment expliquer l'augmentation brutale des guerres civilisationnelles et le rôle central joué par l'islam dans ces conflits, à la fin du XXe siècle ?

Tout d'abord, ces guerres ont des racines historiques. Des cas de violence intermittente entre groupes appartenant à des civilisations différentes se sont déjà produits dans le passé, et on s'en souvient, ce qui engendre craintes et sentiment d'insécurité de part et d'autre. Musulmans et hindous dans la péninsule indienne, Russes et Caucasiens dans le nord du Caucase, Arméniens et Turcs dans les régions transcaucasiennes, Arabes et Juifs en Palestine, catholiques, musulmans et orthodoxes des Balkans, Russes et Turcs des Balkans jusqu'en Asie centrale, Cingalais et Tamouls au Sri Lanka, Arabes et Noirs d'une côte à l'autre de l'Afrique : au fil des siècles, coexistence méfiante et violence sanguinaire ont alterné. Un héritage historique de violence peut être exploité et utilisé par ceux qui y trouvent leur compte. Dans ces rapports entre peuples, l'histoire n'est jamais en sommeil. Au contraire, elle est toujours active et meurtrière.

Cependant, une tradition de massacres intermittents ne suffit pas à expliquer les raisons de la recrudescence de la violence en cette fin de XXe siècle. Après tout, comme on l'a déjà souvent fait remarquer, Serbes, Croates et musulmans cohabitaient paisiblement en Yougoslavie depuis plusieurs dizaines d'années. De même musulmans et hindous en Inde. Les nombreux groupes ethniques et religieux que compte l'Union soviétique coexistaient bien, à quelques exceptions près, dont le gouvernement russe était responsable. Les Tamouls et les Cingalais cohabitaient sans histoires, sur une île que l'on a souvent qualifiée de paradis tropical. L'histoire n'a pas empêché ces rapports de rester relativement paisibles sur des périodes durables. À elle seule, elle ne saurait donc expliquer la reprise des hostilités. D'autres facteurs ont nécessairement dû intervenir lors des dernières décennies du XXe siècle.

L'un de ces facteurs est la modification des équilibres démographiques. L'expansion numérique d'un groupe donné suscite des pressions politiques, économiques et sociales sur d'autres groupes et induit des réactions en retour. Plus encore, elle produit des pressions militaires sur les groupes dont la démographie est moins dynamique.

L'effondrement, au début des années soixante-dix, de l'ordre constitutionnel au Liban est en grande partie le résultat de l'augmentation spectaculaire de la population chiite par rapport au nombre de chrétiens maronites. Au Sri Lanka, comme l'a montré Gary Fuller, les pics du soulèvement nationaliste cingalais en 1970 et du soulèvement tamoul à la fin des années quatre-vingt coïncident exactement avec les années où la masse des jeunes de quinze à vingt-quatre ans, dans chacune des communautés respectives, a dépassé les 20 % de la population totale de son groupe respectif[24] (voir figure 10.1).

**Figure 10.1 Sri Lanka : les masses de jeunes cingalais et tamouls**

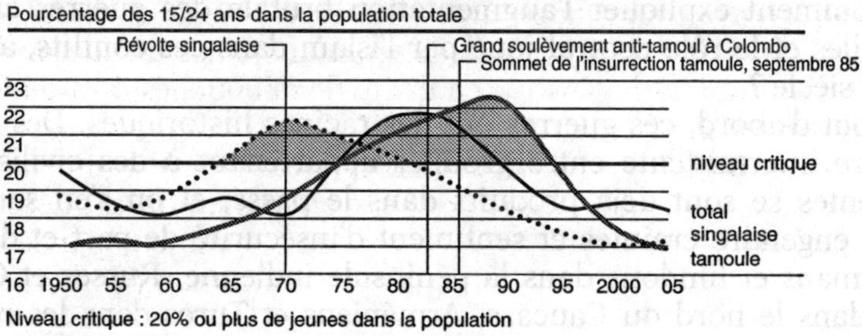


* Le seuil critique est le moment où les jeunes commencent à représenter 20 % de l'ensemble de la population.

Les insurgés cingalais, comme l'a noté un diplomate américain au Sri Lanka, avaient pratiquement tous moins de vingt-quatre ans. On a par ailleurs signalé que le mouvement des Tigres tamouls « avait pour particularité de s'appuyer sur ce qui était pour ainsi dire une armée d'enfants », et recrutait « des garçons et des filles qui avaient parfois à peine onze ans », tandis que ceux qui tombaient au combat n'étaient « pas encore adolescents au moment de leur mort : seuls quelques-uns avaient plus de dix-huit ans ». Les Tigres, comme l'a fait remarquer *The Economist*, se livraient à une guerre « en dessous de la limite d'âge[25] ». De même, les guerres civilisationnelles entre Russes et les peuples musulmans au sud ont été attisées par des écarts majeurs entre les rythmes de croissance respectifs de leur population. Au début des années quatre-vingt-dix, le taux de fécondité des femmes dans la Fédération russe était de 1,5, tandis que, dans les ex-républiques soviétiques d'Asie centrale à dominante musulmane, il était d'environ 4,4. Le taux de croissance net de la population (taux de natalité brut moins taux de mortalité brut) à la fin des années quatre-vingt dans ces dernières était cinq à six fois plus élevé que celui de la Russie. Le nombre des Tchétchènes a augmenté de 26 % dans les années quatre-vingt, et la Tchétchénie était l'une des zones qui avait la densité de population la plus élevée en Russie, ses taux de natalité élevés fournissant émigrés et soldats[26]. De même, le taux de natalité élevé chez les musulmans ainsi que l'immigration pakistanaise au Cachemire ont relancé la résistance à la domination indienne.

Le processus complexe qui a abouti aux guerres entre civilisations en ex-Yougoslavie a de multiples causes et points de départ. Mais le facteur le plus important est sans doute la mutation démographique qui s'est produite au Kosovo. Le Kosovo était une province autonome au sein de la République serbe. Il jouissait *de facto* des mêmes prérogatives que les six républiques yougoslaves, hormis celle de faire sécession. En 1961, sa population se composait à 67 % d'Albanais musulmans et à 24 % de Serbes orthodoxes. Mais le taux de natalité albanais étant le plus élevé d'Europe, le Kosovo est devenu la région la plus peuplée de Yougoslavie. Dans les années quatre-vingt, près de 50 % des Albanais avaient moins de vingt ans. Face à cette évolution, les Serbes quittaient le Kosovo en quête de débouchés économiques à Belgrade ou ailleurs, de sorte qu'en 1991 le Kosovo était devenu à 90 % musulman et à 10 % serbe[27]. Les Serbes, néanmoins, estiment que le Kosovo est leur terre sacrée, le lieu, entre autres, où s'est déroulée la grande bataille du 28 juin 1389, où ils ont été vaincus par les Turcs ottomans, et eurent de ce fait à subir le joug ottoman pendant près de cinq siècles.

À la fin des années quatre-vingt, les mutations de l'équilibre démographique ont conduit les Albanais à exiger que l'on accorde au Kosovo le statut de république yougoslave à part entière. Les Serbes ainsi que le gouvernement yougoslave ont résisté, de peur que le Kosovo, une fois acquis le droit de faire sécession, ne l'exerce et ne risque dc fusionner avec l'Albanie. Des manifestations ainsi que des émeutes ont éclaté parmi les Albanais pour soutenir leurs revendications d'accès au statut de république. D'après les Serbes, les discriminations, les persécutions et les violences anti-Serbes se sont intensifiées à ce moment-là. « Au Kosovo, dès la fin des années soixante-dix, remarquait un protestant croate, [...] avaient eu lieu de nombreux incidents, dont des dégâts matériels, des licenciements, du harcèlement, des viols, des bagarres et des assassinats. » Dès lors, les « Serbes ont prétendu que la menace qu'ils subissaient prenait les poportions d'un génocide et qu'ils ne pouvaient plus la tolérer ». Le sort des Serbes du Kosovo a eu des résonances dans le reste de la Serbie. En 1986, il a suscité une déclaration signée par deux cents intellectuels, personnalités politiques, dirigeants religieux et officiers militaires serbes, dont des rédacteurs du journal d'opposition de centre gauche *Praxis*, exigeant que le gouvernement prenne des mesures énergiques pour mettre fin au génocide qui frappait les Serbes du Kosovo. Si l'on admet les définitions courantes du terme « génocide », cette accusation était franchement exagérée, quoique, selon un observateur étranger partisan des Albanais, « pendant les années quatre-vingt, les nationalistes albanais [aient] été responsables d'un certain nombre d'attaques violentes contre des Serbes, et de la destruction de certains biens matériels serbes[28] ».

Tout cela a avivé le nationalisme serbe. Slobodan Milosevic y a vu une occasion à saisir. En 1987, il a prononcé un discours important dans lequel il exhortait les Serbes à revendiquer leur propre terre et leur propre histoire. « Aussitôt, un grand nombre de Serbes (communistes, non communistes, voire anticommunistes) ont commencé à se rassembler autour de lui, décidés non seulement à protéger la minorité serbe au Kosovo, mais à se débarrasser des Albanais en les transformant en citoyens de seconde zone. Bientôt, Milosevic était reconnu comme chef national. » Deux ans plus tard, le 28 juin 1989, Milosevic retrournait au Kosovo accompagné de un à deux millions de Serbes pour fêter le six centième anniversaire de la grande bataille qui symbolise la guerre perpétuelle qui les oppose toujours aux musulmans.

Les craintes et le nationalisme serbes provoqués par la croissance démographique et la puissance des Albanais ont été aggravés par les mutations démographiques en Bosnie. En 1961, les Serbes constituaient 43 % et les musulmans 26 % de la population de Bosnie-Herzégovine ; en 1991, les proportions étaient quasiment inversées : les Serbes n'étaient plus que 31 %, et les musulmans étaient passés à 44 %. En trente ans, les Croates sont passés de 22 % à 17 %. L'expansion d'un groupe ethnique a conduit à la purification ethnique par l'autre. « Pourquoi tuons-nous les enfants ? Parce que sinon, un jour, ils seront grands et qu'il faudra alors les tuer », a déclaré un combattant serbe en 1992. De manière moins brutale, les autorités croates de Bosnie ont agi pour empêcher leurs localités d'être « démographiquement envahies » par les musulmans [29].

Les mutations démographiques, ainsi que le renflement de la pyramide des âges de 20 % ou plus, expliquent bon nombre des conflits entre civilisations à la fin du XX^e^ siècle. Mais cela n'explique pas tout. Les combats entre Serbes et Croates, par exemple, ne sauraient s'expliquer par la démographie, ni même entièrement par l'histoire, puisque ces deux peuples cohabitaient de manière relativement paisible jusqu'au moment où les oustashis croates ont massacré des Serbes pendant la Seconde Guerre mondiale. Dans ce cas comme dans d'autres, la politique est une cause de conflit supplémentaire. L'effondrement des empires austro-hongrois, ottoman et russe, à la fin de la Première Guerre mondiale, a avivé les conflits ethniques et civilisationnels entre les peuples et les États qui leur ont succédé. La fin des empires britannique, français et hollandais a eu des conséquences semblables après la Seconde Guerre mondiale. La chute des régimes communistes en Union soviétique et en Yougoslavie a eu le même effet à la fin de la guerre froide. Les individus ne pouvant plus se définir comme communistes, citoyens soviétiques ou yougoslaves, ils ont éprouvé le besoin urgent de se trouver une nouvelle identité. L'ethnicité et la religion étaient toutes trouvées pour leur fournir cette identité. L'ordre répressif, mais du moins pacifique, qui régnait dans les États pour lesquels l'absence de dieu était un credo, a fait place à la violence entre peuples qui ont des credos et des dieux différents.

Ce processus s'est trouvé exacerbé par le besoin qu'éprouvaient les nouvelles entités politiques d'adopter des procédures démocratiques. Alors que l'Union soviétique et la Yougoslavie commençaient à éclater, les élites au pouvoir n'ont pas organisé d'élections nationales. Si elles l'avaient fait, les dirigeants politiques seraient entrés en concurrence dans la course au pouvoir central et ils auraient peut-être tenté de faire appel à un électorat multiethnique et multicivilisationnel, et de conquérir des majorités parlementaires également pluralistes. Au contraire, en Union soviétique comme en Yougoslavie, on a organisé les élections d'emblée république par république, ce qui ne pouvait qu'inciter les dirigeants politiques à faire campagne contre le centre, en appelant aux nationalismes ethniques et en favorisant l'indépendance de leurs républiques respectives. Au sein même de la Bosnie, lors des élections de 1990, la population a voté selon des lignes de partage strictement ethniques. Le Parti réformiste, multiethnique, et l'ex-Parti communiste ont tous deux recueilli moins de 10 % des suffrages. Les voix pour le Parti musulman d'action démocratique (34 %), le Parti démocratique Serbe (30 %) et l'Union démocratique croate (18 %) équivalaient à peu de chose près aux pourcentages de musulmans, de Serbes et de Croates dans la population. Les premières élections libres, dans presque toutes les ex-républiques soviétiques et yougoslaves, ont été remportées par des dirigeants politiques qui en appelaient aux sentiments nationalistes et qui avaient promis des mesures vigoureuses pour défendre leur nationalité contre les autres groupes ethniques. La concurrence électorale a encouragé ce type de mots d'ordre nationalistes et a donc favorisé le passage de simples conflits civilisationnels à de vraies guerres. Lorsque, pour reprendre l'expression de Bogdan Denitch, « l'*ethnos* devient *dêmos*[30] », le résultat ne se fait guère attendre : c'est *polemos*, la guerre.

La question reste entière de savoir pourquoi, en cette fin de XX^e^ siècle, les musulmans sont plus impliqués dans la violence entre groupes que les peuples appartenant à d'autres civilisations. Cela a-t-il toujours été le cas ? Dans le passé, les chrétiens se sont entre-tués et ont également massacré d'autres peuples en nombre impressionnant. Une évaluation de la propension historique à la violence dans chaque civilisation demanderait des recherches approfondies, ce qui est impossible dans le cadre de cet essai. En revanche, nous pouvons identifier les causes possibles de la violence collective chez les musulmans, tant au sein de l'islam qu'entre l'islam et d'autres groupes, et distinguer les causes qui expliquent une nette propension historique aux conflits collectifs, si elle est avérée, de celles qui expliquent seulement cette propension à la fin du XX^e^ siècle. Nous avons repéré six causes possibles. Trois d'entre elles expliquent la violence entre musulmans et non-musulmans, et trois expliquent cette violence-là ainsi que la violence interne à l'islam. Trois d'entre elles expliquent uniquement la propension moderne de l'islam à la violence, tandis que les trois autres expliquent cela ainsi qu'une propension historique de l'islam à la violence, si elle est avérée. Mais si cette propension historique à la violence n'est pas avérée, alors ses causes présumées, qui n'expliquent plus une propension historique à la violence inexistante, ne sauraient expliquer non plus la propension contemporaine avérée des musulmans à la violence collective. Cette dernière ne saurait plus alors être expliquée que par des facteurs propres au XXe siècle, facteurs qui n'existaient pas encore aux siècles précédents (voir tableau 10.4).

*Tableau 10.4* Causes possibles de la propension des musulmans aux conflits

| | Conflits extra-musulmans | Conflits internes et externes |
|---|---|---|
| Conflits historiques et contemporains | Voisinage<br>Inassimilabilité | Militarisme |
| Conflits contemporains | Statut victimaire | Masse de jeunes<br>Absence d'État-repère |

Tout d'abord, on peut avancer l'hypothèse selon laquelle l'islam serait, dès l'origine, une religion du glaive qui glorifierait les vertus militaires. Il a pris naissance parmi des « tribus nomades de Bédouins belliqueux » et cette « origine violente est inscrite dans son cœur même. Mahomet lui-même jouit, aujourd'hui encore, d'une image de combattant acharné et de commandant militaire avisé[31] », qualificatif que personne ne songerait à appliquer à Jésus ni à Bouddha. La doctrine de l'islam, d'après certains, exige de faire la guerre aux infidèles, et lorsque l'expansion initiale de l'islam s'est essoufflée, les groupes musulmans, contrairement à la doctrine, se sont mis à se battre entre eux. Le pourcentage de *fitna*, ou conflit interne, par rapport au *djihad* a basculé en faveur de la première. Le Coran et d'autres textes fondateurs musulmans contiennent peu d'interdits portant sur la violence, et le concept de non-violence est absent de la doctrine ainsi que de la pratique musulmanes.

Deuxièmement, dès ses origines en Arabie, l'expansion de l'islam dans toute l'Afrique du Nord et une bonne partie du Moyen-Orient, puis en Asie centrale, dans la péninsule indienne et les Balkans, a mis les musulmans en contact direct avec divers peuples, qui ont été conquis et convertis. L'héritage de ce processus se fait encore sentir aujourd'hui. À la suite des conquêtes ottomanes dans les Balkans, les Slaves méridionaux des villes se sont souvent convertis à l'islam, ce qui n'a pas été le cas des ruraux ; ainsi est né le clivage entre Bosniaques musulmans et Serbes orthodoxes. Inversement, l'expansion de l'Empire russe jusqu'à la mer Noire, au Caucase et en Asie centrale l'a fait entrer en conflit pendant plusieurs siècles avec divers peuples musulmans. Le soutien financier accordé par l'Occident, qui était alors au zénith de sa puissance face à l'islam, à la nation juive au Moyen-Orient a posé les fondations de l'hostilité durable entre Juifs et Arabes. L'expansion musulmane et non musulmane par voie de terre a donc eu pour conséquence d'amener des musulmans et des non-musulmans à vivre à proximité les uns des autres dans toute l'Eurasie. Inversement, l'expansion de l'Occident par voie de mer n'a généralement pas amené les peuples occidentaux à vivre dans une proximité territoriale avec des peuples non occidentaux : ces derniers étaient soumis à la domination européenne, ou bien quasiment exterminés par les colons occidentaux.

Une troisième cause possible des conflits entre musulmans et non-musulmans met en jeu ce qu'un homme d'État, parlant de son propre pays, a appelé l'« inassimilabilité » des musulmans. Mais celle-ci fonctionne dans les deux sens : les pays musulmans ont des problèmes avec leurs minorités non musulmanes, tout comme les pays non musulmans en ont avec leurs minorités musulmanes. Plus encore que le christianisme, l'islam est une foi absolutiste qui confond religion et politique, et qui marque une séparation tranchée entre ceux qui font partie de *Dar al-islam* et ceux qui font partie de *Dar al-harb*. Par conséquent, les confucéens, les bouddhistes, les hindouistes, les chrétiens occidentaux et les chrétiens orthodoxes ont moins de mal à s'adapter les uns aux autres et à cohabiter entre eux qu'ils n'en ont à s'adapter à des musulmans ou à cohabiter avec eux. Les minorités ethniques chinoises, par exemple, détiennent le pouvoir économique dans la plupart des pays d'Asie du Sud-Est. Elles sont tout à fait intégrées dans la société thaïe bouddhiste et dans la société philippine chrétienne ; on n'observe quasiment pas de cas significatifs de violences antichinoises exercées par les groupes majoritaires des pays concernés. Inversement, des émeutes ou des violences antichinoises se sont produites en Indonésie et en Malaisie, qui sont musulmanes, et le statut des Chinois dans ces sociétés reste un sujet sensible et potentiellement explosif, ce qui n'est pas le cas en Thaïlande ou aux Philippines.

Le militarisme, l'inassimilabilité et le voisinage avec des groupes non musulmans sont des traits déjà anciens de l'islam, qui expliquent la propension historique des musulmans aux conflits. Trois autres facteurs, plus limités dans le temps, ont pu aggraver cette propension à la fin du XX^e^ siècle. Selon une explication qu'avancent les musulmans eux-mêmes, l'impérialisme occidental et la sujétion des sociétés musulmanes au XIX^e^ et au XX^e^ siècle auraient donné de l'islam une image de faiblesse militaire et économique, et encouragaient de ce fait les groupes non musulmans à voir dans les musulmans une proie facile. Selon cet argument, les musulmans seraient victimes d'un préjugé anti-musulman aussi répandu que pouvait l'être l'antisémitisme dans les sociétés occidentales. Les groupes musulmans tels que les Palestiniens, les Bosniaques, les Cachemiriens et les Tchétchènes sont, d'après Akbar Ahmed, comme « les Amérindiens, des groupes opprimés, privés de leur dignité, parqués dans des réserves sur la terre de leurs propres ancêtres [32] ». Cependant, l'argument du musulman victime ne rend pas compte des conflits entre majorités musulmanes et minorités non musulmanes dans des pays comme le Soudan, l'Égypte, l'Iran et l'Indonésie.

Un facteur plus probant, qui explique peut-être les violences tant intra- qu'inter-islamiques, est l'absence d'un ou de plusieurs États phares dans l'islam. Les défenseurs de l'islam avancent souvent que ses détracteurs occidentaux s'imaginent qu'il y aurait une force centrale qui, telle une conspiration, dirigerait l'islam en mobilisant et en coordonnant ses actions contre l'Occident et les autres. Mais cette théorie est fallacieuse. L'islam est une source d'instabilité dans le monde parce qu'il lui manque un centre dominant. Les États qui aspirent à devenir dirigeants de l'islam, comme l'Arabie Saoudite, l'Iran, le Pakistan, la Turquie, voire l'Indonésie, se livrent des luttes d'influence dans le monde islamique ; aucun d'entre eux ne jouit d'une position de médiateur privilégié dans les conflits internes à l'islam ; et aucun d'entre eux ne jouit de l'autorité nécessaire pour pouvoir agir au nom de l'islam lorsqu'il s'agit de régler des conflits entre groupes musulmans et non musulmans.

Enfin, et ce n'est pas la moindre hypothèse, l'explosion démographique des sociétés musulmanes et le fait que de grands nombres d'hommes entre quinze et trente ans, souvent sans emploi, soient disponibles sont une source naturelle d'instabilité et de violence, tant au sein de l'islam que contre des non-musulmans. Quelles que soient les autres causes en jeu, ce facteur suffirait quasiment à lui seul à expliquer la violence musulmane des années quatre-vingt et quatre-vingt-dix. Le vieillissement de la population, qui interviendra vers la troisième décennie du XXIe siècle, ainsi que le développement économique des sociétés musulmanes, lorsqu'il se produira et à condition qu'il se produise, pourraient provoquer et atténuer la propension musulmane à la violence et donc diminuer la fréquence et l'intensité des guerres civilisationnelles.

CHAPITRE 11

# La dynamique des guerres civilisationnelles

## *L'essor de la conscience identitaire*

Les guerres civilisationnelles suivent des processus d'intensification, d'extension, d'endiguement, d'interruption et, même si c'est rare, de solution. D'habitude, ces processus commencent de façon séquentielle, mais ils se recouvrent également souvent et peuvent se répéter. Une fois déclenchées, les guerres civilisationnelles tendent à acquérir une vie propre et à se développer selon le schéma action/réaction, à l'instar des autres conflits communautaires. Les identités, auparavant multiples et banales, se focalisent et se durcissent : les conflits communautaires sont à juste titre appelés « guerres identitaires »[1]. Avec l'exacerbation de la violence, les enjeux initiaux seront redéfinis de manière plus exclusive selon un rapport « nous » contre « eux », la cohésion et l'engagement du groupe se renforceront. Les dirigeants politiques en appelleront de plus en plus à la loyauté ethnique et religieuse. La conscience d'appartenir à une civilisation s'aiguisera par rapport aux autres identités. Une « dynamique de haine » naît ainsi, comparable au « dilemme de sécurité » des relations internationales : la peur, la méfiance et la détestation mutuelles se nourrissent l'une l'autre[2]. Chaque côté dramatise et magnifie la distinction entre forces du bien et forces du mal, jusqu'au combat à la vie à la mort.

Au fil des révolutions, les modérés, les girondins et les mencheviks perdent devant les radicaux, les jacobins et les bolcheviks. Un processus similaire tend à se produire au cours des guerres de ligne de faille. Les modérés, qui ont des ambitions plus limitées — parvenir à l'autonomie plutôt qu'à l'indépendance, par exemple —, n'atteignent pas leurs objectifs par la négociation, qui échoue presque toujours au début, et sont suppléés ou supplantés par les radicaux, déterminés à user de violence pour atteindre leurs objectifs extrêmes. Dans le conflit entre Moros et Philippins, le principal groupe insurgé, le Front national de libération moro, a d'abord été supplanté par le Front islamique de libération moro, aux positions radicales, puis par le mouvement Abu Sayyaf, plus extrémiste encore, qui a rejeté les cessez-le-feu négociés avec le gouvernement philippin par les autres groupes. Durant les années quatre-vingt, le gouvernement soudanais a adopté des positions islamistes de plus en plus tranchées, et, au début de la décennie quatre-vingt-dix, l'insurrection chrétienne s'est divisée, un nouveau groupe, le Mouvement d'indépendance du Sud-Soudan, revendiquant désormais l'indépendance et non plus seulement l'autonomie. Alors même que l'Organisation de libération de la Palestine entrait en négociation avec le gouvernement israélien, les Frères musulmans du Hamas ont tenté de lui ravir l'adhésion des masses palestiniennes ; de son côté, le gouvernement israélien a suscité des protestations et des violences émanant de groupes religieux extrémistes. En 1992-1993, avec l'intensification du conflit de Tchétchénie, le gouvernement Doudaev était dominé par « les factions les plus radicales du nationalisme tchétchène, opposées à tout accommodement avec Moscou, et les forces plus modérées furent poussées dans l'opposition ». Un glissement similaire s'est produit au Tadjikistan. « Avec l'escalade du conflit en 1992, les groupes nationalistes-démocratiques tadjiks ont cédé graduellement du terrain au profit des groupes islamistes qui mobilisaient mieux les pauvres des campagnes et la jeunesse désabusée des villes. Le message islamiste s'est radicalisé, avec l'émergence de jeunes dirigeants en rivalité avec la hiérarchie religieuse traditionnelle, plus pragmatique. » « Je ferme le dictionnaire de la diplomatie, devait déclarer un de ceux-là, et commence à parler la langue des batailles, la seule appropriée à la situation créée dans ma patrie par la Russie[3]. » En Bosnie, la faction nationaliste plus extrême d'Alija Izetbegovic est devenue plus influente, au sein du Parti d'action démocratique (SDA) musulman, que la faction plus tolérante et d'orientation multiculturaliste représentée par Haris Silajdzic[4].

La victoire de ces éléments n'est pas nécessairement définitive. Pas plus que le compromis modéré, la violence radicale ne paraît en mesure de terminer une guerre civilisationnelle. Avec l'inflation des coûts matériels et humains, pour de piètres résultats, les modérés des deux bords sont enclins à réapparaître, faisant valoir l'« absurdité » de tout cela et insistant pour qu'une fin soit trouvée en enclenchant un nouveau cycle de négociations.

Dans le cours d'une guerre, les différences identitaires s'estompent, et finit par l'emporter celle qui, au regard du conflit, est la plus signifiante. *Elle est presque toujours* définie par la religion. Au plan psychologique, celle-ci fournit la justification la plus rassurante et la plus solide pour lutter contre les forces « sans dieu », considérées comme menaçantes. Au plan pratique, la communauté de religion ou de civilisation est la communauté la plus large à laquelle un groupe indigène engagé dans un conflit puisse faire appel. Si, dans une guerre locale entre deux tribus africaines, l'une d'entre elles est musulmane et l'autre chrétienne, celle-là peut espérer bénéficier de l'argent saoudien, de l'aide des *moudjahidin* afghans, des armes et des conseillers iraniens ; celle-ci pourra rechercher l'aide économique et humanitaire, le soutien politique et diplomatique des gouvernements occidentaux. À moins qu'un des groupes ne parvienne à se présenter comme la victime d'un génocide et, partant, à exciter la sympathie de l'Occident — toutes choses que les musulmans bosniaques ont su accomplir —, il ne peut espérer recevoir une aide notable que de ses parents en civilisation. Les musulmans de Bosnie exceptés, c'est ce qui s'est passé. Par définition, les guerres civilisationnelles sont des guerres locales entre des groupes locaux disposant de ramifications plus larges : par là, elles engendrent des identités civilisationnelles parmi les participants.

Ce processus est particulièrement vérifié dans le cas des musulmans. Une guerre civilisationnelle peut avoir son origine dans des conflits familiaux, claniques ou tribaux, mais parce que les identités à l'intérieur du monde musulman tendent à être en U, les protagonistes musulmans d'un tel type de conflit chercheront, dès que les combats se prolongent, à en appeler à l'islam, comme ce fut le cas avec un laïque antifondamentaliste de la trempe de Saddam Hussein. Un observateur occidental a fait la même remarque à propos du gouvernement azéri. Le conflit au Tadjikistan a commencé comme une guerre civile locale, mais les insurgés ont identifié de plus en plus nettement leur cause à celle de l'islam. Au cours des guerres du XIXe siècle entre les peuples du Nord-Caucase et les Russes, le chef musulman Shamil s'était défini comme islamiste était parvenu à unir des dizaines de groupes ethniques et linguistiques « sur la base de l'islam et de la résistance à la conquête russe ». Dans les années quatre-vingt-dix, Doudaev a tablé sur la résurgence islamique qui s'était produite dans le Caucase au cours de la décennie précédente, pour poursuivre la même stratégie. Il a été soutenu en cela par les docteurs de la foi et les partis islamistes. Il a aussi prêté serment sur le Coran (tout comme Eltsine a été béni par un prêtre orthodoxe) et, en 1994, il a proposé que la Tchétchénie devienne un État islamique, régi par la charia. Les troupes tchétchènes portaient des foulards verts brodés du mot *gavazad*, qui signifie « guerre sainte » en tchétchène, et criaient *Allah Akhbar* en montant au feu [5]. De la même manière, les musulmans du Cachemire n'invoquent plus seulement leur identité régionale, laquelle est composite, ou bien leurs affinités avec l'Inde laïque. Ils en appellent à une troisième identité reflétant « l'essor du nationalisme musulman au Cachemire et la diffusion transnationale de valeurs islamiques fondamentalistes, qui ont amené les musulmans du Cachemire à se sentir membres du Pakistan musulman et du monde islamique ». L'insurrection de 1989 contre l'Inde a, au début, été conduite par une organisation « relativement laïque », soutenue par le gouvernement pakistanais. Celui-ci a ensuite appuyé des groupes fondamentalistes qui sont devenus prédominants. Ceux-ci comprenaient des « insurgés durs », déterminés apparemment à poursuivre le *djihad* pour lui-même, quelles que fussent les perspectives. Selon un autre observateur, « les sentiments nationalistes ont été avivés par les différences religieuses ; l'essor mondial du militantisme islamique a été un encouragement pour les insurgés du Cachemire et a érodé la tradition cachemire de tolérance entre hindous et musulmans[6] ».

Une montée dramatique des identifications civilisationnelles s'est produite en Bosnie, en particulier au sein de la communauté musulmane. Historiquement, les identités communautaires n'étaient pas fortes en Bosnie ; Serbes, Croates et musulmans vivaient en bon voisinage ; les mariages mixtes étaient chose commune, les identifications religieuses restaient faibles : on disait que les musulmans étaient les Bosniaques qui n'allaient pas à la mosquée, les Croates ceux qui ne se rendaient pas à la cathédrale et les Serbes ceux qui ne visitaient pas l'église orthodoxe. Lorsque l'identité yougoslave s'est effondrée, ces identités religieuses, limitées et banales, ont pris une nouvelle signification et se sont durcies dès que les combats ont commencé. Le multicommunautarisme s'est évaporé, chaque groupe s'est de plus en plus identifié à sa communauté culturelle plus large et a commencé à se définir en termes religieux. Les Serbes de Bosnie sont devenus des nationalistes serbes extrémistes, s'identifiant à l'idée de Grande Serbie, à l'Église orthodoxe et, plus largement, au monde orthodoxe. Les Croates de Bosnie sont devenus les nationalistes croates les plus fervents. Ils se sont considérés comme des citoyens de la Croatie. Ils ont accentué leur catholicisme et, de concert avec les Croates de Croatie, leur identité romaine occidentale.

La prise de conscience de l'appartenance à une civilisation a été plus marquée encore chez les musulmans. Jusqu'au déclenchement de la guerre, les musulmans de Bosnie avaient un comportement hautement laïc. Ils se considéraient comme Européens et étaient les plus fermes partisans d'une société et d'un État multiculturels. Tout cela a changé avec l'éclatement de la Yougoslavie. Comme les Croates et les Serbes, les musulmans ont rejeté les partis multicommunautaires lors des élections de 1990 et ont massivement voté pour le Parti d'action démocratique (SDA) musulman, conduit par Izetbegovic. Musulman dévot, emprisonné pour activisme islamique par le gouvernement communiste, ce dernier avait affirmé dans *La Déclaration islamique*, livre publié en 1970, « l'incompatibilité de l'islam avec les systèmes non islamiques. Il ne peut y avoir ni paix ni coexistence entre la religion islamique et les institutions socio-politiques non islamiques ». Quand le mouvement islamique sera suffisamment fort, il lui faudra prendre le pouvoir et créer une république islamique. Il sera de la plus haute importance que le nouvel État confie l'éducation et les médias « à des personnes dont l'autorité morale intellectuelle islamique soit indiscutable[7] ».

Lorsque la Bosnie est devenue indépendante, Izetbegovic a proposé de créer un État multiethnique au sein duquel les musulmans seraient le groupe dominant, même s'il n'est pas majoritaire. Il n'était toutefois pas homme à résister à l'islamisation de son pays que la guerre a entraînée. Sa réticence à répudier publiquement et explicitement « la déclaration islamique » a engendré des craintes parmi les non-mulsulmans. La guerre se prolongeant, les Serbes et les Croates de Bosnie ont quitté les zones contrôlées par le gouvernement bosniaque, et ceux qui sont restés se sont trouvés petit à petit exclus des emplois intéressants et des institutions sociales. « L'islam a pris une plus grande importance au sein de la communauté nationale musulmane et une identité nationale musulmane forte est devenue une donnée politique et religieuse. » Le nationalisme musulman, dans ce qui l'oppose au nationalisme multiculturaliste bosniaque, s'est de plus en plus exprimé dans les médias. L'enseignement religieux s'est répandu dans les écoles, et les nouveaux manuels soulignaient les bienfaits de l'autorité ottomane. Le bosniaque a été promu comme langue différente du serbo-croate ; un nombre croissant de termes turcs et arabes lui ont été intégrés. Les autorités gouvernementales ont attaqué les mariages mixtes, tout comme la musique de « l'agresseur », c'est-à-dire la musique serbe. Elles ont encouragé la religion islamique et donné la préférence aux musulmans pour l'embauche et les promotions. Plus important, l'armée bosniaque s'est islamisée, et, en 1995, les musulmans représentaient 90 % des personnels. Un nombre croissant d'unités se sont identifiées à l'islam, engagées dans des pratiques islamiques et ont recouru à des symboles musulmans. Les forces d'élite ont été les plus profondément islamisées et leur nombre a augmenté. Cette évolution a donné lieu aux protestations de cinq membres de la présidence bosniaque (dont deux Croates et deux Serbes) auprès d'Izetbegovic, qui a passé outre, et à la démission en 1995 du Premier ministre Haris Silajdzic[8], dont les orientations étaient multiculturalistes.

Le SDA d'Izetbegovic a étendu son contrôle politique sur l'État et la société. En 1995, il en était venu à dominer « l'armée, la fonction publique et les entreprises nationales ». Selon les informations de presse, « les musulmans n'appartenant pas au parti, et *a fortiori* les non-musulmans ont des difficultés à trouver des emplois décents ». À suivre ses critiques, le parti est « devenu le vecteur d'un autoritarisme islamique marqué par les habitudes du gouvernement communiste[9] ». Au total, comme le notait un autre observateur :

> Le nationalisme devient plus extrême. Il ne tient plus compte des autres sensibilités nationales ; c'est la propriété, le privilège et l'instrument poli-

> tique de la nouvelle et prédominante nation musulmane [...]. Le principal résultat de ce nationalisme musulman nouveau est un mouvement vers l'homogéinisation nationale [...]. Le fondamentalisme religieux l'emporte de plus en plus dans la détermination des intérêts nationaux musulmans[10].

Le durcissement de l'identité religieuse que produisaient la guerre et le nettoyage ethnique, les préférences des dirigeants, le soutien et les pressions des autres États musulmans ont lentement mais clairement transformé la Bosnie. La Suisse des Balkans est ainsi devenue l'Iran des Balkans.

Dans les guerres civilisationnelles, chaque partie n'insiste pas seulement sur sa seule identité civilisationnelle, mais aussi sur celle de l'autre partie. Dans la guerre locale qu'elle mène, elle ne se considère pas seulement comme en lutte contre un autre groupe ethnique du lieu, mais contre une autre civilisation. La menace est de ce fait magnifiée et renforcée par les ressources d'une civilisation importante ; la défaite a des conséquences non seulement pour la partie concernée, mais aussi pour l'ensemble de la civilisation dont elle est membre. D'où l'urgente nécessité de se rallier à sa partie engagée dans un conflit. La guerre locale est alors redéfinie comme une guerre de religions, un affrontement de civilisations, lourd de conséquences pour des pans tout entiers de l'espèce humaine. Au début des années quatre-vingt-dix, comme la religion orthodoxe et l'Église orthodoxe redevenaient des pièces centrales de leur identité nationale, « évinçant d'autres confessions russes, dont l'islam est la plus importante[11] », les Russes ont estimé qu'il était de leur intérêt de définir la guerre entre clans et régions du Tadjikistan, ou la guerre en Tchétchénie, comme des épisodes d'un affrontement plus large, pluriséculaire, entre l'orthodoxie et l'islam : les opposants du cru étaient engagés dans un *djihad* par procuration pour Islamabad, Téhéran, Riyad et Ankara.

Dans l'ancienne Yougoslavie, les Croates se voyaient sous les traits de preux garants des frontières de l'Occident face aux assauts de l'orthodoxie et de l'islam. Pour les Serbes, leurs ennemis n'étaient pas seulement les Croates et les musulmans de Bosnie, mais « le Vatican », les « fondamentalistes islamiques », les « Turcs infâmes », qui n'ont cessé de menacer la chrétienté depuis des siècles. Un diplomate occidental a pu dire du dirigeant serbe de Bosnie : « Karadzic définit le conflit comme la guerre anti-impérialiste en Europe. Il affirme avoir pour mission d'effacer les dernières traces de l'empire ottoman en Europe[12]. » Pour leur part, les musulmans de Bosnie se sont considérés comme les victimes d'un génocide que l'Occident ignore à cause de leur religion : ils méritent donc le soutien du monde musulman. Pour toutes les parties belligérantes et pour la plupart des observateurs extérieurs, les guerres de Yougoslavie sont devenues des guerres religieuses ou ethnoreligieuses. Comme l'a montré Misha Glenny, le conflit a « de plus en plus assimilé les caractéristiques d'une lutte religieuse, définie par trois grandes religions européennes — le catholicisme romain, l'orthodoxie orientale, l'islam, restes confessionnels des empires dont les frontières se heurtaient en Bosnie [13] ».

Le fait que les guerres civilisationnelles sont perçues comme des affrontements de civilisations redonne vie à la théorie des dominos en vogue durant la guerre froide, à ceci près qu'aujourd'hui ce sont les principaux États des aires civilisationnelles qui ressentent le besoin de prévenir une défaite dans un conflit local, car celle-ci peut provoquer des pertes de plus en plus lourdes et conduire ainsi au désastre. La position très ferme du gouvernement indien à propos du Cachemire tient, pour une grande part, à la crainte que la perte de ce territoire ne stimule d'autres minorités ethniques du pays. Si la Russie ne mettait pas un terme à la violence politique au Tadjikistan, disait le ministre des Affaires étrangères Kozyrev, celle-ci pourrait gagner le Kirghizistan et l'Ouzbékistan. Cela apporterait de l'eau aux moulins sécessionnistes des républiques musulmanes de la Fédération de Russie avec, au bout du compte, la possibilité qu'un jour le fondamentalisme musulman parade sur la place Rouge. Aussi, devait dire Eltsine, la frontière entre l'Afghanistan et le Tadjikistan est-elle « dans les faits celle de la Russie ». À leur tour, les Européens ont exprimé leurs craintes que l'établissement d'un État musulman dans l'ancienne Yougoslavie ne constitue une base pour la propagation de l'émigration musulmane et du fondamentalisme islamique. La frontière de la Croatie est, dans les faits, celle de l'Europe.

Avec l'intensification d'une guerre civilisationelle, chaque camp diabolise ses opposants qu'il dépeint souvent comme des sous-hommes, ce qui donne le droit de les tuer. « Les chiens enragés doivent être abattus », déclara Eltsine en parlant des guérilleros tchéchènes. « Ces personnes mal éduquées doivent être abattues... et nous les abattrons », affirma le général indonésien Try Sutrisno, en référence au massacre de Timor oriental en 1991. On ressuscite les démons du passé : les Croates deviennent des « oustachis », les musulmans des « Turcs » et les Serbes des « tchetniks ». Les meurtres, les tortures et les viols de masse, l'expulsion brutale de civils, tout cela est justifiable par une haine communautaire se nourrissant d'une autre haine communautaire. Les symboles et objets de la culture adverse deviennent des cibles. Les Serbes ont systématiquement détruit les mosquées et les monastères franciscains, cependant que les Croates faisaient sauter les monastères orthodoxes. Parce qu'ils sont les dépositaires de la culture, les musées et les bibliothèques sont vulnérables : les forces cinghalaises de sécurité ont incendié la bibliothèque publique de Jaffna, faisant ainsi disparaître d'« irremplaçables documents littéraires et historiques » de la culture tamoule ; les artilleurs serbes ont détruit sous leurs obus le Musée national de Sarajevo. Les Serbes ont nettoyé la ville bosniaque de Zvornik de ses quarante mille musulmans et planté une croix sur le site de la tour ottomane qu'ils venaient de dynamiter, tour qui avait remplacé l'église orthodoxe rasée en 1463 par les Turcs [14]. Dans les guerres entre cultures, la culture est toujours perdante.

## *Les ralliements de civilisation : pays apparentés et diasporas*

Pendant les quarante années qu'a duré la guerre froide, l'antagonisme percolait : les superpuissances cherchaient à recruter des alliés et des partenaires, à subvertir, à convertir et à neutraliser les alliés et partenaires de l'adversaire. La compétition était, bien sûr, plus intense dans le Tiers-Monde, dont les États jeunes et faibles étaient pressés par les superpuissances de participer au grand tournoi mondial. Dans le monde d'après la guerre froide, des conflits communautaires multiples se sont substitués au conflit unique entre superpuissances. Quand ces conflits communautaires engagent des groupes relevant de civilisations différentes, ils ont tendance à s'étendre et à grimper des échelons successifs. Le conflit s'intensifiant, chaque côté cherche à rallier le soutien de pays et de groupes appartenant à sa civilisation. Sous une forme ou sous une autre, officielle ou officieuse, ouverte ou discrète, matérielle, humaine, diplomatique, financière, symbolique ou militaire, un soutien viendra toujours d'un ou de plusieurs pays ou groupes apparentés. Plus une guerre civilisationnelle perdure, plus nombreux seront les pays apparentés susceptibles de jouer un rôle de soutien, de contrainte et de médiation. Du fait de ce « syndrome du pays apparenté », les conflits civilisationnels comportent un risque d'escalade bien plus important que les conflits intracivilisationnels et requièrent en général une coopération intercivilisationnelle pour les retenir et les terminer. À la différence de la guerre froide, le conflit ne s'écoule pas du haut vers le bas. Il bouillonne à partir du bas.

Les États et les groupes ont différents niveaux d'engagement dans une guerre de ce genre. Au niveau primaire, on trouve les parties belligérantes, qui s'entre-tuent. Ce sont parfois des États, comme dans les guerres indo-pakistanaises ou israélo-arabes ; ce peuvent être aussi des groupes locaux qui ne sont pas des États ou, au mieux, des États embryonnaires, comme ce fut le cas en Bosnie ou avec les Arméniens du Nagorny-Karabakh. Ces conflits peuvent également inclure des protagonistes de deuxième échelon, généralement des États directement apparentés aux belligérants de base, par exemple les gouvernements serbe et croate dans l'ancienne Yougoslavie ou ceux d'Arménie et d'Azerbaïdjan dans le Caucase. Reliés au conflit de manière plus lointaine encore, on trouve des États de troisième échelon : ils sont éloignés du théâtre des affrontements, mais ont des liens de civilisation avec les belligérants, tels l'Allemagne, la Russie et les États islamiques en ce qui concerne l'ancienne Yougoslavie, ou la Russie, la Turquie et l'Iran dans le cas du différend arméno-azéri. Ces participants de troisième échelon sont souvent les États phares des aires de civilisation. Le cas échéant, les diasporas des groupes belligérants jouent aussi un rôle dans ces guerres. Eu égard au nombre limité de personnes et à la quantité réduite d'armes habituellement engagées au niveau de base, même un volume relativement modeste d'aide extérieure — argent, armes, volontaires — peut avoir un effet significatif sur l'issue de la guerre.

Les enjeux des autres parties en conflit ne sont pas identiques à ceux des belligérants de base. Le soutien le plus dévoué et le plus chaleureux dont ces derniers bénéficieront vient normalement des diasporas dont les communautés s'identifient à la cause de leur parentèle et deviennent « plus royalistes que le roi ». Les intérêts des gouvernements de deuxième et troisième échelons sont plus compliqués. Eux aussi fournissent généralement un soutien aux participants du niveau élémentaire et, même s'ils ne le font pas, ils en seront soupçonnés par les groupes opposés, ce qui confortera ceux-ci dans leur aide à leurs propres apparentés. Toutefois, les gouvernements de deuxième et troisième échelon ont également intérêt à contenir les affrontements et à éviter d'y être eux-mêmes directement engagés. Aussi, tout en soutenant les participants de première ligne, chercheront-ils à modérer leurs objectifs. Ils tenteront également de négocier avec leurs homologues de deuxième et troisième échelon, de l'autre côté de la ligne de faille, et d'éviter ainsi qu'une guerre locale ne se transforme en une guerre plus large, engageant les États phares. La figure 11.1 esquisse les relations des parties potentielles à des guerres civilisationnelles. Toutes les guerres de ce type n'ont pas eu une distribution des rôles aussi complète, mais plusieurs en ont une, celles de l'ancienne Yougoslavie et du Caucase comprises, et quasiment n'importe quelle guerre civilisationnelle pourrait s'étendre et inclure tous les niveaux de participants.

D'une manière ou d'une autre, les diasporas et les pays apparentés ont été engagés dans chacune des guerres civilisationnelles de la décennie quatre-vingt-dix. Les groupes musulmans ont joué un rôle important dans ce type de conflit. Les gouvernements et associations islamiques constituent donc les participants secondaires et tertiaires que l'on retrouve le plus souvent. Les plus actifs ont été les gouvernements d'Arabie Saoudite, du Pakistan, d'Iran, de Turquie et de Libye, qui ensemble, et à certains moments avec d'autres États musulmans, ont fourni à des degrés divers une aide aux musulmans luttant contre des non-musulmans en Palestine, au Liban, en Bosnie, en Tchétchénie, en Transcaucasie, au Tadjikistan, au Cachemire, au Soudan et aux Philippines. En sus du soutien gouvernemental, de nombreux groupes

**Figure 11.1 La structure d'une guerre civilisationnelle complexe**

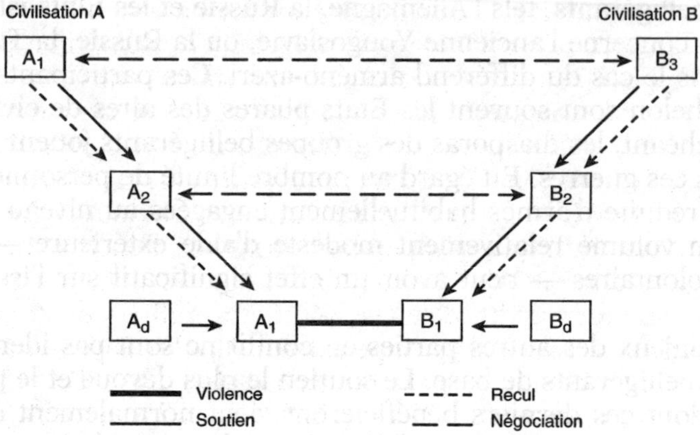


musulmans de base ont été appuyés par l'internationale flottante des combattants islamistes de la guerre d'Afghanistan, lesquels ont ensuite participé à divers conflits, de la guerre civile en Algérie à la Tchétchénie et aux Philippines. L'internationale islamiste a été impliquée, comme un analyste l'a noté, dans « l'envoi de volontaires pour imposer la règle islamiste en Afghanistan, au Cachemire et en Bosnie ; dans des guerres de propagande contre les gouvernements opposés aux islamistes dans tel ou tel pays ; dans l'établissement de centres islamiques au sein de la diaspora, qui servent d'états-majors conjoints de tous ces partis [15] ». La Ligue arabe et l'Organisation de la conférence islamique ont également appuyé et tenté de coordonner les efforts de leurs membres pour épauler les groupes musulmans engagés dans des conflits de civilisations.

L'Union soviétique était un participant de premier rang à la guerre d'Afghanistan, et, depuis la fin de la guerre froide, la Russie a été un participant de premier rang à la guerre de Tchétchénie, un participant de deuxième échelon aux combats du Tadjikistan, un participant de troisième échelon aux guerres de l'ancienne Yougoslavie. L'Inde est engagée au premier rang au Cachemire et au deuxième rang au Sri Lanka. Les principaux États occidentaux ont été des participants de troisième échelon aux différends yougoslaves. Les diasporas ont joué un rôle majeur des deux côtés de l'affrontement durable entre Israéliens et Palestiniens, ainsi que pour soutenir les Arméniens, les Croates et les Tchétchènes dans leurs conflits. Par la télévision, le fax et le courrier électronique, « l'engagement des diasporas a été revigoré et parfois polarisé par un contact constant avec leurs anciennes habitations, "anciennes" ne signifiant désormais plus la même chose que naguère [16] ».

Dans la guerre du Cachemire, le Pakistan a fourni un soutien diplomatique et politique explicite aux insurgés, mais aussi, selon des sources militaires pakistanaises, d'abondantes sommes d'argent et d'importantes quantités d'armements, une formation militaire, un soutien logistique et un sanctuaire. Il a également démarché pour leur compte auprès des autres gouvernements musulmans. En 1995, on annonçait que les insurgés avaient reçu le renfort d'au moins mille deux cents moudjahidin venant d'Afghanistan, du Tadjikistan et du Soudan, équipés de missiles Stinger et d'autres armes fournies par les Américains pour leur guerre contre l'Union soviétique[17]. Le soulèvement moro des Philippines a, pendant un temps, bénéficié de fonds et de matériels de la part de la Malaysia ; les gouvernements arabes ont donné des sommes additionnelles ; plusieurs milliers de combattants ont été formés en Libye ; le groupe extrémiste Abu Sayyaf a été monté par des fondamentalistes pakistanais et afghans[18]. En Afrique, le Soudan a constamment aidé les rebelles musulmans d'Érythrée en lutte contre l'Éthiopie et, en riposte, celle-ci a fourni un « soutien logistique et un sanctuaire » aux « rebelles chrétiens » en lutte contre celui-là. Ces derniers ont également reçu une aide similaire de l'Ouganda, laquelle reflétait pour une par les « fort liens religieux, raciaux et ethniques [de ce pays] avec les rebelles soudanais ». Le gouvernement de Khartoum a, de son côté, reçu pour trois cents millions de dollars d'armes chinoises par le truchement de l'Iran et un entraînement de la part de conseillers militaires iraniens, ce qui lui permit de lancer en 1992 une grande offensive contre les rebelles. Diverses organisations chrétiennes de l'Occident ont livré de la nourriture, des médicaments, des aides et, à croire le gouvernement soudanais, des armes aux rebelles chrétiens[19].

Dans la guerre entre les insurgés tamouls et le gouvernement cinghalais, de religion bouddhiste, les autorités indiennes ont d'abord fourni une aide substantielle aux premiers, qu'elles entraînaient dans le sud de leur pays et auxquels elles livraient armes et monnaie. En 1987, les forces du gouvernement sri lankais étaient sur le point de défaire les Tigres tamouls, mais l'opinion indienne s'indigna du « génocide en cours », et le gouvernement indien transporta par avion des vivres aux Tamouls « signalant de fait au [président] Jayewardene que l'Inde entendait l'empêcher d'écraser les Tigres par la force[20] ». Les gouvernements indien et sri lankais parvinrent à un accord aux termes duquel le Sri Lanka accorderait un haut degré d'autonomie aux zones tamoules et les insurgés livreraient leurs armes aux forces indiennes. L'Inde déploya cinquante mille hommes dans l'île afin de faire appliquer l'accord, mais les Tigres refusèrent de livrer leurs armes, et les militaires indiens se retrouvèrent vite engagés dans une guerre contre la guérilla qu'ils avaient précédemment soutenue. Les forces indiennes furent retirées à partir de 1988. En 1991, le Premier ministre Rajiv Gandhi fut assassiné, selon les Indiens par un partisan des insurgés tamouls, et l'attitude de New Delhi vis-à-vis du soulèvement devint de plus en plus hostile. Les autorités ne pouvaient cependant pas arrêter la sympathie et le soutien aux insurgés exprimés par les cinquante millions de Tamouls de l'Inde méridionale. Cette réalité se reflète dans le fait que les autorités gouvernementales du Tamil Nadu défièrent New Delhi et autorisèrent les Tigres à agir « quasi librement » le long des 750 kilomètres de côtes de leur État et à envoyer vivres et munitions aux insurgeants du Sri Lanka, à travers le détroit de Palk[21].

À partir de 1979, les Soviétiques, et ensuite les Russes, se sont trouvés engagés dans trois guerres civilisationnelles importantes, avec leurs voisins musulmans du Sud : la guerre afghane 1979-1989, ses séquelles du Tadjikistan à compter de 1992 et la guerre de Tchétchénie, depuis 1994. Avec l'effondrement de l'Union soviétique, un gouvernement communiste épigone a accédé au pouvoir au Tadjikistan. Il a été mis en cause au printemps 1992 par une opposition constituée de groupes régionaux et ethniques rivaux, qui incluaient des laïques et des islamistes. Cette opposition, soutenue par les armes venues d'Afghanistan, a chassé le gouvernement prorusse de la capitale Douchanbe en septembre 1992. Les gouvernements russe et ouzbek ont réagi vigoureusement et ont brandi la menace du fondamentalisme islamique. La 201e division russe de tirailleurs motorisée, qui était restée au Tadjikistan, a fourni des armes aux forces progouvernementales, et Moscou a envoyé des renforts pour garder la frontière. En novembre 1992, la Russie, l'Ouzbékistan, le Kazakhstan et le Kirghizistan se sont accordés sur une intervention militaire russe et ouzbek, officiellement afin de préserver la paix et, en réalité, pour participer à la guerre. Avec le soutien en armes et en argent de la Russie, les forces du gouvernement déchu ont pu reprendre Douchanbe et contrôler l'essentiel du pays. Un processus de nettoyage ethnique s'est ensuivi, les réfugiés et les troupes de l'opposition ont fait retraite en Afghanistan.

Les gouvernements musulmans du Moyen-Orient ont protesté contre l'intervention militaire russe. L'Iran, le Pakistan et l'Afghanistan aidèrent l'opposition, qui devenait de plus en plus islamiste, avec de l'argent, des armes et des formateurs militaires. On apprenait en 1993 que des milliers de combattants étaient entraînés par les moudjahidin afghans. Au printemps et à l'été 1993, les insurgés tadjiks lancèrent plusieurs attaques à travers la frontière afghane et tuèrent un certain nombre de gardes-frontières russes. Les Russes répliquèrent en déployant davantage d'hommes, en organisant un barrage « intense d'artillerie et de mortiers », ainsi que des attaques aériennes sur des cibles en Afghanistan. De leur côté, les gouvernements arabes financèrent l'achat de Stinger pour contrer l'aviation. En 1995, la Russie avait environ vingt-cinq mille hommes déployés au Tadjikistan et fournissait la moitié des fonds dont le gouvernement avait besoin. Les insurgés étaient soutenus par les autorités afghanes et d'autres États musulmans. Comme devait le souligner Barnett Rubin, l'échec des agences internationales ou de l'Occident à fournir une aide significative tant au

Tadjikistan qu'à l'Afghanistan rendit celui-là totalement dépendant des Russes et celui-ci de ses parents en civilisation musulmane. « Tout commandant afghan désireux de recevoir une aide étrangère doit aujourd'hui soit se plier aux désirs des financiers arabes et pakistanais désireux d'étendre le *djihad* à l'Asie centrale, soit prendre part au trafic de la drogue[22]. »

La troisième guerre anti-islamique des Russes, contre les Tchétchènes du nord du Caucase, eut pour prologue les combats de 1992-1993 qui se produisirent, dans le voisinage, entre Ossètes orthodoxes et Ingouches musulmans. Ces derniers avaient été déportés en Asie centrale pendant la Seconde Guerre mondiale, avec les Tchétchènes et d'autres peuples musulmans. Les Ossètes restèrent sur place et s'emparèrent des biens ingouches. En 1956-1957, les peuples déportés furent autorisés à retourner chez eux, et les disputes commencèrent à propos de la propriété des biens et du contrôle du territoire. En novembre 1992, les Ingouches lancèrent des attaques depuis leur république, afin de reprendre la région de Prigorodny que le gouvernement soviétique avait assignée aux Ossètes. Les Russes répondirent par une intervention massive en faveur des Ossètes orthodoxes, à laquelle participèrent des unités cosaques. Un commentateur extérieur fit la description suivante : « En novembre 1992, les villages ingouches d'Ossétie furent encerclés et bombardés par les chars russes. Ceux qui échappèrent à cette épreuve furent tués ou enlevés. Le massacre fut perpétré par les OMON ossètes [équipes de la police spéciale], mais les troupes russes, envoyées maintenir la paix "dans la région, fournirent la couverture"[23]. Selon *The Economist*, il était "difficile de comprendre que tant de destructions aient pu être commises en moins d'une semaine". Il s'agissait de "la première opération de nettoyage ethnique dans la fédération de Russie". Moscou utilisa alors ce conflit pour menacer les alliés tchétchènes des Ingouches, ce qui, en retour, "conduisit à la mobilisation immédiate de la Tchétchénie et de la (majoritairement musulmane) Confédération des peuples du Caucase (KNK). Celle-ci menaça d'envoyer cinq cent mille volontaires contre les forces russes si elles ne se retiraient pas du territoire tchétchène. Après une attente tendue, Moscou recula afin d'éviter l'escalade du conflit entre Ossètes du Nord et Ingouches en conflagration d'ampleur régionale"[24]. »

Une conflagration plus forte et plus ample se produisit en décembre 1994, quand la Russie lança une véritable attaque militaire contre la Tchétchénie. Les dirigeants de deux républiques orthodoxes, la Géorgie et l'Arménie, soutinrent l'action de la Russie, tandis que le président ukrainien restait « diplomatiquement insipide, se contentant d'appeler au règlement pacifique de la crise ». La décision russe fut endossée par le gouvernement orthodoxe d'Ossétie du Nord et par 55 à 60 % de la population de ce territoire[25]. Par contre, les musulmans du dedans et du dehors de la Fédération russe se rangèrent massivement aux côtés des Tchétchènes. L'internationale islamiste apporta immédiatement sa contribution de combattants d'Azerbaïdjan, d'Afghanistan, du Pakistan, du Soudan et d'ailleurs. Les États musulmans endossèrent la cause tchétchène, on annonça que la Turquie et l'Iran fournissaient une aide matérielle, ce qui ne pouvait qu'inciter davantage Moscou à chercher à se concilier Téhéran. Un flux régulier d'armes à destination des Tchétchènes commença à entrer en Russie depuis l'Azerbaïdjan, poussant celle-là à fermer sa frontière avec celui-ci et par là même les fournitures, médicales et autres, à la Tchétchénie[26].

Les musulmans de la Fédération russe se rallièrent aux Tchétchènes. Alors que les appels à une guerre sainte de tout le Caucase contre la Russie restaient sans effet, les dirigeants des six républiques de la Volga et de l'Oural demandèrent à Moscou de mettre un terme à ses actes armés, et les représentants des républiques musulmanes du Caucase lancèrent le mot d'ordre de désobéissance civile contre la tutelle russe. Le président de la république de Tchouvachie exempta ses recrues du service militaire contre des frères en Islam. Les « protestations les plus vives contre la guerre » vinrent des deux républiques voisines de la Tchétchénie, l'Ingouchie et le Daghestan. Les Ingouches attaquèrent les troupes russes en mouvement vers la Tchétchénie, poussant le ministre de la Défense russe à déclarer que le gouvernement ingouche « était virtuellement entré en guerre contre la Russie ». Des attaques contre les forces russes eurent également lieu au Daghestan. Les Russes répliquèrent en bombardant des villages ingouches et daghestanais[27]. L'hostilité des Daghestanais contre les Russes fut exacerbée après que ceux-ci eurent rasé le village de Pervomaiskoye, suite au raid tchétchène contre la ville de Kizljar en janvier 1996.

La cause tchétchène fut également aidée par la diaspora tchétchène, qui avait été provoquée, pour une part importante, par l'agression russe du XIX^e^ siècle contre les peuples montagnards du Caucase. Cette diaspora leva des fonds, livra des armes et fournit des volontaires. Elle est particulièrement nombreuse en Jordanie et en Turquie, ce qui conduisit la première à adopter une position ferme contre les Russes et renforça l'inclination de la seconde à porter assistance aux Tchétchènes. En janvier 1996, quand la guerre déborda sur son territoire, l'opinion publique turque sympathisa avec la prise d'un ferry et d'otages russes par des membres de la diaspora. Le gouvernement d'Ankara négocia, avec l'aide de chefs tchétchènes, une solution de cette crise d'une manière qui aggrava davantage les relations déjà tendues qui existaient entre la Turquie et la Russie.

L'incursion tchétchène au Daghestan, la réponse russe et la saisie du ferry au début de 1996 éclairèrent la possibilité d'une extension du conflit en un affrontement entre les Russes et les peuples montagnards, selon les alignements qui prévalèrent pendant des décennies, au cours du XIX^e^ siècle. « Le Caucase du Nord est une poudrière, avertissait

Fiona Hill en 1995, où un conflit dans une république peut être l'étincelle d'une conflagration régionale qui franchira les frontières jusqu'au reste de la Fédération russe et incitera l'engagement de la Géorgie, de l'Azerbaïdjan, de la Turquie, de l'Iran et des diasporas du Nord-Caucase. Comme la guerre de Tchétchénie le démontre, un conflit dans la région ne peut être circonscrit aisément [...] et les combats ont débordé sur des républiques et des territoires voisins de la Tchétchénie. » Un analyste russe le confirme, assurant que des « coalitions informelles » se constituaient selon des lignes civilisationnelles. « Les Chrétiens de Géorgie, d'Arménie, du Nagorny-Karabakh et d'Ossétie du Nord se rangent face aux musulmans d'Azerbaïdjan, d'Abkhazie, de Tchétchénie et d'Ingouchie. » Déjà engagée au Tadjikistan, la Russie « courait le risque d'être entraînée dans une confrontation durable avec le monde musulman[28] ».

Dans une autre guerre civilisationnelle entre orthodoxes et musulmans, les participants de premier rang sont les Arméniens de l'enclave du Nagorny-Karabakh, face au gouvernement et à la population d'Azerbaïdjan, ceux-là voulant se libérer de ceux-ci. Le gouvernement arménien est un participant de deuxième échelon, la Russie, la Turquie et l'Iran ayant des engagements de troisième échelon. En plus, un rôle essentiel est joué par la considérable diaspora arménienne d'Europe occidentale et d'Amérique du Nord. Les combats ont commencé en 1988, avant la disparition de l'URSS, se sont intensifiés en 1992-1993, et se sont calmés après la négociation d'un cessez-le-feu en 1994. Les Turcs et les autres musulmans ont soutenu l'Azerbaïdjan, la Russie a fait de même pour les Arméniens mais a usé de son influence sur eux pour contester aussi l'influence turque en Azerbaïdjan. Cette guerre était le dernier épisode en date de la lutte séculaire entre l'Empire russe et l'Empire ottoman pour le contrôle de la mer Noire et du Caucase, ainsi que de l'intense antagonisme entre Arméniens et Turcs qui remonte aux massacres perpétrés, au début du XX^e^ siècle, par ceux-ci à l'encontre de ceux-là.

Dans cette guerre, la Turquie a été un partisan constant de l'Azerbaïdjan et un opposant des Arméniens. La première reconnaissance de l'indépendance d'une république soviétique, en dehors de celles des pays baltes, a été la reconnaissance de l'Azerbaïdjan par la Turquie. Tout au long du conflit, celle-ci a fourni à celui-là une aide financière et militaire, et elle a formé les soldats azéris. Lorsque la violence s'est aggravée en 1991-1992 et que les Arméniens sont entrés sur le territoire azéri, l'opinion publique turque s'est enflammée, et des pressions se sont exercées sur le gouvernement pour qu'il soutienne un peuple apparenté par l'ethnie et la religion. Ce dernier craignait aussi que cela n'avive la division entre musulmans et chrétiens, n'amplifie le soutien occidental à l'Arménie et ne mécontente ses alliés de l'OTAN. La Turquie se retrouva ainsi confrontée aux pressions contraires que connaît un participant de deuxième échelon à une guerre civilisationnelle.

Néanmoins, le gouvernement turc estima de son intérêt d'appuyer l'Azerbaïdjan et de s'opposer à l'Arménie. « Il est impossible de ne pas être affecté lorsqu'un parent est tué », déclara un officiel turc. Un autre ajouta : « Nous sommes sous pression. Nos journaux sont pleins de photographies d'atrocités [...]. Peut-être devrions-nous montrer à l'Arménie qu'il y a une grande Turquie dans la région. » Le président Turgut Özal abondait dans ce sens lorsqu'il déclara que la Turquie « devait effrayer les Arméniens un petit peu ». Tout comme l'Iran, la Turquie avertit les Arméniens qu'elle n'entérinerait aucune modification des frontières. Özal empêcha que des vivres et d'autres produits n'arrivent en Arménie *via* la Turquie, si bien que la population arménienne se trouva au seuil de la famine durant l'hiver 1992-1993. En conséquence de quoi, le maréchal russe Yevgeny Chapochnikov avertit que « si une autre partie [*i.e.* la Turquie] s'impliquait » dans la guerre, « nous serons au bord de la troisième guerre mondiale ». Une année plus tard, Özal était toujours d'humeur martiale et méprisante : « Que peuvent faire les Arméniens s'il advient que des coups de feu sont tirés... Marcher sur la Turquie ? » Celle-ci « montrera ses crocs[29] ».

À l'été et à l'automne de 1993, l'offensive arménienne se rapprocha de la frontière iranienne, ce qui suscita de nouvelles réactions d'Ankara et de Téhéran qui rivalisent pour l'influence en Azerbaïdjan et dans les États musulmans d'Asie centrale. La Turquie déclara que l'offensive menaçait sa propre sécurité, demanda que les forces arméniennes se retirent « immédiatement et inconditionnellement » du territoire azéri et dépêcha des renforts sur sa frontière avec l'Arménie. On fit part d'échanges de coups de feu à travers la frontière entre troupes russes et turques. Le Premier ministre, Tansu Ciller, affirma que la Turquie demanderait une déclaration de guerre si les troupes arméniennes entraient dans l'enclave azérie du Nakhitchevan, voisine de la Turquie. L'Iran déploya aussi des forces vers l'avant et en Azerbaïdjan, soi-disant pour établir des camps destinés aux réfugiés des offensives arméniennes. Selon des informations de presse, ces actes ont conduit les Turcs à penser qu'ils pourraient prendre de nouvelles dispositions sans provoquer de répliques russes et ont incité davantage Ankara à rivaliser avec Téhéran dans la protection de l'Azerbaïdjan. La crise fut en définitive calmée par des négociations à Moscou entre dirigeants turcs, arméniens et azéris, par des pressions américaines sur le gouvernement arménien et par celles du gouvernement arménien sur les Arméniens du Nagorny-Karabakh [30].

Vivant dans un petit pays enclavé, aux maigres ressources et bordé de peuples turcs hostiles, les Arméniens ont, au cours de leur histoire, cherché une protection auprès de leurs proches en orthodoxie, la Géorgie et la Russie. Celle-ci, en particulier, était considérée comme un grand frère. Toutefois, les Arméniens du Nagorny-Karabakh lancèrent leur action pour l'indépendance au moment où l'Union soviétique s'effondrait, si bien que le régime Gorbatchev rejeta leurs demandes et envoya des troupes dans la région, afin de soutenir ce qui était perçu comme un gouvernement communiste loyal à Bakou. Après la disparition de l'URSS, ces considérations firent place à d'autres, plus anciennes, d'ordre historique et culturel. L'Azerbaïdjan accusa « le gouvernement russe d'avoir effectué un virage à 180 degrés » et de soutenir activement l'Arménie chrétienne. L'assistance militaire russe aux Arméniens avait en fait commencé dans l'armée soviétique, au sein de laquelle les Arméniens étaient promus à des rangs plus élevés et assignés à des unités combattantes bien plus fréquemment que les musulmans. Après le déclenchement de la guerre, le 366e régiment de fusiliers motorisé de l'armée russe, basé au Nagorny-Karabakh, joua un rôle dirigeant dans l'attaque aérienne sur la ville de Khodjali, au cours de laquelle jusqu'à mille Azéris auraient été massacrés. Par la suite des troupes *Spetsuaz* ont aussi participé à des combats. Durant l'hiver 1992-1993 qui la vit souffrir de l'embargo turc, l'Arménie fut « sauvée de l'effondrement économique total par l'infusion de milliards de roubles de crédits russes ». Au printemps, des troupes russes se joignirent aux forces régulières arméniennes pour ouvrir un corridor reliant l'Arménie au Nagorny-Karabakh. Une force blindée russe d'une quarantaine de chars aurait participé à l'offensive du Karabakh de l'été 1993[31]. Comme le relevèrent Hill et Jewett, l'Arménie avait de son côté « peu de choix, si ce n'est s'allier étroitement à la Russie. Elle dépend de celle-ci pour ses matières premières, son énergie, son alimentation et sa défense contre les ennemis historiques à ses frontières, tels l'Azerbaïdjan et la Turquie. L'Arménie a signé tous les accords économiques et militaires de la CEI, permis à des troupes russes de stationner sur son territoire et abandonné en faveur de la Russie tout droit sur les anciens avoirs soviétiques[32] ».

Le soutien des Arméniens rehaussa l'influence russe en Azerbaïdjan. En juin 1993, le dirigeant nationaliste azéri, Aboulfaz Eltchibey, fut chassé par un coup d'État et remplacé par Geuïdar Aliev, un ancien communiste probablement prorusse. Aliev reconnut la nécessité de se faire pardonner par la Russie afin de contraindre l'Arménie. Il revint sur le refus azéri de rejoindre la CEI et autorisa le stationnement de troupes russes sur son territoire. Il ouvrit également la voie à la participation russe au consortium international pour l'exploitation du pétrole azéri. En retour, la Russie commença à entraîner les troupes azéries, pressa l'Arménie d'arrêter de soutenir les forces du Karabakh et d'amener celles-ci à se retirer du territoire azéri. En déplaçant son poids d'un côté vers l'autre, la Russie permit aussi à l'Azerbaïdjan d'obtenir des résultats et put contrer l'influence iranienne et turque dans ce pays. Le soutien à l'Arménie renforça non seulement l'allié le plus proche de la Russie dans le Caucase, mais aussi affaiblit les principaux rivaux de celle-ci dans la région.

En dehors de la Russie, la principale source de soutien dont l'Arménie jouissait était sa nombreuse, riche et influente diaspora en

Europe occidentale et en Amérique du Nord, avec environ un million de membres aux États-Unis et quatre cent cinquante mille en France. Elle fournit devises et fournitures pour que l'Arménie survive au blocus turc, mais aussi des fonctionnaires au gouvernement et des volontaires aux forces armées du pays. Les contributions annuelles de la communauté américaine atteignait entre cinquante et soixante-quinze millions de dollars, au milieu des années quatre-vingt-dix. Les membres de la diaspora exercèrent aussi une considérable influence politique sur leurs gouvernements d'accueil. Les plus importantes communautés arméniennes des États-Unis résident dans les États clefs comme la Californie, le Massachusetts et le New Jersey. En conséquence, le Congrès interdit toute aide à l'Azerbaïdjan et fit de l'Arménie le troisième récipiendaire de l'aide américaine le plus important par tête d'habitant. Cet appui de l'extérieur fut essentiel pour la survie de l'Arménie et valut justement a celle-ci le sobriquet d'« Israël du Caucase[33] ». Tout comme les attaques russes contre les Caucasiens du Nord générèrent la diaspora qui aida les Tchétchènes à résister à la Russie, les massacres turcs d'Arméniens au début du XX^e^ siècle ont provoqué une diaspora qui permit à l'Arménie de résister à la Turquie et de vaincre l'Azerbaïdjan.

L'ancienne Yougoslavie fut le lieu où éclata l'ensemble le plus complexe, le plus confus et le plus complet de guerres civilisationnelles du début des années quatre-vingt-dix. Au niveau de base, en Croatie, le gouvernement croate et les Croates combattirent les Serbes de Croatie, cependant qu'en Bosnie-Herzégovine le gouvernement bosniaque combattit les Serbes de Bosnie et les Croates de Bosnie, qui se battaient également entre eux. Au deuxième échelon, le gouvernement serbe se faisait le chantre de la « Grande Serbie » en aidant les Serbes de Croatie et de Bosnie, tandis que le gouvernement croate aspirait à une « Grande Croatie », pour laquelle il soutenait les Croates de Bosnie. Au troisième échelon, un ralliement massif des civilisations se produisit qui comprenait l'Allemagne, l'Autriche, le Vatican, d'autres pays et groupes catholiques d'Europe et, plus tard, les États-Unis aux côtés de la Croatie, la Russie, la Grèce, d'autres pays et groupes orthodoxes derrière les Serbes, l'Iran, l'Arabie Saoudite, la Turquie, la Libye, l'internationale islamique, les pays islamiques pour le compte généralement des musulmans de Bosnie. Ceux-ci reçurent également l'aide des États-Unis, une anomalie dans une configuration par ailleurs universelle selon laquelle la famille soutient la famille. La diaspora croate d'Allemagne et la diaspora bosniaque de Turquie vinrent à l'aide de leurs pays d'origine. Les Églises et groupes religieux furent actifs dans les trois camps. Les actions des gouvernements allemand, turc, russe et américain au moins furent influencées de manière significative par des groupes de pression et l'opinion publique de leurs sociétés respectives.

Le soutien accordé par les parties de deuxième et troisième

échelon fut déterminant dans la conduite de la guerre, et les contraintes qu'elles imposèrent essentielles pour sa terminaison. Les gouvernements croate et serbe livrèrent armes, fournitures, fonds, sanctuaires et, par moments, forces armées à leurs gens combattant dans les autres républiques. Les Serbes, les Croates et les musulmans reçurent tous une aide substantielle de leurs parents en civilisation du dehors de la Yougoslavie, sous la forme d'argent, d'armes, de fournitures, de volontaires, de sergents formateurs, d'un soutien politique et diplomatique. Le niveau primaire non gouvernemental serbe et croate était généralement d'un nationalisme extrême, implacable dans ses exigences et militant pour la réalisation de ses projets. Les gouvernements croate et serbe du deuxième échelon soutinrent au début avec énergie leurs parents du premier niveau, mais leurs intérêts propres, plus diversifiés, les conduisirent ensuite à jouer des rôles plus médiateurs et modérateurs. De façon parallèle, les gouvernements russe, allemand et américain du troisième échelon poussèrent les gouvernements du deuxième échelon qu'ils avaient soutenus vers la retenue et le compromis.

L'éclatement de la Yougoslavie commença en 1991 avec la marche à l'indépendance de la Slovénie et de la Croatie, qui plaidèrent pour le soutien des puissances de l'Europe occidentale. La réponse de l'Occident fut définie par l'Allemagne, et la réponse allemande fut largement définie par le réseau catholique. Le gouvernement de Bonn fut pressé d'agir par la hiérarchie catholique, son partenaire bavarois, l'Union sociale-chrétienne, la *Frankfurter Allgemeine Zeitung* et d'autres médias. Les médias bavarois jouèrent en particulier un rôle crucial dans l'essor d'un courant favorable à la reconnaissance au sein de l'opinion publique. Flora Lewis a pu noter que « la télévision bavaroise, qui est fortement influencée par le très conservateur gouvernement du Land et par l'église catholique de la province, puissante, sûre d'elle-même, très liée à l'Église croate, la télévision bavaroise donc a réalisé les reportages diffusés dans toute l'Allemagne sur les débuts de la guerre [avec les Serbes]. La couverture des événements était très partiale ». Le gouvernement hésitait à accorder la reconnaissance, mais les pressions qui s'exerçaient dans la société allemande lui laissaient peu de choix. « Le soutien à la reconnaissance de la Croatie résultait d'une poussée de la société et n'était pas inspiré par le gouvernement. » L'Allemagne pressa l'Union européenne de reconnaître l'indépendance de la Slovénie et de la Croatie ; puis l'accord ayant été obtenu, se hâta de reconnaître ces pays avant que l'UE ne le fasse en décembre 1991. Selon l'observation faite en 1995 par un spécialiste allemand, « tout au long du conflit, Bonn a considéré la Croatie et son dirigeant Franjo Tudjman comme des protégés de la politique étrangère allemande, dont le comportement erratique était irritant mais qui pouvaient continuer à compter sur le ferme soutien de l'Allemagne[34] ».

L'Autriche et l'Italie se décidèrent rapidement à reconnaître les deux nouveaux États, et, très vite, les autres pays occidentaux suivirent, États-Unis compris. Le Vatican joua aussi un rôle central. Le pape déclara que la Croatie était le « rempart de la chrétienté [occidentale] » et se hâta d'accorder la reconnaissance diplomatique aux deux États avant que l'Union européenne ne le fasse[35]. Le Vatican devint ainsi une partie du conflit, ce qui eut des conséquences en 1994 quand le pape se prépara à visiter les trois républiques. L'opposition de l'Église orthodoxe serbe l'empêcha de se rendre à Belgrade et, comme les Serbes ne voulurent pas garantir sa sécurité, il dut annuler sa visite à Sarajevo. Il se rendit cependant à Zagreb où il rendit honneur au cardinal Alojzieje Septinac qui s'était associé au régime croate fasciste durant la Seconde Guerre mondiale, celui-là même qui avait persécuté et massacré Serbes, Tsiganes et Juifs.

Après avoir obtenu la reconnaissance par l'Occident de son indépendance, la Croatie commença à développer son arsenal militaire en dépit de l'embargo sur les armes que l'ONU imposa à toutes les républiques de l'ancienne Yougoslavie en septembre 1991. Les armes affluèrent de pays catholiques européens tels que l'Allemagne, la Pologne et la Hongrie, ainsi que de pays latino-américains, le Panama, le Chili et la Bolivie notamment. Avec l'escalade des combats en 1991, les exportations espagnoles d'armements, réputées « largement contrôlées par l'Opus Dei », sextuplèrent en très peu de temps, l'essentiel ayant vraisemblablement trouvé le chemin de Ljubljana et de Zagreb. Il fut rapporté en 1993 que la Croatie avait acquis plusieurs Mig-21 en Allemagne et en Pologne, au su des gouvernements concernés. Les Forces de défense croates reçurent le renfort de centaines et peut-être de milliers de volontaires « d'Europe occidentale, de la diaspora croate et de pays catholiques d'Europe orientale », désireux d'engager « une croisade chrétienne contre à la fois le communisme serbe et le fondamentalisme musulman ». Des militaires de carrière venus d'Occident fournirent une assistance technique. En partie grâce à cette aide de pays apparentés, les Croates purent renforcer leurs moyens et créer un contrepoids à l'armée yougoslave à dominance serbe[36].

Le soutien occidental à la Croatie comprenait également le silence sur l'épuration ethnique et les violations des droits de l'homme et des lois de la guerre pour lesquelles les Serbes étaient régulièrement dénoncés. L'Occident ne dit mot en 1995 quand l'armée croate requinquée lança une attaque contre les Serbes de Krajina, installés dans la région depuis des siècles, et poussa des centaines de milliers d'entre eux à l'exil en Bosnie et en Serbie. La Croatie bénéficiait aussi d'une nombreuse diaspora. Les riches Croates d'Europe occidentale et d'Amérique du Nord financèrent l'acquisition d'armes et d'équipements. Les associations croates firent du lobbying auprès du Congrès et du président des États-Unis. D'une importance et d'une influence particulière furent les six cent mille Croates d'Allemagne. « Les communautés croates du Canada, des États-Unis, d'Australie et d'Allemagne se mobilisèrent pour défendre la nouvelle indépendance de leur pays d'origine[37] » et fournirent des centaines de volontaires à l'armée croate.

En 1994, les États-Unis décidèrent à leur tour de soutenir l'effort de guerre des Croates. Ignorant les violations massives de l'embargo que ceux-ci commettaient, Washington fournit un entraînement militaire et autorisa des généraux américains de haut rang, du cadre de réserve, à conseiller les Croates. Les autorités américaines et allemandes donnèrent le feu vert à l'offensive croate de 1995 en Krajina. Les conseillers américains participèrent à la planification de cette attaque de style américain, qui bénéficia de surcroît des renseignements livrés par les satellites espions américains. Un responsable du Département d'État put déclarer que la Croatie était devenue « *de facto* notre allié stratégique ». Cette évolution, argumentation, reflétait « un calcul à long terme selon lequel deux puissances locales finiraient par dominer cette partie du monde, l'une à Zagreb, l'autre à Belgrade, l'une liée à Washington, l'autre englobée dans un bloc slave s'étendant jusqu'à Moscou[38] ».

Les guerres de Yougoslavie ont également produit le ralliement quasi unanime du monde orthodoxe derrière la Serbie. En Russie, les nationalistes, les officiers, les parlementaires et la hiérarchie orthodoxe ont été sans ambiguïté dans leur soutien de la Serbie, leur dénonciation méprisante des « Turcs » bosniaques, leur critique de l'impérialisme occidental et otanien. Les nationalistes russes et serbes ont travaillé de concert pour soulever, dans les deux pays, une opposition au « nouvel ordre mondial » de l'Occident. Dans une large mesure, ces sentiments étaient partagés par la population russe, plus de 60 % des Moscovites s'opposant par exemple aux frappes aériennes de l'OTAN de l'été 1995. Les groupes nationalistes russes sont parvenus à recruter des jeunes dans plusieurs grandes villes pour qu'ils rejoignent « la cause de la communauté fraternelle des slaves ». Selon la presse, un millier ou davantage de volontaires russes s'engagèrent, aux côtés de Roumains et de Grecs, dans les forces serbes afin de combattre ceux qu'ils décrivaient comme les « fascistes catholiques » et les « militants islamiques ». On annonça en 1992 qu'une unité russe opérait en Bosnie, vêtue d'« uniformes cosaques ». En 1995, les Russes servaient dans les unités d'élite serbes, et, selon un rapport de l'ONU, des combattants russes et grecs participèrent à l'attaque serbe contre la zone de sûreté de l'ONU de Zepa[39].

En dépit de l'embargo, ses amis orthodoxes livrèrent à la Serbie les armes et les équipements dont elle avait besoin. Au début de 1993, les organismes militaires et le renseignement russes ont apparemment vendu pour trois cents millions de dollars de chars T-55, de missiles antimissiles, de missiles sol-air ; des techniciens russes se seraient rendus en Serbie pour faire fonctionner ces équipements et entraîner les Serbes à s'en servir. La Serbie obtint des armes d'autres pays orthodoxes, surtout de Roumanie et de Bulgarie, fournisseurs « très actifs », voire d'Ukraine. De plus, les troupes russes de maintien de la paix en Slovénie orientale détournèrent des fournitures de l'ONU au profit des Serbes, facilitèrent les mouvements des troupes serbes et aidèrent les forces serbes à obtenir des armes [40].

En dépit des sanctions économiques, la Serbie parvint à s'en sortir convenablement grâce à la contrebande massive de carburant et d'autres biens organisée, depuis Timisoara, par des officiels du gouvernement roumain, et depuis l'Albanie, par des sociétés d'abord italiennes puis grecques. Des quantités équivalentes d'exportations serbes parvinrent à sortir [41]. La combinaison de l'attrait du dollar et de la sympathie pour des parents en culture tourna en comédie les sanctions économiques de l'ONU à l'encontre de la Serbie. Les mêmes facteurs eurent les mêmes effets sur l'embargo des armements censé affecter toutes les anciennes républiques yougoslaves.

Au cours de ces guerres de Yougoslavie, le gouvernement grec prit ses distances vis-à-vis des mesures endossées par les membres occidentaux de l'OTAN, s'opposa à une action militaire de l'OTAN en Bosnie, soutint les Serbes aux Nations unies et démarcha auprès du gouvernement américain pour que les sanctions économiques contre la Serbie soient levées. En 1994, le Premier ministre grec, Andreas Papandhréou, souligna l'importance de la relation orthodoxe en attaquant publiquement le Vatican, l'Allemagne et l'Union européenne pour la hâte avec laquelle ils avaient accordé leur reconnaissance diplomatique à la Slovénie et à la Croatie, fin 1991 [42].

En tant que dirigeant d'un pays de troisième échelon, Boris Eltsine était tiraillé entre le désir de préserver, étendre et exploiter les bonnes relations établies avec l'Occident, d'une part, celui d'aider les Serbes et de désarmer son opposition politique qui l'accusait régulièrement de céder devant l'Occident, d'autre part. La seconde préoccupation l'emporta, et le soutien diplomatique de la Russie aux Serbes fut fréquent et constant. Ainsi, le gouvernement russe s'opposa vigoureusement, en 1993 et en 1995, à ce que des sanctions économiques plus strictes soient imposées à la Serbie, cependant que le parlement russe votait à l'unanimité en faveur de la levée des sanctions existantes. Moscou poussa également en faveur d'un resserrement de l'embargo sur les armes qui affectait les musulmans et de sanctions économiques à l'encontre de la Croatie. En décembre 1993, la Russie plaida pour que les sanctions économiques à l'encontre de la Serbie soient atténuées de manière à livrer du gaz naturel pour l'hiver, proposition qui fut bloquée par les États-Unis et la Grande-Bretagne. En 1994, et à nouveau en 1995, Moscou s'opposa fermement à des frappes aériennes de l'OTAN contre les Serbes de Bosnie. En 1995, la douma dénonça les bombardements par un vote presque unanime et demanda la démission du ministre des Affaires étrangères Andreï Kozyrev, accusé de ne pas avoir su défendre les intérêts nationaux russes dans les Balkans.

La même année, la Russie accusa l'OTAN de « génocide » contre les Serbes, et Eltsine avertit que la poursuite des bombardements affecterait gravement la coopération russe avec l'Occident, y compris la participation de Moscou au Partenariat pour la paix. « Comment pouvons-nous conclure un accord avec l'OTAN quand celle-ci bombarde les Serbes ? », demanda-t-il. L'Occident avait de toute évidence un double étalon. « Comment se fait-il qu'aucune action ne soit prise quand les musulmans attaquent ? Ni quand les Croates attaquent ?[43] » La Russie s'est opposée avec constance aux efforts visant à lever l'embargo sur les armes à destination des anciennes républiques yougoslaves, dont l'impact le plus grand était ressenti par les musulmans bosniaques, et chercha régulièrement à rendre l'embargo plus strict.

Par divers moyens, la Russie utilisa son statut au sein de l'ONU et dans d'autres instances pour défendre les intérêts serbes. En décembre 1994, elle opposa son veto à une résolution du Conseil de sécurité, déposée par les pays musulmans, qui aurait interdit le flux de fioul de Serbie vers les Serbes de Bosnie et de Croatie. En avril 1994, elle s'opposa à une résolution condamnant les Serbes pour nettoyage ethnique. Elle empêcha également qu'un citoyen d'un des États membres de l'OTAN soit le procureur du Tribunal international sur les crimes de guerre, parce que cette personne aurait vraisemblablement des préventions contre les Serbes ; elle fit objection à la mise en accusation du commandant des Serbes de Bosnie, Ratko Mladic, par le Tribunal international et offrit au prévenu l'asile en Russie[44]. En septembre 1993, Moscou bloqua le renouvellement de l'autorisation de déployer vingt-deux mille casques bleus dans l'ancienne Yougoslavie. À l'été 1995, elle s'opposa, sans recourir à son droit de veto, à une résolution du Conseil de sécurité autorisant l'envoi de douze mille casques bleus supplémentaires et condamna tout à la fois l'offensive croate contre les Serbes de Krajina et l'incapacité des gouvernements occidentaux à sanctionner cette offensive.

Le ralliement de civilisation le plus large et le plus effectif fut celui du monde musulman autour des musulmans de Bosnie. Leur cause devint universellement populaire dans les pays musulmans ; l'aide vint d'une variété de sources, publiques et privées ; les gouvernements musulmans, plus particulièrement ceux d'Iran et d'Arabie Saoudite, rivalisèrent dans le soutien et pour tenter de gagner l'influence que celui-ci générait. Sunnites et chiites, fondamentalistes et laïques, sociétés musulmanes arabes et non arabes y participèrent, du Maroc à la Malaysia. Les manifestations de ce soutien varièrent de l'aide humanitaire (dont quatre-vingt-dix millions de dollars recueillis en 1995 en Arabie Saoudite), du soutien diplomatique à une assistance militaire massive et aux actes de violence, tel en 1993, en Algérie, le meurtre de douze Croates par des extrémistes islamistes « en réponse au massacre de nos coreligionnaires dont les gorges sont tranchées en Bosnie[45] ». Le ralliement eut un impact majeur sur le cours de la guerre. Il fut essentiel dans la survie de l'État bosniaque et la reconquête par celui-ci de territoires, après les victoires irrésistibles remportées initialement par les Serbes. Il stimula beaucoup l'islamisation de la société bosniaque et l'identification des musulmans de Bosnie à la communauté islamique mondiale. Il incita les États-Unis à faire preuve de sympathie à l'égard des Bosniaques et de leurs besoins.

Les gouvernements musulmans ont, individuellement et collectivement, exprimé de façon répétée leur solidarité envers leurs coreligionnaires bosniaques. L'Iran prit l'initiative en 1992, décrivant la guerre comme un conflit religieux avec les Serbes chrétiens, engagés dans le génocide des musulmans bosniaques. En prenant ainsi la tête, l'Iran prenait, selon Fouad Ajami, un « acompte sur la gratitude de l'État bosniaque », établissait le modèle et stimulait d'autres puissances musulmanes, la Turquie et l'Arabie Saoudite par exemple, à lui emboîter le pas. À l'instigation de l'Iran, l'organisation de la Conférence islamique se préoccupa de l'affaire et créa un groupe chargé de démarcher auprès de l'ONU la cause bosniaque. En août 1992, les représentants musulmans dénoncèrent le génocide supposé devant l'Assemblée, générale et, au nom de l'OCI, la Turquie déposa une résolution demandant une intervention militaire au titre de l'article 7 de la Charte. Au début de 1993, les pays musulmans fixèrent une date-butoir pour l'entrée en action de l'Occident pour protéger les Bosniaques et, passé ce délai, ils se sentiraient libres de livrer des armes à la Bosnie. En mai 1993, l'OCI condamna le plan conçu par les nations occidentales et la Russie qui créait des havres de sécurité pour les musulmans et surveillait la frontière avec la Serbie, mais qui répudiait toute intervention militaire. Elle demanda la levée de l'embargo sur les armes, l'usage de la force contre les armes lourdes des Serbes, la surveillance agressive de la frontière serbe, l'inclusion de troupes de pays musulmans dans les forces de casques bleus. Le mois suivant, l'OCI outrepassa les objections occidentales et russes, et obtint que la Conférence des Nations unies sur les droits de l'homme adopte une résolution dénonçant l'agression serbe et croate, et demandant la levée de l'embargo. En juillet 1993, l'OCI plaça l'Occident dans l'embarras en offrant de fournir dix-huit mille casques bleus à l'ONU, soldats procurés par l'Iran, la Turquie, la Malaysia, la Tunisie, le Pakistan et le Bangladesh. Les États-Unis opposèrent un veto à l'Iran, les Serbes à la Turquie. Ces contingents arrivèrent néanmoins en Bosnie à l'été 1994 et, en 1995, la Force de protection de l'ONU comptait, parmi ses vingt-cinq mille hommes, sept mille venant de Turquie, du Pakistan, de Malaysia, d'Indonésie et du Bangladesh. En août 1993, une délégation de l'OCI, conduite par le ministre des Affaires étrangères turc, pressa Boutros Boutros-Ghali et Warren Christopher de soutenir des frappes immédiates de l'OTAN, afin de protéger les Bosniaques des attaques serbes. L'impuissance de l'Occident a, selon la presse, créé des tensions sérieuses entre la Turquie et ses alliés de l'OTAN[46].

Par la suite, les Premiers ministres turcs et pakistanais firent une visite médiatisée à Sarajevo pour dramatiser les préoccupations musulmanes, et à nouveau l'OCI demanda une assistance militaire aux Bosniaques. En 1995, l'échec de l'Occident dans la défense des zones de sûreté contre les attaques serbes conduisit Ankara à décider d'une aide militaire à la Bosnie et à entraîner les troupes bosniaques, la Malaysia s'engageant à vendre des armes en violation de l'embargo de l'ONU et les Émirats arabes unis à fournir des fonds à des fins militaires et humanitaires. En août 1995, les ministres des Affaires étrangères de neuf membres de l'OCI déclarèrent caduc l'embargo sur les armes et, en septembre, les cinquante-deux membres de l'OCI approuvèrent le principe d'une aide économique et militaire aux Bosniaques.

Si aucune autre question n'éveillait un soutien plus unanime à travers l'Islam, le sort des musulmans bosniaques éveillait un écho particulier en Turquie. La Bosnie avait fait partie de l'Empire ottoman jusqu'en 1878 dans les faits et jusqu'en 1908 en théorie. Les immigrants et réfugiés bosniaques composaient 5 % environ de la population totale de la Turquie. La sympathie à l'égard de la cause bosniaque et la colère devant ce qui était perçu comme l'échec de l'Occident à protéger les Bosniaques étaient largement répandues dans la population turque, et le Parti du bien-être, formation islamiste d'opposition, exploitait l'affaire pour attaquer le gouvernement. En retour, les dirigeants du pays soulignaient les responsabilités particulières de la Turquie vis-à-vis de tous les musulmans des Balkans, et le gouvernement réclamait régulièrement une intervention militaire de l'ONU afin de sauvegarder les musulmans bosniaques[47].

L'aide la plus importante, et de loin, que l'*Oumma* ait fournie aux musulmans de Bosnie fut d'ordre militaire : armes, fonds pour acheter des armes, entraînement militaire, volontaires. Immédiatement après le déclenchement de la guerre, le gouvernement bosniaque fit appel aux moudjahidin et le nombre de volontaires aurait atteint quatre mille environ, plus que le nombre combattant soit du côté croate, soit du côté serbe. Ces volontaires incluaient des gardes républicains d'Iran et de nombreux vétérans d'Afghanistan. Parmi eux, des Pakistanais, des Turcs, des Égyptiens, des Soudanais et des travailleurs immigrés albanais et turcs d'Allemagne, d'Autriche, de Suisse. Les organisations religieuses saoudiennes patronnèrent de nombreux volontaires ; deux douzaines de Saoudiens furent tués pendant les premiers mois de la guerre en 1992, et l'Assemblée mondiale de la jeunesse musulmane fit évacuer les blessés par avion jusqu'à Djedda pour y recevoir des soins médicaux. À l'automne 1992, des guérilleros chiites du hezbollah libanais arrivèrent pour entraîner l'armée bosniaque, formation qui fut ensuite largement prise en main par les gardes républicains iraniens. Au printemps 1994, les renseignements occidentaux rapportèrent qu'une unité de quatre cents gardes républicains était en train d'organiser une guérilla extrémiste et des unités terroristes. Selon un officiel américain, « les Iraniens voient la possibilité d'atteindre ici le ventre mou de l'Europe ». D'après l'ONU, les moudjahidin ont entraîné entre trois et cinq mille Bosniaques pour former des brigades spéciales islamistes. Le gouvernement bosniaque utilisa les moudjahidin à des « activités terroristes, illégales et de commando », bien que ces unités aient souvent importuné la population locale et posé d'autres problèmes au gouvernement. Les accords de Dayton prévoient le départ de Bosnie de tous les combattants étrangers, mais le gouvernement bosniaque aida certains à rester en leur donnant la citoyenneté bosniaque et en enrôlant les gardes républicains iraniens comme équipes de secours. Un officiel américain put lancer l'avertissement suivant au début de 1996 : « Le gouvernement bosniaque a une lourde dette à l'égard de ces groupes et en particulier à l'égard des Iraniens. Le gouvernement s'est révélé incapable de s'opposer à eux. Dans douze mois nous serons partis, mais les moudjahidin entendent bien rester[48]. »

Les États riches de l'*Oumma*, conduits par l'Arabie Saoudite et l'Iran, ont versé des sommes énormes pour développer les capacités militaires de la Bosnie. En 1992, durant les premiers mois de la guerre, le gouvernement saoudien et des sources privées auraient fourni cent cinquante millions de dollars aux Bosniaques, ostensiblement à des fins militaires. Les Bosniaques auraient reçu cent soixante millions de dollars d'armes durant les deux premières années de la guerre. Entre 1993 et 1995, ils reçurent en plus pour trois cents millions de dollars d'armes saoudiennes et cinq cents millions de dollars d'aide prétendument humanitaire. L'Iran était une source importante, et, selon des officiels américains, il aurait dépensé des centaines de millions de dollars l'an en armes pour les Bosniaques. Selon un autre rapport, de 80 à 90 % des deux milliards de dollars d'armes qui entrèrent en Bosnie durant les premières années de la guerre allèrent aux musulmans. Ainsi, les Bosniaques purent acheter des milliers de tonnes d'armements. Parmi les livraisons interceptées, une première comprenait 4 000 fusils et un million de cartouches, une deuxième 11 000 fusils, 30 mortiers et 750 000 cartouches, une troisième des roquettes sol-sol, des munitions, des Jeep et des pistolets. Toutes ces cargaisons venaient de l'Iran, qui était la source principale des armements, mais la Turquie et la Malaysia furent également des fournisseurs importants. Certaines armes furent transportées directement en avion, mais la plupart transitaient par la Croatie, soit par air jusqu'à Zagreb puis par route, soit par mer jusqu'à Split ou d'autres ports croates, puis par route. En retour, les Croates prélevaient une commission — un tiers semble-t-il — sur les armements et, conscients qu'ils auraient peut-être à combattre la Bosnie dans l'avenir, ils interdirent le transport de chars et d'artillerie lourde à travers leur territoire[49].

L'argent, les hommes, l'entraînement et les armes d'Iran, d'Arabie Saoudite, de Turquie et d'autres pays musulmans permirent aux Bosniaques de transformer une armée « en haillons » en une force militaire moyennement équipée et compétente. À l'hiver 1994, les observateurs extérieurs notèrent des progrès considérables dans la cohérence organisationnelle et l'efficacité militaire[50]. Usant de leurs nouvelles capacités militaires, les Bosniaques rompirent leur cessez-le-feu et lancèrent des offensives réussies, d'abord contre les milices croates puis, au printemps, contre les Serbes. À l'automne 1994, le 5e Corps bosniaque sortit de la zone de sûreté de Bihac et repoussa les forces serbes, remportant la victoire bosniaque la plus importante jusqu'à cette date et récupérant un territoire substantiel sur les Serbes, gênés par l'embargo du président Milosevic sur l'aide qu'ils recevaient. En mars 1995, l'armée bosniaque rompit à nouveau la trêve et avança près de Tuzla, ce qui fut suivi, en juin, par une offensive autour de Sarajevo. Le soutien de la parentèle musulmane constitua un facteur nécessaire et décisif qui permit au gouvernement bosniaque de changer le rapport des forces militaires en Bosnie.

La guerre de Bosnie fut une guerre de civilisations. Les trois principaux participants venaient de civilisations différentes et adhéraient à des religions différentes. À une exception partielle près, la participation des acteurs de deuxième et troisième échelon suivit exactement le modèle civilisationnel. Les États et les organisations islamiques ont universellement rallié la cause des musulmans bosniaques et se sont opposés aux Croates et aux Serbes. Les pays et organisations orthodoxes ont universellement soutenu les Serbes et se sont opposés aux Croates et aux musulmans. Les gouvernements occidentaux et leurs élites ont appuyé les Croates, ont châtié les Serbes et sont généralement restés indifférents ou méfiants à l'égard des musulmans. La guerre se prolongeant, les haines et les clivages entre groupes se sont aiguisés, les identités religieuses et civilisationnelles se sont intensifiées, en particulier chez les musulmans. Au total, les leçons de la guerre de Bosnie sont que, *primo*, les participants de base à des guerres civilisationnelles peuvent compter sur l'aide, parfois substantielle, de leurs frères en civilisation, *secundo*, cette aide peut effecter de manière significative l'issue de la guerre, *tertio*, les gouvernements et les peuples d'une civilisation donnée ne répandent pas leur sang ni ne dépensent leurs magots pour aider un peuple d'une autre civilisation à mener une guerre civilisationnelle.

La seule exception, partielle, au schéma civilisationnel est fourni par les États-Unis dont les dirigeants ont, avec force discours, favorisé les musulmans. Le soutien américain est cependant resté limité dans les faits. L'administration Clinton approuva l'usage de l'aviation américaine (mais pas celui des forces terrestres) pour protéger les zones de sûreté de l'ONU et se déclara favorable à la levée de l'embargo sur les armes. Elle n'exerça pas de pression en ce sens sur ses alliés mais ferma les yeux sur les livraisons d'armes iraniennes et sur le financement saoudien d'achats d'armes pour la Bosnie, puis elle cessa en 1994 d'imposer l'embargo[51]. En agissant ainsi, les États-Unis ont heurté leurs alliés et provoqué ce qui fut considéré comme une crise majeure de l'OTAN. Après la signature des accords de Dayton, les États-Unis acceptèrent de coopérer avec l'Arabie Saoudite et d'autres pays musulmans à l'entraînement et à l'équipement des forces bosniaques. La question est donc : pourquoi, durant et après la guerre, les États-Unis ont-ils été le seul pays à briser le moule civilisationnel, pourquoi devinrent-ils le seul État non musulman à promouvoir les intérêts des musulmans bosniaques et à œuvrer en ce sens avec des pays musulmans ? Qu'est-ce qui explique l'anomalie américaine ?

Une possibilité est que cela ne constituait en fait pas une anomalie, mais un acte calculé de *Realpolitik* civilisationnelle. En choisissant les Bosniaques et en proposant vainement la levée de l'embargo, les États-Unis cherchaient à réduire l'influence de pays fondamentalistes musulmans, comme l'Iran et l'Arabie Saoudite, auprès des Bosniaques précédemment laïques et tournés vers l'Europe. Si c'était là le motif, pourquoi les États-Unis ont-ils acquiescé à l'aide saoudienne et iranienne, pourquoi n'ont-ils pas davantage insisté pour une levée de l'embargo qui aurait légitimé l'aide occidentale ? Pourquoi les officiers américains n'ont-ils pas lancé un avertissement public à propos des dangers du fondamentalisme musulman dans les Balkans ? Une autre explication à la conduite américaine est que le gouvernement subissait les pressions de ses amis du monde musulman, la Turquie et l'Arabie Saoudite en particulier, et céda afin de maintenir ses bonnes relations avec eux. Toutefois, ces relations sont enracinées dans une convergence d'intérêts dépassant la Bosnie et n'auraient vraisemblablement pas été affectées par un échec des États-Unis à venir en aide à la Bosnie. En plus, cette hypothèse ne peut expliquer pourquoi les États-Unis ont implicitement approuvé que d'énormes quantités d'armes iraniennes entrent en Bosnie, au moment où ils défiaient l'Iran sur d'autres fronts et où l'Arabie Saoudite rivalisait avec l'Iran pour l'influence en Bosnie.

Quand bien même la *Realpolitik* civilisationnelle a pu jouer un rôle dans la définition de l'attitude américaine, d'autres facteurs paraissent avoir pesé d'un poids plus lourd. Les Américains veulent identifier, dans chaque conflit étranger, les forces du bien et les forces du mal, puis s'aligner sur les premières. Les atrocités commises par les Serbes au début des affrontements en firent des « méchants », assassinant les innocents et perpétrant un génocide, alors que les Bosniaques parvinrent à donner d'eux-mêmes l'image des victimes impuissantes. Tout au long du conflit, la presse américaine s'attacha peu aux nettoyages ethniques commis par les Croates et les musulmans, aux crimes de guerre ou aux violations des zones de sûreté et des cessez-le-feu perpétrés par les forces bosniaques. Selon la phrase de Rebecca West, les Bosniaques devinrent pour les Américains « le petit peuple familier des Balkans, niché dans leur cœur comme un groupe souffrant et innocent, éternellement massacré et massacreur jamais[52] ».

Les élites américaines avaient aussi un préjugé favorable à l'égard des Bosniaques, car elles aiment le concept de pays multiculturel, image de lui-même que le gouvernement bosniaque réussit à promouvoir au début du conflit. Tout au long de la guerre, la politique américaine est restée attachée avec obstination à cette idée d'une Bosnie multiethnique, quand bien même les Croates et les Serbes de Bosnie la rejetaient majoritairement. Bien qu'elles eussent reconnu que la création d'un État multiethnique était évidemment impossible, dès lors qu'un groupe ethnique commettait, comme elles le pensaient aussi, un génocide contre un autre groupe, les élites combinèrent des images contradictoires de manière très favorable à la cause bosniaque. L'idéalisme, le moralisme, les instincts humanitaires, la naïveté et l'ignorance des Balkans qui les caractérisaient conduisirent les Américains sur des positions probosniaques et antiserbes. En même temps, le fait que les États-Unis n'avaient aucun intérêt militaire d'importance en Bosnie et aucune relation intellectuelle avec ce pays ne poussait pas Washington à l'action, ci ce n'est pour laisser les Iraniens et les Saoudiens armer les Bosniaques. En refusant de reconnaître la guerre pour ce qu'elle était, le gouvernement américain s'est aliéné ses alliés, a prolongé les combats, a aidé à créer dans les Balkans un État musulman lourdement influencé par l'Iran. En fin de compte, les Bosniaques éprouvèrent une amertume profonde à l'encontre des États-Unis, qui avaient bien parlé mais fait peu, et une grande reconnaissance à l'égard de leurs parents en islam, qui étaient venus chargés de l'argent et des armes nécessaires à leur survie et à leurs victoires militaires.

« La Bosnie est notre Espagne », observa Bernard-Henri Lévy, et un rédacteur en chef saoudien confirma : « La guerre en Bosnie-Herzégovine est devenue l'équivalent émotionnel du combat antifasciste de la guerre d'Espagne. Ceux qui sont morts là-bas sont considérés comme des martyrs qui avaient tenté de sauver leurs semblables musulmans[53]. » La comparaison est judicieuse. À l'âge des civilisations, la Bosnie est une auberge espagnole. La guerre civile d'Espagne était une guerre entre des systèmes politiques et idéologies, la guerre de Bosnie une guerre entre civilisations et entre religions. Des démocrates, des communistes et des fascistes allèrent en Espagne pour combattre aux côtés de leurs frères idéologiques, et les gouvernements démocratiques, communistes et, plus activement encore, les gouvernements fascistes fournirent une aide. Les guerres de Yougoslavie virent de la même manière une mobilisation massive des soutiens extérieurs aux frères de civilisation, de la part des chrétiens occidentaux, des chrétiens orthodoxes ou des musulmans. Les principales puissances de l'Orthodoxie, de l'Islam et de l'Occident se sont engagées. Au bout de quatre ans, la guerre civile espagnole se termina définitivement sur la victoire des forces franquistes. Les guerres entre communautés religieuses des Balkans peuvent se calmer et même cesser temporairement, mais nul n'est en mesure de remporter une victoire décisive. Or sans victoire signifie sans fin. La guerre d'Espagne fut un prélude à la Seconde Guerre mondiale. La guerre de Bosnie est l'un des épisodes les plus sanglants du conflit à l'œuvre entre civilisations.

## *Arrêter les guerres civilisationnelles*

« Toute guerre a une fin », telle est la sagesse commune. Est-ce vrai des guerres civilisationnelles ? Oui et non. La violence de ligne de faille peut s'arrêter totalement pendant une période, mais il est rare qu'elle se termine définitivement. Les guerres de ligne de faille sont rythmées par des trêves fréquentes, des cessez-le-feu, des armistices ; elles ne connaissent pas ces traités de paix compréhensifs qui résolvent des questions politiques de fond. Elles ont cette nature intermittente parce qu'elles s'enracinent dans des conflits graves impliquant des groupes civilisationnels différents, aux relations traditionnellement antagoniques. Les conflits naissent de la proximité géographique, des différences religieuses et culturelles, de structures sociales séparées, des mémoires historiques des deux sociétés. Cela peut évoluer au cours des siècles, et le conflit sous-jacent peut disparaître. Le conflit peut disparaître rapidement et brutalement si un groupe extermine l'autre. Si aucune de ces possibilités ne se produit, le conflit perdurera et, avec lui, les périodes récurrentes de violence. Les guerres de ligne de faille sont intermittentes ; les conflits de ligne de faille sont interminables.

Suspendue temporairement, une guerre civilisationnelle dépend d'habitude de deux développements. Le premier est l'épuisement des participants de base. À un moment donné, lorsque les victimes se comptent pas dizaines de milliers, les réfugiés par centaines de milliers et que les villes — Beyrouth, Groznyï, Vukovar — sont réduites en cendres, les populations crient « folie, folie, assez est assez », les radicaux des deux bords ne sont plus capables de mobiliser la furie des masses, les négociations qui bégayaient depuis des années sans résultats prennent consistance, les modérés retrouvent leur assurance et confectionnent quelque arrangement qui arrête le carnage. Au printemps de 1994, la guerre de six ans à propos du Nagorny-Karabakh avait « épuisé » et les Arméniens et les Azéris qui, dès lors, convinrent d'une trêve. De la même manière, on annonçait à l'automne de 1995 qu'en Bosnie « toutes les parties étaient épuisées », et les accords de Dayton se matérialisèrent[54]. De tels arrêts ont cependant leurs propres limites. Ils permettent aux deux parties de se reposer et de reconstituer leurs moyens. Et, quand l'une d'entre elles voit une opportunité de gain, la guerre reprend.

Un deuxième facteur doit être réuni : l'engagement de participants de niveaux autres que primaire, ayant intérêt à ce que les combattants se rencontrent, et l'influence pour les en convaincre. Les guerres civilisationnelles ne sont presque jamais arrêtées par des négociations directes entre parties de base seulement et le sont rarement par la médiation de parties non concernées. La distance culturelle, l'intensité des haines, la violence qu'elles se sont mutuellement imposée font qu'il est extrêmement difficile aux parties primaires de s'asseoir autour d'une table et d'engager des discussions productives à propos de ce qui pourrait être un cessez-le-feu. Les enjeux politiques sous-jacents — qui contrôle quel territoire et quelles personnes, de quelle manière ? — reviennent constamment à la surface et interdisent un accord sur des questions plus limitées.

Les conflits entre pays ou groupes ayant une culture commune peuvent parfois être résolus grâce à la médiation d'une tierce partie désintéressée, partageant ladite culture, ayant une légitimité reconnue au sein de cette culture et pouvant ainsi avoir la confiance des deux parties pour qu'une solution soit recherchée, qui s'enracinerait dans les valeurs communes. Le pape a servi avec succès de médiateur dans le différend frontalier entre l'Argentine et le Chili. Dans les conflits intercivilisationnels, il n'y a pas de parties désintéressées. Il est extrêmement difficile de trouver un individu, une instance ou un État en lequel les deux parties ont confiance. Tout négociateur potentiel appartient à l'une des civilisations concernées ou à une tierce civilisation, ayant une culture et des intérêts autres, qui n'inspirent confiance à aucune des parties belligérantes. Le pape ne sera pas requis par les Tchétchènes ou les Russes, ni par les Tamouls ou les Cinghalais. Les organisations internationales échouent aussi d'habitude car elles ne peuvent imposer des coûts significatifs aux parties, ni leur proposer des avantages substantiels.

Les guerres civilisationnelles ne sont pas interrompues par des individus, groupes ou organisations désintéressés, mais par des parties intéressées de deuxième et troisième échelon, parties qui se sont attiré le soutien de leur parentèle et qui ont la capacité de négocier des accords avec leurs homologues, d'une part, et de convaincre leur parenté d'accepter ces accords, d'autre part. S'il est vrai que le ralliement intensifie et prolonge la guerre, c'est aussi d'habitude une condition nécessaire mais pas suffisante pour limiter et arrêter la guerre. En général, les alliés de deuxième et troisième échelon ne tiennent pas à se transformer en combattants de premier rang et cherchent donc à maintenir la guerre sous contrôle. Ils ont aussi des intérêts plus diversifiés que les participants primaires, obnubilés par la guerre, et sont concernés, dans leurs relations réciproques, par d'autres enjeux. Aussi, à un certain moment, sont-ils enclins à penser qu'il est de leur intérêt d'arrêter les combats. Parce qu'ils se sont ralliés à leurs apparentés, ils disposent d'un levier. Les alliés deviennent ainsi des empêcheurs et des stoppeurs.

Les guerres sans parties de deuxième et de troisième échelon ont moins tendance à s'étendre que les autres guerres, mais elles sont aussi plus difficiles à arrêter, tout comme les guerres entre groupes appartenant à des civilisations sans État central. Les guerres civilisationnelles qui incluent une insurrection à l'intérieur d'un État constitué et qui ne disposent pas de ralliements significatifs posent aussi des problèmes particuliers. Si la guerre se prolonge notablement, les insurgés passeront de la revendication d'une autonomie à celle de l'indépendance complète, que le gouvernement établi ne peut accepter. En général, celui-ci demande aux insurgés de rendre leurs armes comme premier pas vers l'arrêt des combats, ce que l'insurrection ne peut accepter. Très naturellement, le gouvernement résistera aussi à l'implication d'acteurs extérieurs dans ce qu'il considère être un problème strictement intérieur, provoqué par des « éléments criminels ». Le fait que l'affaire est définie comme intérieure sert d'excuse aux autres États, qui ne s'engageront pas, comme cela a été le cas des puissances occidentales à propos de la Tchétchénie.

Les problèmes sont compliqués par l'absence d'États phares. Ainsi, la guerre du Soudan commença en 1956 mais fut arrêtée en 1972 après que les parties eurent épuisé leurs ressources et que le Conseil martial des Églises et le Conseil africain des Églises soient parvenus, exemple quasi unique d'organisations internationales non gouvernementales réussies, à négocier l'accord d'Addis-Abeba accordant l'autonomie au Soudan méridional. Une décennie plus tard, le gouvernement abrogea l'accord et la guerre reprit, les objectifs des insurgés devinrent plus ambitieux, et la position du gouvernement plus dure, si bien que les tentatives de négociation d'un autre accord échouèrent. Ni le monde arabe ni l'Afrique ne disposent d'États centraux ayant intérêt à faire pression sur les participants et l'influence nécessaire pour y parvenir. Les efforts de médiation de Jimmy Carter et de différents dirigeants africains échouèrent, tout comme ceux d'États de l'Afrique orientale, tels que le Kenya, l'Érythrée, l'Ouganda et l'Éthiopie. Les États-Unis, qui entretiennent des relations antagoniques avec le Soudan, ne pouvaient agir directement ; ils ne pouvaient demander à l'Iran, à l'Irak ou à la Libye, qui ont des relations étroites avec le Soudan, de jouer des rôles utiles ; ils furent donc conduits à engager l'Arabie Saoudite, mais celle-ci n'a qu'une influence limitée au Soudan[55].

En général, les négociations de cessez-le-feu sont favorisées par l'engagement parallèle et équivalent de parties de deuxième et troisième échelon. Parfois, un seul État central se révèle assez puissant pour obtenir l'arrêt des combats. En 1992, la Conférence pour la sécurité et la coopération en Europe (CSCE) tenta une médiation dans la guerre entre l'Arménie et l'Azerbaïdjan. Un comité fut constitué qui, sous le nom de Groupe de Minsk, comprenait des parties de premier, deuxième et troisième échelon (Arméniens du Nagorny-Karabakh, Arménie, Azerbaïdjan, Russie, Turquie), plus la France, l'Allemagne, l'Italie, la Suède, la République tchèque, la Biélorussie et les États-

Unis. Les États-Unis et la France exceptés, qui ont d'importantes diasporas arméniennes, le dernier groupe de pays était peu intéressé et n'avait guère les moyens de mettre fin aux combats. Lorsque les deux parties de troisième échelon (Russie, Turquie) et les États-Unis s'accordèrent sur un plan, celui-ci fut rejeté par les Arméniens du Nargorny-Karabakh. Toutefois, la Russie a patronné de manière indépendante une longue série de négociations à Moscou, entre Arménie et Azerbaïdjan, qui « créèrent une alternative au Groupe de Minsk et [...] annulèrent ainsi la tentative de la communauté internationale[56] ». En fin de compte, après que les protagonistes de premier rang se furent épuisés et que Moscou eut recueilli le soutien de l'Iran, l'effort russe aboutit à un accord de cessez-le-feu. La Russie et l'Iran ont également coopéré, en tant que parties de deuxième échelon, aux tentatives de cessez-le-feu au Tadjikistan, qui ont été couronnées d'un succès intermittent.

La Russie continuera à être présente en Transcaucasie et sera en mesure de faire respecter le cessez-le-feu qu'elle a patronné, tant qu'elle y trouvera son intérêt. Il y a une différence avec la situation des États-Unis pour ce qui est de la Bosnie. Les accords de Dayton ont été construits sur les propositions élaborées par le groupe de contact, constitué d'États centraux intéressés (Allemagne, Grande-Bretagne, France, Russie, États-Unis), mais aucune de ces parties de troisième échelon ne fut intimement impliquée dans la rédaction de l'accord final, et deux des trois parties du front restèrent en marge des négociations. La mise en œuvre de l'accord repose sur une force de l'OTAN à dominance américaine. Si les États-Unis retirent leurs troupes de Bosnie, ni les puissances européennes ni la Russie ne seront incitées à continuer de veiller sur la mise en œuvre de l'accord ; le gouvernement bosniaque, les Serbes et les Croates seront par contre fortement incités à reprendre les combats, dès qu'ils se seront reposés ; les gouvernements serbe et croate seront tentés de saisir l'occasion pour réaliser leurs rêves de Grande Serbie et de Grande Croatie.

Robert Putnam a montré de façon claire à quel point les négociations entre États sont des « jeux à deux niveaux », au cours desquels les diplomates négocient simultanément avec leur électorat national et avec leurs homologues étrangers. De même, les réformateurs d'un gouvernement autoritaire négocient une transition à la démocratie avec les modérés de l'opposition et doivent en même temps négocier avec, ou contrer, les durs à l'intérieur du gouvernement, cependant que les modérés doivent faire de même avec les radicaux de l'opposition[57]. Ces jeux à deux niveaux engagent au moins quatre parties, ayant au moins trois et peut-être quatre relations entre elles. Une guerre de ligne de faille complexe est cependant un jeu à trois niveaux, engageant au moins six parties ayant au moins sept relations entre elles (voir figure 11.1). Des relations horizontales à travers la ligne de faille existent à l'intérieur des binômes de premier, deuxième et troisième échelon. Des relations verticales existent aussi entre parties des différents échelons, à l'intérieur de chaque civilisation. Arrêter les combats dans un « modèle complet » de guerre suppose :

— l'implication active des parties de deuxième et troisième échelon,

— des négociations entre parties de troisième échelon sur les termes généraux d'un arrêt des combats,

— l'utilisation par ces parties de troisième échelon de la carotte et du bâton pour obtenir que les parties de deuxième échelon acceptent ces termes et fassent pression dans le même sens sur les parties du premier échelon,

— le retrait du soutien venant du deuxième échelon et, en fait, la trahison du premier échelon par les parties du deuxième échelon,

— et, résultat de ces pressions, l'acceptation des termes par les parties du premier échelon qui, bien entendu, les subvertiront quand elles considéreront que c'est là leur intérêt.

Le processus de paix en Bosnie a regroupé tous ces éléments. Les efforts individuels de certains acteurs — les États-Unis, l'Union européenne, la Russie —, en vue d'un accord, n'ont guère eu de succès. Les puissances occidentales rechignaient à inclure la Russie comme partenaire complet du processus. Les Russes ont vigoureusement protesté contre leur exclusion, au motif qu'ils avaient des liens historiques avec les Serbes et également des intérêts dans les Balkans plus directs qu'aucune autre grande puissance. Moscou insista pour être un acteur complet des efforts de solution des conflits et dénonça vivement la « propension des États-Unis à vouloir dicter leurs propres termes ». La nécessité d'inclure la Russie devint claire en février 1994. Sans consulter Moscou, l'OTAN adressa un ultimatum aux Serbes de Bosnie pour qu'ils retirent leurs armes lourdes du périmètre de Sarajevo, au risque d'être soumis à des attaques aériennes. Les Serbes n'obtempérèrent pas, et un affrontement violent avec l'OTAN semblait probable. Eltsine avertit que la « Russie ne permettra pas » que certains tentent de résoudre la question bosniaque « sans sa participation ». Le gouvernement russe prit alors l'initiative et persuada les Serbes de retirer leurs armes si la Russie déployait ses casques bleus autour de Sarajevo. Ce coup diplomatique permit d'éviter l'escalade de la violence, démontra à l'Occident que la Russie avait du poids chez les Serbes, introduisit les troupes russes au cœur de la zone disputée par les musulmans bosniaques et les Serbes[58]. Grâce à cette manœuvre, la Russie a justifié par les faits son exigence d'un « partenariat égal » avec l'Occident dans le traitement de la question bosniaque.

En avril, l'OTAN a néanmoins autorisé à nouveau le bombardement de positions serbes sans consulter la Russie. Cela provoqua une immense réaction négative à travers le spectre politique et renforça l'opposition nationaliste à Eltsine et Kosyrev. Immédiatement après, les puissances pertinentes de troisième échelon — la Grande-Bretagne, la France, l'Allemagne, la Russie et les États-Unis — formèrent le Groupe de contact pour concevoir un règlement. En juin 1994, le groupe proposa un plan assignant 51 % de la Bosnie à une fédération islamo-croate et 49 % aux Serbes de Bosnie, plan qui devait fournir la base de l'accord de Dayton. L'année suivante, il fut nécessaire de mettre au point les dispositions d'une participation de troupes russes à l'application des accords de Dayton.

Les accords entre parties de troisième échelon doivent être vendus aux acteurs de deuxième et premier échelon. Comme l'a dit le diplomate russe Vitaly Churkin, les Américains doivent peser sur les Bosniaques, les Allemands sur les Croates et les Russes sur les Serbes[59]. Au début des guerres yougoslaves, la Russie avait consenti un compromis de taille en acceptant des sanctions économiques contre la Serbie. En tant que pays apparenté dans lequel les Serbes pouvaient avoir confiance, la Russie avait été en mesure d'imposer à certains moments des contraintes aux Serbes et de les presser d'accepter des compromis que ceux-ci auraient autrement rejetés. En 1995 par exemple, la Russie intercéda de concert avec la Grèce pour que les Serbes de Bosnie libèrent les casques bleus néerlandais qu'ils gardaient comme otages. Parfois cependant, les Serbe de Bosnie revenaient sur les accords qu'ils avaient conclus sous la pression russe, plaçant ainsi Moscou dans l'embarras. En avril 1994, par exemple, la Russie avait obtenu l'accord des Serbes de Bosnie pour que cessent les attaquent sur Gorazde, mais les Serbes violèrent l'accord. Les Russes étaient furieux : les Serbes de Bosnie étaient devenus des « fous de guerre », déclara un diplomate russe, Eltsine résista pour que « la direction serbe remplisse les engagements pris par elle auprès de la Russie », et Moscou ne fit plus objection aux frappes aériennes de l'OTAN[60].

Tout en soutenant et en renforçant la Croatie, l'Allemagne et d'autres pays occidentaux furent capables de contenir les Croates. Le président Tudjman était très désireux d'obtenir que son pays catholique soit accepté comme européen et admis dans les organisations européennes. Les puissances occidentales exploitèrent tout à la fois le soutien diplomatique, économique et militaire qu'elles fournissaient à la Croatie et le désir de celle-ci d'être acceptée dans le « club », pour persuader Tudjman de faire des compromis sur plusieurs questions. En mars 1995, il lui fut dit que, s'il voulait faire partie de l'Occident, il lui faudrait autoriser la Force de protection de l'ONU à rester en Krajina. « Rejoindre l'Occident, observa un diplomate européen, est très important pour Tudjman. Il ne veut pas se retrouver seul avec les Serbes et les Russes. » Il lui fut également intimé de restreindre le nettoyage ethnique, au moment où ses troupes progressaient dans la Krajina et dans d'autres lieux peuplés de Serbes, et de se garder d'étendre l'offensive à la Slovénie orientale. À propos d'une autre question, on signifia aux Croates que, s'ils ne rejoignaient pas la fédération avec les musulmans, « la porte de l'Occident leur resterait fermée à jamais », pour reprendre les mots d'un officiel américain[61]. Comme elle est la principale source extérieure de soutien financier, l'Allemagne dispose d'une position très forte pour exercer une influence sur le comportement des Croates. L'étroite relation que les États-Unis ont établie avec la Croatie à également servi à éviter, jusqu'en 1995 du moins, que Tudjman n'accomplisse le vœu si souvent exprimé de partager la Bosnie-Herzégovine entre la Croatie et la Serbie.

À la différence de la Russie et de l'Allemagne, il n'existe pas de points communs culturels entre les États-Unis et leur client bosniaque, ce qui place les premiers dans une position difficile pour presser les musulmans au compromis. De plus, et au-delà de la rhétorique, l'aide américaine aux Bosniaques a consisté seulement à fermer les yeux devant les violations de l'embargo sur les armes commises par l'Iran et d'autres États musulmans. En conséquence, la gratitude des musulmans bosniaques est allée à la communauté islamique au sens large, à laquelle ils s'identifiaient de plus en plus. Ils ont simultanément accusé Washington d'avoir un « double étalon de valeurs et de ne pas repousser l'agression qu'ils subissaient comme elle l'avait fait pour le Koweït ». Le fait que les musulmans de Bosnie se sont drapés dans le manteau de la victime gênait les Américains dans les pressions qu'ils pouvaient être tentés d'exercer. Les Bosniaques ont été ainsi en mesure de rejeter des propositions de paix, de renforcer leurs capacités militaires avec l'aide de leurs amis musulmans, de prendre ensuite l'initiative et de regagner une partie considérable du terrain qu'ils avaient perdu.

La résistance au compromis est vive parmi les parties du premier échelon. Dans le guerre de Transcaucasie, l'ultranationaliste Fédération révolutionnaire arménienne (Dachnak), très forte dans la diaspora, dominait l'entité du Nagorny-Karabakh et rejeta les propositions turco-russo-américaines de paix de mai 1993, acceptées pourtant par les gouvernements arménien et azéri. Elle engagea des offensives militaires qui donnèrent lieu à des accusations de nettoyage ethnique, firent surgir la perspective d'une extension de la guerre et détériorèrent les relations avec le gouvernement plus modéré d'Arménie. Le succès de l'offensive posait des problèmes à l'Arménie, désireuse d'améliorer ses relations avec la Turquie et l'Iran, afin d'atténuer la pénurie alimentaire et énergétique résultant de la guerre et du blocus turc. « Plus les choses s'améliorent au Karabakh, plus cela devient difficile pour Erevan », put dire un diplomate occidental[62]. Le président arménien Levon Ter-Petrossian devait, comme le président Eltsine, maintenir un équilibre entre les pressions nationalistes venant de son parlement et les intérêts plus larges de politique étrangère, qui poussaient à l'accommodement avec d'autres États. À la fin de 1994, le gouvernement interdit le Dachnak sur le sol arménien.

À l'instar des Arméniens du Nagorny-Karabakh, les Serbes et les Croates de Serbie adoptèrent des positions intransigeantes. En conséquence, lorsque les gouvernements croate et serbe furent soumis à des pressions en faveur du processus de paix, des difficultés apparurent dans leurs relations avec leurs parents de Bosnie. Dans le cas des Croates, ces difficultés furent moins sérieuses, car ceux de Bosnie acceptèrent la forme, et non la réalité, d'une fédération avec les musulmans. Par contre, le conflit entre le président Milosevic et le chef serbe de Bosnie, Radovan Karadzik, devint intense et public, qui s'avivait d'un antagonisme personnel. En août 1994, Karadzic rejeta le plan de paix qui avait été approuvé par Milosevic. Le gouvernement serbe, qui souhaitait obtenir la levée des sanctions, annonça qu'il coupait toutes les relations commerciales avec les Serbes de Bosnie, à l'exception des vivres et des médicaments. En retour, l'ONU assouplit les sanctions contre la Serbie. L'année suivante, Milosevic laissa l'armée croate expulser les Serbes de Krajina, et les forces croates et musulmanes les repousser en Bosnie du Nord-Ouest. Il convint avec Tudjman de permettre le retour graduel sous contrôle croate de la Slovénie orientale, occupée par les Serbes. Avec l'approbation des grandes puissances, il « livra » ensuite les Serbes de Bosnie aux négociateurs de Dayton, en les intégrant à sa délégation.

Ces actes valurent à Milosevic la levée des sanctions de l'ONU contre la Serbie, ainsi que l'approbation prudente d'une communauté internationale quelque peu surprise. Le fauteur de guerre grand serbe de 1992, nationaliste, agressif et purificateur ethnique était devenu le pacificateur de 1995. Pour de nombreux Serbes, cependant, il était devenu un traître. Il fut dénoncé à Belgrade par les nationalistes et par l'Église orthodoxe, tandis que les Serbes de Krajina et de Bosnie l'accusaient de trahison. Ces derniers reproduisaient ainsi les accusations que les colons des territoires occupés adressent au gouvernement israélien à propos de l'accord conclu avec l'OLP. La trahison de sa parenté est le prix de la paix dans une guerre de ligne de faille.

L'épuisement dû à la guerre, les incitations et les pressions de parties du troisième échelon contraignent les parties du deuxième et du premier échelon à changer. Soit des modérés remplacent les extrémistes, soit des extrémistes, comme Milosevic, trouvent qu'il est de leur intérêt de se modérer. Ils ne le font pas sans risques. Ceux qui sont considérés comme des traîtres suscitent une haine plus passionnée que les ennemis. Des dirigeants musulmans du Cachemire, des Tchétchènes et des Cinghalais du Sri Lanka connurent le sort de Sadate et de Rabin pour avoir trahi la cause et tenté de réaliser un compromis avec l'ennemi mortel. En 1914, un nationaliste serbe assassinait un archiduc autrichien. Au lendemain des accords de Dayton, sa cible la plus probable serait Slobodan Milosevic.

Un accord en vue d'arrêter une guerre civilisationnelle ne sera couronné de succès, même si celui-ci est temporaire, qu'à condition de refléter le rapport de forces à la base et les intérêts des parties de troisième et deuxième échelon. Le partage 51 %-49 % de la Bosnie n'était pas viable en 1994, date à laquelle les Serbes contrôlaient 70 % du pays ; il le devint quand les offensives croates et musulmanes réduisirent la zone contrôlée presque de moitié. Le processus de paix fut également facilité par le nettoyage ethnique qui avait été accompli, les Serbes ne représentant plus que 3 % de la population de Croatie, les membres des trois groupes ayant été violemment ou volontairement séparés les uns des autres en Bosnie. De plus, les parties de deuxième et troisième échelon, ces derniers constituant en général les États phares des zones concernées, doivent avoir de véritables intérêts militaires ou communautaires engagés dans la guerre pour qu'elles patronnent une solution viable. Seuls les participants de premier échelon ne peuvent arrêter les guerres de ligne de faille. Arrêter ces guerres et prévenir leur escalade en guerres mondiales dépendront d'abord des intérêts et des actions des États phares des principales civilisations contemporaines. Les guerres civilisationnelles bouillonnent depuis le bas, la paix civilisationnelle percole depuis le haut.

CHAPITRE 12

# L'Occident, les civilisations et la civilisation

## *Le renouveau de l'Occident ?*

La fin d'une civilisation paraît toujours plus ou moins être la fin de l'histoire. Lorsqu'une civilisation atteint l'universalité, son peuple est aveuglé par ce que Toynbee a appelé « le mirage de l'immortalité » et est persuadé d'être parvenu au stade ultime de l'évolution de la société humaine. Ce fut le cas pour l'Empire romain, le califat des 'Abbassides, l'empire mongol et l'empire ottoman. Les citoyens d'un État universel « en dépit des évidences [...] sont enclins à le considérer non pas comme un abri pour la nuit dans une zone inhospitalière, mais comme la terre promise, le but vers lequel tendent les efforts des hommes ». C'était le cas lorsque la *Pax britannica* était à son apogée. En 1897, pour la classe moyenne anglaise, « l'histoire était finie ! [...] Et les Anglais avaient toutes les raisons de se réjouir de la félicité éternelle qu'entraînerait cette fin de l'histoire [1] ». Toutefois, les sociétés qui supposent que leur histoire est à son terme sont, en général, des sociétés proches du déclin.

L'Occident est-il l'exception ? Melko a formulé parfaitement les deux questions fondamentales :

> Premièrement, la civilisation occidentale est-elle d'un genre nouveau, constitue-t-elle une catégorie à part, incomparable avec toutes les autres civilisations ?
>
> Deuxièmement, son expansion mondiale menace-t-elle (ou promet-elle) de mettre fin à toute possibilité de développement pour les autres civilisations [2] ?

La majorité des Occidentaux ont tendance à répondre par l'affirmative à ces deux questions. Ils ont peut-être raison. Pourtant, dans le passé, les peuples d'autres civilisations ont pensé ainsi et ils avaient tort.

Il est évident que l'Occident diffère de toutes les civilisations ayant existé, par l'influence essentielle qu'il a eue sur toutes les autres civilisations depuis 1500. Il a été également à l'origine des processus de modernisation et d'industrialisation, et de leur extension mondiale. Les sociétés de toutes les autres civilisations ont cherché à combler le fossé avec lui, à être aussi riches et modernes. Ces caractéristiques signifient-elles que l'évolution et la dynamique de l'Occident, en tant que civilisation, diffèrent fondamentalement des modèles qui ont prévalu pour les autres ? Les données historiques et les analyses des spécialistes ne vont pas dans ce sens. Le développement de l'Occident n'a pas différé, de façon significative, des modèles d'évolution communs à toutes les civilisations au cours de l'histoire. La renaissance de l'islam et le dynamisme économique de l'Asie prouvent que d'autres civilisations sont bien vivantes et peuvent représenter une menace pour l'Occident. Un conflit majeur, entre l'Occident et les principaux États des autres civilisations, est improbable, mais pourrait avoir lieu. La tendance au déclin, réelle et bien qu'irrégulière, qui a commencé au début du XXe siècle en Occident, pourrait se perpétuer pendant des dizaines d'années ou pendant les siècles à venir. À moins que l'Occident ne connaisse une renaissance, n'inverse la tendance, ne conjure le déclin de son influence dans le monde des affaires et ne réaffirme sa position de leader, suivi et imité par d'autres civilisations.

Carroll Quigley, dans le cadre de ce qui est sans doute la plus intéressante des périodisations de l'évolution historique des civilisations, imagine un modèle commun en sept phases[3] (voir page 41). Selon cette approche, la civilisation occidentale a commencé à prendre forme entre 370 et 750 ap. J.-C., en mêlant des éléments provenant des cultures classiques, sémitiques, arabes et barbares. Sa période de gestation, du milieu du VIIIe à la fin du XIIIe siècle, fut suivie, ce qui est exceptionnel, de phases de progrès et de recul, s'intercalant entre des périodes d'expansion et de conflits. Au dire de Quigley et d'autres spécialistes, l'Occident semble être désormais sorti de sa phase conflictuelle. La civilisation occidentale est devenue une zone sûre. Les guerres internes, à l'exception d'une éventuelle guerre de la morue, sont virtuellement impensables. L'Occident est en train de développer, comme nous l'avons vu au chapitre 2, l'équivalent d'un empire universel sous la forme d'un système complexe de confédérations, de fédérations, de régimes et d'institutions communautaires qui élèvent au rang de choix de civilisation l'adhésion à la démocratie et au pluralisme politique. La société occidentale a atteint sa maturité. Elle est entrée dans ce que les générations futures, selon ce modèle de périodisation des civilisations, considéreront comme étant un « âge d'or », une période de paix, résultant, selon Quigley, de « l'absence de toute forme de conflit entre groupes concurrents au cœur de la zone de civilisation, et du recul ou de la disparition des conflits avec les sociétés extérieures ». Durant cette période, la prospérité découle de « la fin des luttes internes dévastatrices, de la réduction des barrières commerciales, de la mise en place d'un système commun de poids, mesures et monnaies, et de la généralisation des dépenses publiques allant de pair avec l'établissement d'un empire universel ».

Dans les civilisations antérieures, cette période merveilleuse de l'âge d'or, où elles pouvaient croire à leur immortalité, a pris fin, dramatiquement et brutalement, par la victoire d'une société extérieure ; ou bien doucement, mais tout aussi douloureusement, par désintégration interne. Ce qui se produit au cœur d'une civilisation est tout aussi décisif que sa capacité de résister aux tentatives externes de destruction et à la menace d'un déclin interne. Les civilisations se développent, a dit Quigley en 1961, parce qu'elles disposent d'un « levier d'expansion », c'est-à-dire d'une organisation militaire, religieuse, politique ou économique qui permet d'accumuler des surplus pour les investir dans des innovations productives. Les civilisations déclinent lorsqu'elles cessent de « consacrer leurs surplus à de nouvelles inventions. Nous disons aujourd'hui, lorsque les taux d'investissement diminuent ». Cela se produit quand les groupes sociaux qui ont le contrôle des surplus sont intéressés par « la satisfaction de leurs seuls objectifs personnels non productifs [...] et consacrent les surplus à la consommation, mais ne créent plus de méthodes efficaces de production ». Les populations vivant sur leur capital, la civilisation perd de son universalité et amorce son déclin.

> [C'est une période] de grande dépression économique, de chute du niveau de vie, de guerres civiles entre différents groupes d'intérêts et d'augmentation de l'analphabétisme. La société s'affaiblit de plus en plus. Pour arrêter ce gâchis, on légifère en vain. Mais le déclin se poursuit. La désaffection des populations, au niveau religieux, intellectuel, social, et politique, s'amplifie. De nouveaux mouvements religieux apparaissent. Les populations rechignent à se battre pour leur propre société et à acquitter des impôts.

Du déclin naît le risque d'invasion « quand la civilisation n'est plus *capable* de se défendre elle-même parce qu'elle n'a plus la *volonté* de le faire, elle s'ouvre aux envahisseurs barbares » qui viennent souvent « d'une autre civilisation, plus jeune et plus puissante[4] ».

Tout est possible, mais rien n'est inévitable : tel est l'enseignement primordial qui ressort de l'histoire des civilisations. Les civilisations peuvent, et ont pu, se réformer, se renouveler. Le problème majeur pour l'Occident est le suivant : indépendamment de tout défi extérieur, est-il capable d'arrêter le processus de déclin interne et d'inverser la tendance ? L'Occident peut-il se renouveler ou verra-t-il se poursuivre ce pourrissement interne accélérant son déclin et/ou sa subordination à d'autres civilisations plus dynamiques économiquement et démographiquement ?

Au milieu des années quatre-vingt-dix, l'Occident présentait de nombreuses caractéristiques que Quigley a identifiées comme étant celles d'une civilisation mature, sur la voie du déclin. L'Occident était alors économiquement beaucoup plus riche que toute autre civilisation, mais ses taux de croissance, d'investissement et d'épargne étaient faibles, surtout si on les compare à ceux des sociétés d'Extrême-Orient. La consommation individuelle et collective primait sur la création de moyens permettant d'assurer le maintien de la puissance économique et militaire. La croissance démographique naturelle était faible, comparée à celle des pays islamiques. Aucun de ces problèmes n'a toutefois, forcément, des conséquences catastrophiques. Les économies des pays de l'Ouest étaient en expansion ; tout compte fait, les populations s'enrichissaient ; et l'Occident détenait toujours la première place dans le domaine de la recherche scientifique et de l'innovation technique. Les gouvernements ne pouvaient sans doute pas remédier aux faibles taux de natalité. (Dans ce domaine, les efforts accomplis ont encore moins de chance d'aboutir que les tentatives faites pour réduire la croissance démographique.) L'immigration constituait une source potentielle de vigueur et un capital humain, à condition que deux conditions soient remplies : premièrement, que la priorité soit accordée à des individus qualifiés, énergiques, dotés des talents et du savoir-faire nécessaires à la société d'accueil ; deuxièmement, que les nouveaux immigrés et leurs enfants soient assimilés culturellement dans le pays d'accueil et plus globalement dans la civilisation occidentale. Les États-Unis étaient susceptibles d'avoir des problèmes liés à la première condition et les pays européens, à la seconde condition. La mise en œuvre de politiques permettant de contrôler les taux, les sources, les caractéristiques et le processus d'assimilation des immigrés est du ressort et de la compétence des gouvernements occidentaux.

Le déclin moral, le suicide culturel et la désunion politique constituent, pour l'Occident, des problèmes beaucoup plus lourds de sens que les questions économiques et démographiques. Parmi les plus évidentes manifestations du déclin moral, citons :

1. le développement de comportements antisociaux, tels que le crime, la drogue, et plus généralement la violence ;

2. le déclin de la famille, se traduisant par l'augmentation du taux des divorces, les naissances illégitimes, les grossesses d'adolescentes et les familles monoparentales ;

3. le déclin du « capital social », tout du moins aux États-Unis, c'est-à-dire la participation plus faible à des associations de bénévoles et, de fait, le relâchement des relations de confiance qui s'y nouent ;

4. la faiblesse générale de « l'éthique » et la priorité accordée à la complaisance ;
5. la désaffection pour le savoir et l'activité intellectuelle, qui se manifeste aux États-Unis par la baisse du niveau scolaire.

La richesse future de l'Occident et son influence sur les autres sociétés dépendent essentiellement de sa capacité à faire face à ces problèmes, ce qui donne évidemment du poids aux prétentions à la supériorité morale que revendiquent les musulmans et les peuples d'Asie.

La culture occidentale est contestée par certains groupes à l'intérieur même des sociétés de l'Ouest. Cette remise en cause est le fait d'immigrés issus d'autres civilisations, qui refusent l'assimilation et persistent à défendre et à propager les valeurs, les coutumes et la culture de leurs sociétés d'origine. Ce phénomène est particulièrement net chez les musulmans installés en Europe, bien qu'ils ne représentent qu'une petite minorité. C'est également manifeste, à un degré moindre, aux États-Unis, chez les Hispaniques qui constituent une forte minorité. Si l'assimilation des Hispaniques échoue, les États-Unis deviendront un pays divisé, avec tout ce que cela comporte comme éventuelles dissensions internes et risques de conflits. En Europe, la civilisation occidentale pourrait également être minée par le déclin de son fondement essentiel, la chrétienté. De moins en moins d'Européens professent des croyances, observent des pratiques et participent à des activités religieuses[5]. Cette tendance résulte plus d'une indifférence que d'une hostilité à la religion. Les idées, les valeurs et les pratiques religieuses sont malgré tout présentes dans la civilisation européenne. « Les Suédois sont sans doute le peuple le moins religieux d'Europe », a dit l'un d'entre eux, mais pour comprendre vraiment ce pays, il faut savoir que toutes nos institutions, nos pratiques sociales, notre vie familiale, notre politique et notre façon de vivre sont façonnées par notre héritage luthérien. » Les Américains, à l'opposé des Européens, croient massivement en Dieu, s'imaginent être un peuple religieux et vont en grand nombre à l'église. Cette résurgence de la religion, qui n'était pas évidente au milieu des années quatre-vingt, s'est manifestée lors de la décennie suivante par une intense activité religieuse[6]. L'érosion du christianisme chez les Occidentaux n'est, au pire, probablement qu'une menace à très long terme pour le salut de la civilisation occidentale.

Les États-Unis sont confrontés à une menace plus immédiate et plus sérieuse. Historiquement, l'identité nationale américaine a pour fondement culturel l'héritage de la civilisation occidentale et pour base politique l'adhésion massive des Américains aux principes suivants : liberté, démocratie, individualisme, égalité devant la loi, respect de la Constitution et de la propriété privée. À la fin du XX^e^ siècle, ces composantes politiques et culturelles de l'identité américaine ont été violemment et constamment attaquées par une petite minorité influente d'intellectuels et de spécialistes du droit. Au nom du multiculturalisme, ils ont dénoncé l'assimilation des États-Unis à la civilisation occidentale, niant l'existence d'une culture américaine commune et mettant l'accent sur la spécificité culturelle de groupes raciaux, ethniques et autres. Ils ont dénoncé, dans l'un de leurs textes, le « parti pris systématique pour la culture européenne et ses dérivés » dans l'éducation et « la prédominance de la monoculture européenne-américaine ». Les partisans du multiculturalisme sont, comme l'a dit Arthur M. Schlesinger Jr, « très souvent des séparatistes ethnocentriques qui ne voient dans l'héritage occidental que les crimes de l'Occident ». Ils veulent « débarrasser les Américains d'un héritage européen honteux et cherchent la rédemption dans des cultures non européennes[7] ».

La tendance multiculturelle s'est traduite également, sur le plan législatif, par différentes mesures prises à la suite des lois sur les droits civiques, dans les années soixante, et elle s'est manifestée dans les années quatre-vingt-dix, sous l'administration Clinton qui a fait de la défense de la diversité un de ses objectifs. Le contraste avec le passé est frappant. Les Pères fondateurs considéraient la diversité comme une réalité et comme un problème : d'où le slogan national, *E pluribus unum*, choisi par une commission du Congrès composée de Benjamin Franklin, Thomas Jefferson et John Adams. Par la suite, les responsables politiques, conscients de la menace que représentait la diversité raciale, ethnique, économique et culturelle (à l'origine de la plus importante des guerres du siècle, entre 1815 et 1914), ont répondu à l'appel et ont fait de l'unité nationale leur principal objectif. Theodore Roosevelt a souligné que « le moyen le plus sûr pour conduire cette nation à la ruine, pour empêcher radicalement le développement d'une vraie nation, serait de la laisser devenir un assemblage confus de nationalités rivales[8] ». Les responsables politiques américains, dans les années quatre-vingt-dix, ont non seulement favorisé cette tendance, mais ils ont systématiquement défendu la diversité plutôt que l'unité du peuple qu'ils gouvernent.

Les responsables politiques des autres États, comme nous l'avons vu, ont parfois tenté de renier leur héritage culturel et de changer l'identité de leur pays en l'assimilant à une civilisation autre que la sienne. Jusqu'à présent, ils n'y sont pas parvenus, mais ils ont donné naissance à des pays déchirés et atteints de schizophrénie. Les multiculturalistes américains rejettent de la même manière l'héritage culturel de leur pays. Ils ne cherchent pas à assimiler les États-Unis à une autre civilisation, mais souhaitent créer un pays aux civilisations multiples, c'est-à-dire un pays n'appartenant à aucune civilisation et dépourvu d'unité culturelle. L'histoire nous apprend qu'aucun État ainsi constitué n'a jamais perduré en tant que société cohérente. Les États-Unis, s'ils avaient une pluralité de civilisations, ne seraient plus les États-Unis, mais les Nations unies.

Les multiculturalistes remettent également en question un des principes américains fondamentaux, en substituant aux droits individuels ceux des groupes qui se définissent essentiellement en termes de race, d'appartenance ethnique, de sexe et de préférence sexuelle. Les principes fondamentaux, comme l'a dit Gunnar Myrdal dans les années quarante reprenant avec force les remarques faites par des observateurs étrangers comme Hector Saint-John de Crèvecœur et Alexis de Tocqueville, ont été « le ciment de cette grande nation disparate ». Richard Hofstader était du même avis : « En tant que nation, notre destin fut de croire non aux idéologies mais à l'unité[9]. » Qu'arrivera-t-il alors aux États-Unis si cette idéologie est désavouée par un grand nombre de leurs citoyens ? Le sort de l'Union soviétique, l'autre grand pays dont l'unité repose, encore plus que les États-Unis, sur des notions idéologiques, est un bon exemple pour les Américains. Le philosophe japonais, Takeshi Umehara, estimait que « l'échec total du marxisme [...] et le démembrement de l'Union soviétique ne sont que des signes précurseurs de l'effondrement du capitalisme libéral, le principal courant de modernité. Loin de représenter une alternative au marxisme et d'être l'idéologie dominante à la fin de l'histoire, le libéralisme sera le prochain domino qui tombera[10] ». Dans une époque où tous les peuples se définissent eux-mêmes par leur appartenance culturelle, quelle place peut occuper une société dépourvue de fonds culturel commun et se définissant uniquement par des principes politiques ? Les principes politiques ne constituent pas une base solide permettant de construire une communauté durable. Dans un monde aux civilisations multiples, où la culture est un facteur central, les États-Unis seraient réduits à n'être que les derniers partisans d'un monde occidental affaibli où primerait l'idéologie.

Le rejet des principes fondamentaux et de la civilisation occidentale signifie la fin des États-Unis d'Amérique tels que nous les avons connus. Cela signifie également la fin de la civilisation occidentale. Si les États-Unis se désoccidentalisent, l'Ouest se réduira à l'Europe et à quelques zones d'implantation européenne, faiblement peuplées. Sans les États-Unis, l'Occident ne représente plus qu'une fraction minuscule et déclinante de la population mondiale, abandonnée sur une petite péninsule à l'extrémité de la masse eurasienne.

L'affrontement entre les partisans du multiculturalisme et les défenseurs de la civilisation occidentale et des principes américains constitue, selon les termes de James Kurth, « le *véritable* conflit » au sein de la partie américaine de la civilisation occidentale[11]. Les Américains ne peuvent éviter de se demander si oui ou non ils forment un peuple d'Occident. L'avenir des États-unis et celui de l'Occident dépendent de la foi renouvelée des Américains en faveur de la civilisation occidentale. Cela nécessite de faire taire les appels au multiculturalisme, à l'intérieur de leurs frontières. Sur le plan international, cela suppose de rejeter les tentatives illusoires d'assimilation des États-Unis à l'Asie. Quels que soient les liens économiques qu'entretiennent les sociétés asiatique et américaine, le fossé culturel majeur qui les sépare exclut qu'elles se rejoignent. Les Américains font partie de la famille culturelle occidentale ; les partisans du multiculturalisme peuvent entamer, voire détruire cette relation, ils ne peuvent lui en substituer une autre. Quand les Américains cherchent leurs racines culturelles, ils les trouvent en Europe.

Au milieu des années quatre-vingt-dix, un point de vue nouveau sur la nature et l'avenir de l'Occident s'est exprimé. Il consistait à admettre que l'Occident était une réalité et à se préoccuper de savoir ce qui pouvait la sauvegarder. À l'origine, il y eut, d'une part, la prise de conscience du nécessaire élargissement de la première des institutions occidentales : l'OTAN, afin d'associer les États de l'Ouest à ceux de l'Est et, d'autre part, les divisions sérieuses, entre les pays occidentaux, sur l'attitude à adopter face à l'éclatement de la Yougoslavie. Plus généralement, ces préoccupations traduisaient une grande inquiétude quant à la préservation de l'unité occidentale, en l'absence de la menace soviétique, ce qui posait, en particulier, le problème de l'engagement des États-Unis en Europe. Dans la mesure où les pays occidentaux sont appelés à traiter avec des sociétés non occidentales de plus en plus puissantes, ils prennent davantage conscience de ce fonds culturel commun qui les unit. Les gouvernants, de part et d'autre de l'Atlantique, ont indiqué qu'il était nécessaire de rajeunir l'OTAN. En 1994 et 1995, les ministres de la Défense allemand et britannique, les ministres des Affaires étrangères français et américain, Henry Kissinger et d'autres figures politiques marquantes ont tous exprimé le même souhait. La cause a été résumée par le ministre de la Défense britannique, Malcom Rifkind, qui, en novembre 1994, a évoqué la nécessité d'une « communauté atlantique », reposant sur quatre bases fondamentales : la défense et la sécurité assurées par l'OTAN ; « la croyance commune dans le rôle de la loi et de la démocratie parlementaire » ; « le capitalisme libéral et la liberté des échanges » ; et « l'héritage culturel européen commun, celui de la Grèce et de Rome, de la Renaissance, en y incluant l'adhésion aux valeurs, aux croyances et à la civilisation de notre propre siècle [12] ». En 1995, la Commission européenne a lancé l'idée du « renouveau » des relations transatlantiques qui a conduit à la signature d'un pacte élargi entre l'Union européenne et les États-Unis. Dans le même temps, de nombreux hommes politiques européens et des décideurs économiques appuyaient la création d'une zone transatlantique de libre-échange. Bien que l'AFL-CIO se soit opposée à l'ALENA et à d'autres mesures de libéralisation commerciale, le chef de ce syndicat s'est fait l'ardent défenseur de cet accord de libre-échange transatlantique qui ne menaçait pas l'emploi aux États-Unis par la concurrence de pays à faible niveau de salaires. Tant les conservateurs européens (Margaret Thatcher) qu'américains (Newt Gringrich), que les Canadiens et les autres responsables britanniques ont soutenu ces accords.

L'Occident, comme nous l'avons vu au chapitre 2, a connu une première phase européenne de développement et d'expansion qui dura plusieurs siècles, puis une deuxième phase, cette fois américaine, au vingtième siècle. Si l'Amérique du Nord et l'Europe renouent avec leur morale, prennent comme base leur tronc culturel commun et mettent en place les institutions nécessaires à une étroite intégration politique et économique, en complément de leur collaboration militaire dans l'OTAN, ils pourraient faire entrer l'Occident dans une troisième phase euro-américaine de prospérité économique et d'influence politique de l'Occident. Une véritable intégration politique serait à même de contrecarrer le relatif déclin de l'Occident quant à sa situation démographique, sa production économique et son potentiel militaire, et de lui redonner une réelle prestance aux yeux des dirigeants des autres civilisations. « Avec sa puissance commerciale, la confédération EU-ALENA fera la loi dans le reste du monde [13] », c'est en ces termes que le Premier ministre Mahathir s'adressait aux peuples d'Asie. Même si l'Occident s'unit politiquement et économiquement, tout dépend de la réaffirmation par les États-Unis de leur identité en tant que nation occidentale et de la définition de leur rôle en tant que leader de la civilisation occidentale.

## *L'Occident dans le monde*

Un monde où les identités culturelles — ethnique, nationale, religieuse — sont fondamentales et où les affinités et les différences culturelles décident des alliances, des antagonismes et de l'orientation politique des États, un tel monde a trois grandes conséquences pour l'Occident en général et pour les États-Unis en particulier.

Premièrement, les hommes d'État peuvent agir de façon constructive, à condition d'être conscients de la réalité et de la comprendre. L'apparition de nouvelles orientations culturelles, la puissance montante des civilisations non occidentales et la volonté d'affirmation culturelle de ces sociétés ont été largement prises en compte dans le monde non occidental. Les responsables européens ont attiré l'attention sur les choix culturels qui unissaient les peuples et ceux qui les séparaient. À l'opposé, l'élite américaine a été lente à accepter et à intégrer ces nouvelles données. Les administrations Bush et Clinton ont pris position en faveur de l'unité de l'Union soviétique, de la Yougoslavie, de la Bosnie et de la Russie, pays aux multiples civilisations, et ont tenté, en vain, de contrer les puissantes forces ethniques et culturelles poussant à la désunion. Ils se sont faits les défenseurs de projets d'intégration économique englobant plusieurs civilisations, dénués de sens comme l'APEC (Forum de coopération économique Asie-Pacifique) ou dont les coûts politiques et économiques ont été mal appréciés, comme l'Accord de libre-échange avec Mexico. Ils ont tenté de nouer des relations étroites avec les États phares des autres civilisations, sous la forme d'un « partenariat au sens large » avec la Russie ou d'un « engagement constructif » avec la Chine, en dépit des conflits d'intérêts évidents existant entre les États-Unis et ces États. Dans le même temps, l'administration Clinton n'est pas parvenue à impliquer pleinement, dans le processus de paix en Bosnie, la Russie, malgré l'importance de cette guerre pour cette dernière, qui se trouve au cœur de la zone orthodoxe. L'administration Clinton, suivant en cela l'idée chimérique d'un État aux multiples civilisations, n'a pas reconnu le droit à l'autodétermination des minorités serbes et croates et a contribué à faire naître dans les Balkans un État islamique à parti unique, allié de l'Iran. Dans le même esprit, le gouvernement américain a pris position pour la soumission des musulmans à la règle orthodoxe, sous prétexte que « la Tchetchénie fait, de toute évidence, partie de la Fédération russe[14] ».

En dépit de la conscience qu'ont tous les Européens de la réalité profonde de la ligne de séparation existant entre la chrétienté occidentale d'un part et le monde orthodoxe et l'Islam d'autre part, les États-Unis, le secrétaire d'État l'a dit, « n'admettraient aucune division majeure entre les différentes parties de l'Europe : catholique, orthodoxe, et musulmane ». Ne pas reconnaître l'existence de différences fondamentales équivaut à se condamner à l'incompréhension. L'administration Clinton a paru, dans un premier temps, ne pas être consciente de l'équilibre instable existant entre les États-Unis et les sociétés d'Extrême-Orient et a clamé à maintes reprises ses intentions concernant les échanges, les droits de l'homme, la prolifération nucléaire et d'autres questions, sans être capable de les concrétiser. Le gouvernement américain éprouve, d'une façon générale, de grandes difficultés à s'adapter à une époque au cours de laquelle la politique est déterminée par les liens culturels et les rapports entre civilisations.

Deuxièmement, la politique étrangère américaine a du mal à abandonner, à changer ou même à reconsidérer les orientations prises au temps de la guerre froide. Ainsi fait-on parfois resurgir la menace soviétique. De façon plus générale, on tend à encenser les alliances scellées au temps de la guerre froide et les accords portant sur la limitation des armements. L'OTAN doit rester telle qu'elle était à l'époque de la guerre froide. Les accords militaires entre le Japon et les États-Unis sont essentiels pour maintenir la sécurité en Extrême-Orient. Le traité ABM (portant sur les missiles antibalistiques) ne peut être violé. Le traité européen sur les forces classiques (CFE) doit être respecté. Manifestement, aucun des accords ou traités liés à la guerre froide n'est appelé à être rejeté. Pourtant, pour la défense des intérêts des États-Unis et de l'Occident, il n'est pas nécessaire que ces accords perdurent tels qu'ils ont été conçus. La réalité du monde, aux civilisations multiples, impliquerait un élargissement de l'OTAN et l'intégration d'autres sociétés occidentales désireuses de rejoindre l'organisation et reconnaissant l'absurdité qui consiste a être représentées par deux États membres, l'un étant le pire ennemi de l'autre et chacun d'entre eux souffrant d'isolement culturel par rapport aux autres membres. Le traité ABM, conçu dans le cadre de la guerre froide pour garantir la sécurité mutuelle des sociétés américaines et soviétiques et pour prévenir une éventuelle guerre nucléaire américano-soviétique, a eu pour effet d'empêcher les États-Unis et les autres sociétés de se protéger elles-mêmes contre des menaces nucléaires imprévisibles, contre des attaques menées par des mouvements terroristes ou des dictateurs fous. Le traité de sécurité entre les États-Unis et le Japon protège ce dernier contre toute agression soviétique. À quoi cela correspond-il dans la période de l'après-guerre froide ? S'agit-il de se protéger contre la Chine ? De freiner une entente entre le Japon et une Chine en expansion ? D'empêcher une éventuelle militarisation du Japon ? Au Japon, on commence à remettre en question la présence militaire américaine, et, aux États-Unis, on s'interroge sur la nécessité d'un tel engagement unilatéral pour assurer la défense du Japon. L'accord européen sur les forces conventionnelles (CFE) a été conçu pour atténuer le risque de confrontation OTAN-pacte de Varsovie en Europe centrale, mais la menace d'un tel affrontement a disparu. Aujourd'hui, cet accord a pour principal effet de gêner la Russie, soucieuse de se garantir contre la menace que peuvent représenter, au sud, les populations musulmanes.

Troisièmement, la diversité des cultures et des civilisations remet en question la croyance occidentale et américaine dans la vocation universelle et le bien-fondé de la culture occidentale. Cette croyance se traduit à la fois sur un plan descriptif et normatif. Descriptivement, cela signifie que les peuples de toutes les sociétés souhaitent adopter les valeurs, les institutions et les pratiques occidentales. Si elles ne manifestent pas ce désir et restent attachées à leurs cultures traditionnelles, elles sont victimes d'un « faux savoir » comparable à celui que les marxistes croyaient déceler chez les prolétaires qui défendaient le capitalisme. Normativement, l'Occident, dans sa prétention à l'universalité, tient pour évident que les peuples du monde entier devraient adhérer aux valeurs, aux institutions et à la culture occidentales parce qu'elles constituent le mode de pensée le plus élaboré, le plus lumineux, le plus libéral, le plus rationnel, le plus moderne.

Dans un monde traversé par les conflits ethniques et les chocs entre civilisations, la croyance occidentale dans la vocation universelle de sa culture a trois défauts majeurs : elle est fausse, elle est immorale et elle est dangereuse. Elle est fausse : cette thèse a été parfaitement résumée par Michael Howard. « L'idée partagée par les Occidentaux selon laquelle la diversité culturelle est une curiosité de l'histoire appelée à être rapidement éliminée par le développement d'une culture mondiale anglophone, occidentale et commune, fondement de nos valeurs fondamentales [...] est tout simplement fausse[15]. » Si un lecteur n'est pas encore convaincu par le bien-fondé de la pensée de sir Michael, c'est qu'il vit dans un monde qui n'a rien à voir avec celui décrit dans cet ouvrage.

L'idée selon laquelle les peuples non occidentaux devraient adopter les valeurs, les institutions et la culture occidentales est immorale dans ses conséquences. La puissance quasi universelle des Européens à la fin du XIXe siècle et la domination des États-Unis au XXe siècle ont contribué à l'expansion mondiale de la civilisation européenne. La domination européenne n'est plus. L'hégémonie américaine n'est plus totale parce qu'elle n'est plus nécessaire pour protéger les États-Unis contre la menace militaire soviétique, comme ce fut le cas pendant la guerre froide. La culture, nous l'avons montré, est liée à la puissance. Si les sociétés non occidentales sont une nouvelle fois appelées à être façonnées par la culture occidentale, cela ne pourra résulter que de l'expansion, du développement et de l'influence croissante de la puissance occidentale. L'impérialisme est la conséquence logique de la prétention à l'universalité. De plus, l'Occident, civilisation arrivée à maturité, n'a plus le dynamisme économique ou démographique lui permettant d'imposer sa volonté à d'autres sociétés. Par ailleurs, toute tentative allant dans ce sens est contraire au principe d'autodétermination et à la démocratie, qui sont des valeurs occidentales. Les civilisations asiatiques et musulmanes affirmant de plus en plus les prétentions à l'universalité de leurs cultures, les Occidentaux vont être amenés à se préoccuper davantage des liens entre universalisme et impérialisme.

L'universalisme occidental est dangereux pour le reste du monde parce qu'il pourrait être à l'origine d'une guerre entre les États phares de civilisations différentes, et pour l'Ouest parce que cela pourrait le mener à sa propre défaite. Depuis l'effondrement de l'Union soviétique, les Occidentaux pensent que leur civilisation a acquis une position dominante sans précédent, alors que dans le même temps les Asiatiques, les musulmans et d'autres sociétés se renforcent. Ils pourraient donc être amenés à faire leur la puissante logique de Brutus :

> Nos légions sont au complet, notre cause est mûre. L'ennemi se renforce de jour en jour. Nous sommes au zénith, et le déclin nous menace. Dans les affaires humaines, il y a le flux et le reflux. Prenez la bonne vague et elle vous porte au succès. Mais si vous la laissez passer, c'est le naufrage et l'ensablement. Appareillons à marée haute et prenons le bon courant, sinon notre cause est perdue.

Cette logique a toutefois conduit Brutus à la défaite de Philippes. Il serait prudent que l'Occident apprenne à naviguer en eaux peu profondes, à endurer les épreuves, à modérer ses ambitions et à préserver sa culture plutôt que de chercher à s'opposer au changement.

Toutes les civilisations passent par les mêmes étapes : l'émergence, le développement et le déclin. L'Occident diffère des autres civilisations non par la manière dont il s'est développé, mais par le caractère particulier de ses valeurs et de ses institutions : le christianisme, le pluralisme, l'individualisme, l'autorité de la loi ont permis à l'Occident d'inventer la modernité, de connaître une expansion mondiale et de s'imposer comme modèle aux autres sociétés. Ces caractéristiques, dans leur totalité, sont spécifiques à l'Occident. L'Europe, comme l'a dit Arthur M. Schlesinger Jr, est « la source, l'*unique* source » des « notions de liberté individuelle, de démocratie politique, d'autorité de la loi, de droits de l'homme et de la liberté culturelle [...]. Ce sont des idées typiquement *européennes*, elles ne sont ni asiatiques, ni africaines ou moyen-orientales, sauf par adoption [16] ». Elles font la spécificité de la civilisation occidentale dont la valeur repose non sur son universalité, mais sur son unicité. Il est par conséquent de la responsabilité des dirigeants occidentaux non de tenter de façonner d'autres civilisations à l'image de l'Occident, ce qui est au-delà de leurs possibilités en raison du déclin de leur puissance, mais de préserver, de protéger et de revigorer les qualités uniques de la civilisation occidentale. Parce qu'il s'agit du plus puissant des États, cette responsabilité écrasante incombe d'abord aux États-Unis d'Amérique.

Pour préserver la civilisation occidentale, en dépit du déclin de la puissance de l'Occident, il est de l'intérêt des États-Unis et des pays européens :

— de mener à bien l'intégration politique, économique et militaire et de coordonner leurs politiques afin d'empêcher les États d'autres civilisations d'exploiter leurs différends ;

— d'intégrer à l'Union européenne et à l'OTAN les États occidentaux de l'Europe centrale, c'est-à-dire les États du sommet de Visegrad, les Républiques baltes, la Slovénie et la Croatie ;

— d'encourager l'« occidentalisation » de l'Amérique latine, et, dans la mesure du possible, l'alignement de ses états sur l'Occident ;

— de freiner le développement de la puissance militaire, conventionnelle et non conventionnelle, des États de l'islam et des pays de culture chinoise ;

— d'empêcher le Japon de s'écarter de l'Ouest et de se rapprocher de la Chine ;

— de considérer la Russie comme l'État phare du monde orthodoxe et comme une puissance régionale essentielle, ayant de légitimes intérêts dans la sécurité de ses frontières sud ;

— de maintenir la supériorité technologique et militaire de l'Occident sur les autres civilisations ;

— et, enfin et surtout, d'admettre que toute intervention de l'Occident dans les affaires des autres civilisations est probablement la plus dangereuse cause d'instabilité et de conflit généralisé dans un monde aux civilisations multiples.

Aux lendemains de la guerre froide, on a beaucoup débattu aux États-Unis des orientations à donner à la politique étrangère. Les États-Unis ne peuvent désormais prétendre dominer le monde. Ils ne peuvent non plus l'ignorer. Ni l'internationalisme, ni l'isolationnisme, ni le multilatéralisme, ni l'unilatéralisme ne peuvent servir les intérêts américains. Ces intérêts seront mieux défendus si les États-Unis évitent de prendre des positions extrêmes et adoptent une politique atlantiste de coopération étroite avec leurs partenaires européens, afin de sauvegarder et d'affirmer les valeurs de leur civilisation commune.

## *La guerre entre les civilisations et le nouvel ordre du monde*

Une guerre mondiale impliquant les États phares des principales civilisations est tout à fait improbable, mais elle n'est pas impossible. Une telle guerre, comme nous l'avons dit, pourrait résulter de l'intensification d'un conflit civilisationnel entre des groupes appartenant à des civilisations différentes, vraisemblablement des musulmans d'un côté et des non-musulmans de l'autre. L'escalade est encore plus plausible si des États phares musulmans expansionnistes rivalisent pour porter assistance à leurs coreligionnaires en lutte. Le cours des choses pourrait être différent si des États de second ou troisième rang, appartenant à la même famille, avaient un intérêt commun à ne pas participer à la guerre. La modification des rapports de force au sein des civilisations et entre les États phares représente un danger plus grand encore, susceptible d'engendrer un conflit mondial entre civilisations. S'il se poursuit, le développement de la Chine et l'assurance de plus en plus grande du « plus grand acteur de l'histoire de l'humanité » pourraient susciter une terrible tension et compromettre la stabilité internationale au début du XXIe siècle. L'émergence de la Chine comme puissance dominante en Extrême-Orient et en Asie du Sud-Est serait contraire aux intérêts américains tels qu'ils ont été historiquement définis [17].

Étant donné les intérêts américains, comment une guerre entre les États-Unis et la Chine pourrait-elle éclater ? Supposons que nous soyons en 2010. Les troupes américaines ont quitté la Corée, qui a été réunifiée, et les États-Unis ont considérablement réduit leur présence militaire au Japon. Taiwan et la Chine sont parvenus à un accord en vertu duquel Taiwan conserve *de facto* son indépendance, mais reconnaît la suzeraineté de Pékin, le parrainage de la Chine étant admis à l'ONU, sur le modèle de l'Ukraine et de la Biélorussie en 1946. Les ressources pétrolières de la mer de Chine méridionale ont été rapidement mises en valeur par les Chinois, mais dans certaines zones, sous contrôle vietnamien, l'exploitation est assurée par des compagnies américaines. Forte de sa puissance potentielle, la Chine déclare qu'elle va étendre son contrôle à toute la zone maritime, dont elle a toujours revendiqué la souveraineté. Le Viêt-nam résiste, et le conflit commence par des combats entre navires de guerre vietnamiens et chinois. Les Chinois, impatients de prendre leur revanche et d'effacer l'humiliation de 1979, envahissent le Viêt-nam. Les Vietnamiens demandent l'aide des États-Unis. Les Chinois intiment aux Américains l'ordre de rester en dehors du conflit. Le Japon et les autres nations d'Asie hésitent. Les États-Unis déclarent qu'ils ne peuvent accepter que la Chine envahisse le Viêt-nam. Ils réclament des sanctions économiques contre la Chine et expédient un de leurs derniers corps expéditionnaires, sur porte-avions, dans la mer de Chine méridionale. Les Chinois dénoncent cette action comme une violation des eaux territoriales et lancent des attaques aériennes contre le corps expéditionnaires. En vain, le secrétaire général de l'ONU et le Premier ministre japonais tentent de négocier un cessez-le-feu. Les combats gagnent l'Extrême-Orient. Le Japon interdit l'utilisation, contre la Chine, des bases américaines situées sur son territoire. Les États-Unis passent outre. Le Japon proclame sa neutralité et met les bases en quarantaine. Les sous-marins chinois et les avions de combat, opérant à partir de Taiwan et de la Chine, font subir de sérieux dommages aux navires et aux bases américaines en Extrême-Orient. Dans le même temps, les forces terrestres chinoises entrent dans Hanoi et occupent une grande partie du territoire vietnamien.

La Chine et les États-Unis, disposant de missiles pouvant larguer des bombes nucléaires sur le territoire de l'autre, s'accordent tacitement. De fait, ce type d'arme n'est pas utilisé dans les premières phases de la guerre. Les populations de ces deux pays, et particulièrement le peuple américain, redoutent une attaque nucléaire. De nombreux Américains se demandent alors pourquoi on leur fait subir une telle menace. Quelle différence cela fait-il si la Chine contrôle la mer de Chine méridionale, le Viêt-nam ou même tout l'Extrême-Orient ? Le refus de la guerre est particulièrement fort dans les États du sud-ouest des États-Unis, à dominante hispanique, où les populations et les responsables politiques cherchent à s'esquiver, suivant en cela l'exemple de la Nouvelle-Angleterre lors de la guerre de 1812. Voyant que les Chinois ont consolidé leurs victoires initiales en Extrême-Orient, l'opinion américaine commence à opter pour une attitude semblable à celle que le Japon souhaitait qu'elle prît en 1942 : combattre cette toute nouvelle prétention à l'hégémonie coûterait trop cher ; contentons-nous de négocier la fin des combats sporadiques, de « la drôle de guerre » qui se poursuit dans le Pacifique occidental.

Mais, pendant ce temps, la guerre a des répercussions sur les États phares des autres civilisations. L'Inde saisit sa chance et profite du fait que la Chine est occupée en Extrême-Orient pour lancer une offensive dévastatrice contre le Pakistan, avec comme objectif la destruction complète de son potentiel militaire, conventionnel et nucléaire. Le succès initial de l'opération est compromis par une alliance militaire entre le Pakistan, l'Iran et la Chine. L'Iran porte assistance au Pakistan avec des moyens militaires modernes et sophistiqués. L'Inde s'enlise dans un combat contre les troupes iraniennes et contre la guérilla pakistanaise, conduite par différents groupes ethniques. Le Pakistan et l'Inde demandent l'aide des pays arabes — l'Inde étant consciente du danger que pourrait représenter une domination iranienne dans le Sud-Ouest de l'Asie —, mais les premiers succès de la Chine contre les États-Unis ont stimulé les forces anti-occidentales dans les sociétés musulmanes. Les uns après les autres, les derniers gouvernements pro-occidentaux des pays arabes et turques sont submergés par des mouvements islamistes renforcés par des cohortes de jeunes. La montée des mouvements anti-occidentaux, due à l'affaiblissement de l'Occident, débouche sur une attaque massive des Arabes contre Israël. La sixième flotte américaine, très réduite, est incapable de la stopper.

La Chine et les États-Unis tentent de rallier à leurs côtés d'autres États importants. Alors que la Chine aligne les succès militaires, le Japon prend, dans l'affolement, le train en marche, passant de la neutralité formelle à la neutralité prochinoise. Finalement, il cède à la demande chinoise et entre dans le conflit. Les forces japonaises occupent les dernières bases américaines installées sur le territoire japonais, et les États-Unis évacuent leurs troupes dans l'urgence. Les États-Unis déclarent le blocus du Japon, et leurs navires de guerre respectifs se livrent des combats sporadiques dans le Pacifique Ouest. Au début du conflit, la Chine a proposé un pacte de sécurité mutuelle à la Russie (vague réminiscence du pacte germano-soviétique). Les succès chinois ont toutefois l'effet contraire de celui obtenu avec le Japon. La perspective d'une victoire de la Chine et de sa prédominance totale en Extrême-Orient terrifie Moscou. Alors que la Russie s'oriente vers une position antichinoise et commence à renforcer ses troupes en Sibérie, la présence de nombreux Chinois, installés en Sibérie, interfère dans le conflit. La Chine intervient militairement pour protéger ses populations et occupe Vladivostok, la vallée du fleuve Amour et d'autres parties stratégiques de la Sibérie orientale. Tandis que les combats, entre les troupes russes et chinoises, s'étendent à la Sibérie centrale, la révolte gagne la Mongolie, zone que la Chine avait précédemment placée sous protectorat.

La maîtrise des ressources pétrolières et la possibilité d'y accéder sont essentielles pour tous les belligérants. En dépit de l'ampleur de ses investissements nucléaires, le Japon reste très dépendant des importations pétrolières, ce qui contribue à renforcer sa position prochinoise et la nécessité de garantir les flux pétroliers provenant du golfe Persique, d'Indonésie et de la mer de Chine méridionale. Au cours de la guerre, alors que les pays arabes passent sous la coupe des militants islamiques, les exportations de pétrole en provenance du golfe Persique, à destination de l'Occident, se réduisent à presque rien. Par conséquent, l'Occident devient de plus en plus dépendant de la Russie, du Caucase et de l'Asie centrale. L'Occident est ainsi amené à intensifier ses efforts pour enrôler la Russie à ses côtés, en l'aidant à étendre son contrôle sur les zones musulmanes du Sud, riches en pétrole.

Dans l'intervalle, les États-Unis ont tenté dans l'urgence de mobiliser leurs alliés européens. Tout en augmentant leur aide diplomatique et économique, les Européens demeurent réticents à entrer dans le conflit. La Chine et l'Iran craignent toutefois que les pays occidentaux ne se rallient derrière les États-Unis et que ces derniers n'apportent leur aide à la France et à la Grande-Bretagne, comme ce fut le cas lors des deux guerres mondiales. Afin d'empêcher que cela se produise, la Chine et l'Iran déploient en secret des lance-missiles à moyenne portée, en Bosnie et en Algérie, et avertissent les puissances européennes qu'il est préférable qu'elles restent en dehors du conflit. Cette action a l'effet inverse, comme c'est le cas chaque fois que la Chine cherche à intimider des États autres que le Japon. Les services secrets américains signalent le déploiement des lance-missiles, et le Conseil de l'OTAN exige leur retrait immédiat. Cependant, avant que l'OTAN ne puisse intervenir, la Serbie, voulant s'affirmer comme le défenseur de la chrétienté contre les Turcs, envahit la Bosnie. La Croatie s'associe à cette action, et les deux pays occupent et se partagent la Bosnie, s'emparent des missiles et s'emploient à terminer le nettoyage ethnique qu'ils ont été contraints d'arrêter en 1990. L'Albanie et la Turquie tentent d'apporter leur soutien aux Bosniaques ; la Grèce et la Bulgarie lancent des offensives contre la partie européenne de la Turquie ; la panique gagne Istanbul ; les Turcs s'enfuient par le Bosphore. Dans le même temps, un missile porteur d'une charge nucléaire est lancé à partir de l'Algérie et explose dans les environs de Marseille. L'OTAN réplique par des attaques aériennes dévastatrices contre des cibles situées en Afrique du Nord.

Les États-Unis, l'Europe, la Russie et l'Inde sont de fait engagés dans un conflit mondial contre la Chine, le Japon et une grande partie de l'islam. Quelle peut être l'issue d'une telle guerre ? Les deux camps disposent d'un potentiel militaire nucléaire important et, s'ils l'utilisaient pleinement, il est clair que les principaux États de chaque camp seraient voués à une destruction quasi totale. Si la dissuasion mutuelle jouait son rôle, l'épuisement des deux camps pourrait aboutir à la négociation d'un armistice. Toutefois, celui-ci ne résoudrait pas le problème majeur que pose l'hégémonie chinoise sur l'Extrême-Orient. Autre alternative, l'Occident pourrait tenter de combattre la Chine en utilisant des moyens militaires conventionnels. Mais l'alignement du Japon sur la Chine permet à cette dernière de bénéficier de la protection d'un cordon insulaire sanitaire empêchant les États-Unis d'utiliser leur puissance navale contre les zones de peuplement et d'industrialisation chinoises situées le long de la côte. La solution pourrait résider dans un rapprochement entre l'Occident et la Chine. Les combats entre la Russie et la Chine amènent l'OTAN à admettre la Russie comme État membre. L'OTAN et la Russie coopèrent pour contrer les incursions chinoises en Sibérie, garder sous contrôle les zones riches en gaz et en pétrole de l'Asie centrale, encourager les mouvements insurrectionnels des Tibétains, des Ouigours et des Mongols contre la Chine. Progressivement, les forces occidentales et russes sont mobilisées et déployées dans l'est de la Sibérie pour l'assaut final contre la muraille de Chine et, au-delà, Pékin, la Mandchourie et le pays de la dynastie han.

Quelle que soit l'issue de cette guerre mondiale entre civilisations — la destruction nucléaire mutuelle, une pause négociée en raison de l'épuisement des belligérants ou une avancée des forces russes et européennes jusqu'à la place Tien'anmen —, la conséquence à long terme serait inévitablement la suivante : déclin économique, démographique et militaire chez les principaux belligérants. Autre conséquence : la puissance qui, au cours des siècles, est passée des pays de l'Est à ceux de l'Ouest, puis de l'Ouest à l'Est, glissera du Nord vers le Sud. Les grands bénéficiaires de cette guerre seront les civilisations qui se seront abstenues. L'Occident, la Russie et la Chine étant plus ou moins dévastés, la voie sera ouverte pour que l'Inde, qui a participé à la guerre sans subir de dommages, tente de reconstruire le monde à sa manière. De larges fractions de l'opinion américaine rendent responsables du déclin des États-Unis les élites *WASP* et leur politique occidentale à courte vue. Des personnalités hispaniques accèdent au pouvoir, confortées par la promesse faite par les États d'Amérique latine en plein essor d'un vaste plan d'aide, type plan Marshall. L'Afrique, quant à elle, non seulement n'a rien à offrir pour contribuer à la reconstruction de l'Europe, mais elle déverse des hordes d'immigrants résolus à se partager les restes. En Asie, la Chine, le Japon et la Corée sont ruinés par la guerre, et la puissance bascule vers le Sud. L'Indonésie, qui est restée neutre, devient l'État phare de la zone et, sous la gouverne de conseillers australiens, étend son action sur une zone allant de la Nouvelle-Zélande à l'est, au Myanmar et au Sri Lanka à l'ouest, et au Viêt-nam au nord. Autant de présages de conflit potentiels avec l'Inde et avec une Chine en pleine renaissance. De toute façon, le centre du monde politique bascule vers le sud.

Si le lecteur trouve ce scénario fantaisiste et totalement invraisemblable, c'est parfait. Souhaitons que tous les scénarios de guerre mondiale entre civilisations soient aussi peu crédibles. Mais ce qui est le plus vraisemblable, et par conséquent le plus inquiétant, c'est la cause de la guerre : l'intervention de l'État phare d'une civilisation (les États-Unis) dans un désaccord entre l'État phare d'une autre civilisation (la Chine) et un État appartenant à cette même civilisation (le Viêt-nam). Pour les États-Unis, cette intervention était nécessaire, il s'agissait de faire respecter la loi internationale, de désavouer une agression, de garantir la liberté des mers et l'accès aux ressources pétrolières de la mer de Chine et d'empêcher que l'Asie de l'Est ne passe sous la coupe d'une seule puissance. Pour la Chine, cette intervention, totalement inacceptable, était caractéristique de l'arrogance de l'État occidental dominant, qui cherchait à l'humilier, à l'intimider, à soulever des mouvements d'opposition dans sa propre zone d'influence et à lui dénier tout rôle spécifique dans les affaires du monde.

En résumé, pour éviter une guerre majeure entre civilisations, il est nécessaire que les États phares s'abstiennent d'intervenir dans des conflits survenant dans des civilisations autres que la leur. C'est une évidence que certains États, particulièrement les États-Unis, vont avoir, sans aucun doute, du mal à admettre. Cette *règle de l'abstention*, en vertu de laquelle les États phares doivent s'abstenir de toute participation à des conflits concernant d'autres civilisations, est la condition première de la paix dans un monde multipolaire et multicivilisationnel. La *médiation concertée* est la seconde condition de la paix : elle suppose que les États phares s'entendent pour contenir ou stopper des conflits frontaliers entre des États ou des groupes, relevant de leur propre sphère de civilisation.

Pour l'Occident et pour les civilisations tentées de le supplanter, l'acceptation de ces règles et d'une plus grande égalité entre les civilisations ne sera pas facile. Dans un tel monde, les États phares peuvent estimer, par exemple, que la possession d'armes nucléaires est une prérogative qui leur réservée et refuser que d'autres représentants de leur propre civilisation ne se dotent de ce type d'armement. Zulfikar Ali Bhutto a justifié en ces termes les efforts accomplis pour développer un « véritable potentiel nucléaire » : « Nous savons qu'Israël et l'Afrique du Sud disposent de l'arme atomique. Les civilisations chrétienne, juive et hindoue en disposent. Seule la civilisation islamique en était dépourvue, mais il fallait que cela change[18]. » La lutte pour l'hégémonie au sein des civilisations où la domination n'est pas exercée par un seul État peut également activer la compétition pour l'arme nucléaire. L'Iran, bien qu'il entretienne des relations d'étroite coopération avec le Pakistan, est persuadé qu'il lui faut, tout autant que le Pakistan, disposer de l'arme nucléaire. Le Brésil et l'Argentine ont, quant à eux, abandonné leur programme nucléaire, et l'Afrique du Sud ne dispose plus d'aucun potentiel nucléaire, mais elle pourrait être appelée à s'en doter de nouveau si le Nigeria entreprenait de développer ce type d'armement. Tant que la prolifération nucléaire constitue un risque évident, comme l'a souligné, entres autres, Scott Sagan, un monde dans lequel un ou deux États majeurs, appartenant chacun à une civilisation différente et importante, disposent de l'arme nucléaire alors que les autres états en sont dépourvus ne pourra pas être un monde stable.

La plupart des principales institutions internationales datent des lendemains de la Seconde Guerre mondiale et ont été conçues en fonction des intérêts, des valeurs et des pratiques occidentales. Dans la mesure où la puissance occidentale est en déclin relatif comparativement à celle des autres civilisations, ces dernières vont faire pression pour que ces institutions soient réaménagées afin que leurs intérêts y soient pris en compte. Le Conseil de sécurité de l'ONU constitue le problème le plus évident, le plus important et sans doute le plus sujet à controverses. Seules les principales puissances, victorieuses à l'issue de la Seconde Guerre mondiale, en sont des membres permanents, ce qui correspond de moins en moins à la répartition de la puissance dans le monde. Le chemin à parcourir est long pour modifier les règles d'appartenance ou bien mettre en place des procédures moins formelles permettant de traiter des questions de sécurité, sur le mode des réunions du G7 où l'on aborde les problèmes économiques mondiaux. Idéalement, dans un monde aux multiples civilisations, les plus importantes d'entre elles devrait avoir au moins un représentant permanent au sein du Conseil de sécurité. Actuellement, elles ne sont que trois. Les États-Unis se sont déclarés favorables à une représentation du Japon et de l'Allemagne, mais il est évident que ces États ne deviendront membres permanents que si d'autres le deviennent aussi. Le Brésil a proposé cinq nouveaux membres permanents, sans droit de veto : l'Allemagne, le Japon, l'Inde, le Nigeria et le Brésil. Ce qui priverait de toute représentation un milliard de musulmans, à moins que le Nigeria, autant que faire se peut, n'endosse cette responsabilité. Si l'on prend en compte les civilisations, il est évident que le Japon, l'Inde devraient être membres permanents et que l'Afrique, l'Amérique latine et le monde musulman devraient avoir des sièges permanents, occupés par roulement par les États dominants de ces civilisations ; la désignation des représentants étant faite par l'Organisation de la conférence islamique, par l'Organisation de l'unité africaine et par l'Organisation des États d'Amérique (à l'exception des États-Unis). Il serait également judicieux de renforcer la représentation britannique et française en la réunissant en un seul siège, celui de l'Union européenne, dont la représentation, établie par roulement, serait désignée par l'Union. Sept civilisations auraient ainsi chacune un siège permanent, et l'Occident en aurait deux, une répartition conforme à celle de la population, de la richesse et de la puissance dans le monde.

## *La civilisation comme bien commun*

Certains Américains ont défendu le multiculturalisme à l'intérieur de leurs frontières, d'autres l'universalisme à l'extérieur et d'autres encore ont défendu les deux. Le multiculturalisme menace de l'intérieur les États-Unis et l'Occident ; l'universalisme menace l'Occident et le monde. Ces deux tendances nient le caractère unique de la culture occidentale. Les monoculturalistes veulent que le monde soit comme l'Amérique. Les multiculturalistes veulent que l'Amérique soit comme le monde. Une Amérique multiculturelle est impossible parce qu'une Amérique non occidentale ne peut être américaine. Un monde multiculturel est inévitable parce qu'un empire mondial est impossible. La sauvegarde des États-Unis et de l'Occident doit passer par le renouveau de l'identité occidentale. La sécurité du monde ne se conçoit pas sans l'acceptation de la pluralité des cultures.

L'universalisme occidental, qui est dénué de sens, et la réalité de la diversité culturelle mondiale ne débouchent-ils pas, forcément et irrévocablement, sur le relativisme moral et culturel ? Si l'universalisme légitime l'impérialisme, le relativisme justifie-t-il la répression ? Une nouvelle fois, la réponse est ambiguë. Les cultures sont relatives ; la morale est absolue. Les cultures, comme l'a montré Michael Walzer, sont « denses » ; elles dictent le cadre institutionnel et les modèles de comportement afin de guider les hommes sur le droit chemin dans une société donnée. Au-delà, et prenant son origine dans ce code maximaliste, il existe un code de base qui n'en reprend que les grandes constantes. Les concepts moraux de justice et de vérité sont communs à toutes les morales à vocation universelle et ne peuvent en être dissociés. Il existe également, comme règles de base, des « injonctions à ne pas faire, il s'agit de règles contre le meurtre, la torture, l'oppression et la tyrannie ». Ce que les gens ont en commun, c'est « davantage la conscience d'un ennemi commun (ou le diable) que le partage d'une culture commune ». La société humaine est « universelle parce qu'elle est humaine, et particulière parce qu'il s'agit d'une société ». Parfois, nous marchons ensemble ; la plupart du temps nous allons seuls [19]. Les règles de base découlent de notre condition humaine commune, et les « dispositions universelles » sont présentes dans toutes les cultures [20]. La coexistence culturelle nécessite de rechercher ce qui est commun à la plupart des civilisations et non pas de défendre les caractères prétendument universels d'une civilisation donnée. Dans un monde aux civilisations multiples, la démarche constructive consiste à renoncer à l'universalisme, à accepter la diversité et à rechercher les points communs.

Un effort en ce sens a été fait à Singapour au début des années quatre-vingt-dix. Il s'agissait de définir les points communs au sein d'un peuple vivant dans un petit espace. La population de Singapour est, en gros, composée de 76 % de Chinois, 15 % de Malais et musulmans et 6 % d'Indiens, hindous et sikhs. Dans le passé, le gouvernement a tenté de promouvoir les « valeurs du confucianisme », tout en insistant sur la nécessité de l'apprentissage de l'anglais courant. En janvier 1989, le président Wee Kim Wee, dans son adresse au Parlement, soulignait à quel point les 2,7 millions d'habitants de Singapour étaient exposés aux influences extérieures occidentales, ce qui les mettait « en contact étroit avec des idées et des technologies nouvelles » et qui les « exposait à des valeurs et des modes de vies aliénants ». « La conception asiatique traditionnelle de la morale, du sens du devoir et de la société, qui nous a aidés à vivre par le passé, est en train d'être remplacée par un mode de vie plus occidentalisé, plus individualiste, et égocentrique. » Il est nécessaire, ajoutait-il, de définir les valeurs essentielles qu'ont en commun les différentes ethnies et les communautés religieuses de Singapour, et qui « constituent l'âme du Singapourien ».

Le président Wee proposait quatre notions essentielles : « [...] placer l'intérêt de la société au-dessus de l'intérêt individuel, défendre la famille en tant qu'unité fondamentale de la société, résoudre les problèmes majeurs par le consensus et non par la dispute, et mettre l'accent sur la tolérance, l'harmonie raciale et religieuse ». Ce discours a suscité un débat de grande ampleur, et, deux ans plus tard, la position du gouvernement était exposée dans un Livre blanc qui reprenait les quatre notions énoncées par le Président, mais en ajoutait une cinquième, la défense de l'individu. Cet ajout avait essentiellement pour objectif de souligner la supériorité du mérite individuel, dans la société singapourienne, sur la hiérarchie et la famille, valeurs prônées par le confucianisme et jugées susceptibles de mener au népotisme. Les « valeurs communes » des Singapouriens, définies dans le Livre blanc, étaient les suivantes :

— la nation avant la communauté (ethnique) et la société avant l'intérêt personnel ;
— la famille comme unité de base de la société ;
— la considération et la défense de l'individu ;
— le consensus et non le conflit ;
— l'harmonie religieuse et raciale.

Tout en rappelant l'attachement à la démocratie parlementaire et la nécessaire probité gouvernementale, le rapport sur les *Shared Values* (les valeurs communes) ne faisait pas état de principes politiques. Le gouvernement soulignait que Singapour était « résolument une société asiatique » et qu'elle devait le rester. « Les Singapouriens ne sont ni des Américains ni des Anglo-Saxons, même s'ils parlent anglais et s'habillent à l'occidentale. Si, à long terme, les Singapouriens devenaient semblables aux Américains, aux Britanniques ou aux Australiens, ou pire encore s'ils n'en devenaient que de pâles imitations (c'est-à-dire un pays divisé et tiraillé), nous ne pourrions plus nous réclamer de ce caractère international spécifique qui constitue notre atout par rapport aux sociétés occidentales[21]. »

Le projet de Singapour était une tentative, ambitieuse et intelligente, pour définir une identité culturelle singapourienne commune à toutes les communautés ethniques et religieuses, soulignant ainsi sa spécificité par rapport à l'Occident. Il est certain qu'une déclaration précisant les valeurs occidentales, et particulièrement américaines, renforcerait les droits individuels, par rapport à ceux de la collectivité, la liberté d'expression et la vérité naissant du débat d'idées, la participation aux affaires publiques, et l'autorité de la loi face à celle des politiques experts, avisés et responsables. Cependant, même dans ce cas, alors qu'ils pourraient compléter les valeurs singapouriennes et établir une autre hiérarchie, certains Occidentaux rejetteraient ces valeurs comme étant indignes d'eux. Au niveau des grandes notions morales, des points communs existent entre l'Asie et l'Occident. De plus, comme beaucoup l'ont souligné, quelle que soit la manière dont on divise l'humanité, les religions les plus importantes dans le monde — le christianisme occidental, la religion orthodoxe, l'hindouisme, le boudhisme, l'islam, le confucianisme, le taoïsme, le judaïsme — ont des valeurs fondamentales communes. Si les hommes étaient appelés à développer une civilisation universelle, elle naîtrait progressivement de la recherche et de la diffusion de ces valeurs communes. Ainsi, venant s'ajouter aux règles de l'abstention et de la médiation concertée, la troisième règle pour la paix dans un monde aux civilisations multiples est *la règle des points communs* : les peuples de toutes les civilisations devraient s'employer à propager les valeurs, les institutions et les pratiques qu'ils partagent avec les peuples d'autres civilisations.

Cet effort contribuerait non seulement à atténuer le choc des civilisations, mais il renforcerait également la Civilisation au singulier (désormais avec une capitale pour plus de clarté). La Civilisation au singulier fait référence à un mélange complexe : grande moralité, haut niveau d'éducation, élévation religieuse, philosophique, artistique, technologique ; bon niveau de vie et sans doute beaucoup d'autres choses encore. Ces différentes données ne connaissent pas nécessairement la même évolution. Toutefois, les spécialistes repèrent des hauts et des bas dans le niveau de la Civilisation tout au long de l'histoire des civilisations. La question est alors la suivante : comment peut-on représenter la courbe du développement de la Civilisation au cours de l'histoire de l'humanité ? Existe-t-il une tendance lourde, séculière, transcendant les civilisations particulières et poussant la Civilisation vers des niveaux toujours plus élevés ? Si une telle tendance existe, résulte-t-elle des processus de modernisation qui permettent aux hommes de mieux contrôler leur environnement et par conséquent suscitent des niveaux de vie de plus en plus élevés et une plus grande sophistication des technologies ? À l'époque contemporaine, une plus grande modernité est-elle la condition *sine qua non* d'un plus haut niveau de Civilisation ? À moins que la variation du niveau de la Civilisation ne dépende que de l'histoire des différentes civilisations ?

Cette question est un autre aspect du débat sur la nature linéaire ou cyclique de l'histoire. En théorie, la modernisation et le progrès moral de l'humanité, résultant d'une meilleure éducation, d'une plus grande prise de conscience et d'une meilleure compréhension de la société humaine et de son environnement naturel, sont à l'origine d'une tendance constante vers des niveaux de Civilisation toujours supérieurs. Ou bien les niveaux de la Civilisation correspondent simplement aux différentes phases de l'évolution des civilisations. Quand les civilisations naissent, leurs populations sont généralement vigoureuses, dynamiques, violentes, mobiles et expansionnistes. Elles sont relativement non Civilisées. La Civilisation se développant, les populations se stabilisent et développent des techniques et des savoir-faire qui les rendent plus Civilisées. Lorsque la compétition en son sein s'atténue et qu'un État universel s'instaure, la civilisation atteint son plus haut niveau de Civilisation, son « âge d'or ». C'est alors l'épanouissement de la moralité, de l'art, de la littérature, de la philosophie, de la technologie et des savoir-faire militaires, économiques et politiques. Lorsqu'elle amorce son déclin, en tant que civilisation, son niveau de Civilisation chute en même temps, jusqu'à être laminé sous les coups portés par une autre civilisation, émergeant avec un plus bas niveau de Civilisation.

La modernisation a généralement contribué à élever le niveau matériel de la Civilisation partout dans le monde. Mais a-t-elle également rehaussé la dimension morale et culturelle de la Civilisation ? Cela semble être le cas. L'esclavage, la torture, l'humiliation, sont de plus en plus inacceptables dans le monde contemporain. Est-ce simplement le résultat de l'influence de la civilisation occidentale sur les autres cultures, et par conséquent une réversion morale va-t-elle être consécutive au déclin de la puissance occidentale ? Dans les années quatre-vingt-dix, la théorie des catastrophes semble parfaitement s'appliquer aux affaires du monde : détérioration mondiale de la loi et de l'ordre, faillite de certains États, grande anarchie dans de nombreux points du monde, vague criminelle mondiale, existence de cartels de la drogue et de réseaux transnationaux de la mafia, augmentation de la consommation de drogue dans de nombreuses sociétés, affaiblissement général des structures familiales, déclin de la confiance et de la solidarité dans de nombreux pays, violences ethniques, religieuses et entre civilisations, et la loi du plus fort régnant dans une grande partie du monde. Ville après ville — Moscou, Rio de Janeiro, Bangkok, Shanghai, Londres, Rome, Varsovie, Tokyo, Johannesburg, Delhi, Karachi, Le Caire, Bogota, Washington —, le crime semble se développer et les fondements de la civilisation s'affaisser. Les peuples évoquent une crise mondiale de l'autorité politique. Le développement de coopérations internationales stimulant la production économique est de plus en plus menacé par les réseaux internationaux de la mafia, les cartels de la drogue et les gangs terroristes qui mettent en danger la Civilisation. La loi et l'ordre sont les conditions premières de la Civilisation et, en de nombreux points du monde — Afrique, Amérique latine, ex-Union-soviétique, Asie du Sud, Moyen-Orient —, ils semblent ne plus être respectés et être très menacés au même titre en Chine, au Japon et en Occident. Sur un plan mondial, la Civilisation paraît, par bien des aspects, être en proie à la barbarie, engendrant ainsi un phénomène sans précédent, un âge des ténèbres qui s'abattrait sur l'humanité.

Dans les années cinquante, Lester Pearson annonçait que l'humanité allait entrer dans « un âge où les différentes civilisations devront apprendre à vivre côte à côte en entretenant des relations pacifiques, en apprenant à se connaître, en étudiant mutuellement leur histoire, leur idéal, leur art et leur culture ; en s'enrichissant réciproquement. Sinon, dans ce petit monde surpeuplé, on tendra vers l'incompréhension, la tension, le choc et la catastrophe[22] ». L'avenir, tant de la paix que de la Civilisation, dépend de l'entente et de la coopération entre les responsables politiques, spirituels, et intellectuels des principales civilisations du monde. Dans le choc des civilisations, l'Europe et l'Amérique feront bloc ou se sépareront. Quand surviendra le choc total, le « véritable choc » mondial entre la Civilisation et la barbarie, les civilisations majeures, qui auront leur plein épanouissement dans les domaines de la religion, de la littérature, de la philosophie, de la science, de la technologie, de la moralité et de la compassion, feront également bloc ou divergeront. Dans les temps à venir, les chocs entre civilisations représentent la principale menace pour la paix dans le monde, mais ils sont aussi, au sein d'un ordre international, désormais fondé sur les civilisations, le garde fou le plus sûr contre une guerre mondiale.

# Notes

CHAPITRE PREMIER : Le nouvel âge de la politique globale

1. Henry Kissinger, *Diplomacy*, New York, Simon & Schuster, 1994, p. 23-24 ; trad. fr. *Diplomatie*, Paris, Fayard, 1996.

2. Expression de H. D. S. Greenway, *Boston Globe*, 3 décembre 1992, p. 19.

3. Václav Havel, « The New Measure of Man », *New York Times*, 8 juillet 1994, p. A27 ; Jacques Delors, « Questions Concerning European Security », discours, Institut international d'études stratégiques, Bruxelles, 10 septembre 1993, p. 2.

4. Thomas S. Kuhn, *The Structure of Scientific Revolutions*, Chicago, University of Chicago Press, p. 17-18 ; trad. fr. *La Structure des révolutions scientifiques*, Paris, Flammarion.

5. John Lewis Gaddis, « Toward the Post-Cold War World », *Foreign Affairs*, 70, printemps 1991 ; Judith Goldstein et Robert O. Keohane éd., *Ideas and Foreign Policy : Beliefs, Institutions, and Political Change*, Ithaca, Cornell University Press, 1993, p. 8-17

6. Francis Fukuyama, « The End of History », *The National Interest*, 16, été 1989, 4, 18 ; repris *in La Fin de l'histoire*, Paris, Flammarion.

7. « Discours au Congrès sur la conférence de Yalta », 1er mars 1945, cité *in* Samuel I. Rosenman éd., *Public Papers and Adresses of Franklin D. Roosevelt*, New York, Russel and Russel, 1969, XIII, 586.

8. Voir Max Singer et Aaron Wildavsky, *The Real World Order : Zones of Peace, Zones of Turmoil*, Chatham, NJ, Chatham House, 1993 ; Robert O. Keohane et Joseph S. Nye, « Introduction : The End of the Cold War in Europe », *in* Keohane, Nye et Stanley Hoffmann éd., *After the Cold War : International Institutions and State Strategies in Europe, 1989-1991*, Cambridge, Harvard University Press, 1993, p. 6 ; James M. Goldeier et Michael McFaul, « A Tale of Two Worlds : Core and Periphery in the Post-Cold War Era », *International Organization*, 46, printemps 1992, p. 467-491.

9. Voir F. S. C. Northrop, *The Meeting of East and West : An Inquiry Concerning World Understanding*, New York, Macmillan, 1946.

10. Edward W. Said, *Orientalism*, New York, Pantheon Book, 1978, p. 43-44.

11. Voir Kenneth N. Waltz, « The Emerging Structure of International Politics », *International Security*, 18, automne 1993, p. 44-79 ; John J. Mearsheimer, « Back to

the Future : Instability in Europe after the Cold War », *International Security*, 15, été 1990, p. 5-56.

12. Stephen D. Krasner discute l'importance de la Westphalie comme point de rupture. Voir « Westphalia and All That », *in* Goldstein et Keohane éd., *Ideas and Foreign Policy*, p. 235-264.

13. Zbigniew Brzezinski, *Out of Control : Global Turmoil on the Eve of the Twenty-first Century*, New York, Scribner, 1993 ; Daniel Patrick Moynihan, *Pandæmonium : Ethnicity in International Politics*, Oxford, Oxford University Press, 1993 ; voir aussi Robert Kaplan, « The Coming Anarchy », *Atlantic Monthly*, 273, février 1994, p. 44-76.

14. Voir *New York Times*, 7 février 1993, p. 1, 14 ; Gabriel Schoenfeld, « Outer Limits », *Post-Soviet Prospects*, 17, janvier 1993, 3. Il cite des chiffres émanant du ministère russe de la Défense.

15. Voir Gaddis, « Toward the Post-Cold War World » ; Benjamin R. Barber, « Jihad vs McWorld », *Atlantic Monthly*, 269, mars 1992 et *Jihad vs McWorld*, New York, Times Book, 1995, trad. fr., Paris, Desclée de Brouwer, 1996 ; Hans Mark, « After the Victory in the Cold War : The Global Village or Tribal Warfare », *in* J. J. Lee et Walter Korter éd., *Europe in Transition : Political, Economical, and Security Prospects for the 1990s*, LBJ School of Public Affairs, Université du Texas, Austin, mars 1990, p. 19-27.

16. John J. Mearsheimer, « The Case for a Nuclear Deterrent », *Foreign Affairs*, 72, été 1993, 54.

17. Lester B. Pearson, *Democracy in World Politics*, Princeton, Princeton University Press, 1955, p. 82-83.

18. De façon indépendante, Johan Galtung développe une analyse tout à fait parallèle à la mienne sur la persistance de sept ou huit civilisations majeures avec leurs États phares. Voir « The Emerging Conflict Formations », *in* Katharine et Majid Tehranian éd., *Restructuring for World Peace : On the Threshold of the Twenty-First Century*, Cresskill NJ, Hampton Press, 1992, p. 23-24. Galtung considère que sept groupement régionaux et culturels émergent, lesquels sont dominés par des puissances hégémoniques : les États-Unis, la Communauté européenne, le Japon, la Chine, la Russie, l'Inde et le « pôle islamiste ». D'autres auteurs ont avancé des arguments similaires au début des années quatre-vingt-dix : Michael Lind, « American as an Ordinary Country », *American Enterprise*, 1, sept-oct 1990, p. 19-23 ; Barry Buzan, « New Patterns of Global Security in the Twenty-first Century », *International Affairs*, 67, 1991, p. 441, p. 448-449 ; Robert Gilpin, « The Cycle of Great Powers : Has It Finally Been Broken ? », Princeton University, non publié, 19 mai 1993, p. 6 *sq.* ; William S. Lind, « North-South Relations : Returning to a World of Cultures in Conflict », *Current World Leaders*, 35, déc. 1992, p. 1073-1080 et « Defending Western Culture », *Foreign Policy*, 84, automne 1994, p. 40-50, « Looking Back from 2992 : A World History, chap. 13 : The Disastrous 21st Century », *Economist*, 26 décembre 1992-8 janvier 1993, p. 17-19, « The New World Order : Back to the Future », *Economist*, 8 janvier 1994, p. 21-23, « A Survey of Defense and the Democracies », *Economist*, 1er septembre 1990 ; Zsolt Rostovanyi, « Clash of Civilisations and Cultures : Unity and Disunity of World Order », article non publié, 29 mars 1993 ; Michael Vlahos, « Culture and Foreign Policy », *Foreign Policy*, 82, printemps 1991, p. 59-78 ; Donald J. Puchala, « The History of the Future of International Relations », *Ethics and International Affairs*, 8, 1994, p. 177-202 ; Mahdi Elmandjra, « Cultural Diversity : Key to Survival in the Future », article présenté au premier congrès mexicain de prospective, Mexico, septembre 1994. En 1991, Elmandjra a publié en arabe un livre qui est paru en français l'année suivante sous le titre *Première guerre civilisationnelle*, Casablanca, Éd. Toubkal, 1982, 1994.

19. Fernand Braudel, *On History*, Chicago, University of Chicago Press, 1980, p. 210-211, trad. fr. Paris, Flammarion, coll. « Champs ».

## CHAPITRE 2 : Les civilisations hier et aujourd'hui

1. « L'histoire du monde est l'histoire des grandes civilisations. » Oswald Spengler, *Decline of the West*, New York, A. A. Knopf, 1926-1928, II, p. 170, tr. fr. *Le Déclin de l'Occident*. Les principales œuvres de ces spécialistes qui ont analysé la nature et la dynamique des civilisations sont notamment : Max Weber, *The Sociology of Religion*, Boston, Beacon Press, trad. par Ephraim Fischoff, 1968 ; Émile Durkheim et Marcel Mauss, « Note on the Notion of Civilization », *Social Research*, 38, 1971, p. 808-813 ; Oswald Spengler, *Decline of the West*, *Le Déclin de l'Occident* ; Pitirim Sorokin, *Social and Cultural Dynamics*, New York, American Book Co, 4 vol., 1937-1985 ; Arnold Toynbee, *A Study of History*, Londres, Oxford University Press, 12 vol, 1934-1961 ; Alfred Weber, *Kulturgeschichte als Kultursoziologie*, Leiden, A. W. Sitjthoff's Uitgersversmaatschappij, N. V., 1935 ; A. L. Kroeber, *Configurations of Culture Growth*, Berkeley, University of California Press, 1944, et *Style and Civilizations*, Westport, CT, Greenwood Press, 1973 ; Philip Bagby, *Culture and History : Prolegomena to the Comparative Study of Civilizations*, Londres, Longmans, Green, 1958 ; Carroll Quigley, *The Evolution of Civilizations : An Introduction to Historical Analysis*, New York, Macmillan, 1961 ; Rushton Coulborn, *The Origin of Civilized Societies*, Princeton, Princeton University Press, 1959 ; S. N. Eisenstadt, « Cultural Traditions and Political Dynamics : The Origins and Modes of Ideological Politics », *British Journal of Sociology*, 32, juin 1981, p. 155-181 ; Fernand Braudel, *History of Civilizations*, New York, Allen Lane-Penguin Press, 1994, et *On History*, Chicago, University of Chicago Press, 1980 ; William H. McNeill, *The Rise of the West : A History of the Human Community*, Chicago, University of Chicago Press, 1963 ; Adda B. Bozeman, « Civilizations Under Stress », *Virginia Quaterly Review*, 51, hiver 1975, 1-18, *Strategic Intelligence and Statecraft*, Washington, Brassey's (EU), 1992 et *Politics and Culture in International History : From the Ancient Near East to the Opening of the Modern Age*, New Brunswick, NJ, Transaction Publisher, 1994 ; Christopher Dawson, *Dynamics of World History*, LaSalle, IL, Sherwood Sugden Co., 1978, et *The Movement of World Revolution*, New York, Sheed and Ward, 1959 ; Immanuel Wallerstein, *Geopolitics and Geoculture : Essays on the Changing World-system*, Cambridge, Cambridge University Press, 1992 ; Felipe Fernández-Armesto, *Millennium : A History of the Last Thousand Years*, New York, Scribners, 1995. Il conviendrait d'y ajouter le dernier livre de Louis Hartz, *A Synthesis of World History*, Zurich, Humanity Press, 1983. Selon Samuel Beer, « avec une remarquable prescience, il prévoit que l'humanité, un peu à l'image de ce qui se produit dans le monde d'après la guerre froide, se scindera en cinq grandes régions culturelles » : chrétienne, musulmane, hindoue, confucéenne et africaine. Notice nécrologique, Louis Hartz, *Harvard University Gazette*, 89, 27 mai 1994. Matthew Melko introduit à l'analyse des civilisations dans *The Nature of Civilizations*, Boston, Porter Sargent, 1969. Je dois également beaucoup aux remarques critiques de Hayward W. Alker Jr. sur mon article de *Foreign Affairs* : « If not Huntington's « Civilizations », Then Whose ? », article non publié, Massachussets Institute of Technology, 25 mars 1994.

2. Fernand Braudel, *On History*, p. 177-181, 212-214, et *History of Civilizations*, p. 4-5 ; Gerrit W. Gong, *The Standard of « Civilization » in International Society*, Oxford, Clarendon Press, 1984, p. 81 *sq*, p. 97-100 ; Immanuel Wallerstein, *Geopolitics and Geoculture*, p. 160 *sq* et 215 *sq* ; Arnold J. Toynbee, *Study in History*, X, p. 274-275, et *Civilization on Trial*, New York, Oxford University Press, 1948, p. 24.

3. Braudel, *On History*, p. 205. Pour une étude détaillée des définitions de la culture et de la civilisation, notamment de la distinction allemande, voir A.L. Kroeber et Clyde Kluckhohn, Culture : A Critical Review of Concept and Definitions, Cambridge, Papers of Peabody Museum of American Archeology and Ethnology, Harvard University, vol. XLVII, n° 1, 1952, *passim* mais surtout p. 15-29.

4. Bozeman, « Civilisations Under Stress », p. 1.

5. Durkheim et Mauss, « Notion of Civilization », p. 811 ; Braudel, *op. cit.*, p. 177, 202 ; Melko, *Nature of Civilizations*, p. 8 ; Wallerstein, *Geopolitics and Geoculture*, p. 215 ; Dawson, *Dynamics of World History*, p. 51, 402 ; Spengler, *Decline of the West*, I, p. 31 ; l'*International Encyclopedia of the Social Sciences* (New York, Macmillan et Free Press, David L. Sills éd., 17 vol., 1968) ne contient pas d'entrée principale « civilisation » ou « civilisations ». Le « concept de civilisation » (au singulier) est traité dans une sous-section de l'article « révolution urbaine », tandis que « civilisations » (au pluriel) est mentionné au passage dans un article intitulé « culture ».

6. Hérodote, *The Persian Wars*, Harmondsworth, GB, Penguin Books, 1972, p. 543-544.

7. Edward A. Tiryakian, « Reflections on the Sociology of Civilizations », *Sociological Analysis*, 35, été 1974, p. 125.

8. Toynbee, *Study in History*, I, p. 455, cité *in* Melko, *Nature of Civilizations*, p. 8-9 ; Braudel, *op. cit.*, p. 202.

9. Fernand Braudel, *History of Civilizations*, p. 35 et *On History*, p. 209-210.

10. Bozeman, *Strategic Intelligence and Statecraft*, p. 26.

11. Quigley, *Evolution of Civilizations*, p. 146 *sq* ; Melko, *Nature of Civilizations*, p. 101 *sq* ; voir aussi D. C. Somervell, « discussion » dans son édition d'Arnold J. Toynbee, *A study in History*, vol. I-IV, Oxford, Oxford University Press, 1946, p. 569 *sq*.

12. Lucian W. Pye, « China : Erratic State, Frustrated Society », *Foreign Affairs*, 69, automne 1990, p. 58.

13. Voir Quigley, *Evolution of Civilizations*, chap. 3, p. 77, 84 ; Max Weber, « The Social Psychology of the World Religions », *in From Max Weber : Essays in Sociology*, Londres, Routledge, tr. et éd. par H. H. Gerth et C. Wright Mills, 1991, p. 267 ; Bagby, *Culture and History*, p. 165-174 ; Spengler, *Decline of the West*, II, p. 31 *sq* ; Toynbee, *Study in History*, I, p. 133 ; XII, p. 546-547 ; Braudel, *Histoire des civilisations*, *passim* ; McNeill, *The Rise of the West*, *passim* ; Rostovanyi, « Clash of Civilizations », p. 8-9.

14. Melko, *op. cit.*, p. 133.

15. Braudel, *op. cit.*, p. 226.

16. Pour une actualisation de cette littérature concernant les années quatre-vingt-dix par un spécialiste des deux cultures, voir Claudio Veliz, *The New World of the Gothic Fox*, Berkeley, University of California Press, 1994.

17. Voir Charles A. et Mary R. Beard, *The Rise of American Civilization*, New York, Macmillan, 2 vol., 1927, et Max Lerner, *America as a Civilization*, New York, Simon & Schuster, 1957. Avec un enthousiasme très patriotique, Lerner soutient « que ce soit bien ou mal, l'Amérique est ce qu'elle est — une culture à part, avec des lignes de force et des contenus propres, au même titre que la Grèce et que Rome, une des plus grandes civilisations distinctes de l'histoire ». Cependant, il admet aussi que « presque sans exception, les grandes théories de l'histoire ne parviennent pas à trouver une place pour l'Amérique considérée comme une civilisation à part » (p. 58-59).

18. Sur le rôle des fragments de civilisation occidentale qui ont servi à créer de nouvelles sociétés en Amérique du Nord, en Amérique latine, en Afrique du Sud et en Australie, voir Louis Hartz, *The Founding of New Societies : Studies on the History of the United States, Latin America, South Africa, Canada and Australia*, New York, Harcourt, Brace & World, 1964.

19. Dawson, *Dynamics of World History*, p. 128. Voir aussi Mary C. Bateson, « Beyond Sovereignty : An Emerging Global Civilization », *in* R. B. J. Walker et Saul H. Mendlovitz éd., *Contending Sovereignties : Redefining Political Community*, Boulder, Lynne Rienner, 1990, p. 148-149.

20. Toynbee range le bouddhisme therevada et le bouddhisme des lamas parmi les civilisations fossiles, *Study in History*, I, 35, p. 91-92.

21. Voir notamment Bernard Lewis, *Islam and the West*, New York, Oxford University Press, 1993 ; Toynbee, *Study in History*, Chap. IX, « Contacts between Civilizations in Space (Encounters between Contemporaries) », VIII, p. 88 *sq* ; Benjamin

Nelson, « Civilizational Complexes and Intercivilizational Encounters », *Sociological Analysis*, 34, été 1973, p. 79-105.

22. S. N. Eisenstadt, « Cultural Traditions and Political Dynamics : The Origins and Modes of Ideological Politics », *Bristish Journal of Sociology*, 32, juin 1981, p. 157 et « The Axial Age : The Emergence of Transcendental Visions and the Rise of Clerics », *Archives européennes de sociologie*, 22, 1, 1982, p. 298. Voir aussi Benjamin I. Schwartz, « The Age of Transcendence in Wisdom, Revolution, and Doubt : Perspectives on the First Millenium, B. C. », *Daedalus*, 104, printemps 1975, p. 3. Le concept d'« âge axial » vient de Karl Jaspers, *Vom Ursprung und Ziel der Geschichte*, Zurich, Artemisverlag, 1949.

23. Toynbee, *Civilizations on Trial*, p. 69. *Cf.* William McNeill, *The Rise of the West*, p. 295-298. Il souligne l'importance « des routes commerciales organisées, par terre et par mer [...] qui ont relié les quatre grandes cultures du continent » après l'avènement du christianisme.

24. Braudel, *op. cit.*, p. 14.

25. Voir Toynbee, *Study of History*, VIII, p. 347-348.

26. McNeill, *Rise of the West*, p. 547.

27. D. K. Fieldhouse, *Economics and Empire, 1830-1914*, Londres, Macmillan, 1984, p. 3 ; F. Hearnshaw, *Sea Power and Empire*, Londres, George Harrap and Co., 1940, p 179.

28. Geoffrey Parker, *The Military Revolution : Military Innovation and the Rise of the West*, Cambridge, Cambridge University Press, 1988, p. 4 ; Michael Howard, « The Military Factor in European Expansion », *in* Hedley Bull et Adam Watson éd., *The Expansion of International Society*, Oxford, Clarendon Press, 1991, p. 33 *sq.*

29. A. G. Kenwood et A. L. Lougheed, *The Growth of the International Economy, 1820-1990*, Londres, Routledge, 1992, p. 78-79 ; Angus Maddison, *Dynamic Forces in Capitalist Development*, New York, Oxford University Press, 1991, p. 326-27 ; Alan S. Blinder, cité *in New York Times*, 12 mars 1995, p. 5E. Voir aussi Simon Kuznets, « Quantitative Aspects of the Economic Growth of Nations- X. Level and Structure of Foreign Trade : Long-term Trends », *Economic Development and Cultural Change*, 15, janvier 1967, deuxième partie, p. 2-10.

30. Charles Tilly, « Reflections on the History of European State-making », *in* Tilly éd., *The Formation of National States in Western Europe*, Princeton, Princeton University Press, 1975, p. 18.

31. R. R. Palmer, « Frederick the Great, Guibert, Bulow : From Dynastic to National War », *in* Peter Paret éd., *Makers of Modern Strategy from Machiavelli to the Nuclear Age*, Princeton, Princeton University Press, 1986, p. 119.

32. Edward Mortimer, « Christianity and Islam », *International Affairs*, 67, janvier 1991, p. 7.

33. Hedley Bull, *The Anarchical Society*, New York, Columbia University Press, 1977, p. 9-13. Voir aussi Adam Watson, *The Evolution of International Society*, Londres, Routledge, 1992, et Barry Buzan, « From International System to International Society : Structural Realism and Regime Theory Meet the English School », *International Organization*, 47, été 1993, p. 327-352. Il distingue les modèles « civilisationnel » et « fonctionnel » de sociétés internationales et conclut que « les historiens mentionnent surtout des sociétés internationales civilisationnelles » et qu'« il semble bien ne pas y avoir de cas pur et parfait de sociétés internationales fonctionnelles » (p. 336).

34. Spengler, *Decline of the West*, I, p. 93-94.

35. Toynbee, *Study of History*, I, p. 149 *sq*, 154, 157 *sq*.

36. Braudel, *op. cit.*, p. xxxiii.

## CHAPITRE 3 : Existe-t-il une civilisation universelle ? Modernisation et occidentalisation

1. V. S. Naipaul, « Our Universal Civilization », The 1990 Wriston Lecture, The Manhattan Institute, *New York Review of Books*, 30 octobre 1990, p. 20.

2. Voir James Q. Wilson, The Moral Sense, New York, Free Press, 1993 ; Michael Walzer, *Thick and Thin : Moral Argument at Home and Abroad*, Notre Dame, University of Notre Dame Press, 1994, en particulier les chap. 1 et 4 ; et pour un survol rapide, Frances V. Harbour, « Basic Moral Values : A Shared Core », *Ethics and International Affairs*, 9, 1995, p. 155-170.

3. Václav Havel, « Civilization's Thin Veneer », *Harvard Magazine*, 97, juillet-août 1995, p. 32.

4. Hudley Bull, *The Anarchical Society : A study of Order in World Politics*, New York, Columbia University Press, 1977, p. 317.

5. John Rockwell, « The New Colossus : American Culture as Power Export » et par d'autres auteurs, « Channel-Surfing Through US Culture in 20 Lands », *New York Times*, 30 janvier 1994, sec. 2, p. 1 *sq* ; David Rieff, « A Global Culture », *World Policy Journal*, 10, hiver 1993-94, p. 73-81.

6. Michael Vlahos, « Culture and Foreign Policy », *Foreign Policy*, 82, printemps 1991, p. 69 ; Kishore Mahbubani, « The Dangers of Decadence : What the Rest Can Teach the West », *Foreign Affairs*, 72, sept.-oct. 1993, p. 12.

7. Aaron L. Friedberg, « The Future of American Power », *Political Science Quaterly*, 109, printemps 1994, p. 15.

8. Richard Parker, « The Myth of Global News », New Perspectives Quaterly, 11, hiver 1994, p. 41-44 ; Michael Gurevitch, Mark R. Levy et Itzhak Roeh, « The Global Newsroom : convergences and diversities in the globalization of television news », in Peter Dahlgren et Colin Sparks éd., *Communication and Citizenship : Journalism and the Public Sphere in the New Media*, Londres, Routledge, 1991, p. 215.

9. Ronald Dore, « Unity and Diversity in World Culture », *in* Hedley Bull et Adam Watson éd., *The Expansion of International Society*, Oxford, Oxford University Press, 1984, p. 423.

10. Robert L. Bartley, « The Case for Optimism — The West Should Believe in Itself », *Foreign Affairs*, 72, sept-oct. 1993, p. 16.

11. Voir Joshua A. Fishman, « The Spread of English as a New Perspective for the Study of Language Maintenance and Language Shift », in Joshua A. Fishman, Robert L. Cooper et Andrew W. Conrad, *The Spread of English : The Sociology of English as an Additional Language*, Rowley, MA, Newbury House, 1977, p. 108 *sq*.

12. *Ibid.*, p. 118-119.

13. Randolf Quirk, *in* Braj B. Kachru, *The Indianization of English*, Delhi, Oxford, 1983, p. ii ; R. S. Gupta et Kapil Kapoor éd., *English in India — Issues and Problems*, Delhi, Academic Foundation, 1991, p. 21. *Cf*. Sarvepalli Gopal, « The English Language in India », *Encounter*, 73, juillet-août 1989, p. 16 : il estime que 35 millions d'Indiens « parlent et écrivent différentes formes d'anglais ». Banque mondiale, *World Development Report 1985, 1991*, New York, Oxford University Press, tableau 1.

14. Gupta et Kapoor, *op. cit.*, p. 21 ; Gopal, *op. cit.*, p. 16.

15. Fishman, *op. cit.*, p. 115.

16. Voir *Newsweek*, 19 juillet 1993, p. 22.

17. Cité par R. N. Srivastava et V. P. Sharma, « Indian English Today » *in* Gupta et Kapoor, *op. cit.*, p. 191 ; Gopal, *op. cit.*, p. 17.

18. *New York Times*, 16 juillet 1993, p. A9 ; *Boston Globe*, 15 juillet 1993, p. 13.

19. Outre les projections données par la *World Christian Encyclopedia*, on consultera aussi Jean Bourgeois-Pichat, « Le nombre des hommes : État et prospective », *in*

Albert Jacquard et *al.*, *Les Scientifiques parlent*, Paris, Hachette, 1987, p. 140, 143, 151, 154-156.

20. Edward Said à propos de V. S. Naipaul, cité par Brent Staples, « Con Men and Conquerors », *New York Times Book Review*, 22 mai 1994, p. 42.

21. A. G. Kenwood et A. L. Lougheed, *The Growth of the International Economy 1820-1990*, Londres, Routledge, 3e édition, 1992, p. 78-79 ; Angus Maddison, *Dynamic Forces in Capitalist Development*, New York, Oxford University Press, 1991, p. 326-327 ; Alan S. Blinder, New York Times, 12 mars 1995, p. 5E.

22. David M. Rowe, « The Trade and Security Paradox in International Politics » (non publié), Ohio State University, 15 sept. 1994, p. 16.

23. Dale C. Copeland, « Economic Interdependance and War : A Theory of Trade Expectations », *International Security*, 20, printemps 1996, p. 25.

24. William J. McGuire et Claire V. McGuire, « Content and Process in the Experience of Self », *Advances in Experimental Social Psychology*, 21, 1988, p. 102.

25. David L. Horowitz, « Ethnic Conflict Management for Policy-Makers », *in* Joseph V. Montville et Hans Binnendijk éd., *Conflict and Peacemaking in Multiethnic Societies*, Lexington, MA, Lexington Books, 1990, p. 121.

26. Roland Robertson, « Globalization Theory and Civilizational Analysis », *Comparative Civilizations Review*, 17, automne 1987, 22 ; Jeffrey A. Shad Jr., « Globalization and Islamic Resurgence », *Comparative Civilizations Review*, 19, automne 1988, 67.

27. Voir Cyril E. Black, *The Dynamic of Modernization : A Study in Comparative History*, New York, Harper & Row, 1966, p. 1-34 ; Reinhard Bendix, « Tradition and Modernity Reconsidered », *Comparative Studies in Society and History*, 9, avril 1967, p. 292-293.

28. Fernand Braudel, *On History*, Chicago, University of Chicago Press, 1980, p. 213.

29. La bibliographie sur les traits propres à la civilisation occidentale est immense. Voir entre autres William H. McNeill, *Rise of the West : A History of the Human Community*, Chicago, University of Chicago Press, 1963 ; Braudel, *op. cit.* et ouvrages antérieurs ; Immanuel Wallerstein, *Geopolitics and Geoculture : Essays on the Changing World-System*, Cambridge, Cambridge University Press, 1991 ; Karl W. Deutsch a fait une comparaison fine, succincte et très féconde entre l'Occident et neuf autres civilisations en fonction de vingt et un facteurs géographiques, culturels, économiques, technologiques, sociaux et politiques afin de voir dans quelle mesure l'Occident diffère des autres. Voir Karl W. Deutsch, « On Nationalism, World Regions and the Nature of the West », in Per Torsvik éd., *Mobilization, Center-Periphery Structures and Nation-building : A Volume in Commemoration of Stein Rokkan*, Bergen, Universitetforlaget, 1981, p. 51-93. Pour un résumé succinct des caractéristiques propres à la civilisation occidentale en 1500, voir Charles Tilly, « Reflections on the History of European State-making », in Tilly éd., *The Formation of National States in Western Europe*, Princeton, Princeton University Press, 1975, p. 18 *sq*.

30. Deutsch, *op. cit.*, p. 77.

31. Voir Robert D. Putnam, *Making Democracy Work : Civil Traditions in Modern Italy*, Princeton, Princeton University Press, 1993, p. 121 *sq*.

32. Deutsch, *op. cit.*, p. 78. Voir aussi Stein Rokkan, « Dimensions of State Formation and Nation-Building : A Possible Paradigm for Research on Variations within Europe », *in* Charles Tilly, *op. cit.*, p. 576 et Putnam, *op. cit.*, p. 124-127.

33. Geert Hofstede, « National Cultures in Four Dimensions : A Research-based Theory of Cultural Differences among Nations », *International Studies of Management and Organization*, 13, 1983, p. 52.

34. Harry C. Triandis, « Cross-Cultural Studies of Individualism and Collectivism », *in Nebraska Symposium on Motivation 1989*, Lincoln, University of Nebraska Press, 1990, p. 44-133, et *New York Times*, 25 décembre 1990, p. 41. Voir aussi George

C. Lodge et Ezra F. Vogel éd., *Ideology and National Competitiveness : An Analysis of Nine Countries*, Boston, Harvard Business School Press, 1987, *passim*.

35. Les débats autour des interactions entre civilisations ont presque immanquablement suscité des divergences avec cette typologie. Voir Arnold J. Toynbee, *op. cit.*, II, p. 187 *sq*, VIII, p. 152-153, p. 214 ; John L. Esposito, *The Islamic Threat : Myth and Reality*, New York, Oxford University Press, 1992, p. 53-62 ; Daniel Pipes, *In the Path of God : Islam and Political Power*, New York, Basic Books, 1983, p. 105-142.

36. Pipes, *op. cit.*, p. 349.

37. William Pfaff, « Reflections : Economic Development », *New Yorker*, 25 décembre 1978, p. 47.

38. Pipes, *op. cit.*, p. 197-198.

39. Ali al-Amin Mazrui, *Cultural Forces in World Politics*, Londres, James Currey, 1990, p. 4-5.

40. Esposito, *op. cit.*, p. 55 ; voir aussi p. 55-62 ; Pipes, *op. cit.*, p. 114-120.

41. Rainer C. Baum, « Authority and Identity — The Invariance Hypothesis II », *Zeitschrift für Soziologie*, 6, octobre 1977, p. 368-369. Voir aussi Rainer C. Baum, « Authority Codes : The Invariance Hypothesis », *Zeitschrift für Soziologie*, 6, janvier 1977, p. 5-28.

42. Voir Adda B. Bozeman, « Civilizations Under Stress », *Virginia Quarterly Review*, 51, hiver 1975, p. 5 *sq* ; Leo Frobenius, *Paideuma : Umrisse einer Kultur- und Seelenlehre*, Munich, C. H. Beck, 1921, p. 11 *sq* ; Oswald Spengler, *op. cit.*, II, p. 57 *sq*.

43. Bozeman, *op. cit.*, p. 7.

44. William E. Naff, « Reflections on the Question of "East and West" from the Point of View of Japan », *Comparative Civilizations Review*, 13/14, automne 1985 et printemps 1986, p. 222.

45. David E. Apter, « The Role of Traditionalism in the Political Modernization of Ghana and Uganda », *World Politics*, 13, octobre 1960, p. 47-68.

46. S. N. Eisenstadt, « Transformation of Social, Political and Cultural Orders in Modernization », *American Sociological Review*, 30, octobre 1965, p. 659-673.

47. Pipes, *op. cit.*, p. 107, 191.

48. Braudel, *op cit.*, p. 212-213.

## CHAPITRE 4 : L'effacement de l'Occident : puissance, culture et indigénisation

1. Jeffery R. Barnett, « Exclusion as National Security Policy », *Parameters*, 24, printemps 1994, p. 54.

2. Aaron L. Friedberg, « The Future of American Power », *Political Science Quarterly*, 109, printemps 1994, p. 20-21.

3. Hedley Bull, « The Revolt Against the West », *in* Hedley Bull et Adam Watson éd., *Expansion of International Society*, Oxford, Oxford University Press, 1984, p. 219.

4. Barry G. Buzan, « New Patterns of Global Security in the Twenty-first Century », *International Affairs*, 67, juillet 1991, p. 451.

5. *Project 2025*, manuscrit, 20 septembre 1991, p. 7 ; Banque mondiale, *World Development Report 1990*, Oxford, Oxford University Press, 1990, p. 229, 244 ; *The World Almanac and Book of Facts 1990*, Mahwah, NJ, Funk & Wagnalls, 1989, p. 539.

6. United Nations Development Program, *Human Development Report 1994*, New York, Oxford University Press, 1994, p. 136-137, 207-211 ; Banque mondiale, « World Development Indicators », *World Development Report 1984, 1986, 1990, 1994* ; Bruce Russett et *al.*, *World Handbook of Political and Social Indicators*, New Haven, Yale University Press, 1994, p. 222-226.

7. Paul Bairoch, « International Industrialization Levels from 1750 to 1980 », *Journal of European Economic History*, 11, automne 1982, p. 296, 304.

8. *The Economist*, 15 mai 1993, p. 83, citation du Fonds monétaire international, *World Economic Outlook* ; « The Global Economy », *The Economist*, 1er octobre 1994, p. 3-9 ; *Wall Street Journal*, 17 mai 1993, p. A12 ; Nicolas D. Kristof, « The Rise of China », *Foreign Affairs*, 72, novembre-décembre 1993, p. 61 ; Kishore Mahbubani, « The Pacific Way », *Foreign Affairs*, 74, janvier-février 1995, p. 100-103.

9. International Institute for Strategic Studies, « Tables and Analyses », *The Military Balance 1994-95*, Londres, Brassey's, 1994.

10. *Project 2025*, p. 13 ; Richard A. Bitzinger, *The Globalization of Arms Production : Defense Markets in Transition*, Washington DC, Defense Budget Project, 1993, *passim*.

11. Joseph S. Nye Jr., « The Changing Nature of World Power », *Political Science Quarterly*, 105, été 1990, p. 181-182.

12. William H. Mc Neill, *The Rise of the West : A History of the Human Community* (Chicago, University of Chicago Press, 1963), p. 545.

13. Ronald Dore, « Unity and Diversity in Contemporary World Culture », *in* Bull et Watson éd., *Expansion of International Society*, p. 420-421.

14. William E. Naff, *op. cit.* ; Arata Isozaki, « Escaping the Cycle of Eternal Resources », *New Perspectives Quarterly*, 9, printemps 1992, p. 18.

15. Richard Sission, « Culture and Democratization in India », *in* Larry Diamond, *Political Culture and Democracy in Developing Countries*, Boulder, Lynne Rienner, 1993, p. 55-61.

16. Graham E. Fuller, « The Appeal of Iran », *National Interest*, 37, automne 1994, p. 95.

17. Eisuke Sakakibara, « The End of Progressivism : A Search for New Goals », *Foreign Affairs*, 74, sept-oct. 1995, p. 8-14.

18. T. S. Eliot, *Idea of Christian Society*, New York, Harcourt, Brace and Company, 1940, p. 64.

19. Gilles Kepel, *La Revanche de Dieu*, Paris, Seuil.

20. George Weigel, « Religion and Peace : An Argument Complexified », *Washington Quarterly*, 14, printemps 1991, p. 27.

21. James H. Billington, « The Case for Orthodoxy », *New Republic*, 30 mai 1994, p. 26 ; Suzanne Massie, « Back to the Future », *Boston Globe*, 28 mars 1993, p. 72.

22. *The Economist*, 8 janvier 1993, p. 46 ; James Rupert, « Dateline Tashkent : Post-Soviet Central Asia », *Foreign Policy*, 87, été 1992, p. 180.

23. Fareed Zakaria, « Culture Is Destiny : A Conversation with Lee Kuan Yew », *Foreign Affairs*, 73, mars-avril 1994, p. 118.

24. Hassan al-Turabi, « The Islamic Awakening's Second Wave », *New Perspectives Quarterly*, 9, été 1992, p. 52-55 ; Ted G. Jelen, *The Political Mobilization of Religious Belief*, New York, Praeger, 1991, p. 55 *sq*.

25. Bernard Lewis, « Islamic Revolution », *New York Review of Books*, 21 janvier 1988, p. 47 ; Gilles Kepel, *op. cit.*, p. 82.

26. Sudhir Kahar, « The Colors of Violence : Cultural Identities, Religion, and Conflict », non publié, chap. 6, « A new Hindu Identity », p. 11.

27. Suzanne Massie, « Back to the Future », p. 72 ; James Rupert, *op. cit.*, p. 180.

28. Rosemary Radford Ruther, « A World on Fire with Faith », *New York Times Book Review*, 26 janvier 1992, p. 10 ; William McNeill, « Fundamentalism and the World of the 1990s », *in* Martin E. Marty et R. Scott Appleby éd., *Fundamentalism and Society*, Chicago, University of Chicago Press, 1993, p. 561.

29. *New York Times*, 15 janvier 1993, p. A9 ; Henry Clement Moore, *Images of Development : Egyptian Engineers in Search of Industry*, Cambridge, MIT Press, 1980, p. 227-228.

30. Henry Scott Stokes, « Korea's Church Militant », *New York Magazine*, 28 novembre 1972, p. 68.

31. Rev. Edward J. Dougherty S. J., *New York Times*, 4 juillet 1993, p. 10 ;

Timothy Goodman, « Latin America's Reformation », *American Enterprise*, 2, juillet-août 1991, p. 43 ; *New York Times*, 11 juillet 1993, p. 1 ; *Time*, 21 janvier 1991, p. 69.

32. *The Economist*, 6 mai 1989, p. 23 ; 11 novembre 1989, p. 41 ; *Times* de Londres, 12 avril 1990, p. 12 ; *The Observer*, 27 mai 1990, p. 18.

33. *New York Times*, 16 juillet 1993, p. A9 ; Boston Globe, 15 juillet 1993, p. 13.

34. Voir Mark Juergensmeyer, *The New Cold War ? Religious Nationalism Confronts the Secular State*, Berkeley, University of California Press, 1993.

35. Zakaria, « Conversation with Lee Kuan Yew », p. 118 ; al-Turabi, *op. cit.*, p. 53. Voir Terrance Carroll, « Secularization and States of Modernity », *World Politics*, 36, avril 1984, p. 362-382.

36. John L. Esposito, *The Islamic Threat : Myth or Reality*, New York, Oxford University Press, 1992, p. 10.

37. Régis Debray, « God and the Political Planet », *New Perspectives Quarterly*, printemps 1994, p. 15.

38. Esposito, *op. cit.*, p. 10 ; Kepel, cité *in* Sophie Lannes, « La revanche de Dieu — interview de Gilles Kepel », *Géopolitique*, 33, printemps 1991, p. 14 ; Moore, *op. cit.*, p. 214-216.

39. Juergensmeyer, *op. cit.*, p. 71 ; Edward A. Gargan, « Hindu Rage Against Muslims Transforming Indian Politics », *New York Times*, 17 septembre 1993, p. A1 ; Kushwaht Singh, « India, the Hindu State », *New York Times*, 3 août 1993, p. A17.

40. Dore *in* Bull et Watson éd., *op. cit.*, p. 411 ; McNeill *in* Marty et Appleby éd., *op. cit.*, p. 569.

## CHAPITRE 5 : Économie et démographie dans les civilisations montantes

1. Kishore Mahbubani, « The Pacific Way », *Foreign Affairs*, 74, janvier-février 1995, p. 100-103 ; IMD Executive Opinion Survey, *The Economist*, 6 mai 1995, p. 5 ; Banque mondiale, *Global Economic Prospects and the Developing Countries 1993*, Washington, 1993, p. 66-67.

2. Tommy Koch, *America's Role in Asia : Asian Views*, Asia Foundation, Center for Asian Pacific Affairs, rapport nº 13, novembre 1994, p. 10.

3. Alex Kerr, *Japan Times*, 6 novembre 1994, p. 10.

4. Yasheng Huang, « Why China Will Not Collapse », *Foreign Policy*, 95, été 1995, p. 57.

5. *Cable News Network*, 10 mai 1994 ; Edward Friedman, « A Failed Chinese Modernity », *Daedalus*, 122, printemps 1993, p. 5 ; Perry Link, « China's "Core" Problem », *Ibid.*, p. 201-204.

6. *The Economist*, 21 janvier 1995, p. 38-39 ; William Theodore de Bary, « The New Confucianism in Beijing », *American Scholar*, 64, printemps 1995, p. 175 *sq.*, Benjamin L. Self, « Changing Role for Confucianism in China », *Woodrow Wilson Center Report*, 7, septembre 1995, p. 4-5 ; *New York Times*, 26 août 1991, p. A19.

7. Lee Teng-hui, « Chinese Culture and Political Renewal », *Journal of Democracy*, 6, octobre 1995, p. 6-8.

8. Alex Kerr, *Japan Times*, 6 novembre 1994, p. 10 ; Kazuhiro Ozawa, « Ambivalence in Asia », *Japan Update*, 44, mai 1995, p. 18-19.

9. Sur certains de ces problèmes, voir Ivan P. Hall, « Japan's Asia Card », *National Interest*, 38, hiver 1994-95, p. 19 *sq*.

10. Casimir Yost, « America's Role in Asia : One Year Later », Asia Foundation Center for Asian Pacific Affairs, rapport nº 15, février 1994, p. 4 ; Yoichi Funabashi, « The Asianization of Asia », *Foreign Affairs*, 72, novembre-décembre 1993, p. 78 ; Anwar Ibrahim, *International Herald Tribune*, 31 janvier 1994, p. 6.

11. Kishore Mahbubani, « Asia and a United States in Decline », *Washington*

*Quarterly*, 17, printemps 1994, p. 5-23 ; sur une contre-offensive, voir Eric Jones, « Asia's Fate : A Response to the Singapore School », *National Interest*, 35, printemps 1994, p. 18-28.

12. Mahathir bin Mohamad, *Mare jirenma* (Le Dilemme malaisien), Tokyo, Imura Bunka Jigyo, trad. Takata Masayoshi, 1983, p. 267, cité *in* Ogura Kazuo, « A Call for a New Concept of Asia », *Japan Echo*, 20, automne 1993, p. 40.

13. Li Xiangiu, « A Post Cold War Alternative from East Asia », *Straits Times*, 10 février 1992, p. 24.

14. Yotaro Kobayashi, « Re-Asianize Japan », *New Perspective Quarterly*, 9, hiver 1992, p. 20 ; Funabashi, « The Asianization of Asia », p. 75 *sq* ; Georges Yong-Soon Yee, « New East Asia in a Multicultural World », *International Herald Tribune*, 15 juillet 1992, p. 8.

15. Yoichi Funabashi, « Globalize Asia », *New Perspective Quarterly*, 9, hiver 1992, p. 23-24 ; Kishore M. Mahbubani, « The West and the Rest », *National Interest*, 28, été 1992, p. 7 ; Hazuo, « New Concept of Asia », p. 41.

16. *The Economist*, 9 mars 1996, p. 33.

17. Bandar bin Sultan, *New York Times*, 10 juillet 1994, p. 20.

18. John L. Esposito, *The Islamic Threat : Myth or Reality*, New York, Oxford University Press, 1992, p. 12 ; Ali E. Hillal Dessouki, « The Islamic Resurgence », *in* Ali E. Hillal Dessouki éd., *Islamic Resurgence in the Arab World*, New York, Praeger, 1982, p. 9-13.

19. Thomas Case, cité *in* Michael Walzer, *The Revolution of the Saints : A study in the Origins of Radical Politics*, Cambridge, Harvard University Press, 1965, p. 10-11 ; Hassan al-Turabi, « The Islamic Awakening's Second Wave », *New Perspectives Quarterly*, 9, été 1992, p. 52. L'ouvrage le plus utile pour comprendre la nature, l'attrait, les limites et le rôle historique du fondamentalisme islamique de la fin du siècle est sans doute l'étude de Walzer sur le puritanisme calviniste anglais des XVI^e^ et XVII^e^ siècles.

20. Donald K. Emerson, « Islam and Regime in Indonesia : Who's Coopting Whom ? », non publié, 1989, p. 16 ; M. Nasir Tamara, *Indonesia in the Wake of Islam*, 1965-1985, Kuala Lumpur, Institute of Strategic and International Studies in Malaysia, 1986, p. 28 ; *The Economist*, 14 décembre 1985, p. 35-36 ; Henry Tanner, « Islam Challenges Secular Society », *International Herald Tribune*, 27 juin 1987, p. 7-8 ; Sabri Sayari, « Politicization of Islamic Re-traditionalism : Some Preliminary Notes », *in* Metin Heper et Raphael Israeli éd., *Islam and Politics in the Modern Middle East*, Londres, Croom Helm, 1984, p. 125 ; *New York Times*, 26 mars 1989, p. 14 ; 2 mars 1995, p. A8. Voir par exemple les comptes rendus sur ces pays dans le *New York Times*, 17 novembre 1985, p. 2E ; 15 novembre 1987, p. 13 ; 6 mars 1991, p. A11 ; 20 octobre 1990, p. 4 ; 26 décembre 1992, p. 1 ; 8 mars 1994, p. A15 ; et *The Economist*, 15 juin 1985, p. 36-37 et 18 septembre 1992, p. 23-25.

21. *New York Times*, 4 octobre 1993, p. A8 ; 29 novembre 1994, p. A4 ; 3 février 1994, p. 1 ; 26 décembre 1992, p. 5 ; Erika G. Alin, « Dynamics of the Palestinian Uprising : An Assessment of Causes, Character and Consequences », *Comparative Politics*, 26, juillet 1994, p. 494 ; *New York Times*, 8 mars 1994, p. A15 ; James Peacock, « The Impact of Islam », *Wilson Quarterly*, 5, printemps 1981, p. 142 ; Tamara, *Indonesia in the Wake of Islam*, p. 22.

22. Olivier Roy, *The Failure of Political Islam*, Londres, Tauris, 1994, p. 49 *sq* ; *New York Times*, 19 janvier 1992, p. E3 ; *Washington Post*, 21 novembre 1990, p. A1. Voir Gilles Kepel, *La Revanche de Dieu : la résurgence de l'islam, du christianisme et du judaïsme dans le monde moderne*, University Park, PA, Pennsylvania State University Press, 1994, p. 32, Paris, Seuil ; Farida Faouzi Charfi, « When Galileo Meets Allah », *New Perspectives Quarterly*, 11, printemps 1994, p. 30 ; John L. Esposito, *Islamic Threat*, p. 10.

23. Mahnaz Ispahani, « Varieties of Muslim Experience », *Wilson Quarterly*, 13, août 1989, p. 72.

24. Saad Eddin Ibhrahim, « Appeal of Islamic Fundamentalism », présenté à la conférence sur l'islam et la politique dans le monde musulman contemporain, Harvard University, 15-16 octobre 1985, p. 8-9, et « Islamic Militancy as a Social Movement : The Case of Two Groups in Egypt », *in* Dessouki éd., *Islamic Resurgence*, p. 128-131.

25. *Washington Post*, 26 octobre 1980, p. 23 ; Peacock, « Impact of Islam », p. 140 ; Ilkay Sunar et Binnaz Toprak, « Islam in Politics : The Case of Turkey », *Government and Opposition*, 18, automne 1983, p 436 ; Richard W. Bulliet, « The Israeli-PLO Accord : The Future of the Islamic Movement », *Foreign Affairs*, 72, novembre-décembre 1993, p. 42.

26. Ernest Gellner, « Up from Imperialism », *New Republic*, 22 mai 1989, p. 35 ; John Murray Brown, « Tansu Ciller and the Question of Turkish Identity », *World Policy Journal*, 11, automne 1994, p. 58 ; Roy, *Failure of Political Islam*, p. 53.

27. Fouad Ajami, « The impossible Life of Muslim Liberalism », New Republic, 2 Juin 1986, p. 27.

28. Clement Moore Henry, « The Mediterranean Debt Crescent » (Unpublished manuscript), p. 346 ; Mark N. Katz, « Emerging Patterns in the International Relations of Central Asia », *Central Asian Monitor* (N° 2, 1994), 27 ; Mehrdad Haghayeghi, « Islamic Revival in the Central Asian Republics », *Central Asian Survey*, 13 (N° 2, 1994), 255.

29. *New York Times*, 10 avril 1989, p. A3 ; 22 décembre 1992, p. 5 ; *The Economist*, 10 octobre 1992, p. 41,

30. *The Economist*, 20 juillet 1991, p. 35 ; 21 décembre 1991-3 janvier 1992, p. 40 ; Mahfulzul Hoque Choudhury, « Nationalism, Religion and Politics in Bangladesh », *in* Rafiuddin Ahmed éd., *Bangladesh : Society, Religion and Politics*, Chittagong, South Asia Studies Group, 1985, p. 68 ; *New York Times*, 30 novembre 1994, p. A14 ; *Wall Street Journal*, 1er mars 1995, p. 1, A6.

31. Donald L. Horowitz, « The Qur'an and the Common Law : Islamic Law Reform and the Theory of Legal Change », *American Journal of Comparative Law*, 42, printemps-été 1994, 234 *sq.*

32. Dessouki, « Islamic Resurgence », p. 23.

33. Daniel Pipes, *In the Path of God : Islam and Political Power*, New York, Basic Books, 1983, p. 282-283, 290-292 ; John Barrett Kelly, *Arabia, the Gulf and the West*, New York, Basic Books, 1980, p. 261, 423, cité *in* Pipes, *Path of God*, p. 291.

34. United Nations Population Division, *World Population Prospects : The 1992 Revision*, New York, Nations unies, 1993, tableau A 18 ; Banque mondiale, *World Development Report 1995*, New York, Oxford University Press, 1995, tableau 25 ; Jean Bourgeois-Pichat, « Le Nombre des Hommes : État et Prospective », *in* Albert Jacquard éd., *Les Scientifiques parlent*, Paris, Hachette, 1987, p. 154, 156.

35. Peter Wilson et Douglas F. Graham, *Saudi Arabia : The Coming Storm*, Armonk, NY, M. E. Sharpe, 1994, p. 28-29.

36. Philippe Fargues, « Demographic Explosion on Social Upheaval », *in* Ghassen Salame éd., *Democracy Without Democrats ? The Renewal of Politics in the Muslim Worls*, Londres, I. B. Tauris, 1994, p. 158-162, 175-177.

37. *The Economist*, 29 août 1981, p. 40 ; Denis Dragounski, « Threshold of Violence », *Freedom Review*, 26, mars-avril 1995, p. 11.

## CHAPITRE 6 : La recomposition culturelle de la politique globale

1. Andreas Papandréou, « Europe Turns Left », *New Perspective Quarterly*, 11, hiver 1994, p. 53 ; Vuk Draskovic, cité *in* Janice A. Broun, « Islam in the Balkans », *Freedom Review*, 22, novembre-décembre 1991, p. 31 ; F. Stephen Larrabee, « Instabi-

lity and Change in the Balkans », *Survival*, 34, été 1992, p. 43 ; Misha Glenny, « Heading Off War in the Southern Balkans », *Foreign Affairs*, 74, mai-juin 1995, p. 102-103.

2. Ali al-Amin Mazrui, *Cultural Forces in World Politics*, Londres, James Currey, 1990, p. 13.

3. Voir par exemple *The Economist*, 16 novembre 1991, p. 45 ; 6 mai 1995, p. 36.

4. Ronald B. Palmer et Thomas J. Reckford, *Building ASEAN : 20 Years of Southeast Asian Cooperation*, New York, Praeger, 1987, p. 109 ; *The Economist*, 23 juillet 1994, p. 31-32.

5. Barry Buzan et Gerald Segal, « Rethinking East Asian Security », *Survival*, 36, été 1994, p. 16.

6. *Far Eastern Economic Review*, 11 août 1994, p. 34.

7. Entretien entre Datsuk Seri Mahathir ben Mohammad de Malaisie et Kenichi Ohmae, p. 3, 7 ; Rafidah Azia, *New York Times*, 12 février 1991, p. D6.

8. *Japan Times*, 7 novembre 1994, p. 19 ; *The Economist*, 19 novembre 1994, p. 37.

9. Murray Weidenbaum, « Greater China : A New Economic Colossus ? », *Washington Quarterly*, 16, automne 1993, p. 78-80.

10. *Wall Street Journal*, 30 septembre 1994, p. A8 ; *New York Times*, 17 février 1995, p. A6.

11. *The Economist*, 8 octobre 1994, p. 44 ; Andres Serbin, « Towards an Association of Carribean States : Raising Some Awkward Questions », *Journal of International Studies*, 36, hiver 1994, p. 61-90.

12. *Far Eastern Economic Review*, 5 juillet 1990, p. 24-25, 5 septembre 1991, p. 26-27 ; *New York Times*, 16 février 1992, p. 16 ; *The Economist*, 15 janvier 1994, p. 38 ; Robert D Hormats, « Making Regionalism Safe », *Foreign Affairs*, 73, mars-avril 1994, p. 102-103 ; *The Economist*, 10 juin 1994, p. 47-48 ; *Boston Globe*, 5 février 1994, p. 7. Sur le Mercosur, voir Luigi Manzetti, « The Political Economy of Mercosur », *Journal of Interamerican Studies*, 35, hiver 1993-94, p. 101-141 et Felix Pena, « New Approaches to Economic Integration in the Southern Cone », *Washington Quarterly*, 18, été 1995, p. 113-122.

13. *New York Times*, 8 avril 1994, p. A3, 13 juin 1994, p. D1, D5, 4 janvier 1995, p. A8 ; entretien de Mahathir avec Ohmae, p. 2, 5 ; « Asian Trade New Directions », *AMEX Bank Review*, 20, 22 mars 1993, p. 1-7.

14. Voir Brian Pollins, « Does Trade Still Follow the Flag ? », *American Political Science Review*, 83, juin 1989, p. 465-480 ; Joanne Gowa et Edward D. Mansfield, « Power Politics and International Trade », *American Political Science Review*, 87, juin 1993, p. 408-421 ; David M. Rowe, « Trade and Security in International Relations », non publié, Ohio State University, 15 septembre 1994, *passim*.

15. Sidney Mintz, « Can Haïti Change ? », *Foreign Affairs*, 75, janvier-février 1995, p. 73 ; Ernesto Perez Balladares et Joycelyn McCalla cités *in* « Haiti's Traditions of Isolation Makes US Task Harder », *Washington Post*, 25 juillet 1995, p. A1.

16. *The Economist*, 23 octobre 1993, p. 53.

17. *Boston Globe*, 21 mars 1993, p. 1, 16, 17 ; *The Economist*, 19 novembre 1994, p. 23, 11 juin 1994, p. 90. La ressemblance entre la Turquie et le Mexique à cet égard a été mise en évidence par Barry Buzan, « New Patterns of Global Security in the Twenty-first Century », *International Affairs*, 67, juillet 1991, p. 449, et par Jagdish Bhagwati, *The World Trading System at Risk*, Princeton, Princeton University Press, 1991, p. 72.

18. Marquis de Custine, *Empire of the Czar : A Journey Through Eternal Russia*, New York, Doubleday, 1989 ; Paris, 1844, *passim*.

19. P. Ya. Chaadayev, *Articles and Letters [Statyi i pisma]*, Moscou, 1989, p. 178 et N. Ya. Danilevskiy, *Russia and Europe [Rossiya i Yevropa]*, Moscou, 1991, p 267-268, cité *in* Sergei Vladislavovich Chugrov, « Russia Between East and West », *in* Steve Hirsch éd., *Memo 3 : In Search of Answers in the Post-Soviet Era*, Washington DC, Bureau of National Affairs, 1992, p. 138.

20. Voir Leon Aron, « The Battle for the Soul of Russian Foreign Policy », *The American Enterprise*, 3, novembre-décembre 1992, p. 10 *sq* ; Alexei G. Arbatov, « Russia's Foreign Policy Alternatives », *International Security*, 18, automne 1993, p. 5 *sq*.

21. Sergei Stankevich, « Russia in Search of Itself », *National Interest*, 28, été 1992, p. 48-49.

22. Albert Motivans, « "Openness to the West" in European Russia », *RFE/RL Research Report*, 1, 27 novembre 1992, p. 60-62. Des chercheurs ont calculé la répartition des suffrages en utilisant différentes méthodes. Ils ont constaté des différences mineures. Je m'appuie sur l'analyse de Sergei Chugrov, « Political Tendencies in Russia's Regions : Evidence from the 1993 Parliamentary Elections », non publié, Harvard University, 1994.

23. Chugrov, « Russia Between », p. 140.

24. Samuel P. Huntington, *Political Order in Changing Societies*, New Haven, Yale University Press, 1968, p. 350-351.

25. Duygo Bazolu Sezer, « Turkey's Grand Strategy Facing a Dilemna », *International Spectator*, 27, janvier-mars 1992, p. 24.

26. Clyde Haberman, « On Iraq's Other Front », *New York Times Magazine*, 18 novembre 1990, p. 42 ; Bruce R. Kuniholm, « Turkey and the West », *Foreign Affairs*, 70, printemps 1991, p. 35-36.

27. Ian Lesser, « Turkey and the West after the Gulf War », *International Spectator*, 27, janvier-mars 1992, p. 33.

28. *Financial Times*, 9 mars 1992, p. 2 ; *New York Times*, 5 avril 1992, p. E3 ; Tansu Ciller, « The Role of Turquey in "the New World" », *Strategic Review*, 22, hiver 1994, p. 9 ; Haberman, *op. cit.*, p. 44 ; John Murray Brown, « Tansu Ciller and the Question of Turkish Identity », *World Policy Journal*, 11, automne 1994, p. 58.

29. Sezer, « Turkey's Grand Strategy », p. 27 ; *Washington Post*, 22 mars 1992 ; *New York Times*, 19 juin 1994, p. 4.

30. *New York Times*, 4 août 1993, p. A3 ; 19 juin 1994, p. 4 ; Philip Robins, « Between Sentiment and Self-Interest : Turkey's Policy toward Azerbaijan and the Central Asian States », *Middle East Journal*, 47, automne 1993, p. 593-610 ; *The Economist*, 17 juin 1995, p. 38-39.

31. Bahri Yilmaz, « Turkey's New Role in International Politics », *Aussenpolitik*, 45, janvier 1994, p. 94.

32. Eric Rouleau, « The Challenges to Turkey », *Foreign Affairs*, 72, novembre-décembre 1993, p. 119.

33. Rouleau, « Challenges », p. 120-121 ; *New York Times*, 26 mars 1989, p. 14.

34. *Ibid.*

35. Brown, « Questions of Turkish Identity », p. 58.

36. Sezer, « Turkey's Grand Strategy », p. 58.

37. Ciller, « Turkey in 'the New World' », p. 9 ; Brown, « Questions of Turkish Identity », p. 56 ; Tansu Ciller, « Turkey and NATO : Stability in the Vortex of Change », *NATO Review*, 42, avril 1994, p. 6 ; Suleyman Demirel, *BBC Summary of World Broadcasts*, 2 février 1994. Pour d'autres occurrences de la métaphore du pont, voir Bruce R Kuniholm, « Turkey and the West », *Foreign Affairs*, 70, printemps 1991, p. 39 ; Lesser, « Turkey and the West », p. 33.

38. Octavio Paz, « The Border of Time », entretien avec Nathan Gardels, *New Perspectives Quarterly*, 8, hiver 1991, p. 36.

39. Voir Daniel Patrick Moynihan, « Free Trade with Unfree Society : A Commitment and its Consequences », *National Interest*, été 1995, p. 28-33.

40. *Financial Times*, 11-12 septembre 1993, p. 4 ; *New York Times*, 16 août 1992, p. 3.

41. *The Economist*, 23 juillet 1994, p. 35 ; Irene Moss, Human Rights Commissionner, Australie, *New York Times*, 16 août 1992, p. 3 ; *The Economist*, 23 juillet 1994, p. 35 ; *Boston Globe*, 7 juillet 1993, p. 2 ; *Cable News Network*, News Report, 16 décembre 1993 ; Richard Higgott, « Closing a Branch Office of Empire : Australian

Foreign Policy and the UK at Century's End », *International Affairs*, 70, janvier 1994, p. 58.

42. Jat Sujamiko, *The Australian*, 5 mai 1993, p. 18, cité *in* Higgott, « Closing a Branch », p. 62 ; Higgott, « Closing a Branch », p. 63 ; *The Economist*, 12 décembre 1993, p. 34.

43. Entretien transcrit avec Kenichi Ohmae, 24 octobre 1994, p. 5-6. Voir aussi *Japan Times*, 7 novembre 1994, p. 19.

44. Ex-ambassadeur Richard Woolcott (Australie), *New York Times*, 16 août 1992, p. 3.

45. Paul Kelly, « Reinventing Australia », *National Interest*, 30, hiver 1992, p. 66 ; *The Economist*, 11 décembre 1993, p. 34 ; Higgott, « Closing a Branch », p. 58.

46. Lee Kuan Yew, cité in Higgott, « Closing a Branch », p. 49.

## CHAPITRE 7 : États phares, cercles concentriques et ordre des civilisations

1. *The Economist*, 14 janvier 1995, p. 45 ; 26 novembre 1994, p. 56, résumé d'un article d'Alain Juppé dans *Le Monde*, 18 novembre 1994 ; *New York Times*, 4 septembre 1994, p. 11.

2. Michael Howard, « Lessons of the Cold War », *Survival*, 36, hiver 1994, p. 102-103 ; Pierre Béhar, « Central Europe : the New Lines of Fracture », *Géopolitique*, 39, édition anglaise, août 1992, p. 42 ; Max Jakobson, « Collective Security in Europe Today », *Washington Quarterly*, 18, printemps 1995, p. 69 ; Max Beloff, « Fault Lines and Steeples : The Divided Loyalties of Europe », *National Interest*, 23, printemps 1991, p. 78.

3. Andreas Oplatka, « Vienna and the Mirror of History », *Géopolitique*, 35, édition anglaise, automne 1991, p. 25 ; Vytautas Landsbergis, « The Choice », *Géopolitique*, 35, édition anglaise, automne 1991, p. 3 ; *New York Times*, 23 avril 1995, p. 5E.

4. Carl Bildt, « The Baltic Litmus Test », *Foreign Affairs*, 73, septembre-octobre 1994, p. 84.

5. *New York Times*, 15 juin 1995, p. A10.

6. *RFE/RL Research Bulletin*, 10, 16 mars 1993, p. 1, 6.

7. William D. Jackson, « Imperial Temptations : Ethnics Abroad », *Orbis*, 38, hiver 1994, p. 5.

8. Ian Brzezinski, *New York Times*, 13 juillet 1994, p. A8.

9. John F. Mearsheimer, « The Case for a Ukrainian Nuclear Deterrent : Debate », *Foreign Affairs*, 72, été 1993, p. 50-66.

10. *New York Times*, 31 janvier 1994, p. A8.

11. Cité *in* Ola Tunander, « New European Dividing Lines ? », *in* Valter Angell éd., *Norway Facing a Changing Europe : Perspectives and Options*, Oslo, Norwegian Foreign Policy Studies, n° 79, Fridtjof Nansen Institute et *al*., 1992, p. 55.

12. John Morrison, « Pereyaslav and After : The Russian-Ukrainian Relationship », *International Affairs*, 69, octobre 1993, p. 677.

13. John King Fairbank éd., *The Chinese World Order : Traditional China's Foreign Relations*, Cambridge, Havard University Press, 1968, p. 2-3.

14. Perry Link, « The Old Man's New China », *New York Review of Books*, 9 juin 1994, p. 32.

15. Perry Link, « China's "Core" Problem », *Daedalus*, 122, printemps 1993, p. 205 ; Weimung Tu, « Cultural China : The Periphery as the Center », *Daedalus*, 120, printemps 1991, p. 22 ; *The Economist*, 8 juillet 1995, p. 31-32.

16. *The Economist*, 27 novembre 1993, p. 33 ; 17 juillet 1993, p. 61.

17. *The Economist*, 27 novembre 1993, p. 33 ; Yoichi Funabashi, « The Asianization of Asia », *Foreign Affairs*, 72, novembre-décembre 1993, p. 80. Voir de manière

générale Murray Weidenbaum et Samuel Hughes, *The Bamboo Network*, New York, Free Press, 1996.

18. Christopher Gray, cité *in Washington Post*, 1er décembre 1992, p. A30 ; Lee Kuan Yew, cité *in* Maggie Farley, « The Bamboo Network », *Boston Globe Magazine*, 17 avril 1994, p. 38 ; *International Herald Tribune*, 23 novembre 1993.

19. *International Herald Tribune*, 23 novembre 1993 ; George Hicks et J.A.C. Mackie, « A Question of Identity : Despite Media Hype, They Are Firmly Settled in Southeast Asia », *Far Eastern Economic Review*, 14 juillet 1994, p. 47.

20. *The Economist*, 16 avril 1994, p. 71 ; Nicolas D. Kristof, « The Rise of China », *Foreign Affairs*, 72, novembre-décembre 1993, p. 48 ; Gerrit W. Gong, « China's Fourth Revolution », *Washington Quarterly*, 17, hiver 1994, p. 37 ; *Wall Street Journal*, 17 mai 1993, p. A7A ; Murray L. Weidenbaum, *Greater China : The Next Economic Superpower ?*, St. Louis, Washington University Center for the Study of American Business, Contemporary Issues Series 57, février 1993, p. 2-3.

21. Steven Mufson, *Washington Post*, 14 août 1994, p. A30 ; *Newsweek*, 19 juillet 1993, p. 24 ; *The Economist*, 7 mai 1993, p. 35.

22. Voir Walter C. Clemens Jr. et Jun Zhan, « Chiang Ching-Kuo's Role in the ROC-PRC Reconciliation », *American Asian Review*, 12, printemps 1994, p. 151-154.

23. Koo Chen Foo, cité *in The Economist*, 1er mai 1993, p. 31 ; Link, « Old Man's New China », p. 32. Voir « Cross-Strait Relations : Historical Lessons », *Free China Review*, 44, octobre 1994, p. 42-52. Gong, « China's Fourth Revolution », p. 39 ; *The Economist*, 2 juillet 1994, p. 18 ; Gerald Segal, « China's Changing Shape : The Muddle Kingdom ? », *Foreign Affairs*, 73, mai-juin 1994, p. 49 ; Ross H. Munro, « Giving Taipei a Place at Table », *Foreign Affairs*, 73, novembre-décembre 1994, p. 115 ; *Wall Street Journal*, 17 mai 1993, p. A7A ; *Free China Journal*, 29 juillet 1994, p. 1.

24. *The Economist*, 10 juillet 1993, p. 28-29 ; 2 avril 1994, p. 34-35 ; *International Herald Tribune*, 23 novembre 1993 ; *Wall Street Journal*, 17 mai 1993, p. A7A.

25. Ira M. Lapidus, *History of Islamic Societies*, Cambridge, UK, Cambridge University Press, 1988, p. 3.

26. Mohamed Zahi Mogherbi, « Tribalism, Religion and the Challenge of Political Participation : The Case of Libya », article présenté à la Conférence sur les défis démocratiques dans le monde arabe, Centre d'études pour le développement politique et international, Le Caire, 22-27 septembre 1992, p. 1, 9 ; *The Economist*, 6 février 1988, p. 7 ; Adlan A. El-Hardallo, « Sufism and Tribalism : The Case of Sudan », article préparé pour la Conférence sur les défis démocratiques dans le monde arabe, Centre d'études pour le développement politique et international, Le Caire, 22-27 septembre 1992, p. 2 ; *The Economist*, 30 octobre 1987, p. 45 ; John Duke Anthony, « Saudi Arabia : From Tribal Society to Nation-State », *in* Ragaei El Mellakh et Dorothea H. El Mellakh éd., *Saudi Arabia, Energy, Developmental Planning and Industrialization*, Lexington, MA, Lexington, 1982, p. 93-94.

27. Yalman Onaran, « Economics and Nationalism : The Case of Muslim Central Asia », *Central Asian Survey*, 13, nº 4, 1994, p. 493 ; Denis Dragounski, « Threshold of Violence », *Freedom Review*, 26, mars-avril 1995, p. 12.

28. Barbara Daly Metcalf, « The Comparative Study of Muslim Societies », *Items*, 40, mars 1986, p. 3.

29. Metcalf, *Ibid*.

30. *Boston Globe*, 2 avril 1995, p. 2. Sur la CAIP en général, voir « The Popular Arab and Islamic Conference (CAIP) : A New "Islamist International" ? » *TransState Islam*, 1, printemps 1995, p. 12-16.

31. Bernard Schechterman et Bradford R. McGuinn, « Linkages Between Sunni and Shi'i Radical Fundamentalist Organizations : A New Variable in Middle Eastern Politics ? », *The Political Chronicle*, 1, février 1989, p. 22-34 ; *New York Times*, 6 décembre 1994, p. 5.

## CHAPITRE 8 : L'Occident et le reste du monde : problèmes intercivilisationnels

1. Georgi Arbatov, « Neo-Bolsheviks of the I. M. F. », *New York Times*, 7 mai 1992, p. A27.

2. Conceptions nord-coréennes résumées par un grand analyste américain, *Washington Post*, 12 juin 1994, p. C1 ; général indien cité in Les Aspin, « From Deterrence to Denuking : Dealing with Proliferation in the 1990's », mémorandum, 18 février 1992, p. 6.

3. Lawrence Freedman, « Great Powers, Vital Interests and Nuclear Weapons », *Survival*, 36, hiver 1994, p. 37 ; Les Aspin, Remarques, National Academy of Sciences, Committee on International Security and Arms Control, 7 décembre 1993, p. 3.

4. Stanley Norris cité *in Boston Globe*, 25 novembre 1995, p. 1, 7 ; Alastair Iain Johnston, « China's New "Old Thinking" : The Concept of Limited Deterrence », *International Security*, 20, hiver 1995-96, p. 21-23.

5. Philip L. Ritcheson, « Iranian Military Resurgence : Scope, Motivations, and Implications for Regional Security », *Armed Forces and Society*, 21, été 1995, p. 575-576. Discours de Warren Christopher, Kennedy School of Governement, 20 janvier 1995 ; *Time*, 16 décembre 1991, p. 47 ; Ali al-Amin Mazrui, *Cultural Forces in World Politics*, Londres, J. Currey, 1990, p. 220, 224.

6. *New York Times*, 15 novembre 1991, p. A1 ; *New York Times*, 21 février 1992, p. A9 ; 12 décembre 1993, p. 1 ; Jane Teufel Dreyer, « US/China Military Relations : Sanctions or Rapprochement ? », *In Depth*, 1, printemps 1991, p. 17-18 ; *Time*, 16 décembre 1991, p. 48 ; *Boston Globe*, 5 février 1994, p. 2 ; Monte R. Bullard, « US-China Relations : The Strategic Calculus », *Parameters*, 23, été 1993, p. 88.

7. Cité *in* Karl W. Eikenburg, *Explaining and Influencing Chinese Arms Transfers*, Washington, D.C., National Defense University, Institute for National Strategic Studies, McNair Paper n° 36, février 1995, p. 37 ; déclaration du gouvernement pakistanais, *Boston Globe*, 5 décembre 1993, p. 19 ; R. Bates Gill, « Curbing Beijing's Arms Sales », *Orbis*, 36, été 1992, p. 386 Chong-pin Lin, « Red Army », *New Republic*, 20 novembre 1995, p. 28 ; *New York Times*, 8 mai 1992, p. 31.

8. Richard A. Bitzinger, « Arms to Go : Chinese Arms Sales to the Third World », *International Security*, 17, automne 1992, p. 87 ; Philip Ritcheson, « Iranian Military Resurgence », p. 576, 578 ; *Washington Post*, 31 octobre 1991, p. A1, A24 ; *Time*, 16 décembre 1991, p. 47 ; *New York Times*, 18 avril 1995, p. A8 ; 28 septembre 1995, p. 1, 30 septembre 1995, p. 4 ; Monte Bullard, « US-China Relations », p. 88, *New York Times*, 22 juin 1995, p. 1 ; Gill, « Curbing Beijing's Arms », p. 388 ; *New York Times*, 8 avril 1993, p. A9 ; 20 juin 1993, p. 6.

9. John E. Reilly, « The Public Mood at Mid-Decade », *Foreign Policy*, 98, printemps 1995, p. 83 ; décret 12930, 29 septembre 1994 ; décret 12938, 14 novembre 1994. Ces documents ont étendu le décret 12735, 16 novembre 1990, dans lequel le président Bush déclarait l'urgence nationale à l'égard des armes chimiques et biologiques.

10. James Fallows, « The Panic Gap : Reactions to North Korea's Bomb », *National Interest*, 38, hiver 1994, p. 40-45 ; David Sanger, *New York Times*, 12 juin 1994, p. 1, 16.

11. *New York Times*, 26 décembre 1993, p. 1.

12. *Washington Post*, 12 mai 1995, p. 1.

13. Bilahari Kausikan, « Asia's Different Standard », *Foreign Policy*, 92, automne 1993, p. 28-29.

14. *The Economist*, 30 juillet 1994, p. 31 ; 5 mars 1994, p. 35 ; 27 août 1994, p. 51 ; Yash Ghai, « Human Rights and Governance : The Asian Debate », Asia Foundation Center for Asian Pacific Affairs, communication n° 4, novembre 1994, p. 14.

15. Richard M. Nixon, *Beyond Peace*, New York, Random House, 1994, p. 127-128.

16. *The Economist*, 4 février 1995, p. 30.

17. Charles J. Brown, « In the Trenches : The Battle Over Rights », *Freedom Review*, 24, sept.-oct. 1993, p. 9 ; Douglas W. Payne, « Showdown in Vienna », *Ibid.*, p. 6-7.

18. Charles Norchi, « The Ayatollah and the Author : Rethinking Human Rights », *Yale Journal of World Affairs*, 1, été 1989, p. 16 ; Kausikan, « Asia's Different Standard », p. 32.

19. Richard Cohen, *The Earth Times*, 2 août 1993, p. 14.

20. Les votes des quatre tours ont été les suivants :

| | Premier | Deuxième | Troisième | Quatrième |
|---|---|---|---|---|
| Pékin | 32 | 37 | 40 | 43 |
| Sydney | 30 | 30 | 37 | 45 |
| Manchester | 11 | 13 | 11 | |
| Berlin | 9 | 9 | | |
| Istanbul | 7 | | | |
| Abstention | | | 1 | 1 |
| Total | 89 | 89 | 89 | 89 |

21. *New York Times*, 19 septembre 1993, p. 4E ; 24 septembre 1993, p. 1 ; B9, B16 ; 9 septembre 1994, p. A26 ; *The Economist*, 21 septembre 1993, p. 75 ; 18 septembre 1993, p. 37-38 ; *Financial Times*, 25-26 septembre 1993, p. 11 ; *Straits Times*, 14 octobre 1993, p.1.

22. Les chiffres et les citations sont tirés de Myron Weiner, *Global Migration Crisis*, New York, HarperCollins, 1995, p. 21-28.

23. Weiner, *Global Migration Crisis*, p. 2.

24. Stanley Hoffmann, « The Case for Leadership », *Foreign Policy*, 81, hiver 1990-1991, p. 30.

25. Voir B. A. Roberson, « Islam and Europe : An Enigma or a Myth ? », *Middle East Journal*, 48, printemps 1994, p. 302 ; *New York Times*, 5 décembre 1993, p. 1 ; 5 mai 1995, p. 1 ; Joel Klotkin et Andries van Agt, « Bedouins : Tribes That Have Made it », *New Perspectives Quarterly*, 8, automne 1991, p. 51 ; Judith Miller, « Strangers at the Gate », *New York Times Magazine*, 15 septembre 1991, p. 49.

26. *International Herald Tribune*, 29 mai 1990, p. 5 ; New York Times, 15 septembre 1994, p. A21. Le sondage en France a été commandé par le gouvernement français et celui d'Allemagne par le Comité juif américain.

27. Voir Hans-George Betz, « The New Politics of Resentment : Radical Right Wing Populist Parties in Western Europe », *Comparative Politics*, 25, juillet 1993, p. 413-427.

28. *International Herald Tribune*, 28 juin 1993, p. 3 ; *Wall Street Journal*, 23 mai 1994, p. B1 ; Lawrence H. Fuchs, « The Immigration Debate : Little Room for Big Reforms », *American Experiment*, 2, hiver 1994, p. 6.

29. James C. Clad, « Slowing the Wave », *Foreign Policy*, 95, été 1994, p. 143 ; Rita J. Simon et Susan H. Alexander, *The Ambivalent Welcome : Print Media, Public Opinion and Immigration*, Westport, CT, Praeger, 1993, p. 46.

30. *New York Times*, 11 juin 1995, p. E14.

31. *Le Camp des saints* de Jean Raspail a été publié pour la première fois en 1973 (Paris, Robert Laffont) et repris dans une nouvelle édition en 1985, au moment où l'immigration a commencé à préoccuper de plus en plus de gens en France. Ce roman a été brusquement porté à l'attention des Américains, quand cette préoccupation est devenue importante, en 1994, par Matthew Connelly et Paul Kennedy (« Must it Be the Rest Against the West ? », *Atlantic Monthly*, 274, décembre 1994, p. 61 *sq.*). La

préface de Raspail à l'édition française de 1985 a été publiée en anglais dans *The Social Contract*, 4, hiver 1993-94, p. 115-117.

32. Philippe Fargues, « Demographic Explosion or Social Upheaval ? », *in* Ghassan Salame éd., *Democracy Without Democrats ? The Renewal of Politics in the Muslim World*, Londres, I. B. Taurus, 1994, p. 157.

## CHAPITRE 9 : La politique globale des civilisations

1. Adda B. Bozeman, *Strategic Intelligence and Statecraft : Selected Essays*, Washington, Brassey's, 1992, p. 50 ; Barry Buzan, « New Patterns of Global Security in the Twenty-first Century », *International Affairs*, 67, juillet 1991, p. 448-449.

2. John L. Esposito, *The Islamic Threat : Myth or Reality*, New York, Oxford University Press, 1992, p. 46.

3. Bernard Lewis, *Islam and the West*, New York, Oxford University Press, 1993, p. 13.

4. Esposito, *op. cit.*, p. 44.

5. Daniel Pipes, *In the Path of God : Islam and Political Power*, New York, Basic Books, 1983, p. 102-103, 169-173 ; Lewis Richardson, *Statistics of Deadly Quarrels*, Pittsburgh, Boxwood Press, 1960, p. 235-237.

6. Ira M. Lapidus, *A History of Islamic Societies*, Cambridge, Cambridge University Press, 1988, p. 41-42 ; princesse Anna Comnena, citée *in* Karen Armstrong, *Holy War : The Crusades and Their Impact on Today's World*, New York, Doubleday-Anchor, 1991, p. 3-4 et *in* Arnold J. Toynbee, *Study in History*, Londres, Oxford University Press, 1954, VIII, p. 390.

7. Barry Buzan, « New Patterns », p. 448-449 ; Bernard Lewis, « The Roots of Muslim Rage : Why So Many Muslims Deeply Resent the West and Why Their Bitterness Will Not Be Easily Mollified », *Atlantic Monthly*, 266, sept. 1990, p. 60.

8. Mohammed Sid-Ahmed, « Cybernetic Colonialism and the Moral Search », *New Perspective Quarterly*, 11, printemps 1994, p. 19 ; M. J. Akbar, cité *in Time*, 15 juin 1992, p. 24 ; Abdelwahab Belwahl, cité *ibid.*, p. 26.

9. William H. McNeill, « Epilogue : Fundamentalism and the World of the 1990's », *in* Martin E. Marty et R. Scott Appleby éd., *Fundamentalisms and Society : Reclaiming the Sciences, the Family and Education*, Chicago, University of Chicago Press, p. 569.

10. Fatima Mernissi, *Islam and Democracy : Fear of the Modern World*, Reading, MA, Addison-Wesley, 1992.

11. Pour un choix de commentaires de ce type, voir *The Economist*, 1er août 1992, p. 34-35.

12. John E. Reilly éd., *American Public Opinion and US Foreign Policy 1995*, Chicago, Chicago Council on Foreign Relations, 1995, p. 21 ; *Le Monde*, 20 septembre 1991, p. 12, cité *in* Margaret Blunden, « Insecurity on Europe's Southern Flank », *Survival*, 36, été 1994, p. 138 ; Richard Mortin, *Washington Post*, éd. nationale hebdomadaire, 8-14 novembre 1993, p. 37 ; Foreign Policy Association, National Opinion Ballot Report, novembre 1994, p. 5.

13. *Boston Globe*, 3 juin 1994, p. 18 ; John L. Esposito, « Symposium : Resurgent Islam in the Middle East », *Middle East Policy* 3, n° 2, 1994, p. 9 ; *International Herald Tribune*, 10 mai 1994, p. 1, 4 ; *Christian Science Monitor*, 24 février 1995, p. 1.

14. Robert Ellsworth, *Wall Street Journal*, 1er mars 1995, p. 15 ; William T. Johnsen, *NATO's New Front Line : The Growing Importance of the Southern Tier*, Carlisle Barracks, PA : Strategic Studies Institute, U.S. Army War College, 1992, p. vii ; Robbin Laird, *French Security Policy in Transition : Dynamics of Continuity and Change*, Washington D.C., Institute for National Strategic Studies, McNair paper 38, mars 1995, p. 50-52.

15. Ayatollah Ruhollāh Khomeiny, *Islam and Revolution*, Berkeley, CA, Mizan Press, 1981, p. 305.

16. *The Economist*, 23 novembre 1991, p. 15.

17. Barry Buzan et Gerald Segal, « Rethinking East Asian Security », *Survival*, 36, été 1994, p. 15.

18. *Can China's Armed Forces Win the Next War ?*, extraits traduits et publiés par Ross H. Munro, « Eavesdropping on the Chinese Military : Where It Expects War — Where It Doesn't », Orbis, 38, été 1994, p. 365. Les auteurs de ce document soutiennent que l'usage de la force militaire contre Taiwan « serait une décision déraisonnable ».

19. Buzan et Segal, « Rethinking East Asian Security », p. 7 ; Richard K. Betts, « Wealth, Power and Instability : East Asia and the United States After the Cold War », *International Security*, 18, hiver 1993-94, p. 34-77 ; Aaron L. Friedberg, « Ripe for Rivalry : Prospects for Peace in Multipolar Asia », *International Security*, 18, été 1993-94, p. 5-33.

20. *Can China's Armed Forces Win the Next War ?*, extraits traduits et publiés par Ross H. Munro, « Eavesdropping on the Chinese Military : Where It Expects War — Where It Doesn't », p. 355 *sq* ; *New York Times*, 16 novembre 1993, p. A6 ; Friedberg, « Ripe of Rivalry », p. 7.

21. Desmond Ball, « Arms and Affluence : Military Acquisitions in the Asia-Pacific Region », *International Security*, 18, hiver 1993-94, p. 95-111 ; Michael T. Klare, « The Next Great Arms Race », *Foreign Affairs*, 72, été 1993, p. 137 *sq* ; Buzan et Segal, « Rethinking East Asian Security », p. 8-11 ; Gerald Segal, « Managing New Arms Races in the Asia-Pacific », *Washington Quarterly*, 15, été 1992, p. 83-102 ; *The Economist*, 20 février 1993, p. 19-22.

22. Voir par exemple *The Economist*, 26 juin 1993, p. 75 ; 24 juillet 1995, p. 25 ; *Time*, 3 juillet 1995, p. 30-31 ; et sur la Chine, Jacob Heilbrunn, « The Next Cold War », *New Republic*, 20 novembre 1995, p. 27 *sq*.

23. Pour un commentaire des différents types de guerre commerciale et leur influence sur les guerres militaires, voir David Rowe, *Trade Wars and International Security : The Political Economy of International Economic Conflict*, note de travail n° 6, « Project on the Changing Security Environment and American National Interests », John M. Olin Institute for Strategic Studies, Harvard University, juillet 1994, p. 7 *sq*.

24. *New York Times*, 6 juillet 1993, p. A1, A6 ; *Time*, 10 février 1992, p. 16 sq ; *The Economist*, 17 février 1990, p. 21-24 ; *Boston Globe*, 25 novembre 1991, p. 1, 8 ; Dan Oberdorfer, *Washington Post*, 1er mars 1992, p. A1.

25. Cité *in New York Times*, 21 avril 1992, p. A10 ; *New York Times*, 22 septembre 1991, p. E2 ; 21 avril 1992, p. A1 ; 19 septembre 1991, p. A7 ; 1er août 1995, p. A2 ; *International Herald Tribune*, 24 août 1995, p. 4 ; *China Post* (*Taipei*), 26 août 1995, p. 2 ; *New York Times*, 1er août 1995, p. A2, citation du rapport de David Shambaugh sur des entretiens à Pékin.

26. Daniel Zagoria, *American Foreign Policy Newsletter*, octobre 1993, p. 3 ; *Can China's Armed Forces Win the Next War ?*, *in* Munro, « Eavesdropping on the Chinese Military », p. 355 *sq*.

27. Roger C. Altman, « Why Pressure Tokyo ? The US-Japan Rift », *Foreign Affairs*, 73, mai-juin 1994, p. 3 ; Jeffrey Garten, « The Clinton Asia Policy », *International Economy*, 8, mars-avril 1994, 18.

28. Edward J. Lincoln, *Japan's Unequal Trade*, Washington D.C., Brookings Institution, 1990, p. 2-3. Voir C. Fred Bergsten et Marcus Noland, *Reconcilable Differences ? United States-Japan Economic Conflict*, Washington, Institute for International Economics, 1993 ; Eisuke Sakakibara, « Less Like You », *International Economy*, avril-mai 1990, 36, qui distingue l'économie de marché capitaliste américaine et l'économie de marché non capitaliste japonaise ; Marie Anchordoguy, « Japanese-American Trade Conflict and Supercomputers », *Political Science Quarterly*, 109, printemps 1994, 36, qui cite Rudiger Dornbush, Paul Krugman, Edward J. Lincoln et Mordechai E. Krei-

nin ; Eamonn Fingleton, « Japan's Invisible Leviathan », *Foreign Affairs*, 74, mars-avril 1995, p. 70.

29. Pour un bon résumé des différences dans la culture, les valeurs, la sociabilité et les attitudes, voir Seymour Martin Lipset, *American Exceptionalism : A Double-Edged Sword*, New York, W. W. Norton, 1996, chapitre 7, « American Exceptionalism — Japanese Uniqueness ».

30. *Washington Post*, 5 mai 1994, p. A38 ; *Daily Telegraph*, 6 mai 1994, p. 16 ; *Boston Globe*, 6 mai 1994, p. 11 ; *New York Times*, 13 février 1994, p. 10 ; Karl D. Jackson, « How to Rebuild America's Stature in Asia », *Orbis*, 39, hiver 1995, p. 14 ; Yohei Kono, cité *in* Chalmers Johnson et E. B. Keehn, « The Pentagon's Ossified Strategy », *Foreign Affairs*, 74, juillet-août 1995, p. 106.

31. *New York Times*, 2 mai 1994, p. A10.

32. Barry Buzan et Gerald Segal, « Asia : Skepticism About Optimism », *National Interest*, 39, printemps 1995, p. 83-84 ; Arthur Waldron, « Deterring China », *Commentary*, 100, octobre 1995, 18 ; Nicholas D. Kristof, « The Rise of China », *Foreign Affairs*, 72, nov.-déc. 1993, 74.

33. Stephen P. Walt, « Alliance Formation in Southwest Asia : Balancing and Bandwagoning in Cold War Competition », in Robert Jervis et Jack Snyder éd., *Dommoes and Bandwagons : Strategic Beliefs and Great Power Competition in the Eurasian Rimland*, New York, Oxford University Press, 1991, p. 53, 69.

34. Randall Schweller, « Bandwagoning for Profit : Bringing the Revisionist State Back In », *International Security*, 19, été 1994, p. 72 *sq*.

35. Lucian W. Pye, *Dynamics of Factions and Consensus in Chinese Politics : A Model and Some Propositions*, Santa Monica, CA, Rand, 1980, p. 120 ; Arthur Waldron, *From War to Nationalism : China's Turning Point*, 1924-1925, Cambridge, Cambridge University Press, 1995, p. 48-49, p. 212 ; Avery Goldstein, *From Bandwagon to Balance-of-Power Politics : Structured Constraints in Politics in China, 1949-1978*, Stanford, CA, Stanford University Press, 1991, p. 5-6, 35 *sq*. Voir aussi Lucian W. Pye, « Social Science Theories in Search of Chinese Realities », *China Quarterly*, 132, décembre 1992, p. 1161-1171.

36. Samuel S. Kim et Lowell Dittmer, « Whither China's Quest for National Identity », *in* Lowell Dittmer et Samuel S. Kim éd., *China's Quest for National Identity*, Ithaca, NY, Cornell University Press, 1991, p. 240 ; Paul Dibb, *Towards a New Balance of Power in Asia*, Londres, International Institute for Strategic Studies, Adelphi Paper, 295, 1995, p 10-16 ; Roderick MacFarquhar, « The Post-confucian Challenge », *The Economist*, 9 février 1980, p. 67-72 ; Kishore Mahbubani, « The Pacific Impulse », *Survival*, 37, printemps 1995, p. 117 ; James L. Richardson, « Asia-Pacific : The Case for Geopolitical Optimism », *National Interest*, 38, hiver 1994-95, p. 32 ; Paul Dibb, « Towards a New Balance », p. 13. Voir Nicola Baker et Leonard C. Sebastian, « The Problem with Parachuting : Strategic Studies and Security in the Asia/Pacific Region », *Journal of Strategic Studies*, 18, septembre 1995, 15 *sq*. pour une discussion détaillée du caractère inapplicable en Extrême-Orient des concepts européens comme l'équilibre des pouvoirs et le dilemme de la sécurité.

37. *The Economist*, 23 décembre 1995 ; 5 janvier 1996, p. 39-40.

38. Richard K. Betts, « Vietnam's Strategic Predicament », *Survival*, 37, automne 1995, p. 61 *sq*, 76.

39. *New York Times*, 12 novembre 1994, p. 6 ; 24 novembre 1994, p. A12 ; *International Herald Tribune*, 8 novembre 1994, p. 1 ; Michael Oksenberg, *Washington Post*, 3 septembre 1995, p. C1.

40. Jitsuo Tsuchiyama, « The End of the Alliance ? Dilemmas in the U.S.-Japan Relations », non publié, Harvard University, John M. Olin Institute for Strategic Studies, 1994, p. 18-19.

41. Ivan P. Hall, « Japan's Asia Card », *National Interest*, 38, hiver 1994-95, p. 26 ; Kishore Mahbubani, « The Pacific Impulse », p. 117.

42. Mike M. Mochizuki, « Japan and the Strategic Quadrangle », *in* Michael Man-

delbaum éd., *The Strategic Quadrangle : Russia, China, Japan, and the United States in East Asia*, New York, Council on Foreign Relations, 1995, p. 130-139 ; sondage du *Asahi Shimbon* repris *in Christian Science Monitor*, 10 janvier 1995, p. 7.

43. *Financial Times*, 10 septembre 1992, p. 6 ; Samina Yasmeen, « Pakistan's Cautious Foreign Policy », *Survival*, 36, été 1994, p. 121, 127-128 ; Bruce Vaughn, « Shifting Geopolitical Realities Between South, Southwest and Central Asia », *Central Asian Survey*, 13, nº 2, 1994, p. 313 ; éditorial, *Hamshahri*, 30 août 1994, p. 1, 4, *in FBIS-NES-94-173*, 2 septembre 1994, p. 77.

44. Graham E. Fuller, « The Appeal of Iran », *National Interest*, 37, automne 1994, p. 95 ; M. Khadafi, sermon, Tripoli, Libye, 13 mars 1994, *FBIS-NES-1994-049*, 14 mars 1994, p. 21.

45. Fereidun Fesharaki, East-West Center, Hawaï, cité *in* New York Times, 3 avril 1994, p. E3.

46. Stephen J. Blank, *Challenging the New World Order : The Arms Transfer Policies of the Russian Republic*, Carlisle Barracks, PA, U.S. Army War College, Strategic Studies Institute, 1993, p. 53-60.

47. *International Herald Tribune*, 25 août 1995, p. 5.

48. J. Mohan Malik, « India Copes with the Kremlin's Fall », *Orbis*, 37, hiver 1993, p. 75.

## CHAPITRE 10 : Des guerres de transition aux guerres civilisationnelles

1. Mahdi Elmandjra, *Der Spiegel*, 11 février 1991, cité *in* Elmandjra, « Cultural Diversity : Key to Survival in the Future », First Mexican Congress on Future Studies, Mexico City, 26-27 septembre 1994, p. 3, 11.

2. David C. Rapoport, « Comparing Militant Fundamentalist Groups », *in* Martin E. Marty et R. Scott Appleby éd., *Fundamentalisms and the State : Remaking Polities, Economies and Militance*, Chicago, University of Chicago Press, 1993, p. 445.

3. Ted Galen Carpenter, « The Unintended Consequences of Afghanistan », *World Policy Journal*, 11, printemps 1994, 78-79, 81, 82 ; Anthony Hyman, « Arab Involvement in the Afghan War », *Beirut Review*, 7, printemps 1994, 78, 82 ; Mary Anne Weaver, « Letter from Pakistan : Children of the Jihad », *New Yorker*, 12 juin 1995, p. 44-45 ; *Washington Post*, 24 juillet 1995, p. A1 ; *New York Times*, 20 mars 1995, p. 1 ; 28 mars 1993, p. 14.

4. Tim Weiner, « Blowback from the Afghan Battlefield », *New York Times Magazine*, 13 mars 1994, p. 54.

5. Harrison J. Goldin, *New York Times*, 28 août 1992, p. A25.

6. James Piscatori, « Religion and Realpolitik : Islamic Responses to the Gulf War », *in* James Piscatori éd., *Islamic Fundamentalisms and the Gulf Crisis*, Chicago, Fundamentalism Project, American Academy of Arts and Sciences, 1991, p. 1, 6-7. Voir aussi Fatima Mernissi, *Islam and Democracy : Fear of the Modern World*, Reading, MA, Addison-Wesley, p. 16-17.

7. Rami G. Khouri, « Collage of Comment : The Gulf War and the Mideast Peace ; The Appeal of Saddam Hussein », *New Perspectives Quarterly*, 8, printemps 1991, 56.

8. Ann Mosely Lesch, « Contrasting Reactions to the Persian Gulf Crisis : Egypt, Syria, Jordan, and the Palestinians », *Middle East Journal*, 45, 1991, p. 43 ; *Time*, 3 décembre 1990, p. 70 ; Kanan Makiya, *Cruelty and Silence : War, Tyranny, Uprising and the Arab World*, New York, W. W. Norton, 1993, p. 247 *sq*.

9. Eric Evans, « Arab Nationalism and the Persian Gulf War », *Harvard Middle Eastern and Islamic Review*, 1, février 1994, p. 28 ; Sari Nusselbeh, cité in *Time*, 15 octobre 1990, p. 54-55,

10. Karin Haggag, « One Year After the Storm », *Civil Society*, Le Caire, 5, mai 1992, 12.

11. *Boston Globe*, 19 février 1991, p. 7 ; Safar al-Hawali, cité par Mamoun Fandy, *New York Times*, 24 novembre 1990, p. 21 ; King Hussein, cité par David S. Landes, « Islam Dunk : the Wars of Muslim Resentment », *New Republic*, 8 avril 1991, p. 15-16 ; Fatima Mernissi, *Islam and Democrary*, p. 102.

12. Safar al-Hawali, « Infidels, Without, and Within », *New perspectives Quarterly*, 8, printemps 1991, 51.

13. *New York Times*, 1er février 1991, p. A7 ; *The Economist*, 2 février 1991, p. 32.

14. *Washington Post*, 29 janvier 1991, p. A10 ; 24 février 1991, p. B1 ; *New York Times*, 20 octobre 1990, p. 4.

15. Cité *in Saturday Star*, Johannesbourg, 19 janvier 1991, p. 3 ; *The Economist*, 26 janvier 1991, p. 31-33.

16. Sohail H. Hasmi, review of Mohammed Haikal, « Illusions of Triumph », *harvard Middle Eastern and Islamic Review*, 1, février 1994, 107 ; Mernissi, *op. cit.*, p. 102.

17. Shibley Telhami, « Arab Public Opinion and the Gulf War », *Political Science Quarterly*, 108, automne 1993, 451.

18. *International Herald Tribune*, 28 juin 1993, p. 10.

19. Roy Licklider, « The Consequences of Negotiated Settlements in Civil Wars, 1945-93 », *American Political Science Review*, 89, septembre 1995, 685, qui a défini les guerres communautaires comme « guerres identitaires » et Samuel P. Huntington, « Civil Violence and the Process of Development », *in Civil Violence and the International System*, Londres, International Institute for Strategic Studies, Adelphi Paper nº 83, décembre 1971, 12-14, qui présente un haut degré de polarisation, d'ambiguïté idéologique, de particularisme, la violence intense et la longueur du conflit comme les cinq principales caractéristiques des guerres communautaires.

20. Ted Robert Gurr et Barbara Harff, *Ethnic Conflict in World Politics*, Boulder, Westview Press, 1994, p. 160-165.

21. Richard H. Shultz, Jr. et William J. Olson, *Ethnic and Religious Conflict : Emerging Threat to U.S. Security*, Washington, D.C., National Strategy Information Center, p. 17 *sq.* ; H. D. S. Greenway, *Boston Globe*, 3 décembre 1992, p. 19.

22. Roy Licklider, « Settlements in Civil Wars », p. 685 ; Gurr and Harff, *Ethnic Conflict*, p. 11 ; Trent N. Thomas, « Global Assessment of Current and Future Trends in Ethnic and Religious Conflict », *in* Robert L. Pfaltzgraff, Jr. and Richard H. Shultz, Jr. éd., *Ethnic Conflict and Regional Instability : Implications for U.S. Policy and Army Roles and Missions*, Carlisle Barracks, PA, Strategic Studies Intitute, U.S. Army War College, 1994, p. 36.

23. Voir Shultz and Olson, *op. cit.*, p. 3-9 ; Sugata Bose, « Factors Causing the Proliferation of Ethnic and Religious Conflict », in Pfaltzgraff and Shultz, *op. cit.*, p. 43-49 ; Michael E. Brown, « Causes and Implications of Ethnic Conflict », in Michael E. Brown éd., *Ethnic Conflict and International Security*, Princeton, NJ, Princeton University Press, 1993, p. 3-26. Pour avoir un autre point de vue, voir Thomas, « Global Assessment of Current and Future Trends in Ethnic and Religious Conflict », p. 33-41.

24. Ruth Leger Sivard, *World Military and Social Expenditures 1993*, Washington D.C., World Priorities, Inc., 1993, p. 20-22.

25. James L. Payne, *Why Nations Arm* (Oxford, B. Blackwell, 1989, p. 124.

26. Christopher B. Stone, « Westphalia and Hudaybiyya : A Survey of islamic Perspectives on the Use of Force as Conflict Management Technique », non publié, Harvard University, p. 27-31, et Jonathan Wilkenfeld, Michael Brecher et Sheila Moser éd., *Crises in the Twentieth Century*, Oxford, Pergamon Press, 1988-89, II, 15, 161.

27. Gary Fuller, « The Demographic Backdrop to Ethnic Conflict : A Geographic Overview », in Central Intelligence Agency, *The Challenge of Ethnic Conflict to National and International Order in the 1990's : Geographic Perspectives*, Washington, D.C., Central Intelligence Agency, RTT 95-10039, octobre 1995, p. 151-154.

28. *New York Times*, 16 octobre 1994, p. 3 ; *The Economist*, 5 août 1995, p. 32.

29. United Nations Department for Economic and Social Information and Policy Analysis, Population Division, *World Population Prospects : The 1994 Revision*, New York, Nations unies, 1995, p. 29, 51 ; Denis Dragounski, « Threshold of Violence », *Freedom Review*, 26, mars-avril 1995, 11.

30. Susan Woodward, *Balkan Tragedy : Chaos and Dissolution after the Cold War*, Washington, D.C., Brookings Institution, 1995, p. 32-35 ; Branka Magas, *The Destruction of Yugoslavia : Tracking the Breakup 1980-92*, Londres, Verso, 1993, p. 6, 19.

31. Paul Mojzes, *Yugoslavian Inferno : Ethnoreligious Warfare in the Balkans*, New York, Continuum, 1994, p. 95-96 ; Magas, *Destruction of Yugoslavia*, p. 49-73 ; Aryeh Neier, « Kosovo Survives », *New York Review of Books*, 3 février 1994, p. 26.

32. Aleksa Djilas, « A Profile of Slobodan Milosevic », *Foreign Affairs*, 72, été 1993, 83.

33. Woodward, *Balkan Tragedy*, p. 33-35, chiffres provenant notamment de sources yougoslaves ; William T. Johnsen, *Deciphering to the Balkan Enigma : Using History to Inform Policy*, Carlisle Barracks, Strategic Studies Institute, 1993, p. 25, cité *in Washington Post*, 6 décembre 1992, p. C2 ; *New York Times*, 4 novembre 1995, p. 6.

34. Bogdan Denis Denitch, *Ethnic Nationalism : The Tragic Death of Yugoslavia*, Minneapolis, University of Minnesota Press, 1994, p. 108-109.

35. Payne, *Why Nations Arm*, p. 125, 127.

36. *Middle East International*, 20 janvier 1995, p. 2.

## CHAPITRE 11 : La dynamique des guerres civilisationnelles

1. Roy Licklider, « The Consequences of Negotiated Settlements in Civil Wars, 1945-93 », *American Political Science Review*, 89, septembre 1995, 685.

2. Voir Barry R. Posen, « The Security Dilemma and Ethnic Conflict », in Michael E. Brown éd., *Ethnic Conflict and International Security*, Princeton, Princeton University Press, 1993, p. 103-124.

3. Roland Dannreuther, *Creating New States in Central Asia*, International Institute for Strategic Studies/Brassey's, Adelphi Paper n° 288, mars 1994), p. 30-31 ; Dojoni Atovullo, cité *in* Urzula Doroszewska, « The Forgotten War : What Really Happened in Tajikistan », *Uncaptive Minds*, 6, automne 1993, 33.

4. *The Economist*, 26 août 1995, p. 43 ; 20 janvier 1996, p. 21.

5. *Boston Globe*, 8 novembre 1993, p. 2 ; Brian Murray, « Peace in the Caucasus : Multi-Ethnic Stability in Dagestan », *Central Asian Survey*, 13, n° 4, 1994, 514-515 ; *New York Times*, 11 novembre 1991, p. A7 ; 17 décembre 1994, p. 7 ; *Boston Globe*, 7 septembre 1994, p. 16 ; 17 décembre 1994, p. 1 *sq.*

6. Raju G. C. Thomas, « Secessionist Movements in South Asia », *Survival*, 36, été 1994, p. 99-101, 109 ; Stefan Wagstyl, « Kashmiri Conflict Destroys a "Paradise" ». *Financial Times*, 23-24 octobre 1993, p. 3.

7. Alija Izetbegovic, *The Islamic Declaration*, 1991, p. 23, 33.

8. *New York Times*, 4 février 1995, p. 4 ; 15 juin 1995, p. A12 ; 16 juin 1995, p. A12.

9. *The Economist*, 20 janvier 1996, p. 21 ; *New York Times*, 4 février 1995, p. 4.

10. Stojan Obradovic, « Tuzla : The Last Oasis », *Uncaptive Minds*, 7, automne-hiver 1994, 12-13.

11. Fiona Hill, *Russia's Tinderbox : Conflict in the North Caucasus and Its Implications for the Future of the Russian Federation*, Harvard University, John F. Kennedy School of Government, Strengthening Democratic Institutions Project, septembre 1995, p. 104.

12. *New York Times*, 6 décembre 1994, p. A3.

13. S. Mojzes, *Yugoslavian Inferno*, chap. 7, « The Religious Component in Wars » ; Denitch, *Ethnic Nationalism : The Tragic Death of Yugoslavia*, p. 29-30, 72-73,

131-133 ; *New York Times*, 17 septembre 1992, p. A14 ; Missha Glenny, « Carnage in Bosnia, for Starters », *New York Times*, 29 juillet 1993, p. A23.

14. *New York Times*, 13 mai 1995, p. A3 ; 7 novembre 1993, p. E4 ; 13 mars 1994, p. E3 ; Boris Eltsine, cité *in* Barnett R. Rubin, « The Fragmentation of Tajikistan », *Survival*, 35, hiver 1993-94, 86.

15. *New York Times*, 7 mars 1994, p. 1 ; 26 octobre 1995, p. A25 ; 24 septembre 1995, p. E3 ; Stanley Jevaraja Tambiah, *Sri Lanka : Ethnic Fratricide and the Dismantling of Democracy*, Chicago, University of Chicago Press, 1986, p. 19.

16. Khalid Duran, cité *in* Richard H. Schultz, Jr. et William J. Olson, *Ethnic and Religious Conflict : Emerging Threat to U.S. Security*, Washington, D.C., National Strategy Information Center, p. 25.

17. Khaching Tololyan, « The Impact of Diasporas in U.S. Foreign Policy », in Robert L. Pfaltzgraff, Jr. et Richard H. Schultz, Jr. éd., *Ethnic Conflict and Regional Instability : Implications for U.S. Policy and Army Roles and Missions*, Carlisle Barracks, PA, Strategic Studies Institute, U.S. Army War College, 1994, p. 156.

18. *New York Times*, 25 juin 1994, p. A6 ; 7 août 1994, p. A9 ; *The Economist*, 31 octobre 1992, p. 38 ; 19 août 1995, p. 32 ; *Boston Globe*, 16 mai 1994, p. 12 ; 3 avril 1995, p. 12.

19. *The Economist*, 27 février 1988, p. 25 ; 8 avril 1995, p. 34 ; David C. Rapoport, « The Role of External Forces in Supporting Ethno-Religious Conflict », in Pfaltzgraff and Schultz, *Ethnic Conflict and Regional Instability*, p. 64.

20. Rapoport, « External Forces », p. 66 ; *New York Times*, 19 juillet 1992, p. E3 ; Carolyn Fluehr-Lobban, « Protracted Civil War in the Sudan : Its Future as a Multi-Religious, Multi-Ethnic State », *Fletcher Forum of World Affairs*, 16, été 1992, 73.

21. Steven R. Weisman, « Sri Lanka : A Nation Disintegrates », *New York Times Magazine*, 13 décembre 1987, p. 85.

22. *New York Times*, 29 avril 1984, p. 6 ; 19 juin 1995, p. A3 ; 24 septembre 1995, p. 9 ; *The Economist*, 11 juin 1988, p. 38 ; 26 août 1995, p. 29 ; 20 mai 1995, p. 35 ; 4 novembre 1995, p. 39.

23. Barnett Rubin, « Fragmentation of Tajikistan », p. 84, 88 ; *New York Times*, 29 juillet 1993, p. 11 ; *Boston Globe*, 4 août 1993, p. 4. Barnett R. Rubin, « The Fragmentation of Tajikistan », *Survival*, 35, hiver 1993-94, 71-91 ; Roland Dannreuther, *Creating New States in Central Asia*, International Institute for Strategic Studies, Adelphi Paper n° 288, mars 1994 ; Hafizulla Emadi, « State, Ideology and Islamic Resurgence in Tajikistan », *Central Asian Survey*, 13, n° 4, 1994, 565-574.

24. Urszula Doroszewska, « Caucasus Wars », *Uncaptive Minds*, 7, hiver-printemps 1994, 86.

25. *The Economist*, 28 novembre 1992, p. 58 ; Hill, *Russia's Tinderbox*, p. 50.

26. *Moscow Times*, 20 janvier 1995, p. 4 ; *Russia's Tinderbox*, p. 90.

27. *The Economist*, 14 janvier 1995, p. 43 *sq.* ; *New York Times*, 21 décembre 1994, p. A18 ; 23 décembre 1994, p. A1, A10 ; 3 janvier 1995, p. 1 ; 1er avril 1995, p. 3 ; 11 décembre 1995, p. A6 ; Vicken Cheterian, « Chechnya and the Transcaucasian Republics », *Swiss Review of World Affairs*, février 1995, p. 10-11 ; *Boston Globe*, 5 janvier 1995, p. 1 *sq.* ; 12 août 1995, p. 2.

28. Vera Tolz, « Moscow and Russia's Ethnic Republics in the Wake of Chechnya », Center for Strategic and International Studies, *Post-Soviet Prospects*, 3, octobre 1995, 2 ; *New York Times*, 20 décembre 1994, p. A14.

29. Hill, *Russia's Tinderbox*, p. 4 ; Dmitry Temin, « Decision Time for Russia », *Moscow Times*, 3 février 1995, p. 8.

30. *New York Times*, 7 mars 1992, p. 3 ; 24 mai 1992, p. 7 ; *Boston Globe*, 5 février 1993, p. 1 ; Bahri Yilmaz, « Turkey's New Role in International Politics », *Aussenpolitik*, 45, janvier 1994, 95 ; *Boston Globe*, 7 avril 1993, p. 2.

31. *Boston Globe*, 4 septembre 1993, p. 2 ; 5 septembre 1993, p. 2 ; 26 septembre 1993, p. 7 ; *New York Times*, 4 septembre 1993, p. 5 ; 5 septembre 1993, p. 19 ; 10 septembre 1993, p. A3.

32. *New York Times*, 12 février 1993, p. A3 ; 8 mars 1992, p. 20 ; 5 avril 1993, p. A7 ; 15 avril 1993, p. A9 ; Thomas Goltz, « Letter from Eurasia : Russia's Hidden Hand », *Foreign Policy*, 92, Automne 1993, 98-104 ; Hill and Jewett, *Back in the USSR*, p. 15.

33. Fiona Hill and Pamela Jewett, *Back in the USSR : Russia's Intervention in the Internal Affairs of the Former Soviet Republics and the Implications for the United States Policy Toward Russia*, Harvard University, John F. Kennedy School of Government, Strengthening Democratic Institutions Project, janvier 1994, p. 10.

34. *New York Times*, 22 mai 1992, p. A29 ; 4 avril 1993, p. A3 ; 10 juillet 1994, p. E4 ; *Boston Globe*, 25 décembre 1993, p. 18 ; 23 avril 1995, p. 1, 23.

35. Flora Lewis, « Between TV and the Balkan War », *New Perspectives Quarterly*, 11, été 1994, 47 ; Hanns W. Maull, « Germany in the Yugoslav Crisis », *Survival*, 37, hiver 1995-96, 112 ; Wolfgang Krieger, « Toward a Gaullist Germany ? Some Lessons from the Yugoslav Crisis », *World Policy Journal*, 11, printemps 1994, 31-32.

36. Misha Glenny, « Yugoslavia : The Great Fall », *New York Review of Books*, 23 mars 1993, p. 61 ; Pierre Behar, « Central Europe : The New Lines of Fracture », *Geopolitique*, 39, automne 1994, 44.

37. Pierre Behar, « Central Europe and the Balkans Today : Strengths and Weaknesses », *Geopolitique*, 35, automne 1991, p. 33 ; *New York Times*, 23 septembre 1993, p. A8 ; *Washington Post*, 13 février 1993, p. 16 ; Janusz Bugajski, « The Joy of War », *Post-Soviet Prospects*, Center for Strategic and International Studies, 18 mars 1993, p. 4.

38. Dov Ronen, *The Origins of Ethnic Conflict : Lessons from Yugoslavia*, Australian National University, Research School of Pacific Studies, Working Paper nº 155, novembre 1994, p. 23-24 ; Bugajski, « Joy of War », p. 3.

39. *New York Times*, 1er août 1995, p. A6 ; 28 octobre 1995, p. 1, 5 ; 5 août 1995, p. 4 ; *The Economist*, 11 novembre 1995, p. 48-49.

40. *Boston Globe*, 4 janvier 1993, p. 5 ; 9 février 1993, p. 6 ; 8 septembre 1995, p. 7 ; 30 novembre 1995, p. 13 ; *New York Times*, 18 septembre 1995, p. A26 ; 22 janvier 1993, p. A23 ; Janusz Bugajski, « Joy of War », p. 4.

41. *Boston Globe*, 1er mars 1993, p. 4 ; 21 février 1993, p. 11 ; 5 décembre 1993, p. 30 ; *Times*, Londres, 2 mars 1993, p. 14 ; *Washington Post*, 6 novembre 1995, p. A15.

42. *New York Times*, 2 avril 1995, p. 10 ; 30 avril 1995, p. 4 ; 30 juillet 1995, p. 8 ; 19 novembre 1995, p. E3.

43. *New York Times*, 9 février 1994, p. A12 ; 10 février 1994, p. A1 ; 7 juin 1995, p. A1 ; *Boston Globe*, 9 décembre 1993, p. 25 ; *Europa Times*, mai 1994, p. 6 ; Andreas Papandreou, « Europe Turns Left », *New Perspectives Quarterly*, 11, hiver 1994, 53.

44. *New York Times*, 10 septembre 1995, p. 12 ; 13 septembre 1995, p. A11 ; 18 septembre 1995, p. A6 ; *Boston Globe*, 8 septembre 1995, p. 2 ; 12 septembre 1995, p. 1 ; 10 septembre 1995, p. 28.

45. *Boston Globe*, 16 décembre 1995, p. 8 ; *New York Times*, 9 juillet 1994, p. 2 ;

46. Margaret Blunden, « Insecurity on Europe's Southern Flank », *Survival*, 39, été 1994, 145 ; *New York Times*, 16 décembre 1993, p. A7.

47. Fouad Ajami, « Under Western Eyes : The Fate of Bosnia » (rapport pour l'International Commission on the Balkans of the Carnegie Endowment for International Peace and The Aspen Institute, avril 1996, p. 5 *sq.* ; *Boston Globe*, 14 août 1993, p. 2 ; *Wall Street Journal*, 17 août 1992, p. A4.

48. Yilmaz, « Turkey's New Role », p. 94, 97.

49. Janusz Bigajski, « Joy of War », p. 4 ; *New York Times*, 14 novembre 1992, p. 5 ; 5 décembre 1992, p. 1 ; 15 novembre 1993, p. 1 ; 18 février 1995, p. 3 ; 1er décembre 1995, p. A14 ; 3 décembre 1995, p. 1 ; 16 décembre 1995, p. 6 ; 24 janvier 1996, p. A1, A6 ; Susan Woodward, *Balkan Tragedy : Chaos and Dissolution After the Cold War*, Washington, D.C., Brookings Institution, 1995, p. 356-357 ; *Boston Globe*, 10 novembre 1992, p. 7 ; 13 juillet 1993, p. 10 ; 24 juin 1995, p. 9 ; 22 septembre 1995, p. 1, 15 ; Bill Gertz, *Washington Times*, 2 juin 1994, p. A1.

50. *Jane's Sentinel*, cité *in The Economist*, 6 août 1994, p. 41 ; *The Economist*, 12 février 1994, p. 21 ; *New York Times*, 10 septembre 1992, p. A6 ; 5 décembre 1992, p. 6 ; 26 janvier 1993, p. A9 ; 14 octobre 1993, p. A14 ; 14 mai 1994, p. 6 ; 15 avril 1995, p. 3 ; 15 juin 1995, p. A12 ; 3 février 1996, p. 6 ; *Boston Globe*, 14 avril 1995, p. 2 ; *Washington Post*, 2 février 1996, p. 1.

51. *New York Times*, 23 janvier 1994, p. 1 ; *Boston Globe*, 1er février 1994, p. 8.

52. *New York Times*, 15 avril 1995, p. 3 ; 3 février 1996, p. 6 ; *Washington Post*, 2 février 1996, p. 1 ; *Boston Globe*, 14 avril 1995, p. 2.

53. Rebecca West, *Black Lamb and Grey Falcon : The Record of a Journey through Yugoslavia in 1937*, Londres, Macmillan, 1941, p. 22, cité *in* Charles G. Boyd, « Making Peace with the Guilty : the Truth About Bosnia », *Foreign Affairs*, 74, septembre-octobre 1995, 22.

54. Cité *in* Timothy Garton Ash, « Bosnia in Our Future », *New York Review of Books*, 21 décembre 1995, p. 27 ; *New York Times*, 5 décembre 1992, p. 1.

55. *New York Times*, 3 septembre 1995, p. 6E ; *Boston Globe*, 11 mai 1995, p. 4.

56. Voir U.S. Institute of Peace Special Report, 1994 ; *New York Times*, 26 février 1994, p. 3.

57. John J. Maresca, *War the Caucasus*, Washington, United States Institute of Peace, Rapport spécial, non daté, p. 4.

58. Robert D. Putnam, « Diplomacy and Domestic Politics : The Logic of Two Level games », *International Organization*, 42, été 1988, 427-460 ; Samuel P. Huntington, *The Third Wave : Democratization in the Late Twentieth Century*, Norman, OK, University of Oklahoma Press, 1991, p. 121-163.

59. *New York Times*, 27 janvier 1993, p. A6 ; 16 février 1994, p. 47. J. Cohen, « Russia and the Balkans : Pan-Slavism, Partnership and Power », *International Journal*, 49, août 1994, 836-845.

60. *The Economist*, 26 février 1994, p. 50.

61. *New York Times*, 20 avril 1994, p. A12 ; *Boston Globe*, 19 avril 1994, p. 8.

62. *New York Times*, 15 août 1995, p. 13.

63. Hill and Jewitt, *Back in the USSR*, p. 12 ; Paul Henze, *Georgia and Armenia — Toward Independence*, Santa Monica, CA : RAND P-7924, 1995, p. 9 ; *Boston Globe*, 22 novembre 1993, p. 34.

## CHAPITRE 12 : L'Occident, les civilisations et la civilisation

1. Arnold J. Toynbee, *A study of History*, Londres, Oxford University Press, 12 vol., 1934-1961, VII, 7-17 ; *Civilization on Trial : Essays*, New York, Oxford University Press, 1948, 17-18 ; *Study of History*, IX, 421-422.

2. Matthew Melko, *The Nature of Civilizations*, Boston, Porter Sargent, 1969, p. 155.

3. Carroll Quigley, *The Evolution of Civilizations : An Introduction to Historical Analysis*, New York, Macmillan, 1961, p. 146 *sq.*

4. Quigley, *Evolution of Civilizations*, p. 138-139, 158-160.

5. Mattei Dogan, « The Decline of Religious Beliefs in Western Europe », *International Social Science Journal*, 47, septembre 1995, 405-419.

6. Robert Wuthnow, « Indices of Religious Resurgence in the United States », *in* Richard T. Antoun and Mary Elaine Hegland éd., *Religious Resurgence ; Contemporary Cases in Islam, Christianity and Judaism*, Syracuse, Syracuse University Press, 1987, p. 15-34 ; *The Economist*, 8 juillet 1995, 19-21.

7. Arthur M. Schlesinger, Jr, *The Disuniting of America : Reflections on a Multicultural Society*, New York, W. W. Norton, 1992, p. 66-67, 123.

8. Cité *in* Schlesinger, *Disuniting of America*, p. 118.

9. Gunnar Myrdal, *An American Dilemma*, New York, Harper & Bros., 1944, 1, 3.

Richard Hofstadter cité *in* Hans Kohn, *American Nationalism : An Interpretive Essay*, New York, Macmillan, 1957, p. 13.

10. Takeshi Umehara, « Ancient Japan Shows Post-Modernism the Way », *New Perspectives Quarterly*, 9, printemps 1992, 10.

11. James Kurth, « The Real Clash », *National Interest*, 37, automne 1994, 3-15.

12. Malcolm Rifkind, discours, Pilgrim Society, Londres, 15 novembre 1994, New York, British Information Services, 16 novembre 1994, p. 2.

13. *International Herald Tribune*, 23 mai 1995, p. 13.

14. Richard Holbrooke, « America : A European Power », *Foreign Affairs*, 74, mars-avril 1995, 49.

15. Michael Howard, *America and the World* (St. Louis, Washington University, the Annual Lewin Lecture, 5 avril 1984, p. 6.

16. Schlesinger, *Disuniting of America*, p. 127.

17. « Defense Planning Guidance for the Fiscal Years 1994-1999 », 18 février 1992 ; *New York Times*, 8 mars 1992, p. 14.

18. Z. A. Bhutto, *If I Am Assassinated*, New Dehli, Vikas Publishing House, 1979, p. 137-138, cité *in* Louis Delvoie, « The Islamization of Pakistan's Foreign Policy », *International Journal*, 51, hiver 1995-96, 133.

19. Michael Walzer, *Thick and Thin : Moral Argument at Home and Abroad*, Notre Dame, University of Notre Dame Press, 1994, p. 1-11.

20. James Q. Wilson, *The Moral Sense*, New York, Free Press, 1993, p. 225.

21. Government of Singapore, *Shared Values*, Singapour, Cmd. n° 1, 1991, 2 janvier 1991, p. 2-10.

22. Lester Pearson, *Democracy in World Politics*, Princeton, Princeton University Press, 1995, p. 83-84.

## CRÉDITS

*Avec l'autorisation de l'auteur, sauf pour*
*1.1, 1.2, 1.3 : © Hammond Incorporated, Maplewood, New Jersey.*
*2.1 : reproduit avec la permission de Simon and Schuster,* The Evolution of Creation : An Introduction to Historical Analysis *by Carroll Quigley. © 1961 Carroll Quigley ; © Lillian F. Quigley, 1989.*
*7.1 : Ib Ohlsson,* Foreign Affairs.
*7..2 : © 1994 The Economist Newspaper Group, Inc. Toute autre reproduction interdite.*
*8.1 : Rodger Doyle © 1995* U.S. News and World Report.
*10.1 : Gary Fuller,* « The Demographic Backdrop to Ethnic Conflict : A Geographic Overview » *in Central Intelligence Agency, The Challenge of Ethnic Conflict to National and International Order in the 1900's : Geographic Perspectives, Washington, DC, CIA, 1995.*
*Autres crédits mentionnés avec la figure.*

# Index

# Table

## Troisième partie
### LE NOUVEL ORDRE DES CIVILISATIONS



## Quatrième partie
### LES CONFLITS ENTRE CIVILISATIONS



Cet ouvrage a été composé et mis en pages
chez Nord Compo (Villeneuve-d'Ascq)
et achevé d'imprimer sur Roto-Page
par l'Imprimerie Floch à Mayenne
en mars 2007

N° d'impression : 67999
N° d'édition : 7381-1978-X
Dépôt légal : avril 2007
Imprimé en France